Xpert.press

Dieter Masak

SOA?

Serviceorientierung in Business und Software

Mit 82 Abbildungen und 39 Tabellen

 Springer

Dieter Masak
plenum Management Consulting
Hagenauer Str. 53
65203 Wiesbaden
dieter.masak@plenum.de

Bibliografische Information der Deutschen Bibliothek
Die Deutsche Bibliothek verzeichnet diese Publikation in der Deutschen
Nationalbibliografie; detaillierte bibliografische Daten sind im Internet über
http://dnb.ddb.de abrufbar.

ISSN 1439-5428
ISBN 978-3-540-71871-0 Springer Berlin Heidelberg New York

Springer ist ein Unternehmen von Springer Science+Business Media
springer.de

Satz: Druckfertige Daten des Autors
Herstellung: LE-TEX, Jelonek, Schmidt & Vöckler GbR, Leipzig
Umschlaggestaltung: KünkelLopka Werbeagentur, Heidelberg
Gedruckt auf säurefreiem Papier   33/3180 YL   –   5 4 3 2 1 0

Danksagung

...für Christiane...

Dr. Dieter Masak

Inhaltsverzeichnis

1

Prolog

Think what you will, we seize into our hands
His plate, his goods, his money and his lands.

King Richard II
William Shakespeare
1564 – 1616

Die Themen Serviceorientierung und Service Oriented Architecture sind ein weites Feld; das vorliegende Buch erhebt keinen Anspruch darauf, in die letzten technischen Feinheiten vorzudringen, sondern will einen Überblick zeigen und – vor allen Dingen – dem Leser[1] Denkanstöße vermitteln. Die hier vermittelten Details sind exemplarischer Natur und werden verwendet, damit dem Leser ein Einstieg in die Materie der Serviceorientierung ermöglicht wird, nicht um alle Antworten auf alle Fragen zu liefern; insofern wird auch nicht der Versuch unternommen, Serviceorientierung allumfassend zu beschreiben. Ziel des Buches ist es, dem Leser ein Verständnis für die Anforderungen und die möglichen Konsequenzen der Serviceorientierung zu vermitteln, hierzu ist aber auch ein rudimentäres Verständnis der technologischen Grundlagen nötig. Aber, wie bei allen neuen Technologien, sind die langfristigen Auswirkungen auf die Organisationen und den einzelnen Menschen viel grundlegender als man es am Anfang vermutete. Diese Aussage trifft de facto auf jede Technologie zu und führt zu dem sogenannten Hypecycle: Wir überschätzen die kurzfristigen Erfolge und Einsatzgebiete einer Technologie und unterschätzen die langfristigen Auswirkungen kleinerer Änderungen. Besonders die Kapitel 10-12 beschäftigen sich mit den langfristigen Veränderungen aus dem Blickwinkel der Systemtheorie und Kap. 4 mit den Auswirkungen von, und den Voraussetzungen, für Serviceorientierung in Organisationen.

Das in diesem Buch vorzufindende „Denglisch" mag die Puristen der deutschen Sprache befremden, aber es passt sich dem in der IT-Welt in Deutsch-

---

[1] Die maskuline Form Leser, Softwareentwickler, Manager usw. wird in diesem Buch als Rollenbezeichnung benutzt; hierbei kann es sich im konkreten Fall auch stets um eine weibliche Person handeln.

land vorherrschenden Sprachgebrauch an.[2,3] Diese Veränderung der deutschen Sprache durch Reinterpretation bestehender oder die Einbeziehung neuer Wörter ist kein Defizit, sondern geradezu ein Beweis für die Vitalität der deutschen Sprache.

In letzter Zeit ist das Thema SOA als ein Ausschnitt des Problemkreises Serviceorientierung immer stärker in den Mittelpunkt des öffentlichen Interesses gerückt. Der Hauptgrund für dieses Interesse liegt nicht darin begründet, dass die Unternehmen einen unbedingten Handlungsbedarf im Umfeld von SOA haben, sondern daran, dass man sich von SOA ein Milliardengeschäft verspricht. Die Förderer der SOA-Hype sind drei Gruppen: Softwarehersteller, Consultingunternehmen und Fachzeitschriften. Diese haben zusammen ein reges Interesse daran das Thema Serviceorientierung im Markt präsent zu halten und – mit zum Teil absurden – positiven Eigenschaften zu belegen. Ziel dieses Buches ist es dem Leser die Fähigkeit zu vermitteln, selbst zu entscheiden wo Serviceorientierung Sinn macht und wo nicht.

---

[2] Interessanterweise haben die selbsternannten Wächter der deutschen Sprache nur mit angelsächsischen Ausdrücken Schwierigkeiten, Fachausdrücke griechischer oder lateinischer Herkunft werden sofort akzeptiert.

[3] Die meisten der Deutschpuristen benutzen bestimmt nicht solche schönen Ausdrücke wie Meuchelpuffer für Pistole, Dörrleiche für Mumie, Schweißloch für Pore oder Geistesanbau für Kultur...

2

Einleitung

> *Kühner als das Unbekannte zu erforschen*
> *kann es sein, Bekanntes zu bezweifeln.*
>
> Alexander von Humboldt
> 1769 – 1859

Heute ist die Software zu dem dominanten Träger von Information geworden. Diese Dominanz führt zu einer immer stärkeren Durchdringung der gesamten Lebens- und Arbeitswelt mit Software und damit zu immer größeren und komplexeren Systemen. Es gibt keine Unternehmen mehr, welche keine Software einsetzen, in der Praxis gilt die Faustformel: Je größer das Unternehmen, desto größer die Softwaresysteme. Diese großen Systeme sind fast immer dadurch gekennzeichnet, dass sie:

- sehr komplex sind,
- sich nichtdeterministisch verhalten,
- eine Mischung aus menschlichen Aktionen und Software darstellen.

Folglich wird es in der Zukunft nicht mehr ausreichen, allein die Software zu betrachten. Auch andere Wissenszweige wie Psychologie, Soziologie und Systemwissenschaften müssen bei der Beurteilung und Entwicklung solcher großen Softwaresysteme zu Rate gezogen werden. Ein Mittel zur Strukturierung großer Systeme ist die Idee der Services.

Die Serviceorientierung ist im Grunde keine wirklich neue Idee. Gesellschaften haben schon sehr früh eine Blüte entwickelt, in dem sie Spezialisierung von Aktivitäten und Fertigkeiten als Dienstleistung (Service) vorangetrieben haben; daraus entstanden im Laufe der Zeit einzelne Berufszweige wie Schmied, Müller oder Arzt.

Techniker und IT-Fachleute sind stets versucht, sich auf „ihre" Technik zurückzuziehen und dementsprechend IT-Technologie, ihren Einsatz und ihre Auswirkung nicht in einem globaleren Kontext zu betrachten. Diese Herangehensweise führt oft zu einer Art „Blindheit", denn Technologie hat immer auch Folgen für den einzelnen Menschen und die Organisationen, in denen er agiert. Speziell die Serviceorientierung ist ohne eine entsprechende Ausrichtung der gesamten Organisation und damit implizit auch des einzelnen Mitarbeiters nicht möglich.

Die Serviceorientierung als ein zentrales Paradigma kann heute faktisch überall wiedergefunden werden. Auf der einen Seite kann die Serviceorientierung aus dem Blickwinkel der Organisation und auf der anderen Seite aus der Sicht der IT betrachtet werden.

Zu den Visionen über Services gehört auch die Vorstellung, dass es zu jedem gesuchten Service stets mehrere Provider für diesen Service geben wird. Eine andere Vision hinter der Serviceorientierung ist die Vorstellung, dass in einer Welt aus kooperierenden Services neue Applikationen mit sehr kleinem Aufwand aus bestehenden Services aufgebaut[1] werden können. Diese höhere Geschwindigkeit bei der Entwicklung einer Applikation führt zur echten Unterstützung einer sich rasch verändernden Organisation, die nun, software-technisch gestützt, auf neue oder veränderte Marktanforderungen reagieren kann. Der heutige Mechanismus des einfachen Informationsaustausches im Rahmen der Applikationsintegration[2] kann auf Konzepte wie Zugang, Programmierung und Integration bestehender Services und Applikationen ausgedehnt werden, in dem die bestehenden Applikationen[3] wiederum zu Services werden. Ein wichtiges ökonomisches Argument ist, dass durch den Einsatz von Service Oriented System Engineering (s. Kap. 8) und Service Oriented Computing (s. Kap. 9) das dynamische Wachstum von Applikationsportfolios stark beschleunigt werden kann. Systeme, die z.Z. ein Silodasein als mehr oder minder getrennte Applikationen fristen, können durch das Serviceorientierungsparadigma zu völlig neuen Applikationen kombiniert und so vereint werden.

Aber nicht nur die Software wird durch das Serviceorientierungsparadigma berührt werden, auch unsere Organisationen und Organisationsformen werden sich durch den erfolgreichen Einsatz von Serviceorientierung verändern Servicetechnologien werden durch unsere Gesellschaft geformt und formen gleichzeitig auch unsere Gesellschaft durch ihren Einsatz. Ohne die Idee der Dienstleistungsgesellschaft, welche von Soziologen schon lange formuliert wurde, wäre ein Serviceorientierungsparadigma in der Technik nie entstanden. Umgekehrt wird das Serviceorientierungsparadigma die Fähigkeit der Organisation zum Outsourcing (der Nutzung von externer Dienstleistung) auf globaler Ebene stärken.

Aus Sicht der Organisation resultiert Serviceorientierung aus dem Versuch heraus in der Lage zu sein, Dienstleistungen „outsourcen"[4] zu können. Sogar die IT selbst, ist aus diesem Blickwinkel betrachtet, ein Service, der im entsprechenden Sprachgebrauch einen „customized" Service eines Serviceproviders darstellt. Dieser spezielle IT-Service ist für die Fachbereiche interessant, weil die komplexen Details einer Lösung vom Serviceprovider beherrscht[5] und

---

[1] Legoprinzip

[2] EAI, **E**nterprise **A**pplication **I**ntegration.

[3] Dies kann bei Legacysoftware zum Teil sehr aufwändig sein.

[4] An andere Organisationen auslagern zu können.

[5] hoffentlich...

vor dem Kunden verborgen[6] werden. Folglich muss eine serviceorientierte IT ihre Produkte den Kunden so einfach wie möglich zur Verfügung stellen, mit der Folge, dass diese IT sich immer stärker kundenorientiert aufstellen muss. Eine weitergehende Konsequenz aus dieser verstärkten Kundenorientierung ist, dass die nachfolgende Entwicklung zu immer einfacheren und vor allen Dingen flexibleren Softwarelösungen führen muss, um mit Hilfe der Software die Kundenzufriedenheit zu erhöhen.

Eine andere Sichtweise auf die Serviceorientierung ist die technische Blickrichtung. In den heutigen IT-Systemen spielt die Zielsetzung der möglichen Integration eine wichtige Rolle, da große Systeme aus immer kleineren Komponenten in beliebiger Art und Weise zusammengesetzt werden. Wenn diese Komponenten in Form von Services zur Verfügung gestellt werden, so wird auch hier die implementierte Komplexität vor den Anwendern versteckt. Diesem wird nur ein Interface für die Nutzung nicht jedoch die Implementierung zur Verfügung gestellt. Diese Zielsetzung ist nicht neu, schon die Idee der Objektorientierung als auch die Idee der Komponente haben dieselbe Zielsetzung, den Benutzer vor der Implementierungskomplexität durch ein öffentliches Interface zu schützen.

2.1 Services

Was ist ein Service? Ein Service ist eine Dienstleistung, welche einem Kunden zur Verfügung gestellt wird. Wie jede Form von Dienstleistung haben Services als Charakteristika ein hohes Maß an Kundenbeteiligung in ihrer Definition und Weiterentwicklung, sowie die Schwierigkeit der Standardisierung. Die Schwierigkeit hinter der Standardisierung liegt in dem Wunsch der Kunden begründet, ein hohes Maß an Individualisierung in den Services zu haben. Dieses hohe Maß an Individualisierung schafft umgekehrt Probleme für die Standardisierung, dem genauen Gegenteil einer Individualisierung.

Die Geschäftswelt hat auf ihrem Weg zur Dienstleistungsgesellschaft[7] ein gewisses Maß an Erfahrung über Services, deren Nutzung, Verwendung und Einsatz aufgebaut. Die IT-Welt und hierbei speziell die Softwarestruktur in Form von Services steht jedoch noch am Anfang einer solchen Entwicklung.[8] Services in einer Software müssen dem Anwender eine wohldefinierte Funktionalität in einem veränderbaren Kontext zu verifizierbaren Qualitätskriterien und ab initio festgelegten Preisen bieten können.

Eine interessante Eigenschaft von Services aus der Geschäftswelt wird sehr oft bei der Einführung von Services in der Software übersehen: Erfolgreiche

---

[6] Idealerweise...

[7] Aus soziologischer Sicht die Phase nach der Industrialisierung.

[8] Wenn man bedenkt, dass im Rahmen der Organisationsform einer Softwareentwicklung das Prinzip der Softwarefactory, im Sinne der Industrialisierung von Softwareentwicklung, von einigen Consultingunternehmen empfohlen wird, so lässt sich erkennen, wie weit die IT-Welt der Geschäftswelt hinterherhinkt.

Services werden stets aus der Sicht des Kunden definiert und nicht aus Sicht des Providers! Im Gegensatz dazu entstehen die meisten heutigen Services in der Software aus Sicht des Providers, der sein bestehendes System in Services zerlegt und diese anbietet. Diese Form der Serviceentwicklung führt zu großen Hindernissen bei der Nutzung und Akzeptanz.

2.2 SOC und SOSE

Das **S**ervice **O**riented **C**omputing (SOC) und das **S**ervice **O**riented **S**ystem **E**ngineering (SOSE) sind zwei Entwicklungsparadigmen, welche die Services als fundamentale Elemente zur Entwicklung von Applikationen und anderen Services einsetzen.

Das Paradigma der Serviceorientierung bezieht sich nicht nur auf Organisationen und die Art und Weise, wie Software produziert wird, sondern auch auf die Software selbst bzw. auf ihre Architektur. Technisch gesehen erzeugt das Service Oriented Computing keine neuen Lösungsmöglichkeiten, da dieselben Lösungen auch mit CORBA (s. Abschn. 6.3.2) oder anderen Aufrufmechanismen[9] gebaut werden könnten. Aus diesem Grund ist die Einführung eines Serviceorientierungsparadigmas auch eine viel stärker philosophisch ausgerichtete Frage nach dem Gesamtkontext und der Veränderung aller Beteiligten denn ein originär technisches Problem.

Etwas mehr Klarheit bei der Softwareproblemstellung erhält man, wenn man sich die Unterschiede zwischen der Serviceorientierung auf der einen und der Objektorientierung auf der anderen Seite betrachtet. Obwohl beide ähnliche Zielsetzungen haben, in dem sie Funktionalität hinter einem Interface verstecken und damit funktionale Kapseln sowie eine gemeinsame Messageorientierung bilden, so zeigen sich doch Unterschiede. In der Objektorientierung wird die Funktionalität durch Objekte oder Klassen gekapselt, welche diese Funktionalität als Methoden anbieten. Im Serviceorientierungsparadigma wird die Funktionalität als Prozedur eines Services geliefert. Der größte Unterschied ist jedoch die Behandlung von Zuständen. Objekte werden gebaut, um damit Zustände in ihren Attributen halten zu können. Aus diesem Grund sind fast alle Objekte in der Objektorientierung, bis auf triviale Ausnahmen, zustandsbehaftet. Im Gegensatz dazu werden Services nicht entworfen, um Zustände zu halten, es wird stets versucht, sie zustandslos zu halten. Aber in der realen Welt macht es wenig Sinn, nur zustandslose Services zu haben, denn dies würde bedeuten, dass der Zustand jedes Mal beim Aufruf eines Services vollständig mitgeliefert werden müsste. Aus diesem Grund ist es sinnvoll, dem Service Zugang zu den Zustandsinformationen zu geben. Aber dieser Zugang sollte auch den allgemeinen Prinzipien der Serviceorientierung genügen. Diese Serviceorientierung impliziert, dass die Services nach fachlichen Gesichtspunkten, relativ grobgranular, entstehen und alle voneinander unabhängig sind. Im

---

[9] RPC, DCOM, RMI...

Gegensatz hierzu führt die Objektorientierung durch das Prinzip, dass alles in Form von Objekten beschrieben wird, zu komplexen Netzen aus Objekten, in denen eine recht hohe Zahl von Relationen das fachliche Wissen zu einem gewissen Grad sogar externalisiert. In dem Serviceorientierungsparadigma sind die Interfaces breiter und die ausgetauschten Messages größer, was wiederum stärker der „Lebenserfahrung" des Menschen entspricht.

In der Praxis ist jedoch oft eine Mischung aus beiden Paradigmen, Objektorientierung und SOC zu beobachten. Oft werden die Services einer SOC, nicht aus fachlichen Gesichtpunkten konstruiert, sondern die Technik ist die treibende Kraft. Es entsteht eine Art Wrappingschema, um bestehende Objekte als Services darstellen zu können. Dieser Zugang führt nicht wirklich zu einer SOA (s. Kap. 5) oder folgt der Grundidee des SOC da er generell das Prinzip der losen Koppelung eklatant verletzt.[10]

2.3 Heutiger Zustand

Die heutigen Organisationen sind durch das Phänomen der gewachsenen Architekturen[11] geprägt. Diese Architekturen sind meist nicht planvoll, sondern durch ein zunehmendes Wachstum der Applikationen auf der einen Seite und simultan durch die Einführung immer neuer Architekturformen auf der anderen Seite entstanden. Diese Abfolge der Architekturen legt sich über die Organisation als Ganzes und erzeugt ein Muster, welches einer Abfolge von erkalteten Lavaströmen ähnelt.[12] Neben den diversen Architekturen gibt es noch eine Vielzahl von Kommunikations- und Integrationsformen, die sich über die Organisation und alle ihre Partner verteilen. Integrationsformen rangieren von Diskettenaustausch, Tapetransfer über FTP, E-Mail bis hin zu CORBA und Webservices.

Im Rahmen des Serviceorientierungsparadigmas müssen alle diese Architekturen aufgebrochen und in Services überführt werden. Ein solches Unterfangen bindet auf lange Zeit erhebliche Kräfte in den Organisationen und verlangt sehr hohe Investitionen, schließlich wird die Gesamtmenge der Software, welche sich in den letzten 30 Jahren angehäuft hat, verändert. Ob dies tatsächlich sinnvoll ist, oder ob es nicht einfacher wäre, Teile der bestehenden System einzufrieren und lange mit einer Koexistenz zwischen diversen Architekturformen zu leben ist eine Frage, die sich nur im Einzelfall klären lässt, dieser Ansatz kann betriebswirtschaftlich interessant sein, minimiert er doch die notwendigen Investitionen. Aber wie bei jeder neuen Technologie verspre-

---

[10] Obwohl es von Vertretern dieses Zugangs oft als Implementierung einer SOA verkauft wird. Speziell im CORBA-Umfeld ist dies technisch recht einfach möglich. Eine solche Implementierung sollte man allerdings nicht SOA, sondern „CORBA through Port 80" nennen.

[11] Accidential Architecture

[12] Lava Flow Pattern

chen auch hier die Anhänger, dass die Einführung einer Serviceorientierung alle Probleme der Vergangenheit lösen kann.[13]

2.4 SOA

Technologien und Softwareparadigmen schlagen sich stets auch in der Architektur nieder. Die aus dem Serviceorientierungsparadigma entstehende Architektur wird als **S**ervice **O**riented **A**rchitecture (SOA) bezeichnet. Eine solche SOA ist die Folge und simultan auch die notwendige Voraussetzung für die Zerlegung bestehender und den Aufbau neuer Applikationen aus Services.

Tabelle 2.1: Evolution der Architekturen

Gebiet	1960-70	1980-90	1990+	1995+	2000+	2010+
Marktimperativ	Marktanteile	Effektivität	Dezentralisierung	Kundenbindung	Real Time Enterprise	Service Oriented Enterprise
Architektur	Mainframe	Module	Client-Server	Applikationsserver	SOA	SOA
Zielvorstellung	Skalenökonomie	Business Process Reengineering	Business Applikationen	Kundenbindung	Entflechtung	Serviceökonomie
Treiber	Status Quo, keine Skalierung	sinkende CPU Kosten	PC und Netzwerke	WWW	Webservices	semantische Services

In Veröffentlichungen wird sehr oft der Begriff SOA identisch zum Serviceorientierungsparadigma gesehen, obwohl beide etwas völlig anderes beschreiben. Diese Vermischung verwirrt viele Leser. Selbst der Begriff SOA wird nicht einheitlich genutzt und diverse Autoren definieren ihn unterschiedlich, so z.B.:

- *Arsanjani* –

    SOA is not a product – it's about bridging the gap between business and IT through a set of business-aligned IT services using a set of design principles, patterns and techniques.

---

[13] Die Geschichte der Softwareindustrie ist voll von diesen Versprechungen, von denen in der Vergangenheit keines eingehalten wurde:
Durch Objektorientierung wird alles billiger und schneller...
Durch CASE-Tools wird alles billiger und schneller...
Durch UML wird alles billiger und schneller...
Mit MDA wird es billiger und schneller...
Mit Java wird es einfacher...

Tabelle 2.2: Paradigmenwechsel

Zeitraum	Revolution	Computing Paradigma	Architektur
1970-80	Mainframe	Monolithisch	Single Tier
1980-90	Midrange	Abteilungsorientiert	Single Tier
1990-95	Client/Server	Power für den Desktop	2 Tier
1995-2000	Web	Portale und Backendsysteme	3 Tier
2000+	SOA	servicebasiert	servicebasiert

- *Sprott und Wilkes –*

  Service Oriented Architecture (SOA) is the policies, practices and frameworks that enable application functionality to be provided and requested as sets of services published at a granularity relevant to the service requestor, which are abstracted away from the implementation using a single, standards based form of interface.

- *Erl –*

  SOA is a form of technology architecture that adheres to the principles of service orientation. When realized through the Web services technology platform, SOA establishes the potential to support and promote these principles throughout the business process and automation domains of an enterprise.

- *Gartner Group –*

  Essentially, SOA is a software architecture that builds a topology of interfaces, interface implementations and interface calls. SOA is a relationship of services and service consumers, both software modules large enough to represent a complete business function. Services are software modules that are accessed by name via interface, typically in request-reply mode. Service consumers are software that embeds a service interface proxy (the client representation of the interface).

- *van Zyl –*

  Service based architecture [SOA] is a layered architecture that separates the usage and definition of software components, from the implementation software architecture in order to define software-as-services using a common standard.

- *W3C –*

  A Service Oriented Architecture (SOA) is a form of distributed systems architecture. [It consists of] a set of components which can be invoked, and whose interface descriptions can be published and discovered.

  A service is an abstract resource that represents a capability of performing tasks that form a coherent functionality from the point of view of providers entities and requesters entities.

- *Gioldasis* –
  Service-Oriented Architecture (SOA) refers to an application software topology according to which business logic of the applications is separated from its user interaction logic and encapsulated in one or multiple software components (services), exposed to programmatic access via well defined formal interfaces. Each service provides its functionality to the rest of the system as a well-defined interface described in a formal markup language and the communication between services is platform and language independent.

- *plenum* –
  Eine Anwendungsarchitektur, in der die Funktionalitäten als unabhängige Services mit wohldefinierten aufrufbaren Interfaces vorliegen, so dass sie – in einer sinnvollen Reihenfolge aufgerufen – einen Geschäftsprozess abdecken.

Diese verschiedenen Definitionen einer SOA zeigen die unterschiedlich gesetzten Schwerpunkte des Serviceorientierungsparadigmas auf. Je nach dem zu untersuchendem Aspekt ist es besser, folgende Begriffe zu unterscheiden:

- **S**ervice **O**riented **C**omputing (SOC) (s. Kap. 9) – Der Bau von Services.
- **S**ervice **O**riented **A**rchitecture (SOA) (s. Kap. 5) – Die aus der Nutzung von Services resultierende Architektur.
- **S**ervice **O**riented **P**latform (SOP) (s. Kap. 6) – Die Infrastruktur für den Einsatz und die Entwicklung von Services.
- **S**ervice **O**riented **S**ystem **E**ngineering (SOSE) (s. Kap. 8) – Die Vorgehensweisen zum Bau und Einsatz von Services.
- **S**ervice **O**riented **E**nterprise (SOE) (s. Kap. 4) – Die Struktur der servicenutzenden und -erzeugenden Organisation.

Die Modewelle SOA und Serviceorientierung wird jedoch nicht nur auf technischer, sondern auch auf persönlicher Ebene Auswirkungen auf Einzelne haben:

> *More CIO's[14] will lose their job over SOA implementations than lost their job over ERP[15] implementations.*
>
> Jeff Schneider

Die Versprechungen von Unternehmen in Bezug auf SOA und Serviceorientierung sind immens, besonders gefördert wird dies durch die implizite Allianz von Werkzeugherstellern und Consultingunternehmen; beide haben ein großes Interesse daran, an dem SOA-Hype zu partizipieren. Wie auch bei vergangenen „IT-Hypes" üblich wird von den Herstellern und Consultingunternehmen

---

[14] **C**hief **I**nformation **O**fficer. Manche sind der Ansicht, es wäre die Abkürzung für *Career is over...*

[15] **E**nterprise **R**esource **P**laning

stets versprochen, dass mit einer SOA[16] alles besser wird. Es wird eine Revolution mit immensen Einsparungen prognostiziert. Die Liste der Versprechungen liest sich wie ein Wunschzettel jeder Organisation, die massiv IT einsetzt:

- *SOA wird es ermöglichen, schnell und einfach auf Veränderungen zu reagieren, nicht nur funktional, sondern auch geographisch und in Bezug auf die gewählte Plattform oder den Lieferant.* – Funktionale Veränderungen werden über fachliche Anforderungen spezifiziert und führen zu einer Evolution der Software. Die Zeiten sind hier meist durch die Domäne und nicht durch die Software bestimmt. Eventuelle Veränderungen in der Geographie sind immer Veränderungen in der Organisation. Organisatorischer Wandel hat seine eigenen Gesetze und Geschwindigkeiten, die in aller Regel länger dauern als die Software. Der Know-how-Aufbau für eine neue Plattform dauert relativ lange, da Lernkurven in neuen Technologien sehr flach sind. Außerdem verfolgen alle Lieferanten als Ziel ihrer Kundenbeziehungen niedrige Einstiegs- und hohe Ausstiegshürden damit der Kunde nicht wechselt.
- *Einfache Integration mit internen und externen Partnern.* – Die Hauptaufwände bei der Integration liegen nicht im Bereich der technischen, sondern bei der semantischen Integration.
- *Wiederverwendung wird vereinfacht.* – Dieses Versprechen wurde schon bei der Einführung der objektorientierten Sprachen strapaziert und trat nicht ein. Wiederverwendung muss antizipiert, d.h. aktiv angegangen werden. Reaktive Versuche zur Wiederverwendung sind mehr eine Art „Softwaresalvaging".
- *Unterstützung für kurze Produktlebenszyklen.* – Für den Fall des massiven Einsetzens von Wiederverwendung ist dies theoretisch möglich. Praktische Erfahrungen zeigen jedoch, dass Produktzyklen stärker vom Markt, dem Marketing und einer organisatorischen Fähigkeit zum Wandel beeinflusst werden als durch Software.
- *Verbesserung des Return on Investment. Durch den Einsatz von austauschbaren Webservices soll sich der ROI verbessern.* – Die Kosten für einen ESB (s. Abschn. 6.3) sind allerdings immens.
- *Geschäftsprozesse werden direkt in die IT abgebildet.* – Das Alignment ist etwas komplexer als gemeinhin angenommen wird.[17]
- *Reduktion von Entwicklungskosten.* – Da es heute keine expliziten Modelle für eine Serviceentwicklung gibt, scheint es sich hierbei um Wunschdenken zu handeln.
- *Die Informationsarchitektur wird transparent.* – Im Gegenteil, die zunehmende Verknüpfung der Services führt zu einem komplexen Gesamtsystem.

---

[16] Oft mutiert dabei die eigentliche Architektur (SOA) zum Überbegriff für Serviceorientierung.

[17] *Masak, D.:* 2006, IT-Alignment, Springer.

- *Die Benutzung von Standards sichert Interoperabilität.* – Die technische Interoperabilität ist ein relativ kleines Problem. Interoperabilität zeigt sich heute primär auf der semantischen Ebene (s. Abschn. 9.19).
- *Durch die Einführung von SOA und Services wird sich die Datenqualität erhöhen.* – Ein Trugschluss; Datenqualität ist eine Folge von hoher Qualität bei der Entstehung von Daten. Erst wenn der Erzeuger von Daten einen echten Anreiz hat, hohe Qualität zu liefern, entsteht Datenqualität.
- *Die IT-Governance wird einfacher.* – Durch die zunehmende Komplexität wird dies ad absurdum geführt. Außerdem können Ultra Large Scale Systeme entstehen, die sich der Governance verweigern (s. Kap. 10).
- *Services, speziell Webservices*[18] *benötigen keine Programmierung.* – Diese Verheißung wird von Werkzeugherstellern genutzt, um ihre Generatoren zu verkaufen, die automatisch generierten Services führen fast immer zu einem chaotischen System.

Diese ganzen Versprechungen sind nicht zu halten, viel sinnvoller ist es, sich mit den Möglichkeiten, Chancen und Risiken des Serviceorientierungsparadigmas auseinander zu setzen und dann selbst zu urteilen. Der Trend zur Serviceorientierung ist nicht aufzuhalten und wird in den nächsten Jahren unsere Umgebung bestimmen. In gewisser Weise ist dies auch die Folge der zunehmenden Informationsmenge. Schon in den siebziger Jahren wurde die Folge der Informationszunahme vorhergesagt:

> *What information consumes is rather obvious: it consumes attention of its recipients. Hence a wealth of information creates a poverty of attention and a need to allocate that attention efficiently among the overabundance of information sources that might consume it* [19]

Daher muss die zunehmende Informationsmenge durch immer weniger Aufmerksamkeit bearbeitet werden, mit der Folge, dass Information zunehmend automatisiert verarbeitet wird. Einer der Gründe für die öffentliche Aufmerksamkeit für Serviceorientierung und speziell für SOA ist die Tatsache, dass die Serviceorientierung eine hervorragende Metapher für nicht technisch orientierte Menschen ist. Diese können nun auch den Wert einer Architektur verstehen und den Herausforderungen der Veränderung und Anpassung in Organisationen und Technik begegnen. Der wirkliche Mehrwert einer SOA ist, dass es die erste Architektur ist, die Software und Organisation transzendiert. Langfristig gesehen muss die Serviceorientierung sowohl Auswirkungen auf die Betriebssysteme als auch die zur Verfügung stehende Hardware haben. Heutige Ansätze eines Hardware Abstraction Layers[20] bauen auf der Idee einer generischen Hardware auf, es ist z.Z. noch unklar, wie eine serviceorientierte Hardware oder ein serviceorientiertes Betriebssystem konzipiert sein könnte.

---

[18] s. Abschn. 5.4

[19] *Simon, H.*: 1971, Designing Organizations for an Information-rich World, The John Hopkins Press.

[20] So z.B. in Windows und Linux.

3

Serviceorientierungsparadigma

Der Begriff „Service" wird in vielfältiger Weise im IT-Bereich verwendet. IBM z.B. bietet seinen Kunden einen „Service on Demand". Webservices wurden in letzter Zeit zumindest in der Presse sehr bekannt. Provider, welche Applikationen über das Netz zur Verfügung stellen, werden auch als Application Service Provider bezeichnet (ASP). Es gibt also in jeder Organisation eine ganze Reihe verschiedener Bereiche, in denen Services heute vorkommen. Der Erfolg des **W**orld **W**ide **W**eb (WWW) hängt unter anderem davon ab, dass es serviceorientiert aufgebaut ist. Wenn man es grob vereinfacht, so existiert im WWW hauptsächlich der Service „Seite abrufen". Dieser Service kann von einer großen Nutzergruppe verwendet werden, er wird durch den Aufruf der entsprechenden Internetseite angefordert. Es spielt keine Rolle, welchen Browser oder welches Betriebssystem der Nutzer verwendet[1], um eine Seite abzurufen. Ebenso wenig ist die verwendete Webserversoftware oder das verwendete Betriebssystem des Webservers von Bedeutung.

Ein Service in der Software zu definieren ist nicht ganz einfach, obwohl es einem intuitiv klar erscheint, daher betrachten wir zunächst einmal, was ein Service nicht ist. Ein Service ist nicht das selbe wie eine Komponente, wie man sie aus der komponentenbasierten Softwareentwicklung her kennt, wenngleich viele Konzepte auch auf die serviceorientierte Softwareentwicklung übertragen werden können. Eine andere Vorstellung ist, dass ein Service

---

[1] Zumindest in der Theorie. Es hat immer wieder Versuche von Microsoft gegeben ihr eigenes Webserverprodukt IIS nur durch den Internet Explorer „vernünftig" darstellbar zu machen oder durch die Einbettung von ActiveX-Elementen diese Seiten nur aktiv nutzbar zu machen, wenn der Nutzer den Internet Explorer von Microsoft einsetzt.

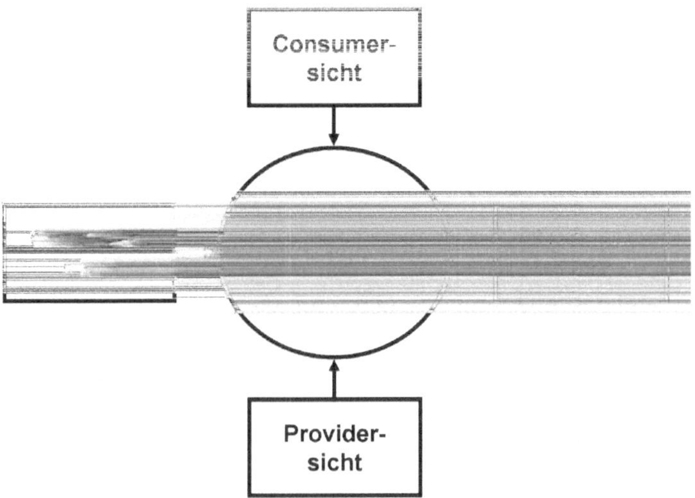

Abb. 3.1: Die unterschiedlichen Sichten auf einen Service

von einer Komponente implementiert wird und der Service damit nur das Interface der Komponente darstellt. Diese Betrachtungsweise ist etwas zu eng. Ein Service beinhaltet zwar auch ein Interface, zusätzlich dazu existiert aber ein Vertrag, welcher Eigenschaften enthält, welche die Semantik betreffen und die nicht über ein Interface definiert werden können. Dazu gehören Qualitätseigenschaften wie Verfügbarkeit oder Performance, die auch im Sinne eines juristischen Vertrages vereinbart werden können. Dafür reicht dann die Beschreibung eines Interface nicht mehr aus, sondern es bedarf eines komplexen **S**ervice **L**evel **A**greements (SLA), wie man es aus der **IT-I**nfrastructure-**L**ibrary (ITIL) kennt, in dem Rechte und Pflichten von Serviceprovider und Serviceconsumer klar geregelt sind.

Die Nutzung unterschiedlicher Perspektiven ist wichtig für das Verständnis eines Services. Hier gibt es zwei wesentliche Sichtweisen:

- Geschäftssicht – Die Geschäftssicht betrachtet einen Service als Teil einer Geschäftstransaktion, die in einem Vertrag beschrieben und die durch die Geschäftsinfrastruktur durchgeführt wird. Was ein Service leistet, ist eng verknüpft mit den Erfahrungen des Geschäftsbereichs. Einen Service auf dieser Seite bezeichnet man mit dem Begriff Geschäftsservice (genau wie eine Dienstleistung). Typische Eigenschaften eines solchen Geschäftsservices sind:
  - Geschäftsvisibilität – Ein Service muss etwas sein, wofür Kunden bereit sind, etwas zu bezahlen. Die Kunden ihrerseits erhalten etwas, das für sie von Wert oder von Nutzen ist. In diesem Zusammenhang muss der Begriff „Kunde" weiter gefasst werden als im Bereich des Produktkaufs.

Als Kunden werden nicht nur externe, sondern auch interne Consumer
des Services bezeichnet.
  – Technologie – Hierbei steht das, was implementiert werden soll im Fo-
    kus, nicht wie etwas implementiert werden soll.
  – Kontext – Die Services werden durch ihren jeweiligen fachlichen Kon-
    text definiert.
- Techniksicht – Ein Service stellt eine mehr oder minder abgeschlossene
  Funktionalität bereit, wobei die Semantik eines Services in Form eines
  Interfaces beschrieben wird. Eigenschaften technischer Services sind:
  – Technologie – Bei technischen Services steht die Technologie, also wie
    etwas implementiert werden soll, im Vordergrund.
  – Kontext – Ein Service ist eine vom Kontext gekapselte und abstrahierte
    Funktionalität.

Es existieren einige Unterschiede zwischen den Sichten und damit auch zwischen den daraus abgeleiteten unterschiedlichen Servicedefinitionen. Der wesentliche Unterschied beider Sichten liegt in der Betrachtung des Kontexts
begründet. Für Geschäftsservices ist der Kontext von großer Wichtigkeit; alle Organisationen arbeiten schließlich in einem dynamischen Marktumfeld.
Werden Marktchancen ergriffen, so wird von dieser Seite erwartet, dass neue
Services erstellt oder bestehende Services verändert werden. Die technische
Seite ist bestrebt, den Kontext möglichst statisch zu halten, da nur so die
Forderung nach Effizienz und Wiederverwendbarkeit erreicht werden kann.
Diese Differenzen lassen sich nicht wirklich überbrücken. Die negativen Effek-
te lassen sich aber abmildern, indem kommuniziert wird, welche Bedeutung
ein Service etwa auf organisatorischer Ebene hat oder wie wichtig Wiederver-
wendung für einen implementierten Service ist.

Zusätzlich zu den beiden Perspektiven Geschäfts- und Techniksicht existieren auch eine Consumer- und eine Providerperspektive. Die Implementierung
ist Teil der Providersicht und muss für den Consumer von geringem Interesse sein. Die Providersicht überschneidet sich mit der Geschäftssicht[2] und der
technischen Sicht[3]. Die Consumersicht ist mehr auf die Geschäftssicht fokussiert. Wenn ein Consumer einen Service in Anspruch nimmt, muss für ihn der
Wert des angebotenen Services schon vorab erkennbar sein. Ist dies der Fall,
stellt der Service eine Schnittstelle zwischen Geschäftswert und Implementierung dar.

---

[2] Was wird implementiert und warum?
[3] Wie wird es implementiert?

3.1 Paradigma

Die Verwendung von Services in Organisationen und in der Software folgen einem gemeinsamen Grundsatz, dem „Paradigma[4] der Serviceorientierung":[5]

> *Alle Funktionen in einem realen System, seien es Abläufe in Organisationen, Prozesse, Aktivitäten, Funktionen in Softwaresystemen, Applikationen, Teile von Applikationen oder Softwarefunktionen lassen sich als Services darstellen und aus Services aufbauen!*

Oder kürzer formuliert:

> *Alles, was aus- oder durchgeführt werden kann ist ein Service!*

Hierbei hat jeder Service mindestens einen Provider (den Lieferanten) und einen Consumer (den Kunden oder Nutzer). Außerdem ist jeder Service in seiner Funktionalität und seinen Randbedingungen vorab definiert und diese Bedingungen sind sowohl dem Provider als auch dem Consumer bekannt.

3.2 Service

Der Ursprung der Idee des Services liegt in den Dienstleistungen, dies hat zur Folge, dass es Unterschiede zwischen Produkten und Services gibt. Unabhängig von einer exakten Definition des Begriffs Service teilen sich in der Praxis alle Services eine Reihe von Eigenschaften:

- Services stellen Fähigkeiten oder Funktionen zur Verfügung.
- Services sind sofort nutzbar.
- Services haben ein wohldefiniertes Verhalten.
- Services haben definierte Ein- und Ausgaben.
- Services werden „gemanaged", um nichtfunktionale Ziele zu erfüllen.
- Services werden aufgebaut und eingesetzt, damit ein organisatorisches Ziel erreicht werden kann.
- Services sind modellierbar.
- Services sind zusammenbaubar[6], um damit neue Services zu erzeugen.

Ein Service unterscheidet sich von klassischen Produkten[7] durch folgende Merkmale:

---

[4] Paradigma aus dem Griechischen $\pi\alpha\rho\alpha\delta\epsilon\iota\gamma\mu\alpha$ aus $\pi\alpha\rho\alpha$ (neben) und $\delta\epsilon\iota\gamma\nu\nu\alpha\iota$ (zeigen). Spötter behaupten ein Paradigma sei die Summe aller Vorurteile, die über etwas existiere.

[5] s. auch Servicedefinition, S. 18.

[6] Servicekomposition, s. Abschn. 9.18.

[7] Die Debatte über den Unterschied zwischen Produkten und Services (Dienstleistungen) geht auf Adam Smiths *The Wealth of Nations* zurück, welcher als erster einen Unterschied postulierte.

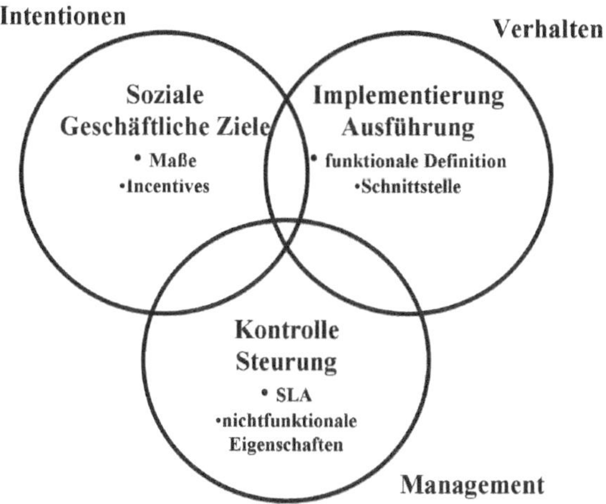

Abb. 3.2: Unterschiedliche Sichten auf Services

- Services sind nicht direkt greifbar[8]. Folglich können sie weder inventarisiert noch patentiert werden und ihr Wert ist nur schwer quantifizierbar, wobei die Nichtgreifbarkeit sich in zwei Dimensionen vollzieht. Zum einen sind Services physisch ungreifbar, d.h. sie können nicht berührt oder betastet werden, zum anderen sind sie mental ungreifbar, d.h. sie können nicht mental als ein Gegenstand[9] verstanden werden.
- Services sind heterogener und vielgestaltiger als Produkte, da sie oft von Menschen direkt erzeugt werden. So sind Kategorien wie Wiederholbarkeit und Vorhersagbarkeit oft nur schwer anwendbar.
- Services werden fast gleichzeitig produziert und verbraucht, im Gegensatz zu Produkten, welche meistens eine Lagerhaltung haben. Zentralisierung und Massenproduktion sind für Services problematisch. Dieses Kriterium ist nicht besonders trennscharf, da es viele Services gibt, die separat vom Consumer durchgeführt werden.[10]
- Services sind „verderblich"[11], nicht so Produkte, d.h. Services können nicht gespeichert werden, aber aus Sicht des Consumers kann das Ergebnis des Services durchaus unverderblich sein.
- Die Qualität eines Services hängt von vielen sehr schwer kontrollierbaren Faktoren ab. Da ein Schwerpunkt der Services im direkten Kundenkontakt

---

[8] intangible

[9] Ein Konto auf der Bank oder ein Lebensversicherungsvertrag sind zwar nicht physisch greifbar, stellen jedoch mental Gegenstände dar und sind somit Produkte.

[10] Paketdienste oder Reinigungen führen einen Großteil ihrer Tätigkeiten vom Consumer separat durch.

[11] perishable

besteht, hat dies hat zur Konsequenz, dass die Qualität des Services von der Fähigkeit des Kunden determiniert wird, sich zu artikulieren bzw. der Provider in der Lage ist dem Kunden zuzuhören.

- On-demand-Delivery – Die Services werden meistens direkt durch die Nachfrage nach ihnen ausgelöst.
- Im Gegensatz zu Produkten ist die Preisbildung bei Services oft schwer.

Damit diesen unterschiedlichen Charakteristika Rechnung getragen werden kann, muss eine umfassende Servicedefinition sehr abstrakt sein, die in diesem Buch verwandte Definition von Service ist daher:

Ein Service ist die Summe des beobachtbaren Verhaltens eines Systems (genannt Serviceprovider), gegeben durch die Menge aller möglichen Interaktionen und deren Relationen zwischen dem System und seiner Umgebung.

Diese Definition ermöglicht es, Services als systemtheoretische Gebilde (s. Kap. 11) zu fassen und dem Serviceparadigma folgend alles als Service aufzufassen. Dieses Servicekonzept ist das Resultat der Trennung zwischen dem internen (Implementation) und externen (Interface) Verhalten eines Systems. Für den Consumer (als Teil der Umgebung) ist nur der externe Teil interessant. Implizit lässt sich aus dieser Definition eine Reihe von Eigenschaften für die Services ableiten:

- Ein Service hat einen Grad an Autonomie, da ohne Autonomie ein System überhaupt nicht identifizierbar ist.
- Services besitzen ein Interface (eine Schnittstelle), dieses wird durch die Grenze zwischen System und Umgebung gebildet. Da der Consumer ein Teil der Umgebung ist, bildet seine Umgebungsteilmenge das für ihn wahrnehmbare Interface. Der andere Teil der Grenze zur Umgebung bildet für den Service den Kontext.
- Da Systeme zu größeren Systemen zusammengesetzt werden können, gibt es auch die Möglichkeit zur Servicekomposition.
- Die funktionalen Eigenschaften sind die erwarteten Verhaltensmuster des Systems und ergeben sich aus dem Interface.
- Die nichtfunktionalen Eigenschaften sind die durch den Kontext (ohne den Consumer) ausgelösten Verhaltensmuster des Systems.

3.2.1 Funktionale Eigenschaften

Ein Service muss hinreichend gut beschrieben werden. Speziell dann, wenn der Consumer den Provider nicht kennt, ist eine semantisch reichhaltige und strukturell gute Beschreibung notwendig, damit ein Service auch entdeckt und nachfolgend eingesetzt werden kann.

Die funktionalen Eigenschaften eines Services beschreiben die fachlich gewünschten Funktionen, die der Service erfüllen soll; das, was er tatsächlich für seinen Kunden durchführt.[12] Die funktionalen Eigenschaften beschreiben die Wirkung, nicht die Implementierung des Services, folglich wird hier die Grenze zur Umgebung und nicht die Substruktur des Systems beschrieben. Neben der Festlegung von dem, was durchgeführt werden soll, wird auch der Informationsfluss für den Service beschrieben. Services, die durch Menschen durchgeführt werden, wie z.B. Reinigung, Outsourcing oder Reparaturen, werden im Allgemeinen auch als manuelle Services oder Dienstleistungen bezeichnet. Für die manuellen Services sind wir in den meisten Fällen gewohnt, aus kultureller Erfahrung die Funktion implizit zu definieren. Oft werden Service und Berufsbezeichnung[13] austauschbar genutzt, und andere Services und deren Berufsbezeichnungen sind schon fast vollständig verschwunden[14]. Bei diesen Services herrscht eine kulturelle Übereinkunft von dem, was auszuführen und zu liefern ist. Eventuelle Details über die funktionale Definition dieser Services aus juristischer Sicht erfahren wir erst im Konfliktfall mit dem jeweiligen Serviceprovider (Handwerker) oder beim Lesen der allgemeinen Geschäftsbedingungen.

Bei manuellen Services gestaltet sich der Informationsfluss in Form eines Dialogs zwischen dem Kunden (Serviceconsumer) und dem „Handwerker" (Serviceprovider). Die starke menschliche Verflechtung und das iterative Verhalten aller Beteiligten ermöglicht es, dass sich diese Services auf diverse Kontexte einstellen können.[15]

Im Fall von Software werden die funktionalen Eigenschaften von Services durch Interfaces (Schnittstellen), sowie den Vor- und Nachbedingungen spezifiziert. Services in der Software erzeugen ein eindeutiges syntaktisches Verhalten auf Grund der Tatsache, dass die genutzten Programmiersprachen Anforderungen an den Typ der Information in Form von Datentypen stellen, im Gegensatz zu manuellen Services.

3.2.2 Nichtfunktionale Eigenschaften

Eine Servicebeschreibung besteht neben der Funktionalität des Services auch aus der Beschreibung der nichtfunktionalen Eigenschaften. Speziell das Fehlen von Beschreibungen nichtfunktionaler Eigenschaften verhindert eine „vernünftige" Suche und Entdeckung von Services. Sinnvolle nichtfunktionale Eigenschaften für einen Service sind:

- Name des Providers – Provider müssen eine eindeutige und verifizierbare[16] Identität haben. Die logische Folge einer Identität ist die Existenz eines eindeutigen Namens und die Zugehörigkeit zu einer Organisation.

---

[12] Allerdings nur aus Sicht des Kunden.

[13] Heizungsbauer, Maurer...

[14] Kesselflicken, Hochzeitsladen, Dengeln...

[15] Viable System Services sind der Versuch, diese Flexibilität auch auf Software zu übertragen, s. Abschn. 12.1.

[16] Die Verifikation kann auch über Dritte, so z.B. Trustcenter, erfolgen.

- Zeit – Angaben über die Servicezeiten oder auch Wochentage sind wichtige Größen für den Consumer.[17]
- Ort – Obwohl es in den meisten Fällen transparent sein sollte, wo der Service tatsächlich ausgeführt wird, kann der Ausführungsort bezüglich rechtlicher Belange oder Sicherheitsaspekte durchaus relevant sein. Bei nicht-IT-basierten Services kann es durchaus sein, dass der Service nur an einem bestimmten Ort durchgeführt werden kann oder darf.
  Neben den klassischen Formen der Ortsangabe können Telephonnummern oder URI-Adressen bei SLA-Verletzungen Kontakte und Möglichkeiten zum Ausweichen anbieten.
- Verfügbarkeit – Unter Verfügbarkeit versteht man die Kombination aus den zeitlichen und örtlichen Aspekten der Services.
- Obligation – Stellt die Verpflichtungen von Provider und Consumer dar.
- Preis – Neben dem Preis pro Serviceaufruf sind auch andere Formen von Preismodellen möglich:
  - Flat Rate,
  - Bulk Rate,
  - Prime Rate.
- Zahlungsmodalitäten – Analog zum Preis der Services kann auch die Art und Weise der Zahlung relevant sein.
- Strafen – Werden Zahlungsmodalitäten oder Obligationen verletzt, so treten die entsprechenden Strafen ein.
- Sprache.
- Qualität des Services (s. Abschn. 5.6).
- Sicherheit.

Für die Serviceconsumer sind die funktionalen und nichtfunktionalen Eigenschaften von Services zum Teil nicht voneinander unterscheidbar, insofern ist eine solche Unterteilung bis zu einem gewissen Grad willkürlich. Je bekannter und standardisierter die funktionalen Eigenschaften von Services sind, desto stärker rücken die nichtfunktionalen Eigenschaften bei der Entscheidung des Kunden für einen spezifischen Serviceprovider in den Vordergrund.

3.3 Enterprise Architekturen

Was bedeutet es, eine Serviceorientierung zu haben? Oder ist eine Service Oriented Architecture die Antwort auf alle Fragen? Um die Auswirkungen des Serviceorientierungsparadigmas auf die Architektur einer Organisation und einer Software beurteilen zu können sollte man versuchen, die Serviceorientierung mit Hilfe von „klassischen" Architekturframeworks zu beschreiben.

Die Architektur ist die abstrakte Struktur einer Aktivität. Die hier genutzte Definition des Begriffs Architektur ist:

---

[17] Der Service Personentransport der Deutschen Bahn kennt Wochen- und Feiertagsfahrpläne.

Eine Architektur ist eine formale Beschreibung eines Systems, ein detaillierter Plan des Systems und seiner Komponenten, die Struktur der Komponenten, ihre Wechselwirkungen, ihre Prinzipien und Richtlinien, die ihren Entwurf, ihre Entwicklung und Implementierung steuern.

Innerhalb von Organisationen können durchaus mehrere unterschiedliche Architekturen parallel zueinander existieren. Die diversen Sichten auf das Gesamtsystem Organisation, Prozesse und Software werden in ihrer Gesamtheit als Enterprise Architektur bezeichnet. Eine solche Enterprise Architektur überspannt auch immer mehrere technische Systeme. Eines der Ziele hinter einer Enterprise Architektur ist es, ein möglichst hohes Maß an Alignment zwischen den fachlichen Prozessen und Strukturen auf der einen Seite und der IT auf der anderen Seite zu erreichen. Eine Enterprise Architektur besteht in ihrer Gesamtheit aus vier separaten Teilbereichen:

- Geschäftsprozessarchitektur,
- Applikationsarchitektur,
- Informationsarchitektur,
- Technologiearchitektur.

Die vier Architekturkategorien werden stets gemeinsam betrachtet, da eine explizite Separation für eine übergreifende Betrachtung nicht besonders sinnvoll erscheint. Die Abhängigkeiten und Wechselwirkungen dieser verschiedenen Teile sind viel zu groß. Der Einsatz einer Enterprise Architektur unterstützt jede Organisation, welche auf Informationstechnologie angewiesen ist, in hohem Maße. Innerhalb einer Enterprise Architektur gibt es keine effektiven Grenzen bezüglich der Fähigkeit zum Informationsaustausch zwischen verschiedenen Organisationsteilen.

Nicht nur die reine Geschäftsprozessarchitektur hat Auswirkungen auf die Applikationsarchitektur, die Architektur in Organisationen ist auch immer ein soziales Phänomen, denn Konflikte in der Architektur repräsentieren oft Konflikte zwischen unterschiedlichen sozialen Gruppen. Der Konflikt ist aber nicht die Frage der reinen Zusammenarbeit auf Bitebene, sondern der Konflikt resultiert aus der unterschiedlichen Semantik, welche die Beteiligten anwenden. Die entstandenen Architekturen spiegeln die Abhängigkeiten und Konflikte der verschiedenen Beteiligten wider. Umgekehrt kann Software aber auch Kommunikationskanäle aufbauen, die vorher nicht vorhanden waren, mit der Folge, dass es zu einer wechselseitigen Beeinflussung kommt.

3.4 Zachman-Framework

Das Konzept von Enterprise Architekturen geht zurück auf die achtziger Jahre des letzten Jahrhunderts. Einer der führenden Köpfe der Architekturbewegung, John Zachman, erkannte den Wert der Nutzung einer abstrakten Architektur für die Integration von Systemen und ihrer Komponenten. Zachman entwickelte die Analogie zum Gebiet der klassischen Bauarchitektur und nutzte später Konzepte aus der Flugzeugindustrie, um Geschäftsprozessaspekte in seinem Zachman-Framework abzudecken. Seit diesen Anfängen sind eine Reihe von Frameworks publiziert worden, die alle dieselbe Zielsetzung verfolgen, eine Organisation strukturell zu beschreiben.

Die Zielsetzung hinter dem Zachman-Framework ist es, eine Richtlinie für den Anwender zu erstellen, so dass er sich nicht in der Komplexität einer vollständigen Gesamtsystemarchitektur verliert. Das Framework zerlegt die enorme Komplexität des Gesamtsystems in handhabbare Teilstücke (s. Tab. 3.1 und Abb. 3.4). Außerdem ermöglicht das Zachman-Framework die Isolation von diesen Teilstücken, damit eventuelle Fehler oder Störungen nicht weiter durch das Gesamtsystem propagieren können. Diese Isolation ist ein wichtiger Aspekt, da ein einzelner Mensch auf Grund der Komplexität nicht das Gesamtsystem in allen Abhängigkeiten und Details wahrnehmen kann.

Tabelle 3.1: Das Zachman-Framework

	Perspektive	Daten	Funktionen	Netzwerk	Personen	Zeit	Motivation
	Rolle	Was?	Wie?	Wo?	Wer?	Wann?	Warum?
Scope	Planer	Wichtige Daten	Kernprozesse	Orte	Organisationen	Ereignisse	Geschäftscode
Konzept	Besitzer	Datenmodell	Geschäftsprozessmodell	Logistisches System	Workflowmodell	Masterplan	Businessplan
Systemmodell	Designer	Klassenmodell	Systemarchitektur	Verteilungsarchitektur	Benutzerinterface	Prozessstruktur	Businessrollen
Technisches Modell	Implementeur	physische Daten	technisches Design	technische Architektur	Präsentation	Kontrollstruktur	Regelentwurf
Detaildarstellung	Subkontraktor	Datendefinition	Programm	Netzwerkarchitektur	Sicherheitsarchitektur	Timing	Regelspezifikation
Funktionen		benutzbare Daten	Modul	physisches Netzwerk	Organisation	Zeitplan	Arbeitsstrategie

Jede einzelne Zelle des Zachman-Frameworks repräsentiert einen speziellen Fokus und eine besondere Perspektive. Jeder Fokus, die Frage nach dem

Was, Wie, Wo, Wer, Wann und Warum ist durch die jeweilige Spalte und die Perspektive, die eigentliche Sicht, durch die Zeile gegeben.

Die einzelnen Zeilen wirken wie Zwangsbedingungen aufeinander, wobei sie in ihrer Hierarchie von oben nach unten angeordnet sind, d.h., die erste Zeile setzt die Rahmenbedingungen für die zweite Zeile, die zweite für die dritte, und so weiter, daher nimmt die Zahl der Bedingungen oder Entscheidungen von oben nach unten zu. Auf dem Weg von oben nach unten werden auch immer mehr Bedingungen aufgesammelt und so wird das System immer stärker eingeengt. Die Gegenrichtung stellt dabei das technisch Machbare dar. In dieser Richtung sind die Zwangsbedingungen allerdings meist weniger restriktiv als die in der Gegenrichtung.

Die erste Spalte, die Spalte der Datenmodelle, ist die wohl am Besten erforschte, da hier eine große Zahl von Modellierungstechniken existiert. Von oben nach unten rangiert die Spalte von einem ausgedehnten logischen Modell (oben) hin zu einer echten Datenbank (unten) (s. Tab. 3.1). Die zweite Spalte des Zachman-Frameworks wird meistens in Verbindung mit der Datenmodellierung genutzt, dabei erstreckt sich die funktionale Modellierung, angefangen von Geschäftsprozessmodellen (oben) bis hin zu Modulen in einem Programm (unten). Die dritte Spalte zeigt die Verteilung von Organisationen (oben) bis hin zu einem konkreten Ethernet (unten) an. Die drei letzten Spalten sind, zumindest aus technischer Sicht, nicht so stark strukturiert. Hier stehen die organisatorischen und ablauforganisatorischen Strukturen im Vordergrund. Hinter dem Zachman-Framework stecken 6 Fragen:

- Was ist für das Geschäft, in dem sich die Organisation befindet, wichtig? Die Antwort auf diese Frage liefert eine Liste von Objekten oder Gütern, mit welchen sich die Organisation intensiv beschäftigt.
- Was läuft innerhalb der Organisation ab? Dies ist auch die Frage: Wie funktioniert eigentlich die Organisation? Hier werden die Prozesse und Funktionen dargestellt.
- Wo werden die Prozesse durchgeführt? Ergebnis dieser Frage ist eine Liste der geographischen Orte, an denen die Organisation operiert.
- Welche Suborganisationen sind wichtig? Bei dieser Fragestellung werden die Organisationsteile identifiziert, welche das Kerngeschäft unterstützen.
- Welche Ereignisse sind wichtig? Diese Frage zielt darauf ab, die zeitliche Entwicklung der Organisation beschreiben zu können. Diese Information besitzt eine immense Wichtigkeit bezüglich des Grades an Flexibilität, welche eine Organisation haben muss.
- Welche Ziele und Strategien gelten in dem entsprechenden Marktsegment?

Dieses Framework kann eingesetzt werden, um Architekturen und Fragestellungen oder organisatorische Probleme zu analysieren.

Wie erscheint die Serviceorientierung im Blickfeld des Zachman-Frameworks (s. Abb. 3.4)?

- Serviceorientierungsparadigma – Eine der Annahmen der Serviceorientierung ist, dass sich die Welt in Services zerlegen lässt, welche sauber von-

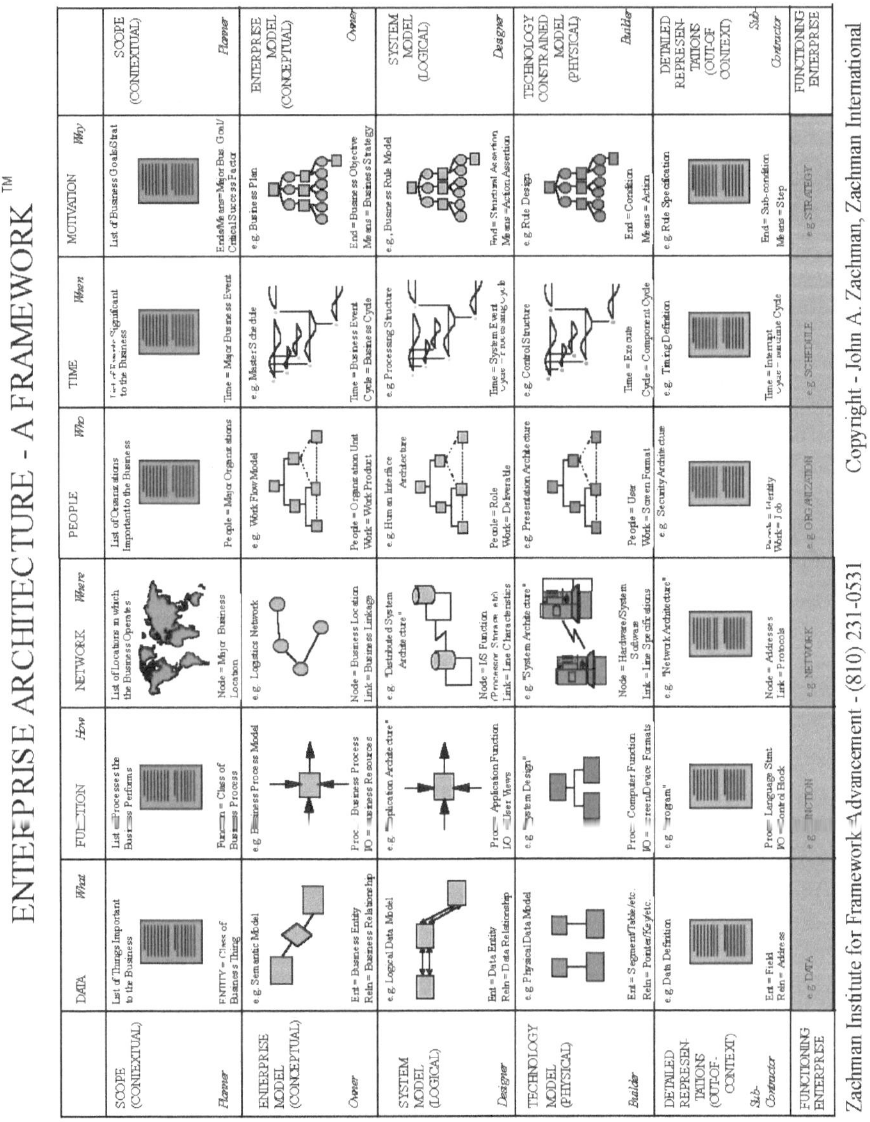

ENTERPRISE ARCHITECTURE - A FRAMEWORK ™

Zachman Institute for Framework Advancement - (810) 231-0531   Copyright - John A. Zachman, Zachman International

Abb. 3.3: Das Zachman-Framework

einander getrennt sind und klare unmissverständliche Interfaces haben. Von daher muss eine Organisation dieses Paradigma übernehmen, um sich selbst danach zu strukturieren. Dies hat zur Folge, dass alle Teile der Motivation als funktionale Services definiert werden. Wenn dies in konsequenter und konsistenter Art und Weise geschieht, so können die so entstehenden lose gekoppelten Services in gewünschter Weise out- oder ingesourced wer-

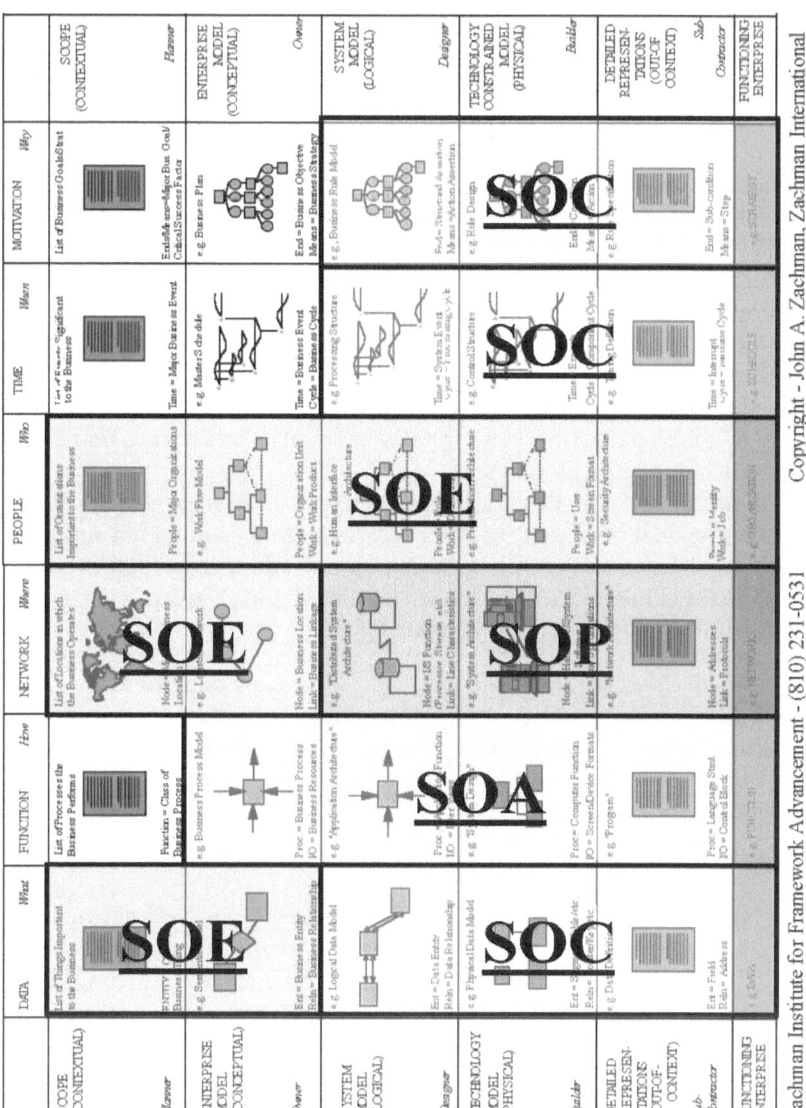

Abb. 3.4: Das Serviceorientierungsparadigma im Zachman-Framework

den. Letztlich entstehen sogenannte Shared Service Center, mit der Folge einer gesteigerten Flexibilität der gesamten Organisation. Das Serviceorientierungsparadigma erreicht eine Zerlegung der Organisation in einzelne Services.

- SOE (s. Kap. 4) – Ein Service Oriented Enterprise verbindet die einzelnen Geschäftsprozesse in einer horizontalen Weise, weg von der traditionellen Spartenorientierung mit all ihren Konsequenzen für Organisation und IT-Systeme. Obwohl das Konzept von Services schon seit Jahrzehnten zum Repertoire von System- und Softwarearchitekten gehört, wird es erst jetzt als eine Möglichkeit für die Strukturierung von Organisationen erkannt, mit der Folge, dass Führungskräfte und ganze Organisationen umdenken müssen. Mehr noch, in dem Serviceorientierungsparadigma muss eine Organisation sich quasi „neu erfinden".

- SOA (s. Kap. 5) – Eine SOA ist keine Architektur, sondern ein Architekturprinzip. Als solches durchdringt die SOA große Bereiche des Zachman-Frameworks (s. Abb. 3.4). Der kritische Punkt ist, dass nicht nur die Software in Form einer SOA vorliegen muss, auch die Organisation und die Geschäftsprozesse müssen dem Serviceorientierungsparadigma genügen, damit ein echter Mehrwert entstehen kann.

- SOC (s. Kap. 9) – Services werden heute als Erweiterung und Nachfolger der Komponenten angesehen.

- Migration – Trotz aller Idealvorstellungen ist die reale Welt in einer Organisation noch sehr weit vom Serviceorientierungsparadigma entfernt. Auch ist es abzusehen, dass ein Übergang viele Jahre, sogar Jahrzehnte in Anspruch nehmen wird. Von daher ist ein Migrationsplan auf allen Ebenen des Zachman-Frameworks notwendig.

Am hohen Grad der Überdeckung des Zachman-Frameworks (s. Abb. 3.4) durch das Serviceorientierungsparadigma lässt sich ablesen, wie fundamental der Eingriff durch die Serviceorientierung in allen Bereichen der Organisation und Software ist. Die meisten Zellen des Zachman-Frameworks sind durch die Serviceorientierung betroffen.

Tabelle 3.2: Die Serviceerweiterung Zachman-Framework (s. Tab. 3.1)

	Perspektive	**Beispiel**	**Provider/ Consumer**	**Service**
Scope	Planer	strategische Definition des Kerngeschäfts	Domäne	Geschäfts- modell
Konzept	Besitzer	Definition der Kernservices	Hauptlieferanten, Partner, Kunden	Outsourcing, SLAs
Systemmo- dell	Designer	Marktsegmen- tierung	B2B, B2C	Kunden- orientierung
Technisches Modell	Implementeur	Systemintegra- tion	CRM, ERP, Bro- ker	Informations- verfügbarkeit
Detaildar- stellung	Subkontraktor	IT-Outsourcing	Soft- und Hard- warelieferanten	Support, Maintenance

Eine andere Verknüpfung zum Zachman-Framework ist es, dieses um eine zusätzliche Spalte für Services zu erweitern (s. Tab. 3.2). Die unterschiedlichen Perspektiven auf die Services zeigen die verschiedenen Randbedingungen auf, unter denen die Beteiligten (s. Tab. 3.1) agieren:

- Planer – Der Planer beschäftigt sich mit der strategischen Ausrichtung; er definiert die Geschäftsstrategie und Mission der Organisation.
- Besitzer – Der Besitzer befasst sich mit den von Providern gelieferten Services und formuliert neue Geschäftsmodelle, um Partner und Consumer zu beliefern.
- Designer – Der Designer entwickelt spezifische Serviceanpassungen für die einzelnen Marktsegmente der Consumer.
- Implementeur – Der Implementeur konzentriert sich auf die technologische Implementierung des entworfenen Services und integriert ihn in das Gesamtsystem Organisation.
- Subkontraktor – Der Subkontraktor ist seinerseits ein Serviceprovider und garantiert die Verfügbarkeit des von ihm gelieferten Services.

3.5 TOGAF

Eine Architektur ist nie statisch, sie entwickelt sich und muss sich permanent weiterentwickeln. Diese Entwicklung unterliegt einem Regelwerk. Der Entwicklungszyklus einer Architektur (s. Abb. 3.5) besteht aus einem iterativen Prozess. Der bekannteste Vertreter für Architekturentwicklungsmodelle ist das **T**he **O**pen **G**roup **A**rchitecture **F**ramework (TOGAF). Die verschiedenen Phasen der Entwicklung werden in TOGAF definiert und abgegrenzt. Alle diese Phasen unterliegen Änderungen bei der Einführung der Serviceorientierung.

- Prinzipien – Die Entscheidung darüber, welche konkreten Architekturframeworks genommen werden und welche Prinzipien für die Entwicklung der Architektur gelten sollen, fällt an dieser Stelle, sowie die Frage nach der Wiederverwendung von bestehenden Teilen. Die Arbeit an der Architektur wird üblicherweise beeinflusst durch Architektur- als auch Geschäftsprozessprinzipien, wobei die Architekturprinzipien selbst wiederum auf Geschäftsprozessprinzipien aufbauen. Diese Phase wird nicht durch die Serviceorientierung verändert, da es hier primär um die Steuerung eines Architekturmetaprozesses geht.
- Vision – In der Vision werden der Leistungsumfang und die Grenzen der Enterprise Architektur festgelegt. Die Vision der Enterprise Architektur ist sehr weitreichend, da die Vision die Zielsetzung der gesamten Organisation überdecken können muss. Die Vision ist der verpflichtende Vertrag zwischen der Enterprise Architektur auf der einen Seite und den Softwareentwicklern und Fachbereichen auf der anderen Seite. Während eines einzelnen Zyklus stellt die Vision eine Konstante dar. Die Vision wird

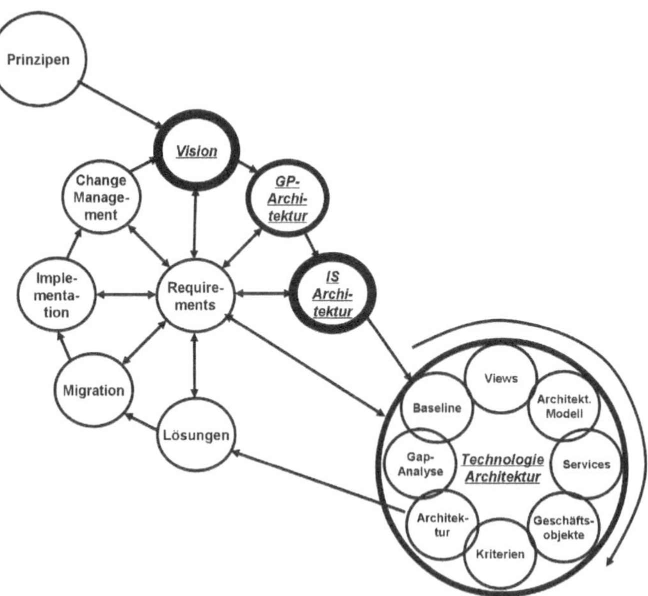

Abb. 3.5: Der TOGAF Architekturzyklus. Die von der Serviceorientierung betroffenen Phasen sind hervorgehoben.

sehr stark durch die Serviceorientierung beeinflusst, da jetzt völlig neue Geschäftsprozessarchitekturen und Governancemodelle denkbar werden. Eine Vision muss es sein, Strukturen ähnlich einem Service Oriented Enterprise (s. Kap. 4) zu entwickeln. Im Rahmen dieser Vision muss auch eine Vorstellung darüber entwickelt werden, wie eine SOA (s. Kap. 5) überhaupt aussehen kann, bzw. wie eine geänderte Geschäftsprozessarchitektur die Organisation verändert.

- Geschäftsprozessarchitektur – Die Geschäftsprozessarchitektur (s. Kap. 7) ist der zentrale Bestandteil jeder Entwicklung. Neben der Beschreibung der momentanen Situation der Geschäftsprozesse ist die Formulierung der zukünftigen Geschäftsprozessarchitektur ein Muss. Der Unterschied zwischen Ist- und Sollzustand ist für die weiteren Phasen und deren Planung sehr wichtig. Das tiefe Verständnis für die Geschäftsprozesse und das Primat der Fachlichkeit jeder Lösung stellt einen kritischen Erfolgsfaktor für jede Entwicklung dar. Im Rahmen der Serviceorientierung muss sich die Geschäftsprozessarchitektur auf die Einführung von Business Services vorbereiten. Die Geschäftsprozesse müssen als Services modelliert und in solche zerlegt werden. Eine solche „neue Form" der Modellierung kann ein radikaler Bruch mit bestehenden Modellierungstechniken sein.

- Informationsarchitektur – Die Visionen und Geschäftsprozessmodelle bzw. -architekturen sind inhärent mehrdeutig, intuitiv und meist auch informell.

Die Funktion der Informationsarchitektur ist es, die Abbildung zwischen den informellen Teilen und den formalen Systemteilen vorzunehmen. An dieser Stelle im Gesamtprozess wird die bisherige informelle Spezifikation in einer formalen Sprache dargestellt.

Ziel ist es, im Rahmen der Informationsarchitektur eine Zielarchitektur für Services zu entwickeln. Welche Entwicklungstechniken stehen hinter der Systemarchitektur? Obwohl diese Techniken schon seit langem in der regulären Softwareentwicklung bekannt sind, zeigt sich heute, dass es eine starke Koppelung zwischen diesen Techniken und der Informationsarchitektur gibt. Diese Techniken beinhalten:

- Abstraktion,
- Information Hiding,
- Kapselung,
- Koppelung und Kohäsion,
- Modularisierung,
- Separation zwischen Implementierung und Interfaces,
- Separation zwischen Policies und Implementierung.

Diese Phase wird, genau wie die vorhergehende, besonders stark durch die Serviceorientierung beeinflusst, da jetzt neue Dekompositions- und Syntheseprinzipien eingesetzt werden.

- Technologiearchitektur – Ein weiterer Teil der Enterprise Architektur ist die Technologiearchitektur. Bei der Einführung von Serviceorientierung wird diese Phase nicht besonders stark beeinflusst, da die heutigen Steuerungs- und Implementierungsmechanismen meist schon ausreichen. Eine Ausnahme ist die Einführung eines Viable System Service (s. Abschn. 12.1), diese führt zu einer großen Veränderung der Mikroarchitektur der Services.

- Lösungen – In dieser Phase werden die Weichen für die Implementierung gestellt. Typischerweise entstehen mehrere Technologiearchitekturen, bzw. Architekturoptionen, zwischen denen dann unterschieden werden muss. Sehr typisch für diesen Schritt ist auch die Evaluierung und Entscheidung zwischen make or buy oder bis zu welchem Grad eine Wiederverwendung von Teilen des bestehenden Systems möglich oder erfolgreich sein kann.

- Implementierungsgovernance – Ziel der Implementierungsgovernance ist es, Richtlinien für alle Implementierungsprojekte zur Verfügung zu stellen. Neben dieser Vorbereitung muss im Rahmen der Implementierungsgovernance auch sichergestellt werden, dass alle Projekte eine Konformität in Bezug auf die Architektur aufweisen.

- Migration – Mit Hilfe der Migrationsplanung können die verschiedenen Implementierungsprojekte priorisiert und gegebenenfalls serialisiert werden. Ohne diese Arbeit ist ein echtes Risikomanagement der Implementierung nicht möglich. In den meisten Fällen hat der Wechsel einer Architektur so hohe Risiken, bzw. drastische Auswirkungen, dass es unmöglich ist, den Wechsel in einem einzigen Schritt zu vollziehen. Von daher sind weiche

Migrationsszenarien mit Fallback-Optionen die einzig valide Möglichkeit für einen realistischen Übergang zur neuen Architektur.

- Architektur-Changemanagement – Die Erfahrung zeigt, dass stets ein vernünftiges und explizites Changemanagement vorhanden sein muss, dies vor allen Dingen unter Berücksichtigung der Tatsache, dass sich in Projekten in der Regel etwa 30% bis 50% der Anforderungen im Laufe des Projektes stark verändern. Umso wichtiger ist ein gutes Changemanagement, wenn ein so essentieller Teil der Organisation wie seine Architektur betroffen ist.

Nicht nur die Architektur an sich, sondern auch die Art und Weise, wie diese sich entwickelt wird durch den Einsatz des Serviceorientierungsparadigmas verändert.

3.6 Systemtheorie

Der Ansatz, eine Organisation mit allen Prozessen und der gesamten Menge an Aktivitäten und Software durch ein Netz von miteinander wechselwirkenden Services zu modellieren, führt dazu, dass Organisationen aus einer Vielzahl von Services aufgebaut sind. Diese haben auf abstrakter Ebene ähnliche Charakteristika und bilden auf Grund ihrer Autonomie in sich geschlossene Systeme. Daher kann die Organisation als ein System von Systemen betrachtet werden. Auf ein solches Konstrukt lassen sich dann auch die systemtheoretischen Methodiken (s. Kap. 10-12) anwenden.

Die gesamte technologische Entwicklung der letzten Jahre strebt in diese Richtung; durch die zunehmende Bandbreite und Geschwindigkeit des Informationsaustauschs als auch der stark gestiegenen Automatisierung sind heutige Systeme deutlich stärker miteinander vernetzt als das zu Zeiten der Legacysysteme der Fall war. Der Endpunkt dieser Entwicklung ist dann ein Ultra Large Scale System (s. Kap. 10). Die angestrebte Autonomie der Services verstärkt diese noch zusätzlich. Mittlerweile sind Phänomene wie Emergenz und nichtlineare Skalierbarkeit in großen Organisationen merklich; diese Phänomene lassen sich nicht durch die Betrachtung einzelner Services oder Teilsysteme erklären, hier bedarf es des Einsatzes der Systemtheorie. Mit zunehmender Abhängigkeit und Wachstum der IT-Systeme treten Fragestellungen in Richtung der Überlebensfähigkeit solcher Konstrukte in den Vordergrund, womit große serviceorientierte Systeme immer stärker natürlichen oder sozialen Systemen ähneln und Fragestellungen nach Selbsterhalt, Selbstorganisation und Selbstreproduktion des jeweiligen Systems immer interessanter werden.

4

Service Oriented Enterprise

...Such creatures as men doubt; but do not stain
The even virtue of our enterprise,
Nor the insuppressive mettle of our spirits,
To think that or our cause or our performance
Did need an oath; when every drop of blood
That every Roman bears, and nobly bears,
Is guilty of a several bastardy,
If he do break the smallest particle
Of any promise that hath pass'd from him.

Julius Caesar
William Shakespeare
1564 – 1616

Was ist eigentlich eine Organisation? Dies lässt sich, analog zur Frage, was ein Service ist, nur schwer beantworten; aber man erkennt eine Organisation, wenn man sie sieht! Unabhängig von einer allgemeingültigen Definition herrscht trotzdem eine Übereinstimmung darüber, welche Eigenschaften Organisationen haben müssen:

- Organisationen setzen Technologien ein, um Probleme zu lösen, die viele Menschen betreffen.
- Organisationen bestehen immer aus mehreren „Teilnehmern" (Menschen, künstliche Systeme, Organisationen).
- Organisationen führen Aktivitäten systematisch und koordiniert durch.
- Organisationen haben Ziele[1].
- Organisationen werden durch ihre Umwelt beeinflusst und beeinflussen ihre Umwelt (s. Kap. 11).
- Organisationen haben Wissen, Kultur, Gedächtnis und Fähigkeiten, welche über den einzelnen Teilnehmer hinausgehen.

Der Hintergrund für die Schaffung einer Organisation ist, dass sie die Limitierungen des einzelnen Teilnehmers in kognitiver, zeitlicher und physischer Sicht überwinden kann, dies gilt auch für den Fall, dass sich mehrere Organisationen zusammenschließen.

---

[1] Die Ziele müssen nicht unbedingt artikuliert worden sein oder von allen Teilnehmern geteilt werden.

Eine eingeschränkte Form einer Organisation ist die formale Organisation. Alle formalen Organisationen haben einen legalen Status[2], der über den des einzelnen Teilnehmers hinausgeht und als eine zusätzliche Schicht aufgepfropft auf die informelle Organisation verstanden werden sollte. Eine solche Differenzierung macht auch die häufig zu beobachtende Differenz zwischen der vermeintlichen Organisation und der tatsächlichen wahrgenommenen verständlich.

4.1 Entwicklungsstadien einer Organisation

Alle Organisationen verändern sich; das müssen sie permanent tun, um zu überleben. In den letzten Jahren ist der Druck auf die Organisationen, sich zu verändern, aber noch stärker geworden. Jede Organisation ist heute mit der Frage konfrontiert: Wie lange kann ich noch profitabel auf dem Markt überleben? Obwohl dies allen Organisationen und ihren jeweiligen Führungskräften klar ist, haben die wenigsten explizite Strategien für die Evolution der eigenen Organisation als Ganzes formuliert. Das Fehlen einer solchen expliziten Strategie führt dazu, dass einer der beiden folgenden Wege eingeschlagen wird:

- „Höher, schneller, weiter"– Diese Strategie nimmt implizit an, dass ein härteres und schnelleres Arbeiten das Überleben sichert, es führt aber im Endeffekt zu einer Art „Burn-Out".
- „Deus ex machina[3]"– Die Hoffnung, dass von irgendwoher eine technische Lösung erscheint. Diese Hoffnung ist in den meisten Fällen falsch[4] und führt nur zu Desillusionierung.

Die Herausforderungen an die Organisationen sind aber nicht, irgendeine beliebige Technik einzuführen, sondern:

- Zukunft – Organisationen müssen für das Morgen entwerfen und nicht eine Fortschreibung der bestehenden Prozesse zum Design erklären. Es stellt sich die Frage nach neuen Aktivitäten und neuen Prozessen.
- Zeitskala – Die Organisation muss sich auf drastisch veränderte Umgebungen einstellen können, vor allen Dingen auf sich ändernde Zeitskalen[5] in der Umgebung.

---

[2] Organisationen wie Drogenkartelle oder terroristische Netzwerke haben nur bedingt einen „legalen" Status, trotzdem benötigen diese Organisationen zumindest intern eine Legitimität.

[3] Innerhalb der Softwareentwicklung auch als Silver Bullet bekannt.

[4] Technik löst keine organisatorischen Probleme, sondern schafft in aller Regel neue, unbekannte Probleme.

[5] Unglücklicherweise tendieren die Zeitskalen auf den Märkten zu immer kürzeren Zeiten hin. Man spricht heute in einigen Märkten von der sogenannten Internetzeit, bei der ein Produkt innerhalb weniger Monate bekannt und profitabel werden muss.

- Effektivität – Die Organisation muss in der Lage sein, rapide Veränderungen schnell und effektiv verkraften und umsetzen zu können.

Damit eine Organisation überhaupt beurteilt werden kann, muss man sich zunächst einmal die „natürliche" Entwicklung einer Organisation vor Augen führen. Alle Organisationen führen ein gewisses Eigenleben, so dass die Entwicklung – inklusive dem Verfall – einer Organisation dem Lebenslauf eines biologischen Systems ähnelt.[6] Die Organisationen sind im Laufe ihrer Entwicklung zwei verschiedenen Entwicklungsprozessen ausgesetzt, die mit unterschiedlichen Geschwindigkeiten vonstatten gehen:

- Evolution – Hierunter werden die langen Wachstumsperioden verstanden, bei denen es zu keiner großen strukturellen Veränderung innerhalb der Organisation kommt.
- Revolution – Bei einer Revolution kommt es in sehr kurzer Zeit zu einer drastischen Veränderung zumindest von Teilen der Organisation. Eine Fusion oder ein Buy-Out sind Beispiele für organisatorische Revolutionen.

Die unterschiedlichen Stadien einer Organisation in ihrer chronologischen Erscheinung sind in Abb. 4.1 dargestellt. Die Evolution von Organisationen ist in aller Regel problemgetrieben, d.h. die Organisation existiert so lange in einer Stufe, bis die nächste Krise eintritt. Die Lösungen der Krisen sind immer kontrollgetrieben: Zuerst werden Kontroll- und Steuerungsmechanismen implementiert, dann folgen die operationalen Aspekte. Nicht alle Organisationen passen exakt in dieses Schema, oft beinhalten die Organisationen Mischformen oder haben etwas andere Ausprägungen der verschiedenen Stadien, aber es ist hilfreich Stereotypen einzusetzen, damit der organisatorische Kontext überhaupt klar wird. Neben den unterschiedlichen Stadien ist bei den meisten Organisationen, langfristig gesehen, ein Größenwachstum zu beobachten. Üblicherweise korrelieren die Größe mit dem Alter und der Führungsstil mit der Größe. Letzteres resultiert aus der Notwendigkeit einer effektiven Kommunikation und Steuerung von großen Organisationen. Im Laufe ihrer Entwicklung durchlaufen die Organisationen verschiedene Stadien:

- Kreativitätsstadium – Das erste Stadium einer Organisation ist das Kreativitätsstadium. Dieses ist dadurch charakterisiert, dass es eine kleine Zahl von Mitarbeitern gibt, welche in aller Regel sehr informell miteinander

---

[6] Allerdings gibt es auch Unterschiede zwischen biologischen Systemen und Organisationen. Tiere extrahieren Energie aus hochwertigem Input (Nahrung) und transformieren diesen Input zu minderwertigem Output (Ausscheidungsprodukte). Im Gegensatz hierzu transformieren die meisten Unternehmen minderwertigen Input und erzeugen höherwertigen Output (Mehrwerterzeugung). Auch beim Wachstum unterscheiden sich Organismen und Organisationen: Im Gegensatz zum Anwachsen von Fettpolstern ist das Wachstum von Organisationen meist funktionaler Natur und im Gegensatz zu den Bäumen, welche ihr Laub verlieren, unterscheidet sich bei einer Organisation das, was abgestoßen wird, nicht fundamental von dem, was aufgebaut wird.

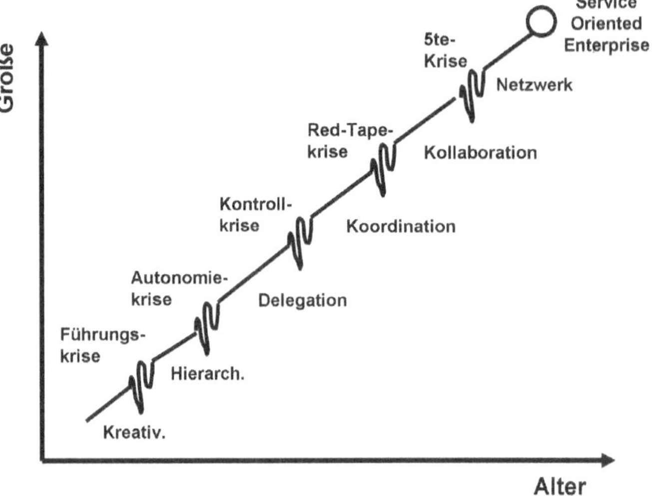

Abb. 4.1: Die Evolutionsstufen einer Organisation

kommunizieren. Die Beziehung zwischen dem Markt (Umgebung) und dem Ergebnis der Aktivitäten ist sehr direkt. Da der Service sehr eng mit der Idee der Organisation verknüpft ist, werden bei vertrieblichen Problemen die Verkaufsaktivitäten verstärkt und nicht die eigenen Services in Frage gestellt. Ein großer Teil der Organisation beruht auf der Fähigkeit, zu improvisieren. Der Führungsstil solcher Organisationen ist oft patriarchalisch und fast immer durch die Persönlichkeit der Gründer geprägt. Das Ende des Kreativitätsstadiums wird bei erfolgreichen Organisationen durch eine „Führungskrise" ausgelöst. Die Organisation ist in gewisser Weise das Opfer ihres eigenen Erfolgs geworden, die Zahl der Mitarbeiter ist mittlerweile für die informellen Kommunikationswege viel zu groß geworden. Explizite Delegierung, Substrukturen und der Aufbau von formalen Geschäftsprozessen führen aus dieser Krise heraus.

- Hierarchiestadium – Die nächste Stufe ist die der funktionalen Organisation. Es bilden sich immer mehr Suborganisationen heraus, welche jeweils spezifische Aufgaben erledigen. Im Laufe der Zeit werden explizite Hierarchien[7] geformt. Die Suborganisationen beginnen oft als Abteilungen und werden im Laufe zunehmenden Wachstums erst als Profitcenter dann als Einheiten ausgegründet. Charakteristisch ist ein hohes Maß an Machtasymmetrie innerhalb der Organisation, es werden definierte formale Kommunikationsstrukturen herausgeformt, Buchhaltung und Verwaltungseinheiten zeigen sich als Substrukturen. Auf Grund der Hierarchie werden alle

---

[7] Aus dem Griechischen ιεραρχια, setzt sich zusammen aus *Hieros* = heilig und *Archos* = herrschen. Ursprünglich bedeutete es *Herrschaft durch den Priester*. Der Begriff wurde auf alle Organisationen verallgemeinert.

Entscheidungen zentral gefällt und der Fokus der Führung ist auf Effizienz der Operationen sowie auf einen hohen Grad an Professionalität innerhalb der Organisation gerichtet. Typischerweise berichtet daher jede Abteilung direkt an die zentrale Führung, welche ihrerseits Weisungen zurückgibt, hier ist nicht nur die Machtverteilung asymmetrisch, sondern auch die Kommunikation: Berichte gehen an die Zentrale und Direktiven von der Zentrale an die Suborganisationen. Die Zentrale[8] entscheidet und delegiert die Ausführung. Ein übliches Kontrollsystem ist es, „Organisationsstandards" und Budgets einzuführen. Die einzelnen Abteilungen fungieren hierbei als Kostenstellen. Mit zunehmendem Wachstum gerät auch diese Organisationsform in eine Autonomiekrise. Die Organisation wird zu groß und zu komplex für eine zentrale Entscheidungsfindung. Zum einen dauern Entscheidungsprozesse zu lange und zum anderen ist das tatsächliche Marktwissen nur noch in den unteren Ebenen der Organisation vorhanden. Aus Sicht der Serviceorientierung formuliert: Die Entscheidung über die Art und Weise des jeweiligen Services wird von dem Consumer und der tatsächlichen Providerorganisation separiert. Charakteristisch ist ein hohes Maß an Selbstbezug und nicht mehr Marktbezug in der Organisation. Die langen Entscheidungswege führen auf Dauer zu einem Nachteil auf sich rasch ändernden Märkten. Die Services werden immer stärker aus der Providersicht (für die Organisation hat die Effizienzsteigerung höchste Priorität) denn aus der Consumersicht definiert und verfehlen[9] daher auf Dauer den Markt.

Die Organisationsstruktur im Hierarchiestadium ähnelt einer Pyramide mit schmaler Spitze und einer breiten Basis. Der Weg von der Entscheidung zur Durchführung ist recht kurz, aber diese Organisationsstruktur leidet unter Kommunikationsdefiziten, da das mittlere Management Information filtert. Kreativität wird nicht gefördert, da sie oft der Hierarchie widerspricht und eine Konzentration auf die Funktion kaum Kreativität freisetzt. Die gesamte Organisation ist nur so gut wie das schwächste Glied. Auf Grund der immer stärker werdenden Konflikte zwischen den Suborganisationen ist die Spitze nur noch mit dem Lösen der Konflikte beschäftigt und verliert den eigentlichen Kundenkontakt. Die Stagnation der Organisation am Markt führt zur nächsten Revolution mit dem Ziel, mehr Autonomie der Suborganisationen einzuführen. Die große Stabilität von Hierarchien erlangen diese durch ihre sehr straffe Kommunikationsform. Eine Hierarchie kann im einfachsten Fall durch zwei Parameter modelliert werden: Der Anzahl von Stufen n und der Spanne, d.h. der Zahl der Untergebenen, s. Die Anzahl der Mitarbeiter N in der hierarchischen Organisation ergibt sich dann zu:

---

[8] In manchen Organisationen ist die Zentrale sogar geographisch vom Rest der Organisation getrennt. Die Möhringer Zentrale von Daimler-Chrysler wurde auch als „Bullshit Castle" bezeichnet.

[9] Außer bei Monopolisten.

$$N = \frac{s^n - 1}{s - 1} \tag{4.1}$$

Hierarchische Organisationen versuchen bei gegebenem N immer ein Optimum aus n und s zu erreichen[10]:

- Berichtsweg – Die Anzahl der Mitarbeiter, die an eine Führungskraft berichten, sollte klein sein; folglich muss n klein sein, was zu einer steilen Pyramide führt (s groß).
- Befehlskette – Kommunikation sollte so direkt wie möglich sein; s klein, ein flache Pyramide, was zu großen Werten von n führt, die eine Führungskraft nicht mehr bewältigen kann.

- Delegationsstadium – Das Hierarchiestadium wird durch die Delegierung von Macht an die einzelnen Organisationsteile aufgelöst, diese verselbständigen sich und werden zu sogenannten „Divisionen"[11]. Jede einzelne Division ist alleine für alle Operationen und Geschäftsergebnisse im Markt verantwortlich (analog zum Kreativitätsstadium). Die Aufgabe des Topmanagements in einer solchen Organisation ist es primär, die langfristige Strategie sowie aktive Akquisitionen von neuen Divisionen zu betreiben. Intern sind die Divisionen meistens hierarchisch oder sogar in Subdivisionen organisiert. Jede einzelne Division ist innerhalb ihres Marktes auf Expansionskurs und versucht ein lokales Optimum bezüglich Profit und Marktanteilen zu erreichen, was in einigen Fällen zu einer innerorganisatorischen Konkurrenz führen kann. Meist folgt die Aufteilung in Divisionen geographischen oder markttechnischen Gegebenheiten. Durch die größere Marktnähe steigt die Chance an, dass „gute" Services für die Consumer geliefert werden. Diese Form der Organisationsstruktur versucht letztlich den Erfolg des vorherigen hierarchischen Stadiums auf verteilter Ebene zu wiederholen.
  Die nächste Revolution wird durch die „Kontrollkrise" eingeleitet: Dadurch die Divisionierung das Topmanagement die Kontrolle verliert, stellt sich auf Dauer die Gesamtorganisation suboptimal dar. Dieser Zustand wird auf organisationspolitischer Ebene dadurch verstärkt, dass die Divisionsmanager nach mehr Macht und mehr Autonomie streben und damit versuchen, die Macht der Zentrale zu untergraben. Der Konflikt setzt sich aber auch horizontal fort: Die einzelnen Divisionen konkurrieren miteinander und kooperieren äußerst selten.
- Koordinationsstadium – Die Krise des Delegationsstadiums wird durch zentrale Koordination bewältigt. Es entsteht eine Struktur, welche dezentral in den Divisionen die Durchführung und die Verantwortung trägt,

---

[10] Ein Netzwerk, welches jeden mit jedem verknüpft, hat

$$N_{\text{Links}} = \binom{N}{2} = \frac{N!}{2!(N-2)!}.$$

[11] Oft auch „Business Units" genannt.

aber zentral plant und standardisiert. Es werden organisationsweite Standards und formalisierte Mechanismen eingeführt, aber die Divisionsstruktur bleibt faktisch vorhanden. Der Fokus des Topmanagements ist es, die einzelnen Divisionen zu Kooperationen zu bewegen und damit eine neue und wiederum „kohärente" Organisation zu erschaffen. Da die Zentrale nun wieder einige Aufgaben übernehmen muss, entstehen neben den Linienfunktionen in den einzelnen Divisionen zentrale Stabsstellen. Das Topmanagement beschränkt sich darauf, eine Reihe von Regeln aufzustellen, lässt aber den einzelnen Divisionen genügend Raum innerhalb des Regelwerks, damit diese konkurrieren können. Wenn eine solche Organisationsform weiter wächst, entsteht die „Red-Tape[12]"-Krise. Immer mehr Governance, Policies, Prozeduren und Formalismen werden eingeführt, der bekannte „Verwaltungswasserkopf" entsteht.

- Kollaborationsstadium – In diesem Stadium der Entwicklung wird die Zentrale entmachtet und die Gesamtorganisation erhält eine Matrixstruktur. Der Fokus des Topmanagements liegt auf dem Lösen von Problemen und der Einführung von Innovationen in der Gesamtorganisation. Es kommt zu Teambildungen, welche funktionsübergreifend organisiert werden. Die aufwändigen formalen Systeme des letzten Stadiums werden vereinfacht; funktionieren kann eine Matrixorganisation allerdings nur dann, wenn innerhalb der Organisation ein hohes Maß an Verständnis und Kooperation vorhanden ist. Mittlerweile sind schon einige Organisationen in diesem Stadium angelangt und spüren die sogenannte „5th-Crisis": Sehr hoher Stress, intensive Teamarbeit und die Schwierigkeit, sich zu verändern. Obwohl Vertrauen eine der Voraussetzungen einer Matrixorganisation ist, resultieren die meisten Matrixorganisationen in Misstrauen mit der Folge, dass der Einzelne sich immer mehr kontrolliert und eingezwängt fühlt. Der starke Einsatz von Kontroll- und Reglementierungsmechanismen ist typisch für Matrixorganisationen und der Ausdruck eines grundsätzlichen Misstrauens dem Einzelnen gegenüber; der Widerspruch aus Kontrolle und scheinbarer Selbstständigkeit wird in der Organisation evident.

- Netzwerkstadium – Meist treten verschiedene Organisationen als Konkurrenten um einen gemeinsamen Markt auf. Konkurrenz ist aber nur eine mögliche Beziehung zwischen zwei Organisationen, eine andere Form ist die der Kooperation. Wenn ein Netzwerk wächst, erreicht es irgendwann einmal eine kritische Masse. Dann zieht es neue Teilnehmer an, erzeugt einen hohen Mehrwert für alle Beteiligten und ist anschließend in der Lage, kleinere Netzwerke zu verdrängen. Innerhalb des Netzwerkstadiums besteht die Gesamtorganisation aus einem Netz von hochgradig autonomen Organisationen, welche eindeutige Services und Produkte mit einer klar umrissenen Funktionalität anbieten. Die Kooperation dieser einzelnen

---

[12] Der Ausdruck „Red Tape" stammt aus dem 17ten Jahrhundert. Juristische Akten wurden mit einer roten Schnur zusammengebunden, welche man durchschneiden musste, damit der Inhalt lesbar wurde.

Teile geschieht auf einer Ad-hoc-Basis, um gemeinsam ein Ziel zu erreichen. Eine besondere Form eines solchen Netzwerks ist unter dem Begriff „virtuelles Enterprise" bekannt.

Tabelle 4.1: Verschiedene Netzwerkformen

Eigenschaft	Koalition	Konföderation	Föderation	virtuelles Enterprise
gemeinsame Systeme	nein	wenige	einige	sehr viele
gemeinsamer Name	nein	manchmal	oft	oft
Franchising	nein	manchmal	manchmal	ja
Entscheidungen	jeder	schwaches Zentrum	starkes Zentrum	kein Zentrum
globale Normen	keine	zentrale Mitglieder	Zentrale und Gremien	Zentrale und Gremien
Kontrolle	keine	Moral und Sanktionen	Sanktionen	Sanktionen und Anreize
Einkauf	Mitglieder	Mitglieder und Kooperation	Mitglieder und Kooperation	Zentrale und globale Akquise
Verteilung	Mitglieder	Mitglieder und Kooperation	Mitglieder und Kooperation	Zentrale

Das Netzwerkstadium einer Organisation lässt sich durch sechs Kriterien beschreiben:

- autonome Teile – Jeder Teil des Netzwerks trifft seine eigenen Entscheidungen. Dabei ist es nicht das Ziel der Teilnehmer, möglichst unabhängig zu sein. Alle Beteiligten sind sich ihrer gegenseitigen Abhängigkeit bewusst.
- einzigartige Rolle – Die Einzigartigkeit eines Teils des Netzwerkes erklärt seine Existenz. Wenn die entsprechende Organisation nicht einzigartig wäre, so würde diese schnell innerhalb des Netzwerks verdrängt werden.
- definierte Leistungen – Die Produkte und Services sind festgelegt und allen Mitarbeitern bekannt.
- Ad-hoc-Basis – Das Netzwerk arbeitet spontan zusammen, um ein gewisses Ziel zu erreichen. Nach der Erreichung des Ziels werden neue Verbindungen für neue Ziele geknüpft und alte gelöst.[13]

---

[13] Im Bereich der Kriminalität lässt sich dies auch beobachten. Die Mafia oder die kolumbianischen Drogenkartelle waren hierarchische Organisationen (s. Abschn. 4.1), neuere Formen des Drogenhandels oder auch des Terrorismus bauen sich aus lose gekoppelten Zellen auf, welche kurzzeitig für ein gemeinsames Ziel zusammenarbeiten; wenn eine Zelle eliminiert wird, übernimmt eine andere deren „Markt".

- Kooperation – Alle Teile des Netzes arbeiten auf freiwilliger Basis zusammen, allerdings mit bindenden Übereinkünften, welche die Erwartungen und Leistungen formalisiert beschreiben, meist in Form von Service Level Agreements.

- gemeinsames Ziel – Ein Ziel wird explizit und klar definiert. In aller Regel wird sich innerhalb des Netzwerks auf einen Weg zur Erreichung des Ziels und der notwendigen Arbeitsteilung geeinigt.

Im Gegensatz zu Hierarchien ist bei Netzwerken oftmals keine einheitliche Führungsebene institutionalisiert, hinzukommt, dass die Grenzen eines derartigen Netzwerkes nur vage und für die Beteiligten subjektiv bestimmbar sind. In der Regel werden interorganisationale Netzwerke zwischen rechtlich unabhängigen, wirtschaftlich aber teilweise abhängigen Organisationen aufgebaut und unterscheiden sich von Hierarchien dadurch, dass die dort vorkommenden Abhängigkeiten durch eine weitestgehend gleichberechtigte Zusammenarbeit zwischen den Organisationen ersetzt werden. Dabei werden die Kompetenzen der Organisationen verknüpft und zu einer gemeinsamen Wertschöpfungskette ergänzt. Der Begriff des Netzwerkes sagt an sich noch nichts über die Machtverteilung innerhalb der Kooperation aus, so kann es vorkommen, dass ein Netzwerk von einem oder aber von mehreren beteiligten Organisationen geleitet wird. Dies hat zur Folge, dass die Beteiligten wechselseitig Einfluss auf Teilprozesse und Ressourcen der anderen Organisationen nehmen müssen. Durch die gleichberechtigte Stellung der Partner innerhalb des Netzwerkes entfällt zudem die hierarchische Anweisung als Koordinationsinstrument und wird durch andere, auf bilateralen Verhandlungen basierenden Konzepten ergänzt. In welcher Form eine interorganisationale Kooperation realisiert wird, kann von verschiedenen Faktoren abhängen, so werden je nach Branche bestimmte Netzwerkformen bevorzugt. Aber auch die im Netzwerk umgesetzten Funktionen oder die bisherige Zusammenarbeit der Organisationen können auf die Art der Umsetzung einer Kooperation einen Einfluss haben.

Derartige interorganisationale Vernetzungen erlauben es gerade kleineren Organisationen, auf ein breiteres Spektrum an Ressourcen zurückzugreifen und eine geringere geographische Ausbreitung durch Nutzung von Softwaretechnologien auszugleichen und so einen breiteren Markt zu erreichen. Dies gilt vor allem in den Bereichen, wo eine für die Lösung der Problemstellung eher enge organisatorische Integration der Organisationen erforderlich ist, was wiederum ein erhöhtes Opportunismusrisiko nach sich zieht und dadurch eine engere institutionelle Abstimmung erforderlich macht, als dies durch eine Marktbeziehung möglich wäre.

Weitere mit einer Vernetzung von Organisationen oftmals einhergehende Potentiale sind, nachdem die eigenen Kompetenzen und Schwächen erkannt wurden, eine positivere Haltung gegenüber der organisationsübergreifenden Zusammenarbeit, eine verbesserte Kommunikation mit den Kunden, aber auch unter den Mitarbeitern selbst. Probleme ergeben sich auch durch die teilweise ungenügende Informationstransparenz zwischen den Beteiligten. Zum einen kann der genaue Beitrag, der speziell mit Hilfe der Kooperation erzielt wurde, nicht immer exakt bestimmt werden, da eventuelle Vergleichswerte in vielen Fällen nicht verfügbar sind. Demzufolge ist nicht nur der eigene Vorteil durch eine Zusammenarbeit schwer bestimmbar, häufig wird auch der Beitrag der Partner falsch eingeschätzt. Dies kann wiederum zu Misstrauen und damit eventuell zu kooperationsschädigendem Verhalten führen. Die Tendenz zu einem opportunistischen Verhalten wird noch durch eine nicht transparente Informationsverteilung sowie eine unklare Darlegung des exakten Ressourcenverbrauchs zwischen den Beteiligten verstärkt werden.

4.2 Virtuelle Enterprises

Ein virtuelles Enterprise ist strenggenommen eine Organisationsform, welche unabhängige Partner vereint, um einen einmaligen Auftrag zu erfüllen und danach wieder aufgelöst wird. Ein virtuelles Enterprise wird versuchen, für jede Teilaufgabe den bestmöglichen Provider einzusetzen, dessen Kernkompetenz identisch mit der Aufgabe sein sollte. Zu den daraus ableitenden Problemen zählen effiziente und durchaus verletzbare Verbindungen zwischen den einzelnen Organisationen. Diese Verbindungen müssen in Bezug auf Flexibilität und Versatilität ein ungleich höheres Maß an Anforderungen erfüllen, als das sonst, im Rahmen einer normalen Organisation, notwendig ist. Als Organisationsform zerfallen diese virtuellen Enterprises in first- und second-level Organisationen. Zu den typischen first-level virtuellen Enterprises zählen Projekte innerhalb eines Konzerns (s. Abb. 4.3), während eine echte virtuelle Organisation zum second-level gehört. Die zeitliche Begrenzung des virtuellen Enterprises ist ein Schlüsselelement zur Unterscheidung der beiden Typen. Der Grund hinter dem Bestreben virtuelle Enterprises zu bilden, liegt in den entstehenden Kosten. Folgt man der Transaktionstheorie, so lassen sich die Kosten für die verschiedenen Organisationsformen recht leicht visualisieren (s. Abb. 4.2). Erst bei sehr speziellen Vorgängen sind die Transaktionskosten innerhalb einer Organisation denen des freien Marktes überlegen. Solche Vorgänge müssen so speziell sein, dass sie keiner Skalenökonomie unterliegen, dann kann auch eine hierarchische Organisation niedrige Transaktionskosten erzielen.

Ein extended Enterprise ist dadurch gekennzeichnet, dass die Topologie mehrere Organisationen überdeckt. Die organisatorisch beeinflussten Systemgrenzen sind oft nur schwer auszumachen. Ein extended Enterprise lässt sich zwar sehr leicht postulieren, doch in der Praxis tauchen einige Probleme auf. Ein besonderes Problem ist die Definition der Grenzen des extended Enterprise. Viele heutige Organisationen glauben ein extended Enterprise zu sein oder sich auf dem Weg dorthin zu befinden, haben jedoch nichts weiter geschafft, als in der Lage zu sein, ausgewählte Partnerorganisationen partiell und statisch in ihre IT-Systeme integrieren zu können. Die meisten EAI-

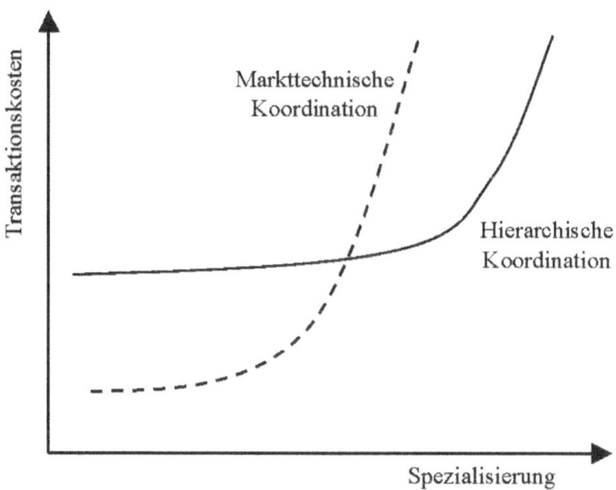

Abb. 4.2: Transaktionskosten als Funktion der Spezialisierung

Systeme reichen nur bis zum Rand der Organisation, aber nicht darüber hinaus, während ein wirkliches extended Enterprise stets eine organisationsübergreifende Integration in Form eines ESBs (s. Kap. 6) benötigt.

Für das virtuelle Enterprise existieren zwei Basistopologien. Zum einen mit einem Provider, der alle Funktionen den Beteiligten zur Verfügung stellt, so z.B. für eine Open Source Entwicklung bei Sourceforge, zumindest wird hier der Repositoryteil zur Verfügung gestellt. Zum anderen einen Provider, der eine erweiterte Plattform, analog einem Bussystem, wie bei der EAI, zur Koordination der individuellen Organisationen, die sich am virtuellen Enterprise beteiligen, zur Verfügung stellt.

Für eine Organisation ist das Serviceorientierungsparadigma nur ein Mittel zum Zweck. Das Problem von Organisationen im Sinne einer Teilnahme, entweder als Provider oder als Consumer kann in strategische, taktische und operationale Blöcke zerlegt werden. Im Rahmen des klassischen Denkens ist die Struktur einer Organisation der Versuch, das organisierte Verhalten der Beteiligten zu kontrollieren.[14] Stellenbeschreibungen sagen dem einzelnen Mitarbeiter, was er tun soll und Hierarchien sagen ihm, auf wen er hören soll, während Querverbindungen ihm aufzeigen, mit wem er zusammenarbeiten soll. Aber diese Struktur der Verhaltensnormierung und -sanktionierung ist inneren Widersprüchen und äußeren Zwängen ausgesetzt und reagiert daher auch auf diese.

---

[14] Nach *Foucault* werden Organisationsstrukturen zur Disziplinierung und Normierung des individuellen Verhaltens entworfen. Bei diesem Entwurf wird festgelegt, was „korrektes" Verhalten ist und wie Abweichungen von dieser Norm sanktioniert werden.

Umgekehrt basiert das virtuelle Enterprise auf der freiwilligen Kooperation unabhängiger Partner. Im Vergleich zu klassischen Organisationen fehlen dem virtuellen Enterprise jedoch einige tragende Elemente. Welche Strukturelemente im Detail fehlen, kann von Fall zu Fall variieren, was dazu führt, dass ein weites Spektrum unterschiedlicher Organisationsformen dem Konzept des virtuellen Enterprises zugerechnet werden kann. Es reicht von einmaligen, temporär befristeten Ad-hoc-Verbindungen bis hin zum eher längerfristig orientierten Netzwerkpool, dessen Mitglieder sich für die Leistungserstellung immer wieder neu zu virtuellen Enterprises zusammenschließen. Dabei bildet das virtuelle Enterprise nicht wirklich eine eigentliche Organisationsform und kann daher nur unzureichend über ihre Strukturmerkmale definiert werden, sondern sollte eher als ein Programm angesehen werden, um eine weitere Flexibilisierung zu erreichen. Virtuelle Enterprises weisen Charakteristika auf, die ungeachtet der spezifischen Ausprägung der Organisation - wenn auch in unterschiedlicher Gewichtung - vorhanden sind.

Obwohl je nach Virtualisierung und struktureller Form die Einrichtung eines zentralen Kerns oder von übergreifenden Rollen zur Koordination beobachtet werden kann, verzichtet die idealtypische Form des virtuellen Enterprises auf die Institutionalisierung zentraler Funktionen zur Gestaltung, Lenkung und Entwicklung der Zusammenarbeit. Anstelle der dadurch fehlenden formalen Regelungen für die Koordination unter den Beteiligten treten informelle, fallweise abgestimmte Vereinbarungen. Dementsprechend weisen virtuelle Enterprises meist flache und dezentrale Entscheidungshierarchien auf. Dieser Mangel an zentralen Strukturen wird durch die Vernetzung der Kooperationspartner mittels Software ausgeglichen. Aus dieser Perspektive kann ein virtuelles Enterprise als eine interorganisationale, softwaregestützte Verbindung von Organisationen angesehen werden. Somit wird durch interorganisationale virtuelle Strukturen ein durchgängiger softwaregestützter Informationsfluss entlang der Wertschöpfungskette und damit die Integration der Transaktionspartner zu einem echten Verbund möglich.

Ein weiteres kennzeichnendes Element virtueller Enterprises ist ihre temporäre Ausrichtung. Virtuelle Enterprises sind Ad-hoc-Netzwerke, die zum Zweck der Erfüllung einer spezifischen, genau festgelegten Leistungserstellung gegründet werden, um nach Erreichen der Zielsetzung wieder aufgelöst[15] zu werden. Sich auf aktuelle Kundenbedürfnisse hin auszurichten ist der Grund für die Konstitution des virtuellen Enterprises. Für die Erfüllung der Aufgaben stellen die einzelnen Kooperationspartner ihre Kernkompetenzen und ihre Ressourcen zur Verfügung. Durch eine derartige, auf jeden Auftrag hin neu strukturierte Kombination der Services und dem damit möglichen flexiblen Zugriff auf andere Organisationen, wird es für die Einzelorganisationen möglich, ohne große und auf lange Sicht gebundene Investitionen oder zeitintensive Bildung eigener Einrichtungen, auf verändernde Kundenbedürfnisse flexibler zu reagieren. Durch eine veränderbare Konfiguration können die orga-

---

[15] Desintegration

nisatorischen Strukturen dem jeweiligen Auftrag angepasst werden, wodurch eine optimierte Serviceleistung erst möglich wird. Bei virtuellen Enterprises dominiert die Ablauf- gegenüber der Aufbauorganisation. Die Konturen zwischen den virtuellen Strukturen, den jeweils beteiligten Organisationen sowie den Systemgrenzen sind einem ständigen Wandel unterworfen, wodurch sie zunehmend verschwimmen und oft nicht mehr klar wahrzunehmen sind. Außerdem zeichnet sich in dieser arbeitsteiligen Serviceleistung das virtuelle Enterprise durch ein einheitliches Auftreten gegenüber Kunden und Konkurrenten aus und erscheint dadurch für den Außenstehenden wie eine real existierende Organisation.

Die zeitliche Befristung der Zusammenarbeit im virtuellen Enterprise sowie die fehlende Absicherung der beteiligten Organisationen durch detaillierte formale Regelungen begünstigen jedoch oft eine opportunistische Haltung. Fehlende direkte persönliche Kontakte verstärken dieses Spannungsfeld noch zusätzlich. Dem kann nur entgegen gewirkt werden, wenn zwischen den Beteiligten ein gewisses Maß an Übereinstimmung hinsichtlich der Organisationskultur sowie ihrer Zielsetzung herrscht. Darüber hinaus sollte der jeweilige Nutzen der Zusammenarbeit für die Beteiligten schon zu Beginn der Kooperation klar definiert sein.

Gerade kleineren und mittleren Organisationen bieten derartige virtuelle Enterprises die Möglichkeit, auf die Globalisierung zu reagieren, indem sie sich zu strategischen Kooperationen zusammenschließen. Durch den dadurch entstehenden Kooperationsverband ist es den Organisationen möglich, auf einen schnelllebigeren Markt zu reagieren und multinationale, zweckorientierte Netzwerkzusammenschlüsse aufzubauen, auch ohne hohe Investitionen für einzelne Wertschöpfungsprozesse zu tätigen.

Durch die flexible Integration von Kernkompetenzen kann im Vergleich zu hierarchisch orientierten Organisationen eine lokale Anpassung vorgenommen werden, ohne das Gesamtsystem zu ändern, womit eine spontane, schnelle und kostengünstige Reaktionsfähigkeit möglich wird. Durch die Eigenständigkeit der beteiligten Organisationen ist es möglich, ihre jeweiligen Kompetenzen zu bündeln[16] und damit das Spektrum der Wertschöpfung zu erhöhen, was wiederum zu einer gesteigerten Innovationsfähigkeit führt und damit die Möglichkeit eröffnet, auch hochspezialisierte Aufgabenstellungen zu lösen. Zudem können durch die flacheren Hierarchien eventuell vorkommende Veränderungen oder Störungen effizienter wahrgenommen und entsprechend darauf reagiert werden, da langwierige Vorbereitungsphasen entfallen. Bei gleichzeitiger Nutzung von Mengeneffekten ermöglichen virtuelle Enterprises den Erhalt einer hohen organisationalen Agilität und stellen somit für eine Organisation ein Instrument zur Ausschöpfung von spezifischen, temporär befristeten strategischen Marktchancen dar. Der Akquisitionsradius, der an dem virtuellen Enterprise beteiligten Partner, vergrößert sich und ermöglicht eine verbesserte Kapazitätsauslastung. Wie alle Netzwerkformen hat auch das virtuelle

---

[16] Eine „Best of Breed"-Strategie.

Enterprise mit dem Problem der möglichen geringen Integration von Mitarbeitern zu kämpfen. Durch die sich ständig veränderten Grenzen sind die beteiligten Einzelorganisationen nicht mehr so klar wahrnehmbar, wodurch eine fehlende Sozialisation der Mitarbeiter noch verstärkt werden kann. Im Gegensatz zu stabilen kooperativen Netzwerken, die nicht derartigen temporären Beschränkungen unterworfen sind, müssen sich sowohl die Mitarbeiter als auch die Organisationen selbst zusätzlich immer wieder mit den in der jeweiligen Zusammenarbeit aufeinander treffenden multiplen Organisationskulturen auseinander setzen. Aus diesem Grund muss bei dem Aufbau dieser Organisationsform verstärkt auf kulturelle Übereinstimmung der Partner geachtet werden.[17] Klare Aufgabenteilung und Kompetenzen sowie umfassende Informationen über die anderen Teilnehmer können Mitarbeitern - vor allem während der Aufbauphase einer virtuellen Kooperation - helfen, eventuelle Inkompatibilitäten der Partnereinheiten leichter zu erkennen und gegebenenfalls zu überwinden. Auf diese Weise ist ein Vertrauensaufbau auch ohne persönlichen und direkten Kontakt möglich.

Die grundlegende Zielsetzung des virtuellen Enterprises ist eine schnelle Reaktionszeit auf die Veränderungen der Umgebung. Folglich muss der Fokus eindeutig auf der Serviceerbringung liegen und nicht auf den der eigentlichen Kooperation vorausgehenden Vorbereitungen. Die dadurch möglicherweise fehlende Absicherung der Partner und detaillierte Regelung der Zuständigkeiten kann in einer Kultur münden, welche Opportunismus begünstigt. Grundsätzlich bedeutet die Teilnahme an einem virtuellen Enterprise in vielen Fällen sowohl für das Management als auch für die Mitarbeiter ein radikales Umdenken bisher gewohnter traditioneller Abläufe.

Virtuelle Objekte[18], so auch virtuelle Enterprises, können letztlich über vier Merkmale der Virtualität definiert werden:

- Konstituierende Charakteristika, die sowohl das ursprüngliche, als auch das virtualisierte Objekt aufweisen.
- Physikalische Attribute, die üblicherweise mit dem ursprünglichen Objekt assoziiert sind, beim virtualisierten Objekt aber nicht mehr vorhanden sind.
- Spezielle Zusatzspezifikationen, die als Lösungsweg für die virtuelle Realisierung notwendig sind.
- Nutzeneffekte als Vorteil, die sich durch den Wegfall der physikalischen Attribute ergeben.

---

[17] Besonders merklich ist dies an den vielen gescheiterten Offshoringversuchen mit Indien. Outsourcing scheitert nicht an der Kompetenz des Offshoringpartners in Indien (obwohl deren technische Kompetenz nach der persönlichen Erfahrung des Autors sehr zu wünschen übrig lässt – trotz CMMI-Zertifizierung...), sondern an den kulturellen Unterschieden zwischen deutschen und indischen Unternehmen.

[18] Die Verwendung des Begriffs Virtualität wird teilweise überstrapaziert. So wird manchmal Einkauf im Internet schon als virtuelles Shopping oder eine Homepage als virtuelle Realität bezeichnet.

Die Virtualität kann die Existenz virtueller Objekte neben dem gewohnten Erscheinungsbild eines realen Objektes erklären. Virtuelle Objekte können in vielerlei Ausprägungen auftreten. Die Entwicklung des virtuellen Enterprises wird vor allem dadurch begünstigt, dass traditionelle Organisationsformen im Wettbewerb Schnelligkeits- und Flexibilitätsnachteile aufweisen. Die virtuellen Organisationsstrukturen lassen sich schneller aufbauen, erfüllen aber auch Koordinationsfunktionen wie die klassischen Organisationen. Wenn von einem virtuellen Enterprise die Rede ist, dann muss betont werden, dass es das virtuelle Enterprise an sich nicht gibt. Es existiert eine ganze Reihe von möglichen Ausprägungsformen, die oftmals nur eine Variation von traditionellen Organisationsmodellen darstellen. Einige wichtige Merkmale eines virtuellen Enterprises sind:

- Das virtuelle Enterprise ist eine Kooperation von Organisationen, die ihre rechtliche und wirtschaftliche Selbstständigkeit behalten.
- Zweck eines virtuellen Enterprises ist die Optimierung von Geschäftsprozessen.
- Virtuelle Enterprises sind nicht hierarchisch strukturiert.
- In virtuellen Enterprises stellt Vertrauen das Bindeglied dar.
- In virtuellen Enterprises wird Software massiv genutzt.

Wenn Organisationsformen nicht alle der genannten Merkmale erfüllen, muss von Fall zu Fall entschieden werden, inwieweit dann die Bezeichnung virtuelles Enterprise gerechtfertigt ist.[19] Obwohl das virtuelle Enterprise und B2B[20] oder B2C[21] miteinander verwandte Konzepte sind, gibt es bezüglich der Zielsetzung sehr wohl Unterschiede. Das virtuelle Enterprise fokussiert auf die Charakteristika des Prozesses, um gewisse Ziele zu erreichen, was üblicherweise die Kollaboration zwischen mehreren autonomen Organisationen impliziert, während B2B und B2C darauf ausgelegt sind, Geschäftsprozesse zwischen genau zwei Partnern zu gewährleisten. Gemeinsam haben beide Bestrebungen, dass mehrere autonome und heterogene Teilnehmer auf ein gemeinsames Ziel hinarbeiten.

Virtuelle Enterprises lassen sich an Hand dreier stereotypen Ausrichtungen gut aufzeigen:

- *Dell* – Dieses amerikanische Unternehmen produziert nichts selbst. Alle Produkte sowie der Zusammenbau innerhalb der Produktion werden durch Dritte gefertigt. *Dell* ist jedoch immer bestrebt, eine stabile Partnerschaft mit seinen Lieferanten einzugehen und sichert diese auch vertraglich ab. Bei diesem Stereotyp spricht man auch von einem permanenten virtuellen Enterprise, obwohl die Bezeichnung extended Enterprise angemessener ist.

---

[19] Ein solcher Begriff ist natürlich auch eine gewisse Modeerscheinung. Organisationen schmücken sich gerne mit dem Titel virtuelles Enterprise, das klingt technisch und modern...

[20] Business to (2) Business

[21] Business to (2) Consumer

Tabelle 4.2: Virtuelle Enterprises

Dimension	Chancen	Risiken
Kompetenz	Kombination nur der besten Partner	einseitiger Kompetenzaufbau
Effizienz	redundanzarme virtuelle Struktur	erhöhte Koordinations- und Infrastrukturkosten
Flexibilität	raumzeitliche Entkoppelung der Prozesse	massive Personenabhängigkeit im Netzwerk
Motivation	Erfüllung individueller Bedürfnisse	Verlust der sozialen Identität
Koordination	zentral oder selbstbestimmt	Verlust der Organisationsidentität

- Filmproduktion – Ein anderes Beispiel für ein virtuelles Enterprise ist die Filmproduktion. Hier kommen verschiedene Schauspieler, Kameraleute, Regisseure und viele andere mehr, temporär für die Dauer der Filmproduktion als Team unter der Leitung des Produzenten zusammen. Am Ende zerfällt die Produktion wieder in die individuellen Freiberufler. Obwohl dies alles bewusst temporär angelegt ist, schafft es die Filmindustrie, Kinohits zu produzieren. Filmproduktionen sind das Paradebeispiel für virtuelle Enterprises.
- Open-Source-Projekte – Die Open-Source-Projekte sind ein weiteres Beispiel für virtuelle Enterprises. Es handelt sich zwar nicht um kommerzielle Organisationen, trotzdem stellen sie, im Rahmen der obigen Definition, virtuelle Enterprises dar. Hier arbeitet projektbezogen eine Reihe von Softwareentwicklern auf zeitlich befristeter Basis zwecks eines gemeinsamen Ziels zusammen. Das Betriebssystem Linux ist durch ein solches virtuelles Enterprise entstanden.

Eine der Schwierigkeiten hinter der Modellierung von virtuellen Enterprises besteht darin, dass es nicht „das" virtuelle Enterprise gibt. Diese Organisationen verändern sich viel zu schnell, daher ist man nicht in der Lage, sie generisch zu beschreiben. Es gibt jedoch ein Charakteristikum, welches in allen Erscheinungsformen vorkommt: Alle virtuellen Enterprises nutzen das Internet als Trägermedium für viele gemeinsame Prozesse. Innerhalb des Netzwerkstadiums tritt ein weiteres Problem auf: Das virtuelle Enterprise ist ohne eine verlässliche und verteilte IT-Infrastruktur nicht denkbar, aber es existiert keine singuläre Institution, die Entscheidungen über die Infrastruktur sowie die Software oder die Systeme im Allgemeinen trifft. Folglich ist nicht nur eine verteilte Architektur bzw. eine generische Architektur, welche verschiedene Implementierungsformen verkraften kann, notwendig, sondern auch die Verteilung der Ressourcen und des Aufwands auf die unterschiedlichen Organisationen spielt eine Rolle. Da die beteiligten Organisationen sich innerhalb des virtuellen Enterprises über ihren Mehrwert definieren, muss der monetäre Wert einer gemeinsamen Architektur aufgezeigt werden. Dies ist bis heute

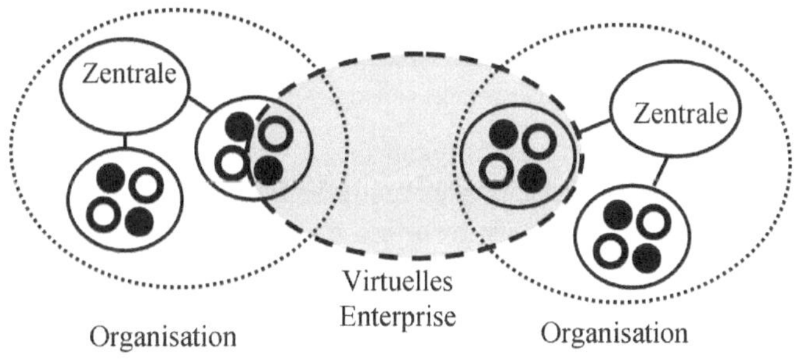

Abb. 4.3: Das virtuelle Enterprise

noch nicht gelungen. Der durch entsprechende Software ermöglichte Informationsaustausch hält nicht das, was man sich von ihm verspricht. Dies liegt in der Natur des Mediums begründet. Ein elektronischer Informationsaustausch tendiert zu einer statusunabhängigen Kommunikation. Obwohl dies unserem demokratischen Menschenbild entspricht, ist es in der Praxis oft gefährlich: Die statusunabhängige Kommunikation verleitet zu einer Überschreitung von Kommunikationsnormen und einem ungehemmten Austausch, was im Endeffekt zu einer Redefinition der Arbeitsteilung im Netzwerk führt. Die Anonymität des Mediums und der Verzicht auf Höflichkeitsformen forciert eine sehr direkte Kommunikation, die von vielen als aggressiv und unhöflich empfunden wird. Ein Netzwerk beruht aber zum großen Teil auf gegenseitigem Vertrauen, was durch diese Form der Kommunikation abgeschwächt wird. Der Wegfall der direkten Kommunikation gefährdet das Netzwerk; folglich muss zunächst durch direkte Gespräche ein Vertrauensverhältnis aufgebaut werden und erst dann kann eine elektronische Kommunikation funktionieren. E-Mail schwächt auch die Position des Senders ab, da E-Mail ein vermindertes Eingehen auf den Empfänger, eine Überschätzung des eigenen Beitrags und eine Ablehnung der Verantwortung für den Inhalt tendenziell zur Folge hat. Die Fixierung auf elektronische Kommunikation kann zu einer ernsthaften Gefahr für ein Netzwerk werden. Ein zentrales Charakteristikum des virtuellen Enterprises ist seine opportunistische Natur, von daher kann die einzelne Organisation ihre Teilnahme an einem virtuellen Enterprise auch nutzen, um besser und schneller auf Veränderungen der Umgebung reagieren zu können. Damit aber das Gesamtsystem virtueller Enterprises auch handlungsfähig bleibt, wenn eine der beteiligten Organisationen seine Kapazität nicht zur Verfügung stellen kann, muss das virtuelle Enterprise über ein hohes Maß an Redundanz verfügen – nicht nur Redundanz im Sinne von Ressourcen, auch Redundanz im Sinne von IT-Systemen. Die typische IT-Infrastruktur eines virtuellen Enterprises muss in der Lage sein, folgende Ereignisse reibungslos verkraften zu können:

- Eine Organisation wird neu aufgenommen.
- Eine Organisation verlässt das virtuelle Enterprise.
- Die Services des virtuellen Enterprises ändern sich spontan.
- Das virtuelle Enterprise verschmilzt mit einem anderen virtuellen Enterprise.

Außerdem darf die Infrastruktur weder von der Zahl der beteiligten Organisationen, noch von dem Vorhandensein einer einzelnen Teilnehmerorganisation abhängig sein.

4.3 Service Oriented Enterprise

Es findet im Laufe der Evolution innerhalb der Organisationen eine Verschiebung zu immer stärker netzwerkartig funktionierenden Formen statt. Eine solche Netzwerkorganisation bedarf aber auch einer entsprechenden Strukturierung. Diese Strukturierung kann durch Services erreicht werden. Die Services werden typischerweise in einer sich rasch verändernden Umgebung zur Verfügung gestellt. Eine Organisation, die sich komplett in Services organisiert hat, wird als **Service Oriented Enterprise** (SOE) bezeichnet. Das SOE ist die logische Weiterentwicklung des virtuellen Enterprises, in dem es ein virtuelles Enterprise ist, welches ausschließlich aus Services besteht.

Der primäre Unterschied zwischen einem SOE und anderen mehr traditionellen Organisationsformen ist die Forderung, dass das SOE seine Kernprozesse definiert und für den Markt öffnet. Dabei erzeugt die Nutzung von Standardisierung[22] ein hohes Potential an Interoperabilität. Diese Restrukturierung ermöglicht es, sehr schnell auf Veränderungen der Umgebung zu reagieren und sich immer wieder neu zu „erfinden".

Der Bedarf, die entsprechenden Services zu haben, steigt mit dem zunehmenden Einsatz von **Business Process Outsourcing** (BPO) und der Wandlung der Organisationsstruktur stetig an. Schon heute werden SOE-Strukturen in bestimmten Sektoren der Industrie eingesetzt, speziell in der Flugzeug- und Automobilindustrie sowie im Tourismussektor. Die öffentliche Hand sowie Banken und Versicherungen befinden sich hingegen noch am Anfang dieser Entwicklung.

Die Struktur eines SOEs eignet sich auch für neugegründete Organisationen, da die Nutzung bestehender Services deutlich weniger Kapital benötigt und bindet als der Aufbau einer in sich abgeschlossenen Struktur. Der große Boom der DotCom-Unternehmen zu Beginn dieses Jahrtausends war ein Indiz

---

[22] Für eine kritische Diskussion bzgl. Standardisierung, s. Abschn. 9.1.

Tabelle 4.3: SOE im Vergleich zur traditionelle Organisation

	Traditionelle Organisation	**Service Oriented Enterprise**
IT-Rolle	IT hat eine unterstützende Rolle. Fachbereiche müssen sicherstellen, dass die IT die Requirements erfüllt.	IT hat eine strategische Rolle. Die Services spiegeln die Geschäftsprozesse wider.
Wertschöpfung	Der Mehrwert wird in jedem Teil der Wertschöpfungskette primär in der Organisation erzeugt.	Ein Teil der Wertschöpfung findet in einem Netz aus Partnern statt. Der Mehrwert wird durch die Nutzung von Services erzeugt.
Requirements	Requirements werden von der gleichen Suborganisation gestellt, die sie auch implementiert.	Trennung der Requirements (Interface) von der Implementierung (Serviceprovider).
Prozessablauf	Sequentieller Ablauf mit kumulativer Wertschöpfung.	Netzwerkartiger Ablauf oft mit paralleler Ausführung.
Prozessdesign	Meist reine Dekomposition. Statischer sequentieller Ablauf.	Dynamisches Prozessdesign basierend auf den Ergebnissen der Subprozesse und Events.
Struktur	Hierarchie	Netzwerk
Broker	–	Notwendig für den Providerwechsel.
Semantik	Semantische Inseln in den Applikationen (Code) und Suborganisationen (Mitarbeitern)	Organisationsweite und -übergreifende Semantik durch Ontologien.

für diese Bewegung. Mit der zunehmenden Zahl an nutzbaren Services, speziell im Internet, wird es aber immer interessanter werden, die bestehenden Services suchen und nutzen zu können. Die lose Koppelung erlaubt es auch, recht schnell einen Partner zu wechseln und damit seine Kosten andauernd niedrig zu halten.

Neben den Vorteilen hat ein SOE auch eine Reihe von Nachteilen:

- Kontrolle – Die Verfolgung und Überwachung von Ausführungen ist in verteilten Systemen deutlich komplexer als in traditionellen Organisationen, bei denen diese Tätigkeiten durch einen zentralen Prozess gelöst sind. Da die Abwicklung nun dezentral bewältigt wird, wird auch die Komplexität des verteilten Kontrollsystems massiv beeinflusst.[23]

- Sicherheit – Sicherheit, Datenschutz und Vertrauen werden zu Kernfragen, da externe Subsysteme eingebunden werden müssen.

- Konsistenz – Der Erhalt der Verhaltens- und Strukturkonsistenz in einer dynamischen Umgebung ist stets zu berücksichtigen.

---

[23] Nach dem Ashby-Conant-Theorem, s. S. 315.

Besonders interessant ist es, das Changemanagement beim Wechsel von Services zu betrachten. Das Changemanagement ist die Entdeckung, Weiterleitung und Reaktion auf Veränderungen in einer Organisation. In traditionellen Organisationsformen sind Veränderungen eher selten und kommen nur dann vor, wenn ein Geschäftsprozess explizit verändert wird. Der gemeinschaftliche Prozess der Veränderung in der Organisation ist heute praktisch nicht automatisiert und sehr arbeits- und stressintensiv. Komponenten für den Prozess werden zum Designzeitpunkt selektiert, dann, wenn die Anforderungen noch nicht besonders klar sind. Wenn solche Bestandteile eines Prozesses einmal ausgesucht wurden, dann bleiben sie fast immer bis ans Ende der Organisation stabil. Selbst wenn der Wandel während des Lebenszyklusses einer Organisation bewältigt werden kann sind die Kosten dafür sehr hoch. Aus diesem Grund bleibt der traditionellen Organisation wenig Raum, sich gemeinsam mit den verändernden Märkten zu entwickeln.[24] Die bestehenden Methoden des Changemanagements sind Ad-hoc-Methoden, welche eine große Menge an manuellen Tätigkeiten vornehmen. In vielen Organisationen werden Veränderungen gesteuert und die meisten Organisationen sind in der Lage, Veränderungen zu handhaben, so lange diese nicht besonders schnell vonstatten gehen. Ein SOE nimmt hier eine Sonderrolle ein, das Changemanagement in einem SOE muss daraufhin ausgerichtet sein, sehr rasche Veränderungen im Bereich der Services verarbeiten und kanalisieren zu können. Ein großer Teil von Veränderungen in einem SOE lässt sich auf zwei Grundtypen reduzieren:

- Prozessabhängige – In diesem Fall ist der ausgeführte Geschäftsprozess unabhängig von den Services, welche für ihn zusammengestellt werden. BPEL (s. Abschn. 9.7) bindet die Services zum Compilezeitpunkt in den Geschäftsprozess ein, diese Form der expliziten Bindung an einen oder mehrere Services macht das Changemanagement schwieriger.
- Serviceabhängige – Der Service selbst kann sich verändern. Auf diese Veränderung muss das Changemanagement reagieren.

Im Vergleich zwischen traditionellen Organisationen und SOEs gilt meistens:

- Bindung – Traditionelle Organisationen haben eine statische innere Struktur und die Suborganisationen sind auf langfristige Beziehungen zu anderen Organisationen ausgelegt, so dass jede Veränderung hohe Aufwände produziert. Im Gegensatz dazu benutzen SOEs kurzfristige Beziehungen mit den Services von eventuellen Partnern, Veränderungen geschehen häufiger und werden durch Marktanforderungen ausgelöst.
- Effizienz – Traditionelle Organisationen werden optimiert, um interne Abläufe möglichst effizient zu gestalten. Allerdings sind die Wechselwirkungen mit anderen Organisationen ad-hoc und sehr arbeitsintensiv. Das Ziel hinter einem SOE ist es, Geschäftslogik mit der Zielsetzung von Benutzerzufriedenheit und -profitabilität zu erreichen. Eine solche Betrach-

---

[24] Dies erklärt auch die von Börsenanalysten belohnten „Entlassungswellen".

tungsweise impliziert, dass interne wie externe Abläufe explizit betrachtet werden müssen.

- Koppelung – Enge Koppelungen sind ein Charakteristikum für alle Formen der klassischen Organisation, folglich sind solche Organisationsformen für langfristige Operationen ausgelegt und widersetzen sich dann einem Wandel. Im Gegensatz dazu muss ein SOE in der Lage sein, sich sehr kurzfristig zu verändern, was nur durch lose Koppelung zu erreichen ist, da so ein Wandel deutlich einfacher wird.
- Zielsetzung – Eines der Ziele einer traditionellen Organisation ist es, das Dokumentenmanagement durch effektiven Austausch der Dokumente zwischen den Beteiligten zu ermöglichen.[25] Die Folge dieser Dokumentenorientierung ist eine Abkehr von der Kundenorientierung[26], ein SOE hingegen ist auf Nachfrage und Kundenzufriedenheit ausgerichtet.
- Identität – Integration in herkömmlichen Organisationen ist Bottom-Up. Partner sind bekannt, bevor sie integriert werden. Im Gegensatz dazu erlaubt ein SOE eine Top-Down-Integration, da das Ziel des SOEs a priori bekannt ist und dies die Selektion der entsprechenden Services steuert.
- Semantik – SOEs sind im Gegensatz zu traditionellen Organisationen nicht atomar, sondern hierarchisch geschachtelt (s. Kap. 11–12). Folglich sind ihre inneren und äußeren Beziehungen sehr viel semantikreicher als es bei herkömmlichen Organisationen der Fall ist.

Traditionelle Organisationen (solche, die sich noch vor dem Netzwerkstadium befinden) haben Schwierigkeiten, sich auf rasche Veränderungen einzustellen. In einem SOE sollte dies deutlich einfacher sein, zumindest auf den ersten Blick. SOEs haben jedoch auch die typischen Probleme von Netzwerkorganisationen (s. Abschn. 4.1) und einige mehr, da der permanente Wechsel die Identität der Organisation und damit auch das Zugehörigkeitsgefühl der Mitarbeiter stark beeinträchtigen kann. Ein möglicher Ausweg für die SOEs ist es, eine VSM-Struktur (s. Kap. 12) zu wählen und so, trotz hoher Agilität, eine strukturelle und verhaltensbedingte Stabilität zu erreichen.

Der heute vorherrschende Trend zum Outsourcing des Nichtkerngeschäftes führt auf Dauer zu immer mehr SOEs. Ein solches Outsourcing verlangt aber noch mehr, da es nicht auf eine einmalige Aktion beschränkt sein kann. Es verlangt die Fähigkeit, zusätzliche Komplexität verarbeiten zu können, da jede Koppelung an ein externes System das Risiko einer drastischen Komplexitätssteigerung mit sich führt. In einer solchen Organisation stellen die Services von echten Suborganisationen autonome und selbstbeschreibende Einheiten dar, welche Modularität, Wiederverwendung und Spezialisierung des Kerngeschäftes sind.[27]

---

[25] Daher das große Interesse an Dokumentenmanagement- und Archivsystemen.

[26] Bei Personalabteilungen ist oft Ähnliches zu beobachten, diese verwalten lieber die Mitarbeiterakten als sich mit den Mitarbeitern zu beschäftigen.

[27] Services, die von außerhalb zur Verfügung gestellt werden, unterliegen dem Outsourcing.

Vergangenheit   **Gegenwart**   **Zukunft**

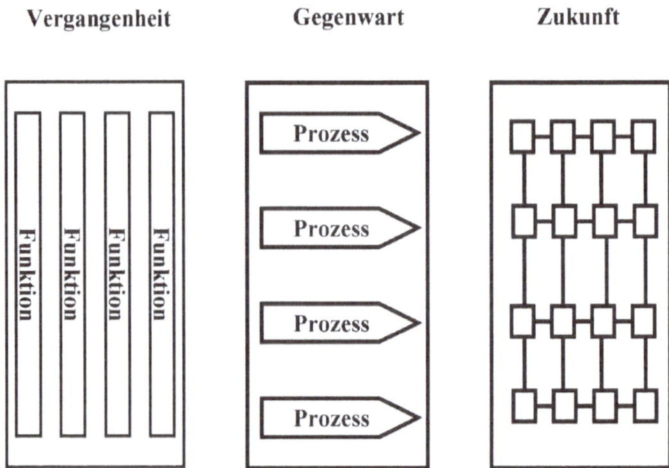

Abb. 4.4: Wandel der Strukturierung in Organisationen, von der Funktions- (Hierarchiestadium) über die Prozess- (Kooperationsstadium) zur Servicestruktur in der Organisation (Service Oriented Enterprise)

Für ein vollständig entwickeltes SOE gibt es jedoch nicht nur Outsourcing als eine „Alles-oder-Nichts"-Entscheidung, sondern auch eine Zwischenstufung: Das Outtasking. Beim Outtasking wird der gesamte Geschäftsprozess in einzelne Aktivitäten aufgeteilt (s. Kap. 7) und diese können separat an andere Serviceprovider vergeben werden. Damit bei einem Prozess Outtasking vorgenommen werden kann sind, neben der expliziten Zerlegung in Aktivitäten, vier Schritte notwendig (s. Abb. 4.5):

- Entwicklung,
- Operation,
- Adaption,
- Desintegration.

Entwicklung und Operation (in diesem Fall die Nutzung eines Services) sind in den meisten Organisationen mehr oder minder bekannt. Die beiden anderen Schritte allerdings weniger. Die Adaption kann dann sinnvoll sein, wenn der Provider nicht in allen Verhaltensmustern oder Qualitäten mit dem in der Entwicklung definierten Profil übereinstimmt, oft lassen sich günstige Services nur durch ein Restrukturieren des eigenen Prozesses überhaupt nutzen. In solchen Fällen ist eine Adaption sinnvoll. Die Phase der Desintegration ist eine der am wenigsten beachteten, hier geht es darum, Strategien für ein eventuelles Intasking oder einen Providerwechsel zu etablieren.

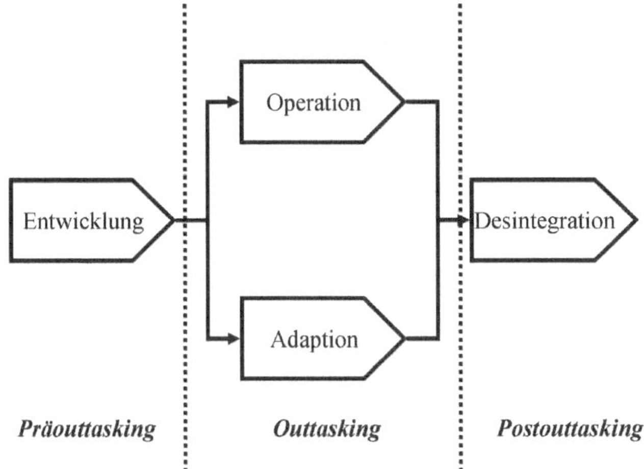

Abb. 4.5: Das Outtasking von Aktivitäten

In einem SOE steht die Idee des permanenten Wandels[28] im Vordergrund. Nicht immer ist es möglich, Wandel zu antizipieren und daraus eine zukünftige Strategie abzuleiten. Dies hat mehrere Gründe:

- Es ist schwer, zukünftige Marktgegebenheiten und Veränderungen der Organisationsumgebung akkurat vorherzusagen, speziell bei sich rasch verändernden Märkten. Heute ist dies manchmal möglich, da große Organisationen von einer hohen Trägheit (in der Größenordnung von 1-2 Jahren) geprägt sind und damit langfristig stabile Marktnischen schaffen. Mit dem vermehrten Aufkommen von SOEs wird dies aber immer schwieriger werden, da nun viele agile Organisationen den Markt bevölkern und um gemeinsame Ressourcen und Kunden kämpfen. Dies kann zu kurzzeitigen und zum Teil katastrophalen Fluktuationen führen, wie sie aus dem Aktienhandel bekannt sind.
- Es ist nicht immer möglich, eine Veränderung zu vermeiden. Das Wegbrechen eines Providers oder Consumers lässt sich oft nicht verhindern oder prognostizieren.
- Der Erhalt der Organisationsidentität ist in einem solchen Umfeld schwer, da klassische Zugehörigkeitsmechanismen nicht mehr in Kraft sind, eine Situation wie sie schon von den virtuellen Enterprises her bekannt ist.

Die obige Diskussion führt dazu, dass man in der Lage ist, ein SOE zu definieren:

Ein Service Oriented Enterprise (SOE) ist eine temporäre und dynamische Kollaboration zwischen autonomen Services, welche gemein-

---

[28] Agilität

sam Services für Consumer in einer sich ändernden Umgebung bereitstellen. Ein SOE wird durch das Tupel (Ziele, Entitäten, Relationen, Umgebung, Lebenszyklus) eindeutig identifiziert.

- *Ziele – Das Ziel des SOEs ist das zu erreichende Geschäftsziel. Üblicherweise stellt es die Services dar, welche genutzt werden müssen bzw. Kriterien oder Schwellen für Serviceauswahl.*
- *Entitäten – Die Menge an „Dingen", welche die Organisation bilden. Hierbei kann es sich um Services oder auch echte Suborganisationen handeln.*
- *Relationen – Die Abbildungen der Funktionen und Kardinalitäten jeder Entität in Bezug auf andere Entitäten innerhalb des SOE.*
- *Umgebung – Die Umgebung setzt sich aus einer Menge von Entitäten zusammen, welche das SOE beeinflussen.*
- *Lebenszyklus – Der Lebenszyklus gibt die aktuelle Phase an, in der sich das SOE befindet.*

Eine Entität im Sinne des SOEs kann diverse Formen annehmen:

- Management,
- Service,
- Consumer,
- Provider,
- Broker.

Im Sinne der Systemtheorie handelt es sich hierbei um Subsysteme. Das Management schafft den Sinn und Bedarf für ein SOE und hat gleichzeitig als Lenkungsaufgabe die Wettbewerbsfähigkeit des SOEs zu erhalten, folglich schafft und verändert das Management in einem SOE die Geschäftspolitik.[29] Das Management muss nicht notwendigerweise ein Individuum sein, es kann sich auch um eine Gruppe oder um ein intelligentes Softwaresystem handeln. Das Management kann das SOE schaffen, es verändern oder auch auflösen. Eine andere Klasse von Entität ist der Serviceprovider, dieser besitzt und betreibt den Service. Dabei muss stets sichergestellt sein, dass der Service autonom abläuft. Autonomie ist eines der Charakteristika für Services in einem SOE. In klassischen Organisationsformen sind auch serviceähnliche Konstrukte möglich, diese sind aber in aller Regel nicht autonom. Eine Spezialform des Services ist der Agent, welcher unabhängig agiert und nach einem vorgegeben Regelwerk operiert. Für die Automatisierung von Changemanagement sind Agenten unabdingbar, da nur sie es ermöglichen, ohne manuelle Eingriffe auf geänderte Situationen zu reagieren. Eine spezielle Form ist der Enterpriseagent, dieser beobachtet und verifiziert die Funktion des SOEs. Die Hauptaufgabe von Agenten ist die Unterstützung bei Bottom-Up-Veränderungen. Die Consumer sind ihrerseits Individuen oder andere Organisationen, welche die Services des SOEs nutzen.

Der Lebenszyklus eines SOEs lässt sich in vier Phasen zerlegen:

---

[29] Dies entspricht der Policy in einem VSM, s. Kap. 12.

- Planung – Die Planungsphase ist die erste Phase im Lebenszyklus, in dieser Phase wird das SOE auf hoher Abstraktionsebene beschrieben und die Ziele des SOEs werden festgelegt. Aus diesen Zielen können dann Strategien und letztlich Anforderungen für einzelne Services definiert werden.
- Komposition – Während der Komposition werden die Services nach den Anforderungen in den möglichen Organisationen gesucht und dann integriert. Durch die Integration entstehen Relationen zwischen den einzelnen Services oder neue Services[30]. Die neu geschaffenen Services, welche das Ziel des SOEs sind, werden anschließend publiziert und damit der Umgebung zur Verfügung gestellt.[31]
- Orchestrierung und Choreographie – Der entstandene Service wird genutzt, um den tatsächlichen Mehrwert zu produzieren. Das Changemanagement setzt primär in dieser Phase ein, da es auf Veränderung bestehender SOEs reagieren muss. Während der Orchestrierung oder Choreographie muss meist auf Bottom-Up-Veränderungen reagiert werden.
- Desintegration – Die Desintegrationsphase löst das SOE auf. Eine solche Phase ist wichtig, da es durchaus auch Nachfolgeorganisationen für die aufgelöste geben kann, welche als Consumer oder Provider in einer ähnlichen oder verschiedenen Umgebung zur Verfügung stehen wollen.

Offensichtlich ist die Fähigkeit zum erfolgreichen Changemanagement eines der Schlüsselkriterien für die Überlebensfähigkeit eines SOEs. Da ein SOE vollständig aus Services aufgebaut ist, sollte man Veränderungen aus der Perspektive der Services zu betrachten. Wenn ein Service sich verändert, zieht das Konsequenzen für die Steuerung der Prozesse als auch für die Durchführung der regulären Arbeit eines SOEs nach sich.

Es empfiehlt sich, einen Unterschied zwischen den Änderungen auf der Serviceebene, den ausgelösten Veränderungen, und den Änderungen auf der Geschäftsprozessebene, den reaktiven Änderungen, zu machen. Eine solche reaktive Veränderung geschieht als Antwort auf eine getriggerte Veränderung. Die Veränderungen werden asynchron und meist stochastisch ausgelöst. Sie lassen sich wie folgt kategorisieren:

- Nichtfunktionale Änderungen – Nichtfunktionale Veränderungen sind Veränderungen in den nichtfunktionalen Eigenschaften der Services, welche nicht mit der fachlichen Aufgabe verknüpft sind. Dabei handelt es sich um Größen wie Vertrauen, Verfügbarkeit, Preis und Qualität. Die nichtfunktionalen Veränderungen lassen sich noch weiter unterteilen:
  - Vertrauen – Die nichtfunktionale Größe Vertrauen setzt sich aus mehreren Teilen zusammen: Sicherheit, Vertraulichkeit der Daten und Reputation, als Maß für die Größe des dem Service entgegengebrachten

---

[30] Oft als Kompositservices.

[31] Diese Wechselseitigkeit in der Nutzung von Services der Umgebung und das gleichzeitig zur Verfügungstellen von eigenen Services lässt sich heute im Open Source Umfeld gut beobachten.

Vertrauens. Üblicherweise wird die Reputation eines Services durch ein Rankingverfahren (s. Anhang A.2) gemessen:

$$p_{\text{Reputation}}(A) = \frac{1}{N_{\text{Consumer}}} \sum_{\text{Consumer}} \text{Ranking}(A).$$

Solche Messungen sind oft von einem hohen Grad an Subjektivität begleitet, aber es ist trotzdem wichtig, einen Versuch der Quantifizierbarkeit von Reputation vorzunehmen. Da alle Beteiligten autonom sind und eventuell mehreren Netzwerken angehören, kann nicht implizit von einem Vertrauen ausgegangen werden.

– Nutzbarkeit – Die Nutzbarkeit setzt sich aus Leistbarkeit (im Kosten- und Reputationssinn) und Latenzzeit[32] des Services zusammen.

– Zuverlässigkeit – Die Verfügbarkeit ist die Wahrscheinlichkeit, dass ein Service zugänglich und operabel ist. Am einfachsten lässt sich die Verfügbarkeit als der Quotient aus der verfügbaren Zeit (Uptime) und der Gesamtzeit messen:

$$p_{\text{Availability}}(A) = \frac{T_{\text{Uptime}}(A)}{T_{\text{gesamt}}}.$$

Der Service A kann während oder sogar noch vor der Orchestrierung nicht verfügbar werden, dann kann die Zuverlässigkeit des Services an Hand eines einfachen Quotienten der Anzahl der Aufrufe des Services A gemessen werden:

$$p_{\text{Reliability}}(A) = \frac{N_{\text{erfolgreich}}(A)}{N_{\text{gesamt}}(A)}.$$

• Funktionale Änderungen – Funktionale Änderungen sind Änderungen des Interfaces oder des Verhaltens eines Services, welche üblicherweise als strukturelle oder verhaltenstechnische Änderungen bezeichnet werden.

– Strukturveränderungen – Die Strukturveränderungen können diverse Ursachen haben, dazu zählen Veränderungen im:

· Namensraum, z.B. durch Veränderungen von Frameworks, Bezeichnungen etc.

· Datentypen, die zu übermittelnden oder empfangenden Daten für den Service können sich verändern.

· Form und Inhalt der ausgetauschten Messages kann sich verändern, so kann es notwendig sein, eine Message plötzlich in Englisch zu senden.

---

[32] So ärgerlich eine hohe Latenzzeit bei einem Service auch erscheint, aus Sicht des Geschäftsprozesses sind die Hauptfaktoren nicht die Latenzzeit des Services sondern die Analyse- und Entscheidungslatenz durch den Menschen der in aller Regel die meiste Zeit benötigt.

  · Operationen können neu hinzukommen oder aus dem Service verschwinden.
- Verhaltensänderungen – Das Verhalten eines Services innerhalb eines SOE ist durch seine Interaktion mit anderen Entitäten im SOE bestimmt.
  · Die Technologie, auf deren Basis die Informationen ausgetauscht werden, unterliegt Veränderungen.
  · Binding, Protokoll und Adressierung, können sich verändern.
  · Ort der Leistungserbringung kann sich verändern.

Reaktive Veränderungen sind Änderungen, welche als Folge der ausgelösten Änderungen auftauchen, je nach der Phase des Lebenszyklus, in dem sich das SOE befindet, können sie typisiert werden:

- Kompositionsreaktion – Hierbei können sich ganze Entitäten verändern, in aller Regel nicht mehr zugänglich sein und müssen entweder ersetzt oder überbrückt werden. Eine zweite Möglichkeit ist die Veränderung der steuernden Parameter des SOEs, da Veränderungen einzelner Services manchmal mehr als den Austausch des Providers implizieren.
- Orchestrationsreaktion – Für die Orchestration bietet es sich an, den Zustand des SOEs neu zu definieren, sich andere Serviceinstanzen zu suchen oder die Reihenfolge der Services zu verändern.

Jede Organisation muss sich selbst verändern, um in einer sich permanent verändernden Umgebung überleben zu können (s. Kap. 12 für eine systemtheoretische Betrachtung). Die Veränderung in Organisationen setzt sich auf der phänomenologischen Ebene aus drei unterschiedlichen Teilen zusammen:

- Veränderungsbedarf – Der Bedarf ist das Maß an notwendiger Veränderung innerhalb der Organisation oder in Subsystemen. Organisationsinterne aber auch -externe Ereignisse lösen zwar einen Veränderungsbedarf aus, dieser muss jedoch nicht unbedingt durchgeführt werden, da Organisationen oft ein sehr hohes Maß an Beharrlichkeit aufweisen. Werden notwendige Veränderungen nicht durchgeführt so bildet sich ein Problemstau aus, der oft nur unter erheblichen Aufwänden und emotionalem Stress überwunden werden kann.
- Veränderungsbereitschaft – Die Veränderungsbereitschaft ist im Gegensatz zum mehr oder minder objektiven Bedarf die subjektive Bereitschaft zur Veränderung. Die notwendige Beränderungsbereitschaft zu erreichen ist einer der schwierigsten Punkte in Organisationen überhaupt.
  - Menschen, die mit einem Problem konfrontiert sind, versuchen, bekannte Strategien einzusetzen, um dieses Problem zu lösen. Dabei nutzen sie ihre Erfahrung, um eine Problemlösungsstrategie anzugehen, folglich werden einmal erfolgreiche Strategien[33] immer wieder eingesetzt.

---

[33] Eine erfolgreiche Strategie ist es, den „Experten" nach der Lösung zu fragen und damit die Anstrengung, eine andere Strategie zu entwickeln, zu umgehen.

- Bei Entscheidungsprozessen versuchen die meisten Menschen, eine Verlustminimierungs- und keine Gewinnmaximierungsstrategie einzuschlagen. Somit sind Menschen bei Entscheidungen sehr viel stärker für Verluste sensibilisiert[34] als für mögliche Gewinne.

Wenn die Bereitschaft zur Veränderung nicht sehr verbreitet ist, meist auf Grund von kollektiver negativer Erinnerung, muss besonders viel in Motivation, Marketing und Überzeugungsarbeit bezüglich der anstehenden Veränderung investiert werden.

- Veränderungsfähigkeit – Unter dem Begriff Veränderungsfähigkeit wird das Potential einer Organisation zur Veränderung verstanden. Die Veränderungsfähigkeit auf den höheren Systemebenen ergibt sich aus der Fähigkeit auf den niedrigeren Ebenen, welche ihrerseits durch die entsprechenden Maßnahmen auf der höheren Ebene beeinflusst werden. Jede Organisation hat eine lange Erfahrung, wie sie als Gemeinschaft auf Veränderungen reagiert. Diese Geschichte gibt den Hintergrund für die Einstellung einer gesamten Organisation und der individuellen Mitarbeiter in Bezug auf jede Veränderung an. Bei Organisationen, in denen in der Vergangenheit Veränderungen erfolgreich waren und mit dieser Veränderung das Leben jedes Einzelnen in der Organisation vereinfacht wurde, sind allen Veränderungen gegenüber positiv eingestellt; wobei die „Vereinfachungen" sehr divers sein können, sie rangieren von größerem Erfolg auf dem Markt, mehr Einkommen, mehr Freizeit, erhöhter Motivation bis hin zu sehr individuellen Zielen. Umgekehrt führt jede als negativ empfundene Veränderung zu einem intensiven Misstrauen gegenüber zukünftigen Veränderungen. Die Mitarbeiter in Organisationen haben ein sehr langes kollektives Gedächtnis bezüglich positiver und negativer Veränderung in ihrer Organisation. Dieses kollektive Gedächtnis ist einer der Schlüsselfaktoren für eine erfolgreiche Migration. Eine interessante Konsequenz aus dieser Beobachtung ist die Feststellung, dass sich erfolgreich verändernde Organisationen auch in Zukunft mit einer höheren Wahrscheinlichkeit verändert werden können, während verfehlte Veränderungen eine Stagnation nach sich ziehen. Dies hat zur Folge, dass agile Organisationen langfristig agil bleiben.

Neben den unbestreitbaren Vorzügen der Veränderung, als Reaktion auf den zunehmenden Wettbewerbsdruck, hat der Zwang zur Veränderung aber auch einige Auswüchse produziert, deren Hauptursachen in der Psychologie und Soziologie von Organisationen liegen:

- Restrukturierung ist beim Management beliebt, da es Aktivität signalisiert. Diese Aktivität wird allen, vor allem dem Aufsichtsrat wie auch den Mitarbeitern und sogar den Kunden offensichtlich als eine aktive Beeinflussung der Organisation präsentiert. Die Frage nach der Zweckmäßigkeit

---

[34] Psychologisch gesehen werden Verluste etwa doppelt so stark wahrgenommen wie Gewinne. Verluste erzeugen Reue, Trauer und Schuldgefühle, wenn sie auf eigene Fehler zurückzuführen sind.

dieser Maßnahmen steht oft hinten an. Speziell in Zeiten einer Konjunkturflaute kanalisieren viele Manager ihre Hilflosigkeit und auch ihr Unvermögen, die Situation zu bewältigen, mit dieser Form des Aktionismus. Was liegt näher, als diesen Aktionismus wissenschaftlich zu untermauern und ihn Business Process Reengineering zu nennen?

- Restrukturierung hat immer die Aufmerksamkeit des Managements, d.h. Personen, welche über den Einsatz von Geld und anderen Ressourcen entscheiden, sehen Restrukturierung als ihr persönliches Anliegen an.
- Viele Consultingunternehmen haben sich auf „organisatorische Beratung" spezialisiert.[35] Für die Consultingunternehmen ist dies ein idealer Sektor, da die Ergebnisse nur sehr schwer vergleichbar sind und eine Verifikation des Erfolges einer Restrukturierung häufig nicht möglich ist; wenn sich ein Markterfolg herausstellt, so war dies eine Konsequenz der Restrukturierung und im Falle eines Misserfolges war entweder die Umsetzung schlecht oder unvorhersehbare Marktereignisse haben den Erfolg verhindert.

Wie jedoch kann die Veränderungsfähigkeit gestärkt werden? Innerhalb der Organisation müssen die entsprechenden Strukturen und organisatorischen Instanzen zur Institutionalisierung der Veränderung geschaffen werden. Im Grunde handelt es sich bei Veränderungen stets um ein Führungsproblem, da die Veränderung immer zuerst in den Köpfen der Mitarbeiter vonstatten gehen muss. Es gibt jedoch auch einige organisatorische Kennzeichen, welche unterstützend wirken können:

- kleine Zentrale,
- einfache Strukturen[36],
- fehlerbejahende Organisationskultur,
- geringe Spezialisierung einzelner Organistionseinheiten[37],
- flache Hierarchien – Je tiefer gestuft die Hierarchie einer Organisation, desto länger dauert der Wandel.
- Dezentralisierung – Dezentrale Einheiten bilden oft eigene überlebensfähige Systeme aus.

Damit das Serviceorientierungsparadigma flexibel genutzt werden kann, sind neue Organisationsformen notwendig. Zwar ist es gut, wenn sich der eingesetzte Service auf neue Marktgegebenheiten, sprich Umweltveränderungen, einstellen kann, wenn jedoch die beteiligte Organisation nicht in der Lage ist, sich diesen Veränderungen anzupassen, so bleibt diese nicht lange lebensfähig.[38] Die Kernprozesse und andere Aktivitäten einer Organisation sind

---

[35] Die beteiligten Unternehmensberater sind dann auf der Vorstandsebene tätig und liefern die notwendigen „Impulse" in Form von bunten Powerpointfolien.

[36] speziell Matrixorganisationen haben hohe Widerstände gegen Veränderungen.

[37] Dies läuft konträr zur Forderung nach Effizienz. Im Allgemeinen gilt: *Je spezialisierter, desto effizienter!* Aber auch: *Je generischer, desto adaptiver!*

[38] Für eine systemtheoretische Betrachtung des Begriffs lebensfähig s. Kap. 12.

die eigentlichen Serviceeinheiten. Jede Suborganisation stellt einen oder mehrere Services zur Verfügung und ist darauf spezialisiert, Unterstützung für spezifische Aktivitäten zu liefern. Diese einzelnen Services werden koordiniert, um Geschäftsprozesse ganzheitlich als Services darzustellen. Genau wie die softwaregestützten Services eine Plattform benötigen (s. Kap. 6), so benötigt die Organisation einen **Human Service Bus** (HSB). Die zentrale logische Entität des HSB ist der manuelle Service. Diese manuellen Services können aggregiert werden, um komplexere Services zu schaffen. Für das Monitoring und die Steuerung der Services sind spezielle Agenten notwendig, welche die Kontrolle und Steuerung der Ausführung übernehmen. Im Gegensatz zum ESB (s. Abschn. 6.3) ist der HSB aus Teams von Menschen mit spezifischen Aufgaben aufgebaut und entspricht einer fachfunktionalübergreifenden Zergliederung der Organisation. Allerdings können diese Funktionen in diversen Kontexten und Prozessen von anderen Services oder Organisationen genutzt werden.

Organisatorische Veränderungen beeinflussen sehr stark, wie der Einzelne seine Aufgaben erledigt oder mit anderen zusammenarbeitet. Solche Veränderungen haben große soziale und psychologische Hemmnisse und lösen oft Ängste aus, aber Veränderung braucht Zeit und kann nur durch das einzelne Individuum realisiert werden. Folgende Maßnahmen haben sich in der Vergangenheit als erfolgreich herausgestellt:

- Stärkung des Teamgedankens – Zwischenmenschliche Kontakte werden durch eine Reorganisation massiv berührt, da das Individuum in jeder Organisation eine Reihe von Netzwerken (formal, informell und vertrauensbasiert) aufbaut. Jede Reorganisation beeinflusst diese Netzwerke. In einem SOE jedoch ist die Zusammenarbeit oft virtuell, ohne persönlichen langfristigen Kontakt, daher ist es nötig, für jeden einzelnen Mitarbeiter eine „Heimat" und eine Identifikation mit der Organisation zu schaffen.[39]
- Einsatz von Anreizen – Der Einzelne muss durch bestimmte (je nach Typ) und vorhersagbare Anreize für die Veränderung und ihren Erfolg motiviert werden.
- Serviceadäquate Rollen und Skills – Neben den Grundfertigkeiten des Individuums stellt sich immer die Frage, ob der Einzelne in der Lage ist, seine Fähigkeiten auch innerhalb eines Teams effektiv einzusetzen. Meist ist es sinnvoller, ein Team aus harmonierenden Mitgliedern denn aus überragenden Einzelpersonen zusammenzusetzen.[40]

---

[39] In einem Viable System Model können diese Aufgaben spezielle Teilsysteme wahrnehmen (s. Kap. 12).

[40] Oft sind diese „überragenden" Individuen nur deswegen so auffällig, weil sie von ihrem jeweiligen Team als nach außen dargestellter primus inter pares fungieren. Werden diese „überragenden" Individuen herausgelöst, so können sie sich in anderer Umgebung als unterdurchschnittlich erweisen.

- Neue Arbeitsstile verstärken – Neue Ideen und Arbeitsweisen verkaufen sich nicht von alleine. Jede neue Tätigkeit und jeder neue Arbeitsstil muss explizit durch Werkzeuge oder Architekturen unterstützt werden.
- Führung – Motivation des Einzelnen, Vertrauen und Respekt vor seiner Person und seinen Fähigkeiten sind bei jeder Form der Veränderung wichtig, aber bei der Einführung eines SOE unabdingbar.
- Entwurf und Einführung einer Metrik (s. Anhang A) – Ohne das eine Veränderung quantifizierbar gemacht worden ist, tritt sie nicht wirklich steuerbar ein. Im Rahmen des Changemanagements müssen die entsprechenden Metriken entworfen, kommuniziert und eingesetzt werden.

4.4 Consumerorganisation

Die Organisation des Serviceconsumers kann nicht einfach Services nutzen ohne sich auf die Serviceorientierung strukturell einzustellen. Diese strukturelle Veränderung kann in verschiedenen Stufen ablaufen und wird am erfolgreichsten sein, wenn die Consumerorganisation sich vollständig in ein SOE verwandelt hat. Für den Regelfall, dass die Organisation noch nicht so weit ist, müssen Restrukturierungen vorgenommen werden. Veränderungen der Organisation sind vor allen Dingen in folgenden Punkten zu berücksichtigen:

- Klare Formulierung und Modellierung der Geschäftsprozesse und deren Zerlegung in Aktivitäten (s. Kap. 7). Die so gefundenen Aktivitäten müssen in atomare Teilaktivitäten zerlegt werden. Jede dieser Teilaktivitäten ist entweder eine manuelle oder eine softwaretechnische Aktivität.
- Entflechtung der Abläufe und Prozesse in der Organisation. Diese Entflechtung ist notwendig, damit klare Interfaces für eventuelle Services oder Servicenutzung geschaffen werden.

Die wenigsten heutigen Organisationen sind darauf ausgerichtet, so zu agieren. Die Erfahrungen im Bereich des Outsourcings (als eine Vorstufe oder eine spezielle Form der Nutzung von Services) zeigen, dass nicht alle Organisationen in der Lage sind, Outsourcing zu betreiben. Diese Erkenntnis lässt sich auch auf die Serviceorientierung übertragen, denn wenn eine Organisation nicht in der Lage ist, Outsourcing zu betreiben, kann sie auch nicht Services im großen Stil[41] nutzen.

Eine der stärksten Auswirkungen des Serviceorientierungsparadigmas auf die Consumerorganisation ist die logische Trennung von Interface und Implementierungen im Service, da nun die Requirements und ihre Implementierung separiert wurden. Die Implementierung wird durch die Providerorganisation vorgenommen, während die Requirements von der Consumerorganisation gestellt werden. Eine langfristige Folge dieser Trennung ist die Wandlung von statischen Geschäftsprozessen hin zu dynamischen, adaptiven Prozessen (s.

---

[41] Abgesehen von allgemein genutzten Services wie Reinigung, Fuhrparkverwaltung.

Tab. 4.3), wobei der Grad der Nutzung von externen Services sehr unterschiedlich sein kann, dies rangiert von der Verwendung eines einzelnen einfachen Services bis hin zum Einsatz eines komplexen integrierten Service.

Neben den notwendigen strukturellen Veränderungen tauchen in der Consumerorganisation bei der Nutzung von Services neue Aufgaben auf:

- Servicelevelmanagement – Steuerung der Serviceverträge und Überwachung der Einhaltung der SLAs sowie die entsprechende Reaktion auf eine Verletzung derselben.
- Komposition von Services – Die Consumerorganisation ist nicht nur ein passiver Consumer von Services, sondern muss auch in der Lage sein, die bisher passiv genutzten Services zu neuen Aktivitäten oder neuen Services zusammenzufügen und innerhalb der eigenen Organisation zu publizieren. Diese Synthese ist auch für Organisationen wichtig, deren Kerngeschäft nicht Erstellung der Serviceleistung ist, da diverse Provider nicht a priori in ihren Services übereinstimmen. Für die Servicesynthese werden Methoden aus dem Service Oriented System Engineering (s. Kap. 8) benötigt.

Erst nachdem die Consumerorganisation diese „Hausaufgaben" gemacht hat, ist sie in der Lage, Services optimal zu nutzen. Eine dieser Aufgaben ist das Providerrating. Bei der Selektion von Providern müssen Organisationen eine Vielzahl von Informationen und Fakten berücksichtigen. Hier können entsprechende Ratingangaben helfen, die Komplexität zu reduzieren. Bei der Entscheidung für oder gegen eine Providerorganisation kann ein derartiges Rating daher ein wichtiges Kriterium bilden. Die genormte Evaluierung gibt Auskunft über einen Provider und dessen Reputation. Gerade bei geringen oder fehlenden persönlichen Kontakten oder Erfahrungen, kann dies eine zusätzliche Absicherung der Kooperationspartner und eine höhere Objektivität der Beurteilung bedeuten. Bereits die Tatsache, dass sich eine Organisation einer Evaluierung unterzieht, kann eine vertrauensfördernde Wirkung haben. Die Ratings dienen aber nicht nur gegenüber möglichen Providern oder Kunden als Reputation, sondern auch gegenüber den eigenen Mitarbeitern, wobei sie eine motivationssteigernde Wirkung haben können. Für Einsteiger in ein Netzwerk, die noch über keine eigenen Erfahrungen über die Zusammenarbeit mit den anderen Organisationen verfügen, kann ein solches Rating Vertrauen und Transparenz bieten. Entsprechend kann ein gutes Rating dazu führen, dass eine Organisation in ein Netzwerk aufgenommen wird. Dabei muss allerdings beachtet werden, dass ein Rating nur eine sehr komprimierte Informationseinheit darstellt, die eventuell für Außenstehende nur schwer verständlich und nachvollziehbar ist. Da ein Rating grundsätzlich auf der Evaluierung vergangenheitsbezogener Daten beruht, spiegelt es zudem immer nur die jeweilige Vergangenheit wider.

Die Richtigkeit eines Ratings zeigt sich erst ex post und die Qualität eines Ratingverfahrens ist nur sehr schwer verifizierbar. Zudem entstehen durch die Durchführung einer Evaluierung zusätzliche Kosten sowie Ressourcenverbrauch sowohl für die zu bewertenden Organisationen, die eventuell Informationen zur Verfügung stellen müssen als auch für die bewertende Organisation. Aus diesem Grund ist eine kontinuierliche Bewertung nur schwer möglich und eine periodische Evaluierung die Norm. Dies hat zur Folge, dass ein Rating nicht immer den aktuellen Stand der Organisationsentwicklung anzeigt, sondern mit einer gewissen Trägheit auf eventuelle Umweltveränderungen reagiert. Außerdem hängt ein Rating im großen Maße von den Fähigkeiten und Erfahrungen des jeweiligen Mitarbeiters, der die Bewertung durchführt, ab. Ein Rating kann keine absolute Sicherheit bieten und sollte nicht als einziges Kriterium für die Auswahl eines Providers genutzt werden. Trotzdem kann es ein wichtiges Indiz für die Reputation einer Organisation sein.[42]

Bei der Auswahl von Providern für die Services ist es für eine Organisation relevant, inwieweit Erfahrungen mit eben jenen Providern aus vergangenen Kooperationen vorliegen. Daher sollte die Informationserhebung neben den allgemeinen Qualitätsmerkmalen auch die Details der jeweils zu bewertenden Zusammenarbeit erfassen:

- Zusammensetzung der Provider – Unter diesem Aspekt werden Branchen- und Fachzugehörigkeit der Providerorganisationen betrachtet.
- Dauer der Zusammenarbeit – Hierbei geht es weniger um die eigentliche zeitliche Dauer einer Zusammenarbeit, sondern um die Frequenz der geplanten Interaktionen. Dementsprechend sollte zwischen zeitlich begrenzten, einmaligen und zeitlich unbegrenzten, mehrmaligen Kooperationen differenziert werden.
- Koppelungsstärke – Dieses Kriterium adressiert die organisationale Einbindung und Integration des Providers in die eigenen Abläufe, die für die Zusammenarbeit notwendig sind. Mögliche Indikatoren hierfür sind neben der Interaktionshäufigkeit auch der erfolgte Informationsaustausch sowie die Abhängigkeiten zwischen den jeweiligen Aufgabenbereichen.
- Regionale Verteilung der Provider – Je nach örtlicher Entfernung kann hierbei zwischen regional benachbarten, national bis hin zu international verteilten Providern unterschieden werden. Eine solche Größe ist für Supportaufgaben besonders interessant, aber auch für den Gerichtsstandort.
- Vertrauen – Dieses Kriterium dient der Unterscheidung zwischen Kooperationen, die auf der Basis eines schon bestehenden Vertrauensverhältnisses realisiert werden können und denen, die eine derartige Basis erst aufbauen müssen.

Der Lebenszyklus eines Services aus dem Blickwinkel des Consumers betrachtet, lässt sich in mehrere chronologische Phasen einteilen:

- Providersuche,
- Serviceeigenschaftenanalyse,
- Serviceaufruf,

---

[42] Theoretisch stellt der Aktienkurs ein Rating einer Organisation dar, allerdings zeigt die jüngste Vergangenheit, dass Vorstände sehr opportunistisch agieren können und dabei vom Aktienkurs „unterstützt" werden.

- Servicenutzung,
- Serviceentkoppelung.

Die Providersuche wird durchgeführt, wenn der Consumer sich nicht aller möglichen Serviceprovider bewusst ist und sie startet mit der Suche nach den zur Verfügung stehenden Providern. Üblicherweise wird diese Suche durch eine Brokerorganisation ausgeführt. In der Regel werden keine oder mehrere Provider mit einer Reihe von Servicekandidaten gefunden. In der Folge werden die Eigenschaften (funktionale und nichtfunktionale) der jeweiligen Services analysiert. Diese Phase stellt den Beginn der Verhandlungen zwischen Provider und Consumer dar. Wenn diese Phase erfolgreich abgeschlossen wurde, wird der eigentliche Service aufgerufen, genutzt und zum Schluss muss sich der Consumer noch vom Service entkoppeln.

4.5 Providerorganisation

Nachdem dem die Struktur des Consumer erläutert wurde, stellt sich die Frage: Wie muss sich hingegen eine Providerorganisation strukturieren, um in der Lage zu sein, Services an andere Organisationen zu liefern? Der Provider hat eine andere Sicht auf die Services als der Consumer. Für den Provider ist es wichtig, dem Consumer das Gefühl zu vermitteln, dass der gelieferte Service nur für den Consumer erstellt wurde und unterstützt wird. Dadurch erlangt er gegenüber anderen Providern ein Alleinstellungsmerkmal, welches für den Provider wichtig ist, da er versuchen muss, den Consumer auf Dauer an sich zu binden. Auf der anderen Seite muss der Provider aber die Services auf eine möglichst kleine Anzahl reduzieren, damit er von einer Skalenökonomie[43] profitieren kann.

Der Provider muss es schaffen, seinen Service für unterschiedliche Consumer zur Verfügung zu stellen und damit muss er auch in der Lage sein, den gleichen Service unterschiedlich darzustellen. Zwar gibt es auch den Versuch sogenannte „Standards" zu schaffen[44,45], aber auf Dauer werden auch andere Provider auftauchen und dem Consumer „bessere" Angebote machen, insofern ist eine Standardisierungsstrategie[46] auf Dauer nicht unbedingt erfolgreich.

Generell versuchen Provider mehr und mehr höherwertige integrierte Services anzubieten, obwohl die Integrationskosten für komplexe Services nicht gering sind. Durch die komplexeren Services ist die Bindung des Consumers

---

[43] Je mehr „Einheiten" von einem Service oder Produkt produziert werden, desto geringer ist der Fixkostenanteil (Verwaltung, Gebäude,...) pro Einheit, mit der Folge, dass diese Einheit billiger verkauft werden kann oder das der Lieferant höhere Gewinne macht.

[44] Einen Standard zu schaffen heißt in vielen Fällen ihn zu postulieren, zumindest Microsoft und SAP waren mit dieser Strategie erfolgreich.

[45] Für eine kritische Standardsdiskussion s. Abschn. 9.1.

[46] auch als one-size-fits-all bekannt.

viel stärker und der zu erzielende Preis höher, da Einzelservices und komplexe integrierte Services unterschiedliche Kundengruppen haben.[47] Um dieses Spannungsfeld – Homogenisierung nach Innen und Individualisierung nach Außen – zu gewährleisten empfiehlt es sich, die gleiche Strategie einzuschlagen, welche die Softwarehersteller nutzen: Die Servicelinienstrategie.

4.5.1 Servicelinien

Die Servicelinien verfolgen die Idee der strategischen Wiederverwendung von Produkten und Services in einem Marktsegment, entweder innerhalb einer Organisation oder in sehr eng verwandten Organisationsformen. Produkt- und Servicelinien stoßen in der Software- und Serviceindustrie auf zunehmendes Interesse. Es liegt nahe, Ideen aus der Industrieproduktion zu benutzen, um ähnliche betriebswirtschaftliche Effekte in der Serviceindustrie zu erzeugen. In der klassischen Industrieproduktion gibt es zwei Basisideen zur Erhöhung der Ausbeute in der Produktion:

- Economy of Scale – Bei der Skalenökonomie verlässt man sich darauf, dass es billiger ist, eine große Anzahl von identischen Services zu erzeugen. Bei einer großen Menge sinkt der Einzelpreis ab. Der betriebswirtschaftliche Hintergrund für diesen Ansatz liegt darin, dass die Kosten γ pro geleistetem Service

$$n\gamma = \Gamma_{\text{gesamt}}$$

  aus den variablen Kosten γ_{variabel} und Fixkosten Γ_{fix} bestehen:

$$\Gamma_{\text{gesamt}} = \Gamma_{\text{fix}} + n\gamma_{\text{variabel}}.$$

  Da sich die Fixkosten auf alle n geleisteten Services gleichmäßig verteilen, sinkt der Einzelpreis auf

$$\gamma_{\text{gesamt}} = \frac{1}{n}\Gamma_{\text{fix}} + \gamma_{\text{variabel}}.$$

- Economy of Scope – Hinter der Scopeökonomie steht die Idee, einen gemeinsamen Kern in verschiedenen Services oder Produkten wiederzuverwenden, d.h. bezüglich des Kerns wird eine Form der Skalenökonomie angenommen. Somit ergibt sich für die Gesamtkosten aller Services bei einer Scopeökonomie:

$$\Gamma_{\text{alle Services}} = \sum_{i \in \text{Service}} \gamma_i$$

$$= n\gamma_{\text{core}} + \sum_{i \in \text{Service}} \Delta\gamma_i.$$

---

[47] Im Gegensatz hierzu wird das traditionelle Produktbundeling nur dazu genutzt, eine Mischkalkulation zu machen und so im Mittel Gewinn zu produzieren.

Hierbei kann dann ein Teil der Kosten auf den Bereich der Kernservices aller beteiligten Services verlagert werden, welche dann zu jedem einzelnen Service denselben Kostenbeitrag leisten:

$$\gamma_i = \Delta\gamma_i + \gamma_{\text{core}}.$$

Zielsetzung bei der Einführung eines Servicelinienkonzepts ist es, eine begrenzte und klar definierte Menge an Kernservices zu identifizieren, welche eine organisationsweite Gültigkeit besitzt. Dieser Menge an Kernservices kann man sich auch anders nähern. Wird die Folge der gelieferten Services als eine zeitliche Sequenz betrachtet, so sind die Kernservices die wiederverwendbaren Teile des Ursprungsservices, welcher sich in allen abgeleiteten Services wiederfindet. In der Praxis ist es jedoch nicht so einfach, da der „erste" Service nicht unter dem Konzept der Servicelinie geschaffen wurde, sondern eher zufällig entstand. Auch weitere Services haben im Normalfall nur eine zufällige Wiederverwendung genutzt. Dies hat zur Folge, dass eine Organisation sich mit einer Palette von Services konfrontiert sieht, welche vermutlich eine gemeinsame Schnittmenge „die Kernservices" besitzen, die aber nicht explizit identifiziert wurde.

Eine andere Methode die Kernservices zu erhalten ist es, sie zu kaufen. Für den Provider existiert genau wie für den Consumer auch die Möglichkeit, einen Teil seiner Services, die er an den Consumer weitergibt, als Consumer oder Broker bei einem anderen Provider einzukaufen.

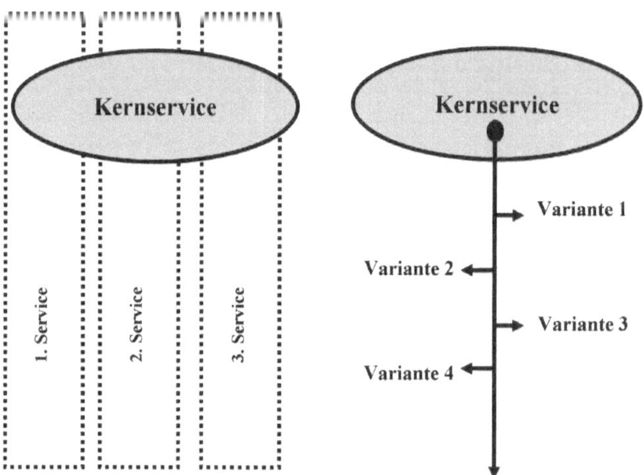

Abb. 4.6: Der gemeinsame Kern und die Varianten in den Servicelinien

Die Fragestellung, ob dieser Ansatz, begründet auf der Scopeökonomie, auch tatsächlich trägt, reduziert sich meist auf die Frage: Wie gut lässt sich ein Kernservice wiederverwenden und wie hoch ist der Prozentsatz an Kernservices?

Um dies zu klären, ist es am günstigsten, die Fragestellung stärker zu präzisieren:

1. Lassen sich die Kernservices direkt wiederverwenden? Welche Kosten entstehen? Wie soll das bewerkstelligt werden? Oder anders formuliert, ist die Wiederverwendung der Kernservices effektiver als völlig neue Services zu entwickeln?
2. Lassen sich die abstrakten Kernservices wiederverwenden? Ein abstrakter Kernservice ist z.B. ein Servicepattern. Und wenn ja, lassen sich auch die abgeleiteten, d.h. implementierten Funktionen dieser abstrakten Kernservices wiederverwenden?

Eine Wiederverwendung eines abstrakten Kernservices ist nur dann sinnvoll, wenn der neue Service dieselben Anforderungen bezüglich der Kernservices hat wie der bestehende, denn Wiederverwendung ist immer komplette Wiederverwendung mit allen abhängigen, d.h. implementierten Services. Aus einem anderen Blickwinkel betrachtet, führt die Wiederverwendung des implementierten Kernservices zu einer Wiederverwendung der Anforderung, dies wird als „Induced Requirements" bezeichnet. Falls die induzierten Anforderungen sowieso Bestandteil des neuen Services sind, so resultiert die Wiederverwendung des Kernservices in großen Einsparungen.

Die zweite Möglichkeit ist, dass die vom Kernservice produzierte Funktionalität nicht vollständig im neuen Service gebraucht wird. Die Folge einer Wiederverwendung wäre die Schaffung eines neuen Services mit überflüssiger Funktionalität. Das würde zwar den Prozess nicht unbedingt verteuern, allerdings fordert die erhöhte Komplexität ihren Tribut. In Einzelfällen mag sich so ein Vorgehen lohnen, im Allgemeinen sollte man in dieser Situation aber von der Wiederverwendung des Kernservices absehen.

Eine dritte Möglichkeit ist, dass die Anforderungen an den neuen Service Teilen der Anforderungen an den Kernservice widersprechen. In diesem Fall müsste der Kernservice strukturell verändert und an die neuen Anforderungen angepasst werden. Die Kosten für die Restrukturierung dürften diesen Ansatz sehr teuer machen.

Die gleiche Problematik wie die der abstrakten Kernservices entsteht, wenn ein weniger abstrakter Kernservice wiederverwendet wird, nur dass sich dieser jetzt auf einem weniger abstrakten Niveau befindet. In der Praxis existiert immer eine gemeinsame Untermenge aller Services, welche als Kernservices genutzt werden können.

Für den Einsatz einer Serviceline ist es hilfreich, die Begriffe: Gemeinsamer Kern und Variabilität zu unterscheiden (s. Abb. 4.6). Der Sinn hinter dieser Differenzierung liegt in der Tatsache begründet, dass der gemeinsame Kern die Kohäsion der einzelnen Services innerhalb der Servicelinie aufzeigt. Der gemeinsame Kern und besonders seine Wiederverwendung können als Definition einer Servicelinie aufgefasst werden. Die explizite Auffindung und Beschreibung dieses gemeinsamen Kerns ist die zentrale Aufgabe bei der Einführung einer Servicelinie. Im Gegensatz zum gemeinsamen Kern werden durch die Variabilität die Unterschiede der einzelnen Services innerhalb einer Servicelinie transparent. Bezeichnenderweise sind es gerade die Differenzen, welche oft die entscheidenden Charakteristika der einzelnen Services darstellen. Doch in ihrer Verwendung sollten sie weniger wichtig sein als der gemeinsame Kern. Trotzdem muss jede Servicelinie Mechanismen zur Erreichung von Variabilität haben.

Hilfreich für die Implementierung der Servicelinie ist die Einführung von Variationspunkten (s. Abb. 4.6). Ein Variationspunkt ist eine gemeinsame Funktionalität der Servicelinie, die unterschiedlich implementiert werden kann oder wird. Der Variationspunkt selbst gehört zu allen Services, da er ja im gemeinsamen Kern liegt, aber jede Implementierung ist servicespezifisch. Der Vorteil in der Unterscheidung und der expliziten Nutzung dieses Konzeptes liegt darin, dass:

- Der gemeinsame Kern komplett wiederverwendet wird. Diese Form der Wiederverwendung spart sowohl Entwicklungsaufwand als auch Zeit. Die Variationspunkte zeigen ganz genau die Stellen auf, an denen verändert werden muss und kann.
- Die Formalisierung des Vorgehens in einer besseren Verwendung des Wissens über und innerhalb der Servicelinie resultiert.
- Obwohl die Variationspunkte schon früh bekannt sein müssen, ihre Findung und Verwaltung recht kostengünstig ist.

4.5.2 Management von Services

Anders als eine Consumerorganisation muss die Providerorganisation ihre Services permanent überwachen. Die allgemeine Unzufriedenheit vieler Organisationen als Consumer mit den Services hängt eng mit der Differenz zwischen der wahrgenommenen Qualität des Services im Vergleich zu der erwarteten Qualität ab (s. Abb. 4.7). Diese Differenzen sind es, welche die Unzufriedenheit bei den Empfängern des Services produzieren. Detailliert betrachtet handelt es sich um fünf Differenzen (s. Abb. 4.7), welche sich wie folgt aufschlüsseln:

1. Die erwartete Serviceleistung aus Sicht des Kunden unterscheidet sich von der erbrachten Leistung. Einer der Hauptgründe liegt in der mangelnden Kommunikation über das, was im Rahmen von Services machbar ist und was nicht. Oft werden hier subjektive Messungen mit objektiven vermischt, z.B.: Der Kunde erwartet, dass eine Leistung innerhalb von 2 Stunden erbracht wird, der Provider garantiert, dass auf die Anforderung innerhalb von 2 Stunden reagiert wird, wobei für den Provider Reaktion nicht gleichzeitig auch Leistungserbringung bedeuten muss.

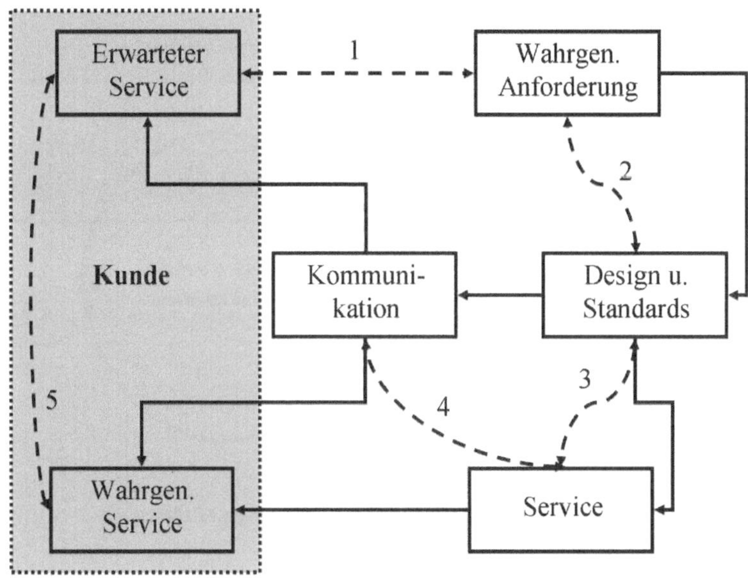

Abb. 4.7: Die Differenz zwischen wahrgenommenem und erwartetem Service

2. Die Definition der Serviceaufgaben unterscheidet sich von den vom Kunden gewünschten Aufgaben. Diese Differenz ist oft bei „professionellen" Services in Form eines Outsourcings zu beobachten. Hier sind es die elementaren Interessen der beiden Beteiligten, welche sich widersprechen, z.B. möchte der Kunde einen schnellen Neustart des Systems, um wieder arbeiten zu können, das Serviceunternehmen jedoch eine möglichst lange Zeit das System im Komplettzugriff – ohne einen Benutzer – haben, um das Problem in Ruhe analysieren und beseitigen zu können.

3. Auf Grund von organisatorischen oder qualitativen Schwächen unterscheidet sich die definierte Leistung von dem gelieferten Service.

4. Die Information, die kommuniziert wird, stimmt nicht mit dem überein, was tatsächlich geliefert wird. Dies ist ein sehr weit verbreitetes Problem, da die Kommunikation in der Regel durch Marketing oder Vertrieb vorgenommen wird, welche ein inhärentes Interesse haben, die eigenen Fähigkeiten und Qualitätsstandards möglichst positiv darzustellen.

5. Die Gesamtdifferenz Δ_5 ist das Resultat der vorhergehenden Differenzen:

$$\Delta_5 = \sum_{i=1}^{4} \Delta_i$$

Wie lassen sich diese Differenzen zwischen dem Anspruch und dem Bedürfnis auf der einen Seite und den Fähigkeiten und Zusicherungen auf der anderen

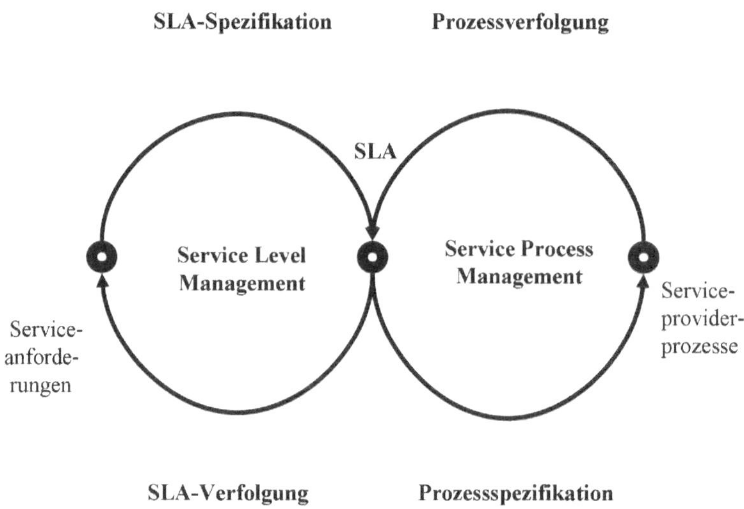

Abb. 4.8: Der Feedbackloop bei Services

Seite minimieren? Da Δ_5 das Resultat der anderen Differenzen ist, reicht es aus, sich auf die ersten vier Differenzen zu konzentrieren.

Für den Provider ist bei den nichtfunktionalen Eigenschaften nicht die Überwachung der Services (die passive Verfolgung) das zentrale Kriterium, sondern die Fähigkeit zur Prognose die wichtigste Aufgabe. Ohne diese Prognosefähigkeit ist eine effektive Steuerung der Services aus Sicht des Providers nur schwer möglich.

4.5.3 Service Level Agreements

Für jede Form der Serviceerstellung ist es wichtig, die Commitments sauber zu planen und zu dokumentieren. Am besten funktioniert dies in Zusammenarbeit mit dem Kunden des Services; die so entstehenden Commitments bilden dann einen Teil der Spezifikation, welche ein **Service Level Agreement** (SLA), basierend auf den Anforderungen des Kunden, entstehen lassen. Dieser Prozess ist nicht einfach, da sich viele Teile der Commitments nicht quantifizieren oder messen lassen. Neben dem Inhalt des Commitments bezüglich eines Services sollten auch stets die Messmethoden festgelegt werden. In der Praxis reicht dies oft nicht aus, da Kunden zum Teil widersprüchliche Forderungen aufstellen. Die so erstellten Service Level Agreements sollten messbar und auf den Kunden zugeschnitten sein. Das Service Level Agreement dokumentiert als eine Art Vertrag die Übereinkunft zwischen der Maintenanceorganisation und dem jeweiligen Kunden. Jedes SLA sollte mindestens enthalten:

- Die Spezifikation des zu liefernden Services.
- Welcher messbare Service Level, d.h. wie schnell, wie fehlerfrei etc.
- Die Rahmenbedingung und Beistellpflichten des Kunden, genau diese werden sehr häufig massiv verletzt.
- Eskalationsverfahren.
- Reportingverfahren.
- Die Ausschlüsse für die Bereitstellung, so z.B. bei höherer Gewalt, Krieg, Unruhen, Bundestagswahlen, etc.

Besonders wichtig ist, dass die Service Level Agreements aus Consumersicht nachvollziehbar formuliert werden; Serviceproviderorganisationen tendieren oft dazu, ihre inneren Abläufe einem Kunden „überzustülpen".

Die am häufigsten verlangte Eigenschaft von einem Provider ist Performanz. Um diese sicherzustellen geht die Providerorganisation oft alte Wege: Sie dupliziert einfach für jeden neuen Kunden die Infrastruktur! Diese Vorgehensweise führt zu einer massiven Unterauslastung des Systems. Ein Spezialfall dieses Phänomens ist seit langem in der Personalabrechnung bekannt; hier werden große Rechenkapazitäten ganzjährig vorgehalten obwohl sie de facto nur an einigen wenigen Tage am Monatsende (dann wenn der Gehaltsabrechnungslauf durchgeführt wird) genutzt wird. Eine bessere Lösung ist, sich einen entsprechenden Mix aus Consumern zu suchen und eine Mischlast auf das System zu legen. Dies setzt aber genaue Kenntnisse über das Lastverhalten einzelner Consumer voraus, etwas, was nur wenige Provider tatsächlich erheben.

Der Lebenszyklus eines Services aus dem Blickwinkel des Providers betrachtet, lässt sich in mehrere chronologische Phasen einteilen:

- Servicedefinition,
- Eigenschaftenfestlegung,
- Serviceleistungserbringung,
- Serviceentkoppelung.

Die Definition des Services wird üblicherweise externalisiert und über die Brokerorganisation diversen Consumern zur Verfügung gestellt. Nachdem ein potentieller Consumer Kontakt zum Provider aufgenommen hat, versorgt dieser den Consumer mit Informationen über die Serviceeigenschaften (funktional und nichtfunktional). Falls der Consumer einverstanden ist, gibt er den Auftrag zur Serviceleistungserbringung. Anschließend muss eine Entkoppelung vom Consumer vorgenommen werden, um die gebundenen Ressourcen anderen Services oder Consumern zur Verfügung stellen zu können.

4.6 Brokerorganisation

In einem SOE muss das Verhandeln und der Wechsel von einem Serviceprovider zum nächsten viel schneller vonstatten gehen als heutige Organisationen dies können. Diese Forderung nach schnellerem Wechsel und zügigen Verhandlungen führt zum Einsatz von Brokerorganisationen. Diese sind wie die heutigen Makler darauf spezialisiert, die Bedürfnisse[48] der Consumerorganisation zu befriedigen. Mit zunehmender Fähigkeit der Consumer den Provider zu wechseln, haben die Providerorganisationen die Notwendigkeit, Vertrauen auf Seiten der Consumer zu kultivieren. Umgekehrt haben Consumerorganisationen das Problem, sich zwischen diversen Providern sehr kurzfristig entscheiden zu müssen. Brokerorganisationen können helfen, dieses Vertrauen sicherzustellen und bei der Wahl eines neuen Providers und der Nutzung seiner Services hilfreich zu sein.

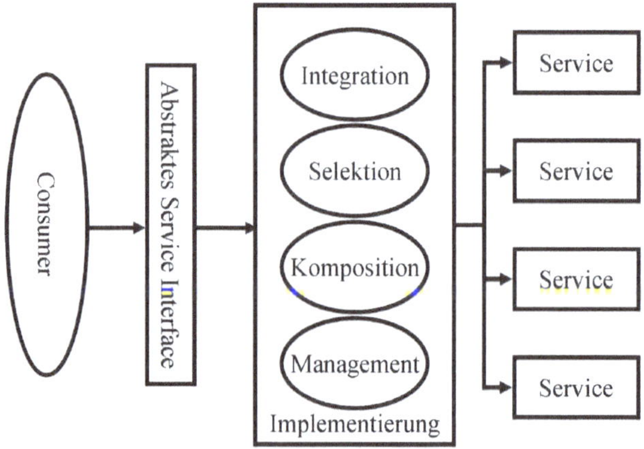

Abb. 4.9: Die Abstraktionsarchitektur eines Brokers

Ein Spezialfall der Brokerorganisation ist das Joint Venture, hier schließen sich einige wenige Organisationen zusammen, um im Sinne eines virtuellen Enterprises als einzelne Organisation dem Consumer gegenüber zu agieren. Eine andere Strategie des Brokers ist, intern multiple Services zu haben und diese auf ein abstraktes Serviceinterface (s. Abb. 4.9) für den Consumer ab-

---

[48] Große Reiseunternehmen haben ein ähnliches Modell: Hier sind die Provider die Hotels und die Chartergesellschaften, während die Consumer die einzelnen Reisenden sind.

zubilden. In dieser Strategie kann der Broker[49] nach außen wie ein Provider agieren aber intern gegenüber anderen Providern ein Consumer sein. Eine solche Mischung ist am wahrscheinlichsten, da eine Organisation, die als reiner Provider startet, schnell in die Situation kommt, dass einzelne Services von anderen besser oder günstiger angeboten werden und es daher ökonomisch sinnvoll sein kann, diese auch zu nutzen.

4.7 Serviceadoption

Wir tendieren dazu, Organisationen stets als rationale Gebilde mit Sinn und Zweck sowie einem gesteuerten Verhalten zu sehen. Einen etwas anderen Blick wirft da die neoinstitutionale Analyse auf Organisationen. In dieser Sichtweise wird das Verhalten von Organisationen durch andere Organisationen limitiert und außerdem ist die Wahl von Optionen für Organisationen nicht völlig frei, da die Organisationen genau dieselben Kriterien schaffen, die ihre Mitglieder (Menschen) bevorzugen. Insofern wirken Organisationen selbstverstärkend.[50] Man spricht von einer Adoption, wenn sich dadurch die Grundprinzipien der Organisation verändern, im Gegensatz zur Adaption, welche nur zu einer Korrektur bestimmter Teile führt. Adoption ist somit die radikale Umgestaltung der Organisation, mit dem Risiko des Identitätsverlustes (s. Kap. 12). Aus diesem Blickwinkel heraus betrachtet muss für die Schaffung eines SOEs folgendes beachtet werden:

- Die Adoption der „neuen" Organisationsform ist kein rationaler Prozess.
- Die Gründe für die Motivation ein SOE einzuführen sind divers.
- Die Adoption wird sich nicht zielgerichtet zeigen.
- Viele Organisationen streben nach einer Form der Legitimierung durch die Adoption oder Pseudoadoption[51] von öffentlichen Standards.
- Suborganisationen innerhalb einer Organisation werden sich immer ähnlicher. Dies wird auch als Isomorphismus von Organisationen bezeichnet.[52]
- Die Adoption kann nur in einem spezifischen historischen und kulturellen Kontext geschehen.
- Die beteiligten Personen können sich nicht wirklich frei entscheiden.
- Jede Form der Veränderung hat dramatische Auswirkungen auf alle Beteiligten.

---

[49] Manchmal auch als Mediator bezeichnet.

[50] Oder drastischer formuliert: Jede Organisation hat genau die Mitglieder, die sie verdient.

[51] Die Pseudoadoption ist besonders weit verbreitet, man erfüllt irgendwelche sinnentleerten formalen Definitionen und hat danach eine neue Organisationsform. In Wirklichkeit arbeitet man jedoch weiter wie bisher.

[52] Umgangssprachlich wird dies das Herr-und-Hund-Phänomen genannt. Angeblich ähneln sich Hundebesitzer und ihre jeweiligen Hunde auf Dauer im Verhalten wie auch in der Physiognomie.

Die Einführung von Services wird auch unter dem Begriff Migration gefasst, hierbei soll eine Governance (in diesem Fall SOA-Governance genannt) diesen Prozess steuern und optimal gestalten. Die neoinstitutionale Theorie der Adoption widerspricht dieser Idee der intellektuellen Kontrolle des Migrationsprozesses. Trotzdem lässt sich SOA-Governance gut verkaufen, Consultingunternehmen leben davon, Führungskräften in sich verändernden Organisationen das Gefühl der Kontrolle und Steuerbarkeit zu vermitteln.

4.8 Serviceentwicklung

Heute existiert viel Erfahrung darin Produkte zu entwickeln, die Fähigkeit zur Entwicklung von Services ist jedoch noch nicht besonders ausgeprägt. Damit eine Organisation in der Lage ist Services zu entwickeln, muss sie zunächst drei fundamentale Dimensionen eines zukünftigen Services betrachten:

- Struktur – Die Struktur des Services bestimmt die Fähigkeit und Bereitschaft, einen Service überhaupt zur Verfügung zu stellen. Diese Strukturdimension kann durch Produktmodelle beschrieben werden, solche Modelle bestehen typischerweise aus dem Inhalt des Services und der Menge aller Services als Produkt (im Sinne einer mehr oder minder autonom anbietbaren Leistung).
- Prozess – Bei der Prozessbetrachtung wird neben dem Ablauf auch die Integration externer Quellen oder anderer Services berücksichtigt. Prozessmodelle beschreiben, wie das Resultat des Services erreicht wird, insofern beschreiben die Prozessmodelle die Implementierung eines Services. Diese Sichtweise wechselt je nach Betrachter. Aus Sicht des Consumers ist der genutzte Service abstrakt, aus Sicht des Providers jedoch stellt er einen Prozess dar.
- Resultat – Das Ergebnis des Services hat materiell oder immateriell eine Auswirkung auf den jeweiligen Consumer. Das Resultat des Services bestimmt maßgeblich dessen Interface.

Services im organisatorischen Umfeld können je nach ihrem unterschiedlichen Grad an Vielfältigkeit (s. Abschn. A.4.1) und Kontaktintensität klassifiziert werden (s. Abb. 4.10):

- Typ A – Dieser Typus ist durch eine niedrige Kontaktintensität und niedrige Vielfältigkeit gekennzeichnet. Eine solche Kombination ist ideal für hochgradig standardisierte Services, mit der Folge, dass auf Dauer dieser Quadrant durch die Kostensensitivität des Consumers bestimmt wird. Der Provider kann auf Dauer nur eigene Skaleneffekte ausnutzen.
- Typ B – Durch die niedrige Kontaktintensität und hohe Vielfältigkeit lässt sich dieser Typ nur sehr schwer standardisieren. Typisch sind hier Gewerke oder isolierte Projekte, welche als Service angeboten werden. Provider in

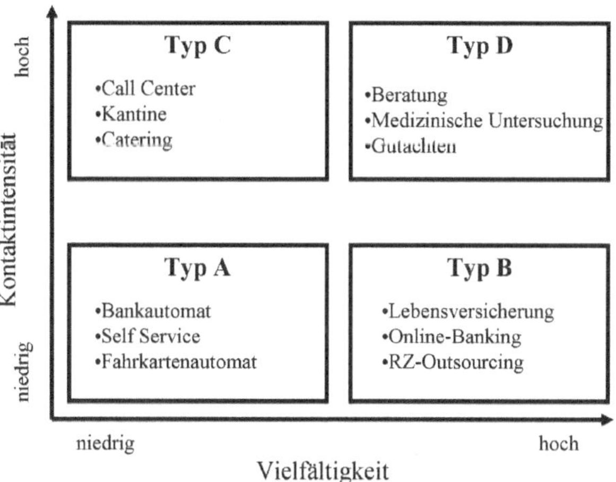

Abb. 4.10: Die verschiedenen Typen von Services aus SOE-Sicht

einem solchen Sektor müssen in der Lage sein, die große Zahl an Variationen gut in den Griff zu bekommen (so durch Vorgehensmodelle oder Best Practice Ansätze).

- Typ C – Die niedrige Vielfältigkeit und hohe Kontaktintensität führt zu klar definierten Services, welche durch den Consumer innerhalb bestimmter Grenzen beeinflusst werden können. Solche Services sind meist personalintensiv.

- Typ D – Gegenüber Typ C steigert sich hierbei die Vielfältigkeit mit der Folge, dass der Provider in der Lage sein muss, Komplexität zu beherrschen, um überhaupt einen Service anbieten zu können.

Diese Typen müssen im Vorfeld bestimmt sein und implizieren durchaus unterschiedliche Lösungsstrategien für den Serviceentwickler.

4.9 Serviceportfoliomanagement

Das Portfoliomanagement stammt ursprünglich aus dem Wertpapiergeschäft. Dabei ist das Ziel eines Wertpapierportfolios, Anlagen bei gegebenem Risiko gewinnmaximierend zu kombinieren. Portfolios haben inzwischen in vielen Bereichen Einzug gehalten, so zum Beispiel in der Unternehmensplanung sowie auch bei den Services. Die Herleitung eines ausgewogenen Gesamtbildes durch die richtige Auswahl und Platzierung der Komponenten des Portfolios ist der grundlegende Gedanke einer Portfoliomethode. Das Ziel eines Portfoliomanagements auf abstrakter Ebene ist, aus einer Menge von möglichen Entscheidungen die richtigen Entscheidungen zu selektieren, allenfalls mit Einschränkungen. Das Konzept eines Portfoliomanagements kann formal so beschrieben werden, dass aus einer Menge von Attributen einem ausgezeichneten Attribut ein Wert zugewiesen wird. Ein Portfolio besteht aus einer $n \times m$-Matrix, wobei n die Anzahl der Services und m die Anzahl der Attribute darstellt. Die Auswahl des ausgezeichneten Attributs erfolgt aus der Menge der Attribute durch einen Vektor. Der Vektor wird aus der Matrix durch eine Strategiefunktion abgebildet. Die Entscheidung der formalen Funktion wird durch eine sogenannte Bewertungsfunktion vorgenommen. Diese Bewertungsfunktion spiegelt die Ziele in allen Attributen wider und weist dem ausgezeichneten Attribut einen eindeutigen Wert zu. Aus der formalen Definition kann nun folgende Vorgehensweise für die Entscheidungsfindung abgeleitet werden:

- Clusterbildung – Falls nicht von der Natur der Services implizit gegeben, müssen sinnvolle Cluster gebildet werden, welche dem Parameter n in der $n \times m$-Matrix entsprechen. Ein Cluster von Services wird wie ein einzelner Service behandelt.
- Definition möglicher Attribute – Anschließend werden für die Cluster oder Services mögliche Attribute definiert, die diese charakterisieren.
- Bewertungsdefinition mittels einer Strategiefunktion aufstellen – Eine Strategiefunktion ist zur Bewertung der Attribute aufzustellen.

Durch die Bewertungsfunktion $S = \mathfrak{F}(\text{Attribute}) \in \Re$ wird ein ausgezeichnetes Attribut festgelegt, dieses dient als Differenzierungsmerkmal. Das ausgezeichnete Attribut ist zwar a priori willkürlich, jedoch ist es in den meisten Fällen ratsam, das Attribut q_i zu nutzen, für das die Ableitung am größten ist:

$$\frac{\partial \mathfrak{F}}{\partial q_i} = \max(i)$$

In diesem Fall reagiert die Bewertungsfunktion sensitiv auf Veränderungen des Attributs. Häufig ist ein Portfolio jedoch nicht formal lösbar, sondern beruht auf heuristischen Lösungen, die durch Erfahrungen einzelner Experten gefunden werden. Die Portfoliomethode stellt also oft ein heuristisches Problem dar, Bewertungsfunktionen dienen der besseren Darstellbarkeit und Visualisierung. Je nach Anwendungs- und Einsatzgebiet des Portfoliomanagements werden unterschiedliche Modelle eingesetzt. Dabei werden diverse Darstellungsformen wie Matrizen, Funktionen und Grafiken genutzt. Grundsätzlich können durch die Verwaltung der Services in einem Portfolio unter anderem folgende Punkte erreicht werden:

- Diversifikation und Ausgeglichenheit – Durch breit abgestützte, in Bezug auf die Zielkriterien, heterogene Services kann ein gut diversifiziertes Portfolio erreicht werden. Dadurch ist der Misserfolg eines Services, durch die anderen im Portfolio enthaltenen Services, zu kompensieren und beeinträchtigt somit das Gesamtziel nicht. Die dadurch erreichte Ausgeglichenheit eines Portfolios ist besonders für Services wichtig, die sich in Zukunft noch entwickeln können und dadurch einen anderen Stellenwert im Portfolio einnehmen.[53] Dies führt zu einem gewissen Maße auch zur Redundanz bei den Services oder zumindest zu einer Servicelinienstrategie.

- Zielerreichung – Je nach der definierten Zielvorstellung werden Portfolios unterschiedlich verwaltet.[54]
- Optimierung – Portfolios erlauben durch gezielte Positionierung der Services im Portfolio eine Optimierung der geforderten Ziele.
- Transparenz – Portfoliomanagementmethoden verlangen genaue Analysen und Informationen über die zu verwaltenden Services. Dieses Informationserfordernis schafft Transparenz. Damit lassen sich Entscheidungen besser und effizienter fällen. Es muss jedoch ein richtiges Maß an Transparenz für unterschiedliche Schichten gefunden werden. Zuviel Transparenz kann Entscheidungen jedoch auch unübersichtlich gestalten, was eine optimale Auswahl der effizienten Entscheidungen erschwert.

4.10 Geschäftsprozess

Die Grundlage für die Modellierung von Prozessen in SOEs bildet eine Menge von individuellen Services, die jede beteiligte Organisation bereitstellt. Jeder dieser Services muss dabei über eine ausführliche Spezifikation verfügen, die nicht nur die technischen Details beinhaltet, wo und wie wird dieser Service aufgerufen, welche Parameter in welchen Formaten sind erforderlich, sondern muss auch über eine Beschreibung der Semantik verfügen. Letztere ist erforderlich, um Services gemäss der gegebenen Spezifikationen in einem konkreten Kontext in Form von Geschäftsprozessen zusammenzuführen und so die Kooperation der beteiligten Organisationen zu materialisieren. In der Regel sind organisationsübergreifende Geschäftsprozesse sehr langlebig, zumeist bedingt durch die Komplexität der einzelnen Services. Gerade dadurch reicht es nicht aus, nur die korrekte Ausführung dieser Prozesse zu garantieren; vielmehr ist auch die Möglichkeit des Monitoring – Überwachung und Beobachtung – der Zustände von Prozessen eine wichtige Eigenschaft, die ein globaler Prozesskoordinator zur Verfügung stellen muss. Um solche Zustandsinformationen, welche über die grundlegenden Zustände wie „beendet" und „aktiv" hinausgehen, für die Ausführung von Prozessen bereitzustellen, ist es erforderlich, die internen Zustände und damit auch zur Laufzeit den Status komplexer Services auf globaler Ebene, verfügbar zu machen. Dies ist insbesondere der Fall, wenn die Services durch Prozesse in Subsystemen implementiert werden. Allerdings muss dabei beachtet werden, dass die Publikation der konkreten Realisierung und Implementierung einzelner Services kritische Daten und interne Abläufe

---

[53] Wachstums- und Strategieorientierung.

[54] Besonders deutlich ist das im Wertpapierportfoliomanagement zu sehen. Will man sehr risikoreich, dafür mit höherer erwarteter Rendite investieren, ist das Portfolio anders zu gestalten, als wenn man sehr risikoscheu agiert.

auch gegenüber Wettbewerbern zugänglich macht. Es muss dem Consumer eine abstrakte Beschreibung dieser Services gegeben werden, so dass einerseits mehr Information über deren Struktur verfügbar wird, während andererseits gleichzeitig diese Beschreibung von der konkreten Implementierung und damit von geschäftskritischen Details abstrahiert. Diese Formulierung kann auch als Definition des Begriffs Interface verstanden werden.

Die Systemumgebung zur Ausführung und zum Monitoring organisationsübergreifender Prozesse besteht aus drei Hauptkomponenten: Den Subsystemen, den Adaptoren für die lokalen Prozesse und einem zentralen oder föderalen Prozesskoordinator. Die Aufgabe des Prozesskoordinators ist es, die garantierte korrekte Ausführung organisationsübergreifender, globaler Prozesse gemäss gegebener Prozessspezifikationen durch den Aufruf von Services in den unterliegenden Subsystemen der beteiligten Organisationen zu gewährleisten. Die Unabhängigkeit von der inhärenten Heterogenität, bedingt durch die Vielzahl an beteiligten (Sub-)Systemen und deren physischer Verteilung, wird durch einen Koordinationsagenten für jedes dieser Subsysteme ermöglicht. Dieser garantiert, dass jeder Service atomar ausgeführt wird und im Fehlerfall keine Seiteneffekte hinterlässt. Das an den Prozesskoordinator angeschlossene Monitoring ist dafür verantwortlich, Zustandsinformationen sowohl über die globalen Prozesse als auch über die Prozesse, welche als Services in den Subsystemen ausgeführt werden, zu überwachen.

Im Koordinator muss die Theorie transaktionaler Prozesse zur Anwendung kommen. Das Prozessmodell, basierend auf dem Modell flexibler Transaktionen, beinhaltet Aktivitäten als Basisentitäten, die wiederum den Services, welche in Subsystemen ausgeführt werden, entsprechen. Eine wesentliche Voraussetzung für alle Services ist, dass sie grundlegende Transaktionseigenschaften aufweisen, so muss jeder Service atomar sein. Außerdem muss gegebenenfalls ein zusätzlicher Service bereitgestellt werden, der es erlaubt, die Effekte bereits ausgeführter Services semantisch rückgängig zu machen. Diese Transaktionseigenschaften müssen vom Koordinationsagenten des jeweiligen Subsystems erbracht werden. Diese Services ermöglichen die Bereitstellung von Ausführungsgarantien auf Prozessebene, die sowohl die korrekte Behandlung von Ausnahmen als auch die Berücksichtigung von Parallelität, dem Zugriff mehrerer Prozesse auf gemeinsame Ressourcen, beinhalten. Dabei werden die Prozesse als Transaktionen auf höherer semantischer Ebene betrachtet, indem einzelne Transaktionen, angeboten von den unterliegenden Subsystemen, in einem erweiterten, systemübergreifenden Kontext kombiniert werden. Neben einer Verallgemeinerung der klassischen „Alles-oder-Nichts"-Semantik von Atomizität, in der genau eine von potentiell mehreren gültigen Prozessausführungen garantiert wird, betrachtet die Theorie transaktionaler Prozesse zudem die korrekte Parallelisierung.

4.11 Organisationsübergreifende Prozesskoordination

Da ein SOE mehrere Organisationen überdecken kann, lohnt es sich, den Vorgang des organisationsübergreifenden Prozesses genauer zu betrachten. Ein effizienter organisationsübergreifender kooperativer Prozess macht es nicht selten erforderlich, dass die beteiligten Organisationen ihre Prozesse nicht nur aufeinander abstimmen, sondern diese vielmehr zu einem Gesamtprozess integrieren und koordinieren. Traditionell werden Workflowmanagementsysteme für die Steuerung von Prozessen und die Koordination der dabei beteiligten Services und Systeme eingesetzt. Dementsprechend sollte für eine organisationsübergreifende Prozesskoordination eine Koppelung der bei den Partnern lokal zum Einsatz kommenden Systeme erfolgen.

Grundsätzlich kann die Koppelung dieser Systeme zentralisiert oder verteilt realisiert werden, wobei bei einer zentralisierten Prozessausführung ein einzelnes System die Synchronisation und Steuerung des organisationsübergreifenden Prozesses und damit der anderen beteiligten Systeme übernimmt. Dementsprechend müssen die zugehörigen lokalen Systeme Interfaces für die Kommunikation mit dem zentralen, steuernden System und dessen Funktionen für Steuerung und Monitoring bieten. Im Gegensatz dazu sind bei der verteilten Ausführung die lokalen Systeme nur für bestimmte Aktivitäten, Subprozesse oder Services des organisationsübergreifenden Prozesses zuständig.

Ein zweiter Faktor bei der Differenzierung der Systemkoppelung ist der Detaillierungsgrad der Spezifikation des Kooperationsprozesses, von reinen Aktivitätsbeschreibungen bis hin zu serviceorientierten Spezifikationen. Aktivitätsorientierte Beschreibungen bieten eine detaillierte Dokumentation der einzelnen Aktivitäten der beteiligten Organisationen innerhalb des Kooperationsprozesses. Im Gegensatz dazu erfolgt bei der serviceorientierten Spezifikation eine Kapselung der organisationsinternen Aktivitäten. Hier liegt der Fokus auf der Spezifikation der Interfaces zwischen den Aktivitäten der Organisationen, die spezifischen, organisationsübergreifenden Details werden nicht weiter betrachtet, sondern sind nur für das jeweils zuständige Workflowmanagementsystem von Interesse.

Abhängig von der Art der Integration zwischen den lokalen Systemen ergeben sich unterschiedliche Anforderungen an die Realisierung der Koppelung, von gemeinsamen Standards zum Austausch von prozessrelevanten Informationen bis hin zur Realisierung von Interfaces, die einen Zugriff auf die Funktionalität der lokalen Workflowmanagementsysteme ermöglichen. Entsprechend können vier Kategorien der Workflowmanagementkoppelung für die Koordination organisationsübergreifender Prozesse differenziert werden, welche sich in der Intensität der Koppelung unterscheiden:

- Die serviceorientierte Koppelung erfordert keine Abstimmung der einzelnen Aktivitäten zwischen den einzelnen Organisationen. Die organisatorischen Details der Aktivitäten werden eingekapselt und in Form eines Services beschrieben. Dieser Service dient als Interface, mittels der die anderen Organisationen als Consumer auf die von der Organisation angebotene Funktionalität zugreifen. Die Partner können mittels der in der Beschreibung enthaltenen Information den Service aufrufen und in ihre eigenen Prozesse einbinden. Auf diese Weise kann ein organisationsübergreifender Kooperationsprozess durch eine Kombination von Services abgebildet werden. Hierbei lassen sich zwei Subkategorien unterscheiden:

- Verteilte serviceorientierte Ausführung – Es findet keine zentrale Koordination der Services statt. Die einem Service zugrunde liegenden organisationsinternen Aktivitäten werden von dem jeweiligen lokalen System gesteuert. Die Koordination zwischen den Organisationen erfolgt ausschließlich über den Austausch von Messages.
- Zentralisierte serviceorientierte Ausführung – Die an einem organisationsübergreifenden Kooperationsprozess beteiligten Services werden mittels entsprechender Beschreibungssprachen zu einem Ablauf kombiniert. Die Steuerung und Koordination der beteiligten Organisationen, die auch hier mittels des Austausches von Messages erfolgt, obliegt einem einzelnen zentralen System.

• Aktivitätsorientierte Koppelung – Die Koppelung der lokalen Systeme basiert auf einer detaillierten Spezifikation der Aktivitäten des Kooperationsprozesses und deren Abhängigkeiten in Form eines kooperativen Workflows. Dadurch kann eine feinere Abstimmung der Partneraktivitäten erfolgen als dies bei der serviceorientierten Koppelung der Fall ist. Die aktivitätsorientierte Koppelung erfordert eine Integration der jeweiligen Metamodelle, auf denen die beteiligten Systeme aufsetzen. Zusätzlich müssen die lokalen Metamodelle erweitert werden, so dass die Beschreibung anderer Organisationen, externer Ressourcen und entsprechender Zugriffsrechte ermöglicht wird:

- Verteilte aktivitätsorientierte Ausführung – In diesem Fall gibt es nicht ein einzelnes, zentrales System, welches für die gesamte Koordination des kooperativen Workflows zuständig ist. Vielmehr wird die Kontrolle über die Ausführung an das für die aktuelle Aktivität zuständige lokale System übergeben. Dabei kann die notwendige Verteilung der Workflowspezifikation mittels Replikation für alle beteiligten lokalen Systeme realisiert werden.
- Zentralisierte, aktivitätsorientierte Ausführung – In diesem Fall ist ein einzelnes Workflowmanagementsystem für die Steuerung und Kontrolle der Ausführung des kooperativen Workflows und der beteiligten lokalen Systeme zuständig. Dies erfordert eine vollständige Integration sowohl der einzelnen Metamodelle als auch der von den beteiligten Systemen realisierten Funktionalität. Die lokalen Systeme müssen die entsprechenden Interfaces für das zentrale System und dessen Überwachungs- und Steuerungsfunktionalität zur Verfügung stellen. Die Funktionalität der Workflowmanagementsysteme muss standardisiert werden, damit die Ausführung eines Prozesses unabhängig von dem verwendeten System sein kann.

Da die in einer Prozessspezifikation enthaltene Information nicht selten das
für den Erfolg einer Organisation relevante Know-how widerspiegelt[55], ist es
fraglich, ob eine Organisation bereit ist, seinen Partnern diese Informationen offenzulegen oder die Kontrolle über die Ausführung zu überlassen, wie
es für die zentralisierte, aktivitätsorientierte Koppelung notwendig wäre. Im
Gegensatz dazu ermöglichen es Servicekonzepte und die daraus resultierenden
Standardisierungen, eine lose Koppelung der Prozesse von Organisationen vorzunehmen, ohne eine zeitraubende und kostspielige Integration der beteiligten
Systeme zu erzwingen.

4.12 Reifegradmodell

Ein SOE entsteht nicht spontan, sondern entwickelt sich langsam von einer
„normalen" Organisation, bis es die Perfektion eines SOEs erreicht hat. Auf
dem Weg dorthin müssen mehrere Reifegrade für die Organisation erreicht
werden (für das entsprechende technische Modell, s. Abschn. 5.12).

Für eine Organisation ergibt sich ein einfaches Stufenmodell (s. Tab. 4.4),
welches die zunehmende Nutzung und Durchdringung der Organisation mit
Services beschreibt. Damit diese unterschiedlichen Reifegrade erreicht werden
können, müssen einige Voraussetzungen geschaffen werden. Das primäre Ziel
jeder Governance ist es, die Organisation entlang der Reifestufen auf eine
immer höhere Stufe zu heben und am Ende (Stufe 5) die Organisation zu
optimieren.

Tabelle 4.4: Die Reifegrade eines SOEs

Stufe	Reifegrad	Fähigkeit
1	ausdehnbar	Die Organisation ist fähig, Service zu komponieren und deren Nutzung jenseits der eigenen Grenzen zu ermöglichen.
2	steuerbar	Die Organisation kann eine große Zahl von Services durch SLAs aktiv managen.
3	wiederholbar	Die Services werden konsistent, effektiv und wiederholbar erstellt, genutzt und wiederverwendet
4	nutzbar	Die Organisation ist in der Lage, beliebige standardisierte Services von außen zu nutzen und die eigenen standardisiert nach außen zur Verfügung zu stellen.
5	optimierend	Die Nutzung und Konfiguration aller Services mit dem Ziel, ihren Einsatz zu optimieren.

---

[55] Die von einer Organisation erzeugten Produkte lassen sich auf dem Markt kaufen
und hinreichend gut analysieren: Nicht die Zusammensetzung ist das Geheimnis,
sondern der Entstehungsprozess!

Tabelle 4.5: Einfache Reifegrade in der Serviceorientierung

Stakeholder	Ausbildung	Einführung	Produktion	Optimierung
Topmanagement	Serviceorientierung ist ein Thema für die Zukunft	Verständnis für den Wertbeitrag von Serviceorientierung	Die Unternehmenskultur geht Richtung Serviceorientierung	Serviceorientierung, nicht Technologie, verändert die Organisation
Organisationseinheiten	Evaluierung von Szenarien fürs Outsourcing	Potentielle Services sind identifiziert	Eigentümerschaft von Services und Servicekoordination wird übernommen Klare Provider und Consumer entstehen	Die Gesamtorganisation wird agiler
Programmbüro	Das Programmbüro erhält Vision und Auftrag	Geschäfts- und Implementierungspläne werden formuliert	Implementierung und forcierter Serviceeinsatz	Serviceoptimierung
IT	Webservicepiloten werden erprobt	Konkrete Implementierungstechnologien werden gewählt	Services gehen sukzessive in Produktion	Alle Systeme sind als Services ansprechbar und ein vollständigeres SIM ist in Kraft gesetzt

Auf dem Weg zu einem SOE muss jede Organisation eine große Anzahl von Veränderungen durchführen. Die Distanz zu dem Ziel eines SOEs kann an Hand von Reifegradmodellen bestimmt werden. Die Reifegradmodelle gehen davon aus, dass sich Organisationen in zeitlicher Abfolge verändern und damit immer mehr an „Weisheit" in Bezug auf die Erstellung und Nutzung von Services gewinnen. Diese „Weisheit" schlägt sich in der Reife der Organisation nieder. Das einfache Reifegradphasenmodell (s. Tab. 4.5) enthält in Bezug auf die Reife die Stufen:

- Ausbildung – Während diesem Reifegrad lernt die IT die ersten Schritte in Richtung Service Oriented Architecture (s. Kap. 5) und Service Oriented System Engineering (s. Kap. 8). Meist sind experimentelle Projekte zur Nutzung von Protokollen und Standards sinnvoll, um überhaupt Erfahrungen zu sammeln und Folgekosten und Wertsteigerungen abschätzen zu können. Das Ziel hinter den Versuchen ist oft nicht klar bekannt und kann, aus organisatorischer Sicht, erst am Ende der Ausbildungsphase verstanden werden.

- Einführung – Die IT arbeitet gemeinsam mit den einzelnen Suborganisationen und dem Topmanagement am Ziel, eine Serviceorientierung in der ganzen Organisation zu etablieren. Die IT definiert die notwendigen Infrastruktur-, Integrations- und Softwarearchitekturen, um gegenwärtige und zukünftige serviceorientierte Strategien zu unterstützen.
- Produktion – Die Strategie wird ausgeführt und die Organisation systematisch auf Services umgestellt. Die Organisation muss in der Lage sein, sowohl als Provider als auch als Consumer zu agieren.
- Optimierung – Nach der Umstellung der gesamten Organisation auf Serviceorientierung lassen sich Chancen und Risiken klar abschätzen. Die Serviceorientierung wird hierbei zu einer Art „Problemlösungswerkzeug".

Durch die Einführung einer Serviceorientierung wird der Entscheidungsprozess stärker zu den Businessanalysten und Consumern verlagert. Außerdem kann sich eine eigene organisatorische Einheit herausbilden, welche sich für die Servicekoordination und -verwendung verantwortlich zeichnet.

4.13 Governance

Wie jede Form der Veränderung bedarf es auch bei der Einführung der Serviceorientierung einer Steuerung, im Allgemeinen als Governance bezeichnet. Von außen betrachtet ist Governance die reflexive Selbstorganisation von Suborganisationen oder Mitarbeitern, die in diversen komplexen gegenseitigen Beziehungen stehen mit dem Ziel, gemeinsame Vorteile zu erlangen und Konflikte oder Widersprüche zu behandeln. Governance kann durchaus unterschiedliche Formen annehmen (s. Tab. 4.6). Governance ist heute sehr attraktiv für Führungskräfte, dies hat zwei Gründe:

- Governance gibt eine neue Legitimität für altgewohnte Praktiken wie zentrale Steuerung[56].
- Governance zeigt Lösungen für Koordinationsprobleme in großen Organisationen bei stetig wachsender Komplexität auf.

Es existieren vier Bedingungen für eine erfolgreiche reflexive Selbstorganisation:

- Vereinfachung der Modelle und Praktiken, um die Komplexität zu reduzieren unter gleichzeitiger Berücksichtigung, dass die Modelle und Praktiken noch zur Organisation oder zum Markt passen müssen.
- Aufbau der Lernkapazität und Fähigkeit in den diversen Suborganisationen innerhalb turbulenter Umgebungen zu agieren.
- Methoden für organisationsübergreifend koordinierte Managementprozesse zu entwickeln.

---

[56] Mit zunehmender Serviceorientierung verliert die „Hierarchie" immer mehr an Bedeutung und an Handlungsspielraum, Governance ermöglicht hier eine Rückkehr zu alten „Befehlsmustern".

- Eine gemeinsame Sicht innerhalb der Organisation auf den Sinn und Zweck von Governance und der Organisation zu entwickeln.

Governance wird oft mit Management verwechselt, aber Management ist die Kunst etwas zu Wege zu bringen, während Governance die Kunst des strategischen Steuerns ist. Diese Form des strategischen Steuerns wird speziell bei der Einführung der Serviceorientierung gebraucht, da hier klassische Mechanismen wie funktionale Zergliederung nur bedingt tauglich sind. Außerdem wird durch die Einführung der Serviceorientierung eine Reihe von „alten" Problemen durch neue angereichert, schließlich gibt es im Umfeld der Services eine Menge neuer Aktivitäten und Rollen, die zu füllen sind.

Tabelle 4.6: Drei extreme Ausprägungen von Governance

	Laissez Faire	**Kommando**	**Dialog**
Zielsetzung	formal oder prozedural	zielorientiert	reflexiv und prozedural
Erfolgskriterium	effiziente Ressourcenallokation	Zielerreichung	verhandelter Konsens
Beispiel	freier Markt	Militär	Netzwerke
Menschenbild	Homo Oeconomicus	Homo Hierachicus	Homo Politicus
Versagenskriterium	ökonomische Ineffizienz, Unzulänglichkeiten des Marktes	Ineffektivität, Bürokratismus	Zerreden

Besonders die Verteilung auf die Organisation und die Zeitskala, auf der solche Aktivitäten stattfinden, haben sich durch das Serviceorientierungsparadigma verändert, da faktisch überall in der Organisation sehr rasch Veränderungen vorgenommen werden müssen. Im Gegensatz zu herkömmlichen Organisationen bleiben diese Veränderungen aber nicht langfristig stabil, sondern werden sich in absehbarer Zeit auch wieder anpassen müssen. Ein Ziel der Governance ist es folglich neben einer Einführung der Serviceorientierung, die Organisation auf permanenten Wandel (s. Abschn. 4.12) einzustellen. Diese Aufgabe lässt sich nicht auf das Management reduzieren.

Ein bekannter Konflikt der Serviceorientierung ist das Abwägen zwischen kurzfristigen Gewinnen und langfristigen Erfolgen. Da der Einsatz von Services sehr schnell Wirkung zeigen kann, aber im Bereich der Infrastruktur und Methodik große Investitionen verlangt, muss hier ein Mechanismus gefunden werden, strategische Ziele verfolgen zu können.

Die klassischen Mechanismen zur Kontrolle hierarchischer Organisationen (Buchhaltung, Kostenstellen, Berichtsstrukturen) sind darauf ausgerichtet, eine vertikale Transparenz innerhalb der Suborganisation zu erzeugen, aber diese vertikale Transparenz erzeugt keine horizontale Transparenz, wie sie für die Serviceorientierung notwendig ist. Daher müssen im Rahmen der Governance neue Wege geschaffen werden, Transparenz in Organisationen zu erzeugen. Neben der Transparenz muss auch eine Verantwortlichkeitsstruktur innerhalb der „neuen" Organisationsform aufgebaut werden (s. Kap. 12). Serviceorientierung impliziert in der Regel lose Koppelung und horizontale Koordination zwischen den Services, aber auch zwischen den jeweils implementierenden Suborganisationen und die Organisation wird auf Dauer diese Struktur widerspiegeln.[57]

De facto ist bei den meisten heutigen Organisationen eine massive Entkoppelung notwendig. Aber das Serviceorientierungsparadigma verlangt noch mehr als nur Entkoppelung: Wiederverwendung bestehender Services oder der Einsatz neuer Prozesse ist nur möglich, wenn ein hoher Grad an Interoperabilität (s. Abschn. 9.19) erreicht werden kann.

Die Entkoppelung in der Organisation muss einhergehen mit der Fragestellung, wie möglichst wenig Konflikte in dem neu geschaffenen System entstehen (im Sinne eines Risikomanagements) und wie interoperabel die Services dann werden. Gleichzeitig birgt jede Form der expliziten Entkoppelung auch das Risiko, dass durch diesen Schritt Redundanzen aufgebaut werden müssen, da die bisher genutzten Ressourcen die Autonomie der Services verletzen können. Im Sinne einer Risikominimierung kann der Aufbau von Redundanzen durchaus sinnvoll sein. Ein möglicher Ausweg ist, die Ressourcen im Rahmen einer allgemeinen Infrastruktur zugänglich zu machen, dies ist aber in der Praxis nur selten möglich.

4.14 Auswirkungen

Mit einer immer stärkeren Umwandlung aller Organisationen in SOEs erhalten auch die Geschäftsprozesse oder die darin enthaltenen Aktivitäten einen stärkeren Servicecharakter, bis sie schließlich zu echten (auch auslagerbaren) Services werden. Die Folge dieser Entwicklung wird eine Verteilung des vollständigen Geschäftsprozesses auf mehrere Organisationen sein, zunächst im Sinne einer Wertschöpfungskette, aber später wird der lineare Gedanke immer mehr verloren gehen und es werden sich Wertschöpfungsnetzwerke ausbilden. In diesen Netzwerken werden Consumer und Provider miteinander zusammenarbeiten und eine Art geschäftliches Ökosystem ausbilden. Solche Ökosysteme sind aber nur durch massive IT-Unterstützung möglich, da hier große Datenmengen in sehr kurzer Zeit ausgetauscht werden müssen und sich die Beziehungen der einzelnen Organisationen und ihre jeweiligen Rollen permanent wandeln. Hier ist neben der Effizienz auch die Agilität gefragt, schließlich wird der Mehrwert durch die Summe aller an einem Prozess beteiligten Services geliefert.

---

[57] Hier gilt Conway's Law: Die Software, welche ein Unternehmen erstellt, spiegelt auch immer die Kommunikationsstruktur des Unternehmens wider, die ihrerseits aus der Organisationsstruktur abgeleitet werden kann.

Für die interne IT-Sicht einer heutigen Organisation bedeutet dies ein Wechsel von der Datenorientierung[58] zu einer Prozessorientierung, welche die Anforderungen an die Services bestimmt. Die Analogie auf der Softwareseite ist der Wandel von „Datenservices" hin zu Businessservices. Die heute sequentiell ablaufenden Wertschöpfungsketten in der Organisation verwandeln sich in ein Servicenetz, welches sich immer wieder wandelt, um neuen Anforderungen gerecht zu werden.

Die meisten traditionellen Geschäftsprozesse sind sequentiell und synchron, in den neuen Servicenetzen sind durch die anstehende Choreographie (s. Abschn. 5.5) ganz andere Formen von Prozessen denk- und einsetzbar. Dies kann von einfacher Parallelisierung bis hin zu komplett stochastischen Prozessformen[59] reichen. Auf jeden Fall haben die heutigen Vorgehensmodelle noch nicht die nötige Unterstützung für Autonomie, Parallelität und nichtfunktionale Eigenschaften sowie Policies, da sie sich, historisch bedingt, auf die reinen funktionalen Eigenschaften von Services konzentrieren.

---

[58] Kundenakte, Vertrag, Konto...

[59] Randomwalkmodelle oder Brainstorming als Designprozess sind oft von einem hohen Maß an Zufälligkeit geprägt, trotzdem können sie effizienter und stabiler sein als andere Prozessformen.

5

Service Oriented Architecture

Ein Architekt wird der sein, ..., der gelernt hat,
mittels eines bestimmten und bewundernswerten
Planes und Weges
sowohl in Gedanken und Gefühl zu bestimmen,
als auch in der Tat auszuführen,
was unter der Bewegung von Lasten
und der Vereinigung
und Zusammenfügung von Körpern
den hervorragendsten menschlichen Bedürfnissen
am ehesten entspricht
und dessen Erwerbung und Kenntnis
unter allen wertvollen
und besten Sachen nötig ist.
Derart wird also ein Architekt sein.

Leon Battista Alberti
1404 – 1472

Die ersten Softwaresysteme waren monolithische[1] siloartige Systeme. Sie entstanden aus dem Bedürfnis heraus, genau ein vorliegendes Problem zu lösen, ohne Rücksicht auf die Architektur des Gesamtsystems. Dies geschah nicht aus blanker Ignoranz, sondern weil nur ein bedingtes Verständnis für Architekturen vorhanden war und das rasante Wachstum die koordinierte Entwicklung von Software verhinderte.

Besonders markant ist die sehr hohe Komplexität und starke Koppelung der Software innerhalb der Monolithe. Durch das Aufkommen von Datenbanken entwickelten sich die monolithischen Systeme hin zu den zweischichtigen Monolithen (s. Abb. 5.1). Die Sicherheit im Bezug auf Backup- und Transaktionsverfahren, die eine Datenbank bot, lieferte genug Argumente, um die Persistenz bewusst aus dem ursprünglichen Monolith zu lösen und so einen zweischichtigen Monolithen zu formen.

Ein weiterer einschneidender Punkt war die Einführung von graphischen Benutzeroberflächen. Bestehende, alte 3270-Applikationen erschienen dem Endanwender nun nicht mehr modern genug. Die Reaktion darauf war die Anbindung einer graphischen Benutzeroberfläche ohne den Kern der Applika-

---

[1] Aus dem Griechischen $\mu o\nu o\lambda\iota\theta o\varsigma$ wörtlich übersetzt „aus einem Stein".

tion zu verändern. Hiermit wurde die 3-Tier-Architektur[2] bestehend aus drei Layern, zumindest formal, eingeführt.

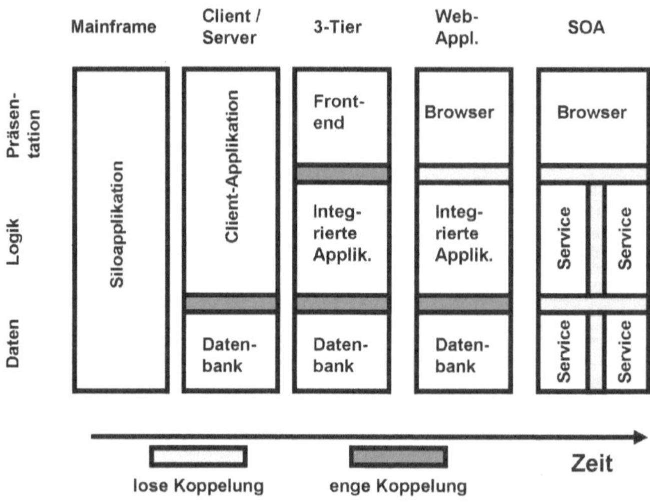

Abb. 5.1: Evolution der Architektur der Informationssysteme

Kennzeichnend für die auf die Monolithen folgende Layerarchitektur ist der Aufbau der einzelnen Applikationen in sogenannte Layer (oder auch Schichten). Die einfachste Form der Layerarchitektur ist die Client-Server-Architektur, welche eine primäre Einteilung in zwei Rollen vorsieht. Weitere Verfeinerungen dieser Form führen zu einer echten Layerarchitektur. Die Layerarchitektur wirkt wie eine „natürliche" Architektur, da die Einteilung der Layer nach Funktionen und Abstraktionsgraden der intuitiven Zerlegung der Problemdomäne zu folgen scheint.

Die Client-Server-Architektur lässt sich zu einer n-Tier oder auch Layerarchitektur verallgemeinern, die verbreitetste Unterteilung der verschiedenen Layer ist (s. Abb. 5.3):

- Benutzerinterface – Hier findet die gesamte Benutzerinteraktion statt, wobei der Begriff Benutzerinterface generisch zu sehen ist. Auch ein Drucker oder ein Archivsystem bildet, logisch gesehen, ein Benutzerinterface. Für die Entscheidung, ob es sich bei einem Layer um das Benutzerinterface oder den Präsentationsservice handelt, ist nicht die Formatierung entscheidend, sondern die Möglichkeit der Benutzerinteraktion.

---

[2] Die Einführung eines Workflowsystems verändert eine 3-Tier-Architektur meistens zu einer 4-Tier-Architektur, da in diesem Fall die Logik in Applikationslogiklayer und Prozesslayer aufgeteilt wird (s. Abb. 5.3).

- Präsentationslayer – Der Präsentationslayer stellt alle notwendigen Informationen zu Verfügung, die an das Benutzerinterface geschickt werden.
- Prozesslayer – Dieser Layer ist optional in Architekturen vorhanden, hier wird der Prozessfluss gesteuert. Wichtig ist dieser Layer für Workflow und Collaborationssysteme.
- Applikationslayer – Dieser Layer stellt die eigentliche Geschäftslogik dar. Er wird meist noch unterteilt in:
  - Business-Object-Layer – Der Business-Object-Layer ist der eigentliche Applikationslayer. Hier findet die Verarbeitung der Geschäftsprozesse auf den jeweiligen Geschäftsobjekten statt. Die einzelnen Teile dieses Layers sind ausschließlich mit Geschäftsprozessoperationen betreut. Solche Operationen finden in der Regel nirgendwo sonst statt.
  - Objektlayer – Dieser Layer enthält die einzelnen Objekte, welche eine Sammlung von Daten und Basisfunktionen auf ihnen sind. Hier teilen sich die Business-Objects die Objekte. Die Trennung zwischen Business-Object-Layer und Objektlayer ist in der Praxis oft willkürlich, meistens ist der Objektlayer viel granularer als die Business-Object-Layer. Wichtig für diesen Layer ist außerdem, dass sie die Objektkonsistenz sicherstellt und damit elementare Regeln auf den Objekten implementiert. Außerdem sollten die Objekte in diesem Layer nur von den Business-Objects aus zugänglich sein, da diese, im Gegensatz zu den Objekten in dem Objektlayer, über ein „public" Interface verfügen.
- Datenzugriffslayer – Dieser stellt die Daten für die Objekte zur Verfügung und wird üblicherweise noch weiter unterteilt in:
  - Persistenzlayer – Dieser Layer dient zur Reinstanziierung und Speicherung der Objekte aus dem darüberliegenden Layer. Typischerweise ist hier der eigentliche fachliche Gehalt sehr klein. Zentrale Fragestellung ist hier die Abbildung zwischen dem fachlich-technischen Objektmodell aus dem Applikationslayer und dem meist relationalen Datenbankmodell der darunterliegenden Datenbank.
  - Datenbank – Die Datenbank ist die Applikation, welche die Daten konkret speichert und auch wieder lädt. In der Praxis handelt es sich hier meistens um eine relationale Datenbank mit der entsprechenden SQL-Syntax und den Transaktionseigenschaften relationaler Datenbanken. Für den Fall, dass, in Zukunft, die objektorientierten Datenbanken verbreiteter werden, kann der Persistenzlayer in die Datenbank aufgenommen werden und so mit ihr verschmelzen.

Die komponentenbasierten Softwarearchitekturen haben neben einer vertikalen Schichtung auch eine horizontale Aufteilung. Eine solche Architektur hat sehr viel Potentiale für Wiederverwendung, Qualität und Robustheit. Die Komponenten selbst werden zur führenden Designrichtlinie bei der Entwicklung von Softwaresystemen. Die zentrale Idee hinter der komponentenbasierten Architektur ist die Zusammenstellung von Softwaresystemen mit Hilfe von diskreten, meist disjunkten, hochgradig wiederverwendbaren Komponenten. Diese Komponenten sind Einheiten, die Daten und Funktionen kapseln, ihre Interfaces ermöglichen eine Zusammenstellung zu einem kompletten Softwaresystem (Applikation).[3]

Im Allgemeinen kann eine wiederverwendbare Komponente definiert werden als eine Einheit des Designs, für das die Struktur festgelegt ist. Der markanteste Unterschied zwischen konventionellen Softwaresystemen und den komponentenbasierten ist, dass die Komponenten zur Laufzeit hinzugefügt oder ausgetauscht werden können. Jede Komponente muss mindestens drei wohldefinierte Teile haben ohne die sie keine Komponente ist:

- Interface – Jede Komponente besitzt ein Interface, welches eindeutig die Leistung der Komponente spezifiziert, unabhängig davon, wie diese Leistung realisiert wird. Ein Interface stellt die Summe der Funktionen oder Services dar, welche eine Komponente seinen Benutzern zur Verfügung stellt.
- Implementierung – Der Code, welcher tatsächlich ausgeführt wird. Diese Implementierung ist austauschbar, wobei, um die Konsistenz der Komponente zu erhalten, das Interface konstant bleibt.
- Deployment – Der Einsatz der Komponente im konkreten Umfeld.

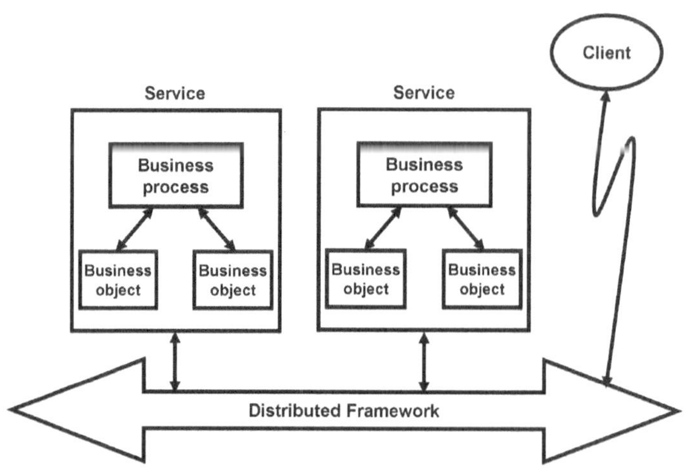

Abb. 5.2: Services aus Objekten – der CORBA-Zugang

---

[3] Obwohl in der Theorie die Wiederverwendung von Komponenten eine der zentralen Aufgaben der Komponenten ist, spielt diese Fähigkeit in der Praxis nur eine untergeordnete Rolle. Die meisten Softwareentwicklungen nutzen die Zerlegung in Komponenten primär als Strukturierungstechnik.

Neben diesen Teilen, welche jede Komponente haben muss, existieren für alle Komponenten eine Reihe von Eigenschaften, die je nach der Qualität der Komponente mehr oder minder gut erfüllt sind. Zu diesen Eigenschaften zählen:

- Kapselung – Ein Benutzer der Komponente sollte nur wissen, was eine Komponente kann, nicht wie sie dies macht. Einzig das Interface stellt den bindenden Kontrakt zwischen dem Nutzer der Komponente und der Implementierung dar. Eine Offenlegung der Implementierung resultiert im Allgemeinen darin, dass ein Benutzer spezielle Implementierungseigenschaften ausnutzt, was wiederum die Austauschbarkeit von Komponenten praktisch unmöglich macht.
- Austauschbarkeit – Jede Komponente muss, im Prinzip, austauschbar sein, d.h. die konkrete Implementierung muss irrelevant sein. Die Konstanz des Interfaces garantiert auch die Austauschbarkeit.
- Beschreibung – Jede Komponente muss selbstbeschreibend sein. Diese Beschreibung ermöglicht dem Nutzer den Gebrauch des Interfaces, damit die Komponente überhaupt genutzt werden kann. Damit die Nutzung möglich ist, publiziert die Komponente ihr Interface für die Nutzer. Die erweiterte Form der Beschreibung, die Fähigkeit zur Selbstbeschreibung, wird auch Introspektion genannt.
- Erweiterbarkeit – Komponenten sind erweiterbar, ohne dass die Nutzer davon betroffen werden. Für die Erweiterbarkeit gibt es zwei Mechanismen:
  - Interfaceveränderung – Das Interface verändert sich, um den neuen Funktionalitäten gerecht zu werden. Hier muss zwischen mutablen und immutablen Interfaces unterschieden werden. Bei den immutablen Interfaces werden Interfaces mit neuen Namen hinzugefügt, da die bestehenden nicht abgeändert werden können, so in der COM+-Welt von Microsoft. Bei den mutablen Interfaces muss neben dem Namen des Interfaces auch die Version der Komponente Teil der Signatur sein, so bei CORBA oder bei .NET
  - Delegierung – Die Delegierung ist die Weitergabe eines Komponentenaufrufes an andere Komponenten, was eine weitere Implementierungsmöglichkeit darstellt.

Im ursprünglichen Sinne waren Komponenten Teile einer Architektur, welche unabhängig voneinander und autark einsetzbar waren. Diese Definition ist heute so nicht mehr gültig. Komponenten im heutigen Sinne sind Teile, die einen fest umrissenen Rahmen an Funktionalität haben und innerhalb eines Frameworks, wie CORBA oder innerhalb eines Applikationsservers wie JBoss oder WebSphere existieren und selbstverständlich die Infrastruktureigenschaften dieser Umgebung ausnutzen. Innerhalb einer **Service Oriented Architecture**[4] (SOA) stellen alle Softwaresysteme und Applikationen Services

---

[4] Die erste Erwähnung von SOA geschah in einer Veröffentlichung der Gartner Group im Jahre 1996 mit dem Titel: *Service-Oriented Architecture Scenario*. Interessanterweise war das Szenario überhaupt nicht technisch, sondern hatte das Ziel, die Geschäftsprozesse in den Vordergrund zu stellen.

dar, welche in einer definierten Umgebung erreichbar sind. Die tatsächlich vorhandene und notwendige Infrastruktur wird im Rahmen einer SOA so stark abstrahiert, dass nur noch die Funktionalität der Services, nicht jedoch ihre Implementierung oder die notwendigen Transportmechanismen in den Vordergrund treten. Diese Zerlegung ist unabhängig von eventuell vorhandenen Layern (s. Abschn. 5.1) einer Softwarearchitektur, indem zusätzliche abstrakte Servicelayer eingeführt werden. Aus Sicht der Softwareentwicklung ist eine SOA eine Weiterführung der Idee der Komponentenbauweise. SOA ist kein wirklich neues Konzept, sondern eine Spezialform einer verteilten Systemarchitektur. Insofern enthalten „klassische" verteilte Architekturen wie CORBA, DCOM oder J2EE Anklänge von SOA. Eine SOA kann daher wie eine Fortsetzung der bisherigen Softwarearchitekturen verstanden werden. Es existiert jedoch ein fundamentaler Unterschied zwischen einer SOA und anderen Architekturen: Traditionelle Architekturen werden in aller Regel universell – ohne Berücksichtigung der Organisation oder Struktur des zu unterstützenden Geschäftsprozesses – eingesetzt. Eine SOA ist jedoch nur dann sinnvoll, wenn alle Prozesse dem Serviceparadigma genügen und die Organisation sich an einem SOE (s. Kap. 4) ausrichtet. Außerdem repräsentiert eine SOA ein sehr viel größeres Maß an Abstraktion als die meisten bisherigen Architekturen (s. Abb. 5.1). Eine aus Services bestehende Architektur unterscheidet sich von objektorientierten und komponentenbasierten Architekturen. Services nehmen eine Art Zwischenstellung zwischen den Objekten und den Komponenten an, obwohl sie im Grunde frei skalieren können. Objektbasierte Architekturen (CORBA und DCOM) tendieren dazu sehr kleinteilig zu sein, da jedes Objekt einzeln zugänglich ist. Komponentenbasierte Systeme hingegen sind meistens grobgranularer, da hier eine einzelne Komponente eine mehr oder minder geschlossene Einheit darstellt. Services liegen zwischen diesen beiden Extremen und können sich im einen Grenzfall wie Objekte und im anderen wie Komponenten darstellen.

Die hier verwendete Definition einer SOA ist analog Servicedefinition (s. S. 18):

Eine SOA ist das Modell eines Systems, welches vollständig aus autonomen Services aufgebaut ist, deren Interaktion über dasselbe öffentliche Protokoll abläuft und im Modell stets die drei Rollen Provider, Consumer und Broker vorhanden sind.

Diese SOA-Definition ermöglicht es, beliebige Protokolle und Rollen innerhalb eines Systems zu haben, allerdings wird man in der Praxis von einigen Forderungen abweichen. So wird im Allgemeinen die Autonomie nicht vollständig durchgehalten und der Broker wird nicht in allen Implementierungen vorhanden sein.

5.1 SOA-Layer

Die Einführung von Layern[5] stellt ein wichtiges Mittel zur Abstraktion in Softwaresystemen dar. Ein Layer enthält Services, die einen ähnlichen Abstraktionsgrad haben. Normalerweise bauen die einzelnen Layer aufeinander auf. Ein Layer implementiert die für den jeweiligen Abstraktionsgrad spezifischen Teilaspekte und nutzt dazu nur Services des direkt darunterliegenden Layer. Die Einteilung in Layer besitzt eine Reihe von Vorteilen. Sind die einzelnen Layer klar voneinander abgegrenzt und besitzen wohl definierte Interfaces, können diese eventuell wieder verwendet werden.

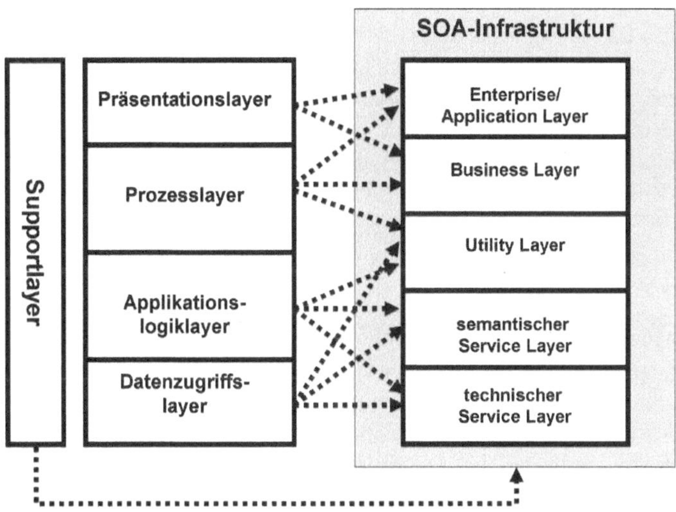

Abb. 5.3: Die fünf Layer einer SOA im Vergleich zu einer klassischen Layerarchitektur

Wie viele Layer optimal sind[6], hängt stark von der jeweiligen Applikation ab. Wenn zu wenig Layer vorhanden sind, sinkt die Wiederverwendbarkeit, zu viele Layer führen zu Performancenachteilen, da eine Anfrage durch jeden Layer transportiert werden muss. Dieser Overhead kann bei einer Verwendung vieler Layer sehr viel größer sein als der Aufwand zur Ausführung der eigentlichen Operation. Dies gilt insbesondere dann, wenn die unterschiedlichen Layer

---

[5] Ein Layer stellt im Sprachgebrauch dieses Buchs eine vertikal logische Unterteilung, eine Schicht, eine tatsächliche vertikal physische Trennung der Software dar, d.h. ein Layer kann durchaus mehrere Schichten überdecken und eine Schicht kann aus vielen Layern bestehen.

[6] Eine Applikation, die aus genau einem Layer besteht, ist eine monolithische Applikation (s. Abb. 5.1).

auf verschiedenen Rechnern verteilt sind. Das Kernproblem von Layern ist, das ein Layer nur in seinem lokalen Kontext optimieren kann, wobei für ein globales Optimum jedoch der gesamte Kontext notwendig wäre.

Bei den meisten Softwaresystemen hat sich eine 4-Layerarchitektur herausgebildet, die man mit den Layern einer SOA vergleichen kann. Eine SOA lässt sich analog in fünf Layer einteilen (s. Abb. 5.3):

- Enterprise- oder Application Layer – Dies ist der oberste Layer in einer SOA. Auf ihm sind die eigentlichen Endpunkte zur Kommunikation mit dem gesamten System angesiedelt. Ein Benutzer interagiert mittels eines sogenannten Application Frontends mit dem System. Der organisationsweite Zugriff auf dieses System erfolgt über die öffentlichen Enterpriseservices.
- Business Layer – Dieser enthält die prozesszentrierten Services.
- Utility Layer – Dieser Layer enthält alle Zwischenservices, d.h.: Façaden, Adapter, Gateways und funktionserweiternde Services.
- Basislayer – Der Basislayer ist der wichtigste Layer in einer SOA und enthält alle Basisservices. Er realisiert die Datenhaltung und Geschäftslogik. Zusätzlich enthält dieser Layer Proxies für Services, die in einem anderen System auf Ebene des Enterpriselayers angesiedelt sind. Der Basislayer zerfällt seinerseits in zwei Sublayer: Semantischer Service Layer und technischer Service Layer.

Ein wesentlicher Unterschied besteht in der Verteilung der unterschiedlichen Layer. Bei traditionellen Architekturen entspricht der logische Layer meist der physikalischen Unterteilung, der später in einer Laufzeitumgebung abläuft. So kann der Präsentationslayer auf einem Webserver, der Steuerungslayer auf einer Workflowengine sowie Applikations- und Datenlayer auf einem Applikationsserver ablaufen. Dies muss zwar nicht zwingend der Fall sein, jedoch geschieht dies häufig. Bei einer SOA bestimmt die Zugehörigkeit zu einem Layer nicht automatisch dessen physikalische Verteilung. Bei einer SOA sind Software- und Systemarchitektur voneinander entkoppelt. An dieser Stelle soll darauf hingewiesen werden, dass eine SOA nicht in Konkurrenz zur 4-Layerarchitektur, welche nach wie vor ihre Berechtigung hat, steht. So können etwa einzelne Services in dieser Form aufgebaut und realisiert sein. Der Vorteil einer SOA zeigt sich erst, wenn Services von mehreren Applikationen wieder verwendet werden. Klassische Layerarchitekturen partitionieren die verschiedenen Layer horizontal, wohingegen eine SOA zusätzlich eine vertikale Partitionierung vorsieht, welche die SOA aus der Komponentenarchitektur entlehnt. Für den Einsatz einer Service Oriented Architecture in einer Organisation werden immer wieder folgende Vorteile behauptet:

- Implementierung großer Enterprisesysteme – Mittels SOA und den entsprechenden Managementwerkzeugen können auch große Systeme einfach organisiert werden. Services können leicht ausgetauscht werden, neue Services können leicht eingebunden werden und es bereitet keine all zu große

Tabelle 5.1: Vergleich zwischen unterschiedlichen Architekturformen

	Komponenten	CORBA	SOA
Interface	keine getrennte Interfacedefinition	IDL	Servicevertrag
Partitionierung der Applikationslogik	horizontal	horizontal & vertikal	vertikal
Discovery	–	Repositorylookup der Objekte	Registrylookup der Services
Autonomie	–	hinreichend	hinreichend
Zusammensetzbarkeit	–	gut	gut
Koppelung	sehr eng	eng	lose
Zustandsbehaftet	ja	abhängig vom Design	sollte zustandslos sein
Granularität	Objekte / Funktionen	Objekte	beliebig
Verteilungsreichweite	Applikation	Enterprise	Enterpriseübergreifend
Offenheit	externe Dokumentation, Design und Policies	Ausdrucksfähigkeit des Interfaces, externe Dokumentation	Ausdrucksfähigkeit des Services, SLAs, externe Dokumentation
Interaktionsmodus	synchron, blockend	primär synchron, asynchron selten	synchron und asynchron
Datenlebenszyklus	–	Objektlebenszyklus	–

Schwierigkeit, interne Services extern zugänglich[7] zu machen. Im Gegensatz dazu sind mit enger gekoppelten Architekturen wie bei objektorientierten Applikationen derartige Änderungen am System mit einem weitaus höheren Programmier- und Konfigurationsaufwand verbunden.

- Skalierbarkeit – Eine SOA trifft nur wenige Annahmen über das Netzwerk und minimiert die Abhängigkeit von anderen Services und sollte daher im Netzwerk skalieren können.

- Hohe Wiederverwendbarkeit und lose Koppelung – Durch die lose Koppelung in der SOA wird die Integration neuer Services erleichtert. Services können auch ohne großen Aufwand in einem anderen Kontext verwendet werden. Code, der bereits für andere Applikationen entwickelt wurde, kann als Service veröffentlicht werden. Durch Wiederverwendung von Code und Services kann das Wachstum der Applikation verlangsamt werden und der Entwicklungsaufwand sinkt.

---

[7] Allerdings sollte beachtet werden, dass das Problem der Sicherheit vollständig gelöst sein muss.

- Abstraktion – Durch die Modellierung von Applikationen in offenen Umgebungen kann eine Abstraktion der Funktionen geschaffen werden.
- Flexibilität – Das einfache Austauschen und Zusammensetzen der Services ermöglicht es, einfacher und rascher Änderungen am System durchzuführen als bei traditionellen oder objektorientierten Systemen.
- Standardisierung und Unterstützung durch ein breites Spektrum von Anbietern – Viele Organisationen beschäftigen sich mit dem Entwickeln von Standards für SOA. Implementierungen der Standards sind von den meisten großen Softwareanbietern wie IBM, Microsoft, Sun, etc. zu finden. Eine breite Unterstützung durch Werkzeuge erleichtert das Erstellen und Veröffentlichen von Services.

Eine SOA ist keine Fortführung des Webgedankens, technisch gesehen hat das Web nur eine einzige Repräsentation (HTML), im Gegensatz dazu kommen in den Organisationen diverse zum Teil überlappende[8] Repräsentationen vor. Das Beste, was in diesem Fall erreicht werden kann ist, sich der Standardisierung zu nähern und überlappende Interfaces zu erlauben, mit der Maßgabe, dass eine Transformation zwischen diesen Interfaces bekannt ist. Dieses Vorgehen wird durch eine „echte" Governance abgerundet, welche als Ziel die Evolution dieser Interfaces zu einem gemeinsamen möglichst überlappungsarmen Standard hat.

5.2 Eventarchitektur

Eine SOA muss sehr stark ereignisorientiert sein, damit sie den Anforderungen an Flexibilität und Anpassbarkeit an ungewöhnliche Situationen auch genügen kann. Eine solche Forderung nach Ereignisorientierung muss sich auch in der Architektur widerspiegeln.[9] Wie kann eine solche Eventarchitektur aussehen?

Am strukturell einfachsten ist eine Dreiteilung in die Bereiche Event Layer, Access Control Layer und Business Process Layer (s. Abb. 5.4). Dies stellt eine logische und keine physische Einteilung dar, sie ist durchaus komplementär zu den Layerarchitekturen. Jeder der Layer (Event und Access Control sind parallel) konzentriert sich auf die speziellen Anforderungen und sollte dann auch durch spezielle Infrastrukturwerkzeuge unterstützt werden:

- Event Layer – Von dem Zeitpunkt an, wo Services eine reine P2P[10]-Struktur in ihren Interaktionen verlassen[11], ist eine verteilte Steuerung für

---

[8] Obwohl alle Beteiligten fest der Ansicht sind, eine einzige Repräsentation im Sinne einer Standardisierung sei unbedingt notwendig.

[9] Architektur ist die strukturelle Kraft, welche bestimmte Fähigkeiten besonders gut unterstützt.

[10] **Peer-to(2)-Peer**

[11] Dies ist eine oft zu beobachtende Anfangsform des Einsatzes von Services. Services werden als Peers direkt („hardcoded") miteinander verknüpft (s. Abschn. 4.12).

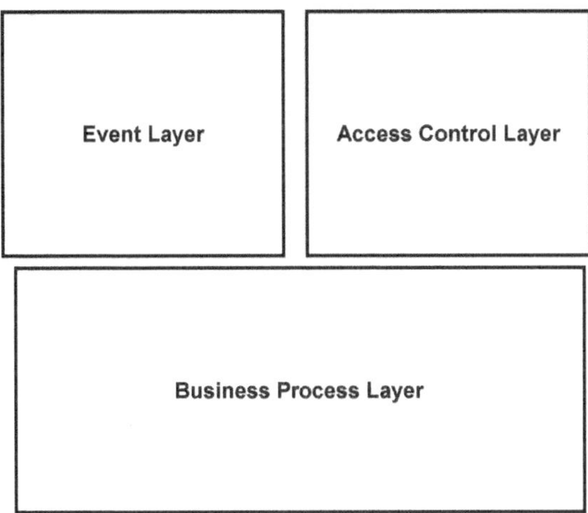

Abb. 5.4: Eine vereinfachte Eventarchitektur

die Serviceaufrufe notwendig. Ein möglicher Mechanismus, dies zu erreichen, ist die Nutzung von Events. Ein eventgetriebener Ansatz besitzt lose Koppelung sowie Mechanismen, um auf unstrukturierte oder unzusammenhängende Interaktionen reagieren zu können. Der Event Layer in Form eines Eventservices stellt die Infrastruktur zur Erzeugung, Verfolgung und Übertragung von Events dar. Jeder Service kann Events produzieren und konsumieren. Zum einen sind diese Events Vorfälle, die sich irgendwann einmal ereignen und voneinander abhängig erzeugt werden, zum anderen dienen sie auch zur Auslösung einer spezifischen Fähigkeit, welche durch einen Service ausgeführt werden kann. Die Events können typisiert werden und selbst Informationen enthalten.[12] Innerhalb der Eventarchitektur werden die Events durch den Aufruf des Event Layers produziert, umgekehrt registrieren sich Prozesse und Services des Business Process Layers im Event Layer, um über das Auftauchen bestimmter Typen von Events informiert zu werden.[13] Üblicherweise werden die Events in die Kategorien Business Events und System Events eingeteilt: Obwohl beide Kategorien sich syntaktisch sehr ähneln, unterscheiden sie sich semantisch sehr stark. Die System Events dienen dazu, die SOA als Infrastruktur zu steuern, während die Business Events zur Durchführung der fachlichen Prozesse innerhalb der Organisation dienen.

- Access Control Layer – Eine der Grundlagen des Serviceorientierungsparadigmas ist die Annahme, dass Geschäftsprozesse durch den Aufruf diver-

---

[12] Ein typisches Vorgehen in neueren Sprachen, welche Exceptions kennen, so auch in Java, C# und C++.

[13] Publish-Subscribe-Pattern

ser Services realisiert werden können, welche eventuell auch verteilt und heterogen sind. Da Services auf Grund ihrer fachlichen Spezifikationen ermittelt und aufgerufen werden, ist der Serviceprovider nicht unbedingt ex ante bekannt, folglich kann ihm auch nicht a priori vertraut werden.[14] Das Vertrauen im Sinne der Prognosefähigkeit bezüglich des zukünftigen Verhaltens des Providers ist aber eine der notwendigen Vorbedingungen, um überhaupt eine Geschäftsbeziehung einzugehen. Zur Reduktion des Risikos, einen nichtvertrauenswürdigen Provider zu nutzen, müssen die Messages als auch die Zugriffe entsprechend verwaltet werden; mit dieser Aufgabe ist der Access Control Layer betraut.

- Business Process Layer – Der Business Process Layer befasst sich mit der Steuerung und Optimierung des Alignments zwischen Geschäftsprozessen und Services, sowie der Koordination von Aufrufen von Services.

Eventgetriebene Architekturen ermöglichen es, auch eine „legacyähnliche" Gesamtarchitektur aufzubauen. In diesem Fall werden einzelne SOA-Systeme durch Services aufgebaut, von einander entkoppelt und zu eigenständigen Applikationen zusammengefasst. Diese Applikationen wiederum tauschen Messages in Form von Events aus und synchronisieren sich über diesen Mechanismus. Eine solche Vorgehensweise kann man als „Mikro-SOA" bezeichnen.

5.3 Services

Services im technischen Sektor sind, analog zu den Komponenten, unabhängige Bausteine, welche gemeinsam eine Applikationsumgebung repräsentieren. Im Unterschied zu Komponenten haben Services besondere Charakteristika, die es ihnen gestatten als Teil einer SOA zu agieren. Eine dieser Eigenschaften ist, dass ein Service zunächst völlig unabhängig von jedem anderen Service konzipiert ist. Ein Service ist nur verantwortlich für seinen eigenen Ausschnitt der Fachlichkeit[15], welcher dann auf eine bestimmte Funktion oder Menge von Funktionen abgebildet wird. Diese Funktionen können von diesem Service auch anderen Services zur Verfügung gestellt werden. Eine SOA ist im Wesentlichen eine Sammlung von Services. Diese interagieren miteinander indem sie Daten austauschen oder gemeinsame Aktivitäten durchführen; zur Koordination gemeinsamer Aktivitäten wird ein Mechanismus benötigt, mit dem Services zusammengefügt werden können.

Der entscheidende Vorteil einer SOA liegt darin, dass eine SOA die Implementierung eines Service von dessen Interface trennt. Das heißt, es wird das „Was" vom „Wie" getrennt. Der Serviceconsumer braucht nicht zu wissen,

---

[14] Auch bekannten Providern kann nicht unbedingt vertraut werden. Bekanntheitsgrad und Dauer der Beziehung beeinflussen die Vertrauenswürdigkeit oft nur subjektiv.

[15] Diese Ausschnitte müssen nicht disjunkt sein. Oft ist ein gewisser Grad an Redundanz notwendig.

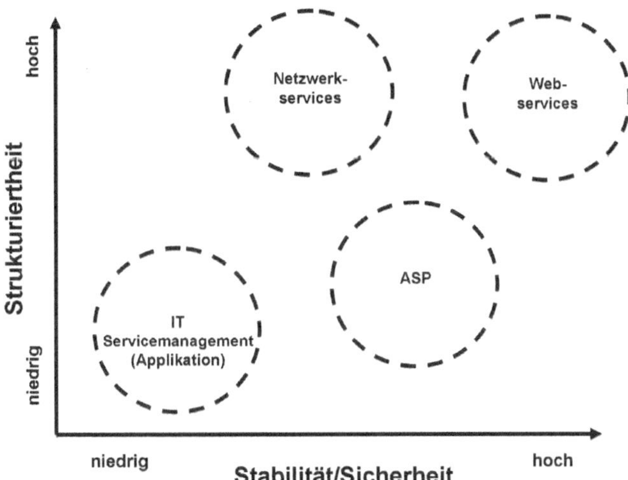

Abb. 5.5: Verschiedene Formen von Services

wie der Service funktioniert und implementiert ist, für ihn ist nur interessant, dass er ihm zur Verfügung steht und dass er ihm die Serviceleistung liefert, die er benötigt. Die einzige Anforderung, die der Serviceconsumer an den Service hat, ist, dass der Service eine Antwort zurückliefert und zwar in einem vereinbarten Format. Die Eigenschaften eines Services führen dazu, dass man den Service als eine isolierte Einheit einer Organisationsfunktion ansehen kann. Diese sind locker miteinander zu einer SOA verbunden. Durch die Unabhängigkeit, welche die Services in dieser SOA haben und die gekapselte Programmlogik, die sie mitbringen, sind die Services nicht an irgendeine Plattform oder Technologie gebunden.

Alle Services innerhalb einer SOA haben eine Reihe von technischen Eigenschaften, welche die SOA als Framework aber auch als Designmodell repräsentieren. Zu diesen technischen Eigenschaften der Services zählen:

- lose Koppelung – Wechselwirkende Services sind bedingt durch ihre Natur immer lose gekoppelt. Dies ist notwendig, da sie a priori plattform- und implementierungsneutral sein müssen, was dazu führt, dass sie nur ihr Interface nicht jedoch ihre Implementierung bekannt geben. Eine der Ideen von Services ist es, den Serviceprovider wechseln zu können, hierfür ist eine lose Koppelung notwendig, da eine enge Koppelung den Wechsel des Providers stark erschwert.

- messagebasierte Interaktion – Die Kommunikation zwischen einzelnen Services geschieht immer messagebasiert. Üblicherweise werden diese Messages asynchron ausgetauscht, bzw. der Requestor simuliert eine Synchronität, wenn dies durch den Consumer[16] gewünscht ist. Messagebasierte Kommunikation vereinfacht es auch, eine lose Koppelung zu unterstützen.

- dynamische Discovery – Services sind stets Softwareteile, anderen Consumern zur Verfügung stehen. Da sich a priori nicht festlegen lässt, das sich der gewünschte Service auf demselben Rechner wie der Consumer befindet, ist es wichtig zu wissen, welche Services z.Z. zur Verfügung stehen und was diese tatsächlich leisten können. Daher muss ein Modell zum dynamischen Auffinden und Entdecken von Services unterstützt werden. Besonders wichtig ist eine solche Fähigkeit offensichtlich bei mobilen Systemen. In einer solchen Umgebung ist es überhaupt nicht möglich zu wissen, welche Services einem in Zukunft zur Verfügung stehen.
- selbständiges Deployment – In sehr großen Umgebungen ist ein automatisches Deployment des Services ein großer Vorteil.[17]
- Portabilität – Die Services sollten von der konkreten Implementierung als auch der konkreten Umgebung so unabhängig wie möglich sein. Heutige Services haben eine solche Eigenschaft noch nicht.[18,19]
- Implementierungsneutralität – Services definieren sich ausschließlich über ihre Qualitäten und ihre eigenen Interfaces, nicht jedoch über ihre jeweilige Implementierung. Ohne diese Prämisse wäre ein Provider- oder Servicewechsel nur schwer möglich.
- Autonomie – Services müssen sich entkoppeln und werden daher auch unabhängig von anderen Services implementiert. Ausschließlich die Interfaces eventuell nutzbarer Services sind bekannt.
- policybasiertes Verhalten – Bestimmte technische Eigenschaften wie Transaktionssicherheit, Verschlüsselung und Kontext sollten keine festen Bestandteile der Serviceimplementierung sein. Diese Forderung ist zwar per se nicht zwingend, erleichtert aber die Nutzung unterschiedlicher Qualitäten (s. Abschn. 5.6) für eine gegebene Implementierung.
- Konfigurierbarkeit – Services werden nur abstrakt definiert und später implementiert. Die Konfiguration eines Services sollte dynamisch möglich sein, um auf Dauer möglichen Veränderungen folgen zu können.
- late Binding – Die Services werden dynamisch aufgerufen, mit der Folge, dass das Binding der Services erst zur Laufzeit geschehen kann. Eine Technik, die heute in diversen Betriebsystemen eingesetzt wird, so unter Windows durch die DLLs.

---

[16] Oft wird nicht von den Consumern, sondern von den implementierenden Programmierern die Synchronität gefordert, da synchrone Programme sich viel einfacher bauen lassen als asynchrone.

[17] Computerviren und -würmer haben ähnliche Eigenschaften und können sich erfahrungsgemäß selbst fast überall und rasch installieren. Leider!

[18] Services auf Basis von Applikationsservern sind nur bedingt zwischen den Servern unterschiedlicher Hersteller portabel.

[19] Die Portabilität auf völlig andere Umgebungen, so z.B. von Unix auf Windows, wird zwar oft angestrebt, rechnet sich aber in den seltensten Fällen betriebswirtschaftlich.

5.4 Servicemodell

Eine Service Oriented Architecture basiert auf den Wechselwirkungen zwischen drei verschiedenen Beteiligten, dem Serviceprovider, auch Server genannt, dem Servicerequestor, auch Client oder Consumer genannt, und der Serviceregistry (s. Abb. 5.6).

Der Serviceprovider stellt die einzelnen Services zur Verfügung und publiziert ihre Eigenschaften in der Serviceregistry, bei Webservices geschieht dies durch das UDDI (s. Abschn. 9.5) und WSDL (s. Abschn. 9.4). Der Serviceconsumer wiederum findet seine gesuchten Services mit Hilfe einer Interfacebeschreibungssprache innerhalb der Serviceregistry und nutzt die dortigen Interfacedefinitionen, um sich gegen den Serviceprovider zu binden. Die konkrete Nutzung der Services läuft dann transparent über das Netzwerk mit Hilfe einer Protokollsprache meisten SOAP oder CORBA[20] zwischen dem Serviceconsumer und dem Serviceprovider. Diese Art des Auffindens der Services trennt

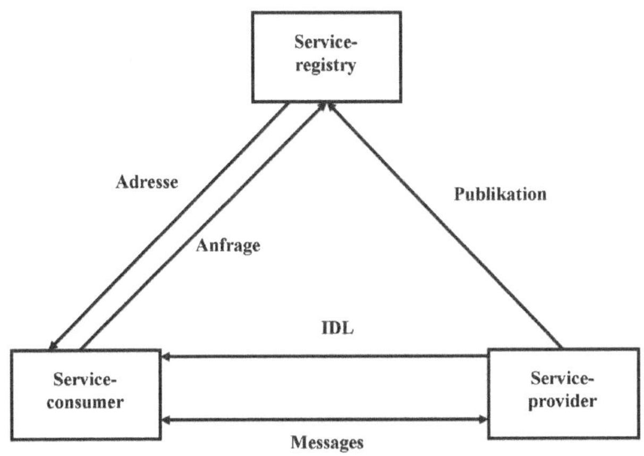

Abb. 5.6: Die drei Rollen: Provider, Consumer und Registry

den Consumer vom Provider und führt zu einer Entkoppelung. Da nun der Provider nicht mehr ab initio bekannt ist, können auch keine Annahmen über die Serviceimplementierung außer dem Interface getroffen werden, es entsteht mehr oder minder automatisch eine lose Koppelung zwischen Consumer und Provider. Durch diesen Mechanismus ist der Consumer gezwungen, sich auf

---

[20] CORBA ist streng genommen kein Protokoll, diese Tatsache ist aber hier irrelevant.

unterschiedliche Provider für den gleichen Service einzustellen, das selbe gilt umgekehrt auch für den Provider.

Das Modell einer SOA wird am einfachsten durch das „find-bind-execute"-Paradigma[21] beschrieben, wobei der jeweilige Serviceconsumer sich auf der Suche nach einem bestimmten Service an die Serviceregistry wendet. Ist der Serviceregistry der Service bekannt, so antwortet er dem Serviceconsumer mit einem Servicevertrag (Service Contract) und einer Adresse, unter dem der Serviceconsumer beim Serviceprovider den Service in Anspruch nehmen kann. Ist der Serviceregistry der Service nicht bekannt, d.h., er kennt keinen Provider, der diesen Service liefern kann, so antwortet er, dass der Service ihm nicht bekannt ist. Hat der Serviceprovider den Vertrag und die Serviceadresse erhalten, so kann er zu dieser Adresse verbinden und den Service anfordern. Der Serviceprovider erlaubt dem Serviceconsumer, den Service bezüglich des Vertrages zu nutzen. Jeder Serviceprovider kann seine Services bei der Serviceregistry registrieren lassen, damit sie von den Serviceconsumern gefunden werden können.

- Serviceconsumer – Der Serviceconsumer selbst kann ein Service, eine Applikation, ein Programm, ein Softwaremodul, ein Hardwaremodul oder auch ein Mensch sein, der diesen Service in Anspruch nimmt. Der Consumer sucht den Service bei der Serviceregistry und erhält die Serviceadresse und den Vertrag. Damit bindet der Serviceconsumer den Service über ein Transportprotokoll und führt danach den Service aus, indem er eine, entsprechend des Vertrags, formatierte Anfrage an den Serviceprovider schickt.
- Serviceprovider – Oft ist der Serviceprovider gemeint, wenn man vom Service spricht. Der Serviceprovider ist die Entität, welche den Service anbietet und über das Netzwerk zugänglich macht. Er akzeptiert die Anfragen des Serviceconsumers und führt sie aus. Der Serviceprovider veröffentlicht seinen Vertrag bei der Serviceregistry, damit die Serviceconsumer den Service finden und nutzen können. Der Serviceprovider kann ein Server, ein Mainframe System, eine Komponente oder irgendeine Art Software sein, welche die Anfragen des Consumers beantwortet.
- Serviceregistry – Eine Serviceregistry basiert auf einem Softwaresystem, welches die Adressen von den verfügbaren Services enthält. Die Serviceregistry akzeptiert und speichert die Verträge der Serviceprovider und stellt sie dem Serviceconsumer zur Verfügung, falls dieser den entsprechenden Service nutzen möchte.
- Servicevertrag – Der Servicevertrag ist eine Spezifikation, die festlegt, wie ein Serviceconsumer in Kontakt mit dem Provider des Services zu treten hat. Der Vertrag legt das Format der Anfrage und der Antwort des Services fest. Die Vorbedingungen und Nachbedingungen sind ebenfalls dem Vertrag zu entnehmen. Sie spezifizieren den Zustand, in dem sich der Service befinden muss, um eine bestimmte Funktion ausführen zu können. Der

---

[21] Oft auch SOA-Paradigma genannt.

Servicevertrag beschreibt außerdem die verschiedenen „Quality of Service Levels", die unterstützt werden.

- Servicecommitment – Eine Vorform des Servicevertrags ist das Servicecommitment. Bei diesem spezifiziert der Provider ein zukünftiges Verhalten für den zukünftigen Consumer. Wird dieses Versprechen angenommen, so gibt der Consumer ein Commitment ab über die Zahlung der Kosten und ein Servicevertrag entsteht. In hochdynamischen Systemen sind solche Vorformen durchaus denkbar.

- Serviceproxy – Der Serviceprovider stellt dem Serviceconsumer ein Serviceproxy zur Verfügung. Dieses Proxy befindet sich zwischen Consumer und Provider und zwar lokal auf dem Client des Consumers. Der Consumer kann eine Anfrage ausführen, indem er die API-Funktion des Proxys verwendet. Der Vorteil besteht darin, dass das Proxy direkt bei der Serviceregistry den Provider und den zugehörigen Vertrag erhält und damit die formgerechte Serviceanfrage im Auftrag des Consumers ausführt. Das Serviceproxy ist nützlich für den Consumer. Es nimmt ihm die Arbeit ab, die entsprechende Software zu schreiben, die benötigt wird, um den Service direkt nutzen zu können. Das Proxy erhöht die Leistung des Services, da es die Referenzen der Provider und die zugehörigen Verträge lokal speichert. Wird also der gleiche Service öfters ausgeführt, so müssen nicht jedes Mal bei der Serviceregistry die entsprechenden Daten angefordert werden, sondern der Service kann direkt angefragt werden. Dadurch reduziert sich die Anzahl an Netzwerkverbindungen, die der Serviceconsumer tätigen muss. Alle Servicemethoden, die keine Daten vom Provider benötigen, können lokal auf dem Proxy ausgeführt werden. Dadurch wird der Provider entlastet. Benötigt ein Service nur einen kleinen Datenteil, so kann dieser ebenfalls beim Provider heruntergeladen und im Proxy gespeichert werden. Für den Consumer ist es nicht von Belang, ob die Funktionen lokal im Proxy oder remote beim Provider ausgeführt werden. Das Proxy kann nur Funktionen zur Verfügung stellen, die der Provider auch unterstützt. Ein Serviceprovider kann Proxys in vielen verschiedenen Programmierumgebungen zur Verfügung stellen. Ein Serviceproxy ist in einer Standardprogrammiersprache geschrieben. Der Serviceprovider sollte das Proxy zumindest in der von den meisten Consumern benutzten Programmiersprache bereitstellen. Zwar ist ein Serviceproxy nur optional, aber es bietet dem Serviceconsumer einen höheren Komfort und bringt große Leistungsvorteile mit, die sich besonders in Form einer geringeren Latenzzeit bei der Serviceausführung bemerkbar machen.

- Servicelease – Die Serviceregistry bestimmt, wie lange ein Servicevertrag gültig ist, mit dem sogenannten Servicelease. Der Serviceconsumer stellt an die Registry eine Anfrage und bekommt dann neben dem eigentlichen Vertrag noch einen Mietvertrag, der beschreibt, wie lange das Servicelease gültig ist. Der Vertrag ist gültig ab dem Zeitpunkt, an dem der Consumer den Servicelease erhält, bis zu dem Zeitpunkt, den die Registry im Servicelease festgelegt hat. Wenn das Servicelease abgelaufen ist, muss der

Serviceconsumer eine neue Anfrage an die Registry stellen, um einen neuen Servicelease zu erhalten. Das Servicelease ist unabdingbar für Services, die Zustandsinformationen über die Bindung zwischen Serviceconsumer und Serviceprovider benötigen. Das Servicelease definiert die Zeit, in welcher der Zustand unverändert bleibt. Außerdem wird damit die Koppelung zwischen Consumer und Provider reduziert, indem die Zeit begrenzt wird, welche den Serviceconsumer an den Serviceprovider bindet. Ohne die Idee eines Vertrags auf Zeit, könnte ein Consumer für immer an einen speziellen Service oder Serviceprovider gebunden werden und nie wieder von dem Vertrag zurücktreten. Das würde dazu führen, dass zwischen Consumer und Provider eine viel engere Beziehung bestehen würde, als eigentlich beabsichtigt. Das würde dem Kerngedanken einer SOA, der losen Koppelung von Services, widersprechen. Möchte der Serviceprovider seine Implementierung und damit auch den Service ändern, so kann er das, indem er wartet bis der Mietvertrag ausläuft und der Consumer dann einen Vertrag mit den neuen Konventionen erhält. Damit kann die Implementierung geändert werden, ohne die Ausführung des Services zu beeinträchtigen, da der Serviceconsumer eine neue Anfrage für einen neuen Service und Mietvertrag stellen muss. Wenn die neuen Verträge in Kraft treten wird allerdings nicht garantiert, dass der Service identisch zum Vorherigen ist.

5.5 Komposition

Obwohl es sehr oft von Interesse ist einzelne Services anzusprechen, liegt ein Teil der Mächtigkeit des Serviceorientierungsparadigmas in der Fähigkeit begründet, bestehende Services zu neuen Services zusammenzufassen, einen Prozess, den man Servicekomposition oder kurz Komposition nennt. Eine solche Flexibilität ist unbedingt nötig, damit sehr rasch auf Veränderungen der Umgebung reagiert werden kann.[22] Die Frage der Komposition von Services kann aus zwei Blickwinkeln betrachtet werden:

- Geschäftsprozesskomposition – Diese Abstraktionsebene komponiert völlig neue Geschäftsprozesse aus bestehenden Teilprozessen oder Services. Eine solche Komposition ist für den Endbenutzer transparent und kundenzentriert, da sie hochgradig interaktiv ist und eine intensive Beteiligung von Domänexperten benötigt. Eine solche Kompositionsform ist ohne eine explizite Betrachtung oder zumindest eine partielle Veränderung der Organisation nicht möglich.
- Servicelevelkomposition – Der Aufbau von Services aus anderen Services ist eine Technik, welche in ähnlicher Form schon bei Workflowsystemen

---

[22] In gewisser Weise setzt dies die Annahme von stabilen „atomaren" Services voraus, denn wenn die Bestandteile sich schneller ändern als die Umgebung der Komposition, wird diese ad absurdum geführt.

eingesetzt wird. Im Gegensatz zur Geschäftsprozesskomposition steht hier die Interoperabilität und technische Machbarkeit im Vordergrund. Fast immer wird diese Kompositionsform ohne jegliche Berücksichtigung organisatorischer Abläufe vorgenommen.

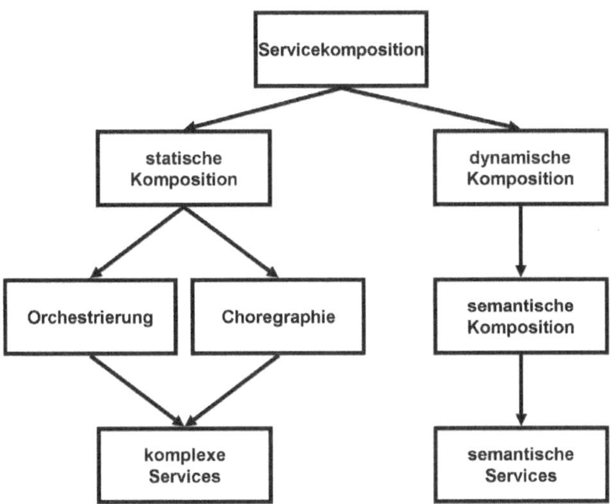

Abb. 5.7: Die verschiedenen Kompositionsmodelle

Die Mechanismen zur Komposition, d.h. Zusammenfassung und Schaffung neuer Services, haben zwei unterschiedliche Zielrichtungen (s. Abb. 5.7): Komplexe Services und semantische Services. Das Interesse hinter dem Kompositionsprozess für Services wird hauptsächlich durch zwei Problemgebiete getrieben, zum einen der Kommunikation zwischen Organisationen[23] und zum anderen durch die **E**nterprise **A**pplication **I**ntegration (EAI). In dieser Richtung wurde eine Anzahl von XML-basierten Spezifikationen entwickelt (s. Kap. 9). Eine andere Entwicklung findet im Bereich der semantischen Services, hier besonders bei den semantischen Webservices, statt. Die Kompositionsmodelle können in zwei Gruppen eingeteilt werden (s. Abb. 5.7), zum einen die statischen und zum anderen die dynamischen Kompositionen. Die Standards wie BPEL (s. Abschn. 9.7) oder BPML (s. Abschn. 9.9) können auch eingesetzt werden, um semantische Services zu erreichen. Bei der statischen Komposition stellt sich die Frage: Wie kann ein Service genutzt werden, um eine komplexe Aufgabenstellung zu lösen? Ein solches Problem wird sich in Zukunft immer häufiger stellen, denn je mehr Services (meist feingranularer Natur) schon

---

[23] Primär der B2B-Sektor, allerdings gibt es mittlerweile auch Impulse aus dem amerikanischen B2G-Sektor (**B**usiness **to** **G**overnment).

vorhanden sind, desto größer ist die Chance der Wiederverwendung in einem komponierten Service. Es gilt, diese vorhandenen Services zu nutzen und sie zu neuen Services zusammenzubauen. Kompositionsregeln behandeln das Vorgehen, um aus einfacheren Services komplexere aufzubauen. Hierfür gibt es zwei Möglichkeiten:

- Orchestrierung – Bei der Orchestrierung wird ein neuer Service dadurch geschaffen, dass vorhandene Services durch einen zentralen Koordinator (Orchestrator) gesteuert werden. Der Orchestrator nimmt die Aufrufe von außerhalb entgegen und verteilt die Aufgaben an die einzelnen benutzten Services. Im Bereich der Webservices sind für die Orchestrierung die Protokolle BPML und BPEL vorhanden.
- Choreographie – Bei der Choreographie gibt es keinen zentralen Koordinator, sondern es wird die Kommunikation zwischen den einzelnen Services und Aufgaben beschrieben. Insofern resultiert der Gesamtservice aus einer Reihe von P2P-Interaktionen zwischen den beteiligten (Sub)-Services. Für die Choreographie von Webservices wurde bisher das Protokoll WS-CDL (s. Abschn. 9.10) vorgeschlagen.

Eine besondere Berücksichtigung bei der Komposition sollte die Schaffung von Layern haben, da eine layerübergreifende Komposition Teile der Architektur zunichte macht. Typischerweise setzt sich ein Kompositservice aus Services des gleichen oder des direkt darunterliegenden Layers zusammen.

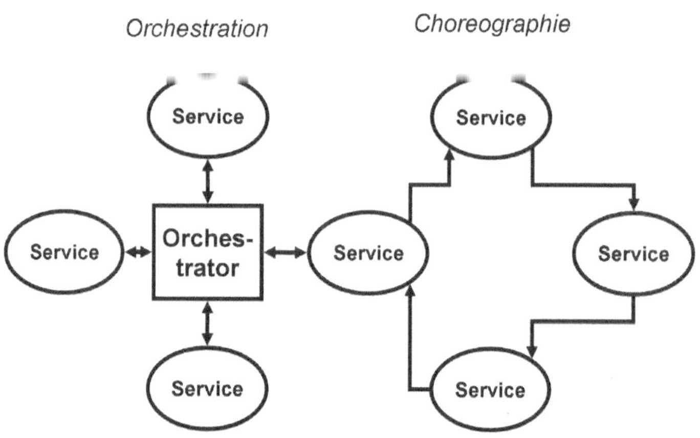

Abb. 5.8: Orchestrierung im Vergleich zur Choreographie

Bei der Orchestrierung existiert ein zentraler Prozess, welcher die Kontrolle über alle beteiligten Services hat. Dieser Prozess, der seinerseits ebenfalls ein

Service sein kann, koordiniert die Ausführung verschiedener Operationen der Services. Die involvierten Services wissen nicht, dass sie komponiert werden und Teil eines höheren Geschäftsprozesses sind und dürfen es auch nicht wissen. Nur der zentrale Koordinator der Orchestrierung hat die entsprechende Information. Orchestrierung wird normalerweise bei privaten Geschäftsprozessen verwendet und ist in Abb. 5.8 schematisch gezeigt. Die Choreographie dagegen besitzt keinen zentralen Koordinator. Vielmehr weiß jeder involvierte Service, wann seine Operationen auszuführen sind und mit wem er zu interagieren hat. Choreographie ist als eine Kollaboration zu verstehen, deren Ziel der Austausch von Messages in einem Geschäftsprozess ist. Alle Beteiligten müssen dazu den Geschäftsprozess, die auszuführenden Operationen und das Timing für den Messageaustausch kennen. Oder anders formuliert: Die Orchestrierung beschreibt die ausführbaren Aspekte eines Services aus Sicht des Orchestrators, während die Choreographie die Zusammenarbeit mehrerer Services aus Sicht des Prozesses darstellt. Durch die Kapselung wurde der Prozess in einzelne Funktionalitäten aufgespaltet. Die eigentliche Prozessstruktur und die Prozesslogik sind dabei verloren gegangen, da die einzelnen Kapseln durch lose gekoppelte Services realisiert werden können, die in keinerlei Bezug zueinander stehen müssen. Mit Hilfe der Orchestrierung der funktionalen Kapseln soll der Ausgangsprozess wieder „zusammengesetzt" werden, ohne dass der Aspekt der losen Koppelung, welcher eine zentrale Rolle in einer SOA darstellt, verloren geht.

Auch wenn in der funktionalen Kapselung Ereignisse wie Funktionen jeweils einem Service zugeordnet werden, gehören sie nicht zwingend zu diesem Service selbst, denn Ereignisse stellen vielmehr die Verbindungsglieder zwischen den gekapselten Funktionalitäten dar, wobei für die Orchestrierung nur diejenigen Ereignisse betrachtet werden müssen, welche Funktionalitäten verschiedener Services miteinander verbinden. Ereignisse, welche innerhalb eines Services zwei oder mehrere Funktionen miteinander verbinden, beschreiben die innere Logik des funktionalen Services, welche durch die Implementierung des zu realisierenden Service umgesetzt werden muss. Die Orchestrierung lässt

Tabelle 5.2: Vergleich der Choreographie- und Orchestrationssprachen. (✓) für indirekte Unterstützung

Feature	BPEL	BPML	WS-CDL	WSCI	OWL-S
Kollaborationsmodellierung	✓	(✓)	✓	✓	✓
Ausführungsmodellierung	✓	✓	–	–	✓
Rollenkonzept	schwach	–	✓	✓	–
Transaktion & Kompensation	(✓)	✓	(✓)	✓	(✓)
Exceptionhandling	✓	✓	✓	✓	✓
Semantik	–	–	–	–	✓
Quality of Service	–	–	–	–	–

sich aus einer prozessorientierten Sicht eines einzelnen Kooperationspartners auf zwei Ebenen betrachten:

- Interfaceebene – Die Interfaces aller anderen Kooperationspartner werden aus Sicht des ausgewählten spezifiziert.
- Ablaufebene – Die Interfacespezifikation wird um Ablaufbeschreibungen ergänzt, welche notwendig sind, um die gewünschte Funktionalität zu ermöglichen, dabei werden nur die eigenen Abläufe nicht jedoch die der Kooperationspartner beschrieben.

Im Unterschied dazu wird bei der Choreographie ein Vertrag über den Messageaustausch und dessen Ablauf festgelegt, wobei beschrieben wird, wann welche Message gesendet und verarbeitet werden muss. Außerdem sollte auch das Ausnahmeverhalten stets bei einer Choreographie festgelegt sein.

5.6 Quality of Service

Ein wichtiger aber schwer zu definierender Aspekt ist die Qualität eines Services. Die Summe der Qualitäten eines Services, d.h. die Summe der nichtfunktionalen aber zugesicherten und messbaren Eigenschaften bezeichnet man als **Quality of Service (QoS)**. Die Feststellung, was tatsächlich benötigt wird, um eine vordefinierte Qualität eines Services überhaupt erreichen zu können, ist eine schwierige Aufgabe. In den meisten Fällen wird dabei die bestehende Erfahrung extrapoliert und als Quelle einer Schätzung genutzt. Innerhalb einer SOA wird dieses Problem noch dadurch forciert, dass es in einer solchen Umgebung möglich sein muss, dieselben Services mit unterschiedlichen Qualitätsstufen auf einer identischen Infrastruktur zu betreiben.[24] Neben den Problemen des Betriebs ergeben sich noch weitere Fragenstellungen auf Grund der Architektur:

- Consumerperspektive – Typischerweise wollen die Consumer die Qualität des Services definieren. In traditionellen Systemen ist dies kein so großes Problem, da hier meistens das gesamte System unter der Hoheit des Consumers abläuft. Nicht jedoch in einem vollständig serviceorientierten System: In diesem kann nicht mehr davon ausgegangen werden, dass das gesamte System unter der Regie des Consumers abläuft, schließlich können die Services von beliebigen Providern geliefert werden. Die Kunden – sprich Consumer – wollen festlegen, was sie von dem Service erwarten, in ihrer eigenen Terminologie mit einer eigenen Bewertung von Qualitäten. Allerdings ist zu vermuten, dass in den meisten Fällen der Provider einfach einen „alten" Service recycelt und damit gerade nicht die Consumerperspektive einnimmt.

---

[24] Schließlich möchte der Provider in der Lage sein, bei fachlich identischen Services ein Differenzierungsmerkmal für den Consumer zu liefern.

- Kompositservices – Eines der Ziele hinter einer SOA ist die Fähigkeit, neue Services aus dem Zusammenbau von bestehenden Services zu erzeugen. Obwohl die Komposition fachlich relativ einfach erscheint, stellt sich die Frage, wie die Qualitäten der Services bei einer solchen Zusammenlegung propagieren. Speziell wenn ein definiertes stochastisches Verhalten gefordert wird, ist unklar, ob der neue Gesamtservice sich nach einfachen statistischen Gesetzen verhält.
- QoS-Degeneration – Selbst wenn es gelingt einfache Kompositservices zu modellieren, auf Dauer werden die Beziehungen zwischen den Services von inhärenten Rekursionen geprägt sein. Solche Rekursionen führen dann sehr schnell zu sinnentleerten Aussagen über die jeweiligen Qualitäten. Ab einer gewissen Größe verhält sich der Service als Ganzes nur noch bedingt deterministisch; an dieser Stelle sind Qualitäten gefragt, welche sich aus systemtheoretischen Betrachtungen (s. Kap 11) ableiten lassen.

Qualitäten der Services können und müssen auch genutzt werden, um spezifische Services zu selektieren, neben mehr fachlich getriebenen Qualitäten, welche in aller Regel schon über das Interface und die Policies abgebildet werden, existieren serviceübergreifend eine Reihe quantifizierbarer Qualitäten, welche zur Auswahl dienen können:

- Ausführungspreis – Dies ist die Menge an Geld $q_\$(s)$, die ein Consumer für die Nutzung des Services zahlen muss.
- Ausführungsdauer – Die Ausführungsdauer ist die Zeit, die zwischen dem Abschicken des Requests durch den Consumer bis zur Antwort an den Consumer vergeht. Die Ausführungszeit $q_t(s)$ setzt sich aus der tatsächlichen Prozesszeit des Providers und der Übertragungszeit zusammen.

$$q_t(s) = T_{\mathrm{Prozess}}(s) + T_{\mathrm{Transmission}}(s).$$

Diese Ausführungszeit kann durch Monitoring bestimmt werden.
- Reputation – Die Reputation eines Services ist ein Maß dafür, welches Vertrauen ihm entgegen gebracht wird. Am einfachsten wird die Reputation über ein Ranking durch eine große Zahl von Consumern bestimmt. Diese geben jeweils ihr eigenes Ranking ab, welches anschließend gemittelt wird. Die Reputation lässt sich dann definieren als:

$$q_{\mathrm{Reputation}}(s) = \frac{1}{N} \sum_{i=1}^{N} R_i(s), \tag{5.1}$$

wobei die R_i die einzelnen Rankings der Consumer sind. In beschränktem Maße überträgt sich die Reputation des Providers auf die Reputation des einzelnen Services.[25]

---

[25] Nur so lässt es sich erklären, dass große Anbieter in der Lage sind, schlechte Services zu verkaufen.

- Transaktionsfähigkeit – Die Fähigkeit zur Transaktionssicherheit ist für viele fachliche Operationen notwendig. Von daher gehört die Transaktionsfähigkeit zu den Qualitäten.

$$q_{\text{Transaktion}}(s) = \begin{cases} -1 & \text{transaktionslos,} \\ 0 & \text{mit Transaktion,} \\ 1 & \text{steuerbare Transaktion,} \\ 2 & \text{mit Kompensation.} \end{cases} \tag{5.2}$$

- Kompensationsrate – Der Einfachheit halber kann eine Kompensationsrate $q_{\text{Kompensation}}(s)$ als Anteil vom Preis spezifiziert werden, welcher erstattet oder in Zukunft verrechnet wird, wenn der Provider seine Service Level Agreements (SLAs) verletzt.
- Strafrate – Die Strafrate $q_{\text{Strafe}}(s)$ gibt an, was der Consumer zu zahlen hat, wenn er die SLAs verletzt.

Werden nun die Services diverser Provider $S_1, \ldots, S_N$ miteinander verglichen, so entsteht eine Matrix der Form:

$$\mathfrak{Q} = \begin{pmatrix} q_{11} & q_{12} & \cdots & q_{1N} \\ \cdots & \cdots & \cdots & \cdots \\ q_{m1} & \cdots & \cdots & q_{mN} \end{pmatrix}. \tag{5.3}$$

Diese Matrix kann genutzt werden, um mit entsprechenden Gewichten versehen, einen Provider an Hand der Qualitäten zu ermitteln. Zusätzliche Möglichkeiten Services zu bewerten sind:

- Performanz – Die Performanz gibt an, bis zu welchem Grad ein Service seine Funktionalität in einem vorgegebenen Rahmen, Geschwindigkeit, Genauigkeit oder Speicherverbrauch erreicht.
- Zuverlässigkeit[26] – Die Zuverlässigkeit ist die Wahrscheinlichkeit, dass die Software keinen Fehler im System für eine spezifizierte Zeit und spezifizierte Randbedingungen produziert. Vorausgesetzt der Service erfüllt seine Aufgaben zum Zeitpunkt $t = 0$, dann ist die Zuverlässigkeit R gegeben durch:

$$R(t) = p_{\text{Failure}}(\tau > t),$$

wobei τ eine kontinuierliche Variable ist, welche die Zeit festlegt, bis der erste Fehler[27] auftritt.

- Verfügbarkeit[28] – Die Verfügbarkeit ist die Fähigkeit eines Services, seine regulären Funktionen auszuführen. Die Verfügbarkeit steht in engem Zusammenhang mit der Zuverlässigkeit R. Wenn neue Instanzen des Services oder „reparierte" Instanzen mit einer Rate von ρ auftauchen, dann ergibt sich die Verfügbarkeit A zu:

---

[26] Reliability

[27] In diesem Kontext bedeutet Fehler neben fachlichen Fehlern auch das Nichtvorhandensein oder die Unerreichbarkeit des Services.

[28] Availability

$$A(t) = R(t) + \int\limits_{0}^{t} R(t - \tau)\rho(\tau)\, d\tau.$$

Oft ist die mittlere Verfügbarkeit $\overline{A}$ eine publizierte Größe:

$$\overline{A}(T) = \frac{1}{T} \int\limits_{0}^{T} A(t)\, d\,t.$$

Eine permanente Verfügbarkeit ist dann durch $\lim\limits_{T \mapsto \infty} A(T) \approx 1$ gegeben.

- Verlässlichkeit – Ist die Fähigkeit einen Service zu liefern, dem vertraut werden kann.

Welche konkreten Maße sich auf Dauer durchsetzen werden bleibt noch abzuwarten, auf alle Fälle werden die QoS in Zukunft immer wichtiger werden, je stabiler die fachlichen Interfaces sind.

5.7 Policy

Die Policies sind Richtlinien, welche von Menschen vorgegeben werden, um damit das Verhalten der Services zu beeinflussen. Services brauchen stets eine Policy, nach der sie operieren, in den meisten Fällen ist diese heute implizit durch die Umgebung gegeben, aber es gibt auch Anstrengungen, das Verhalten von außen steuerbar zu machen. Ein solches Verhalten muss dann in einer Sprache spezifiziert werden. Sprachen oder Standards, die explizit Policies unterstützen, sind:

- WS-Policy,
- WS-Security,
- XACML[29,30].

Das Aufkommen dieser Sprachen hat das Ziel, vorhandene Policyengines einzusetzen und damit den Selektions- und Ablaufprozess der Services deutlich zu verbessern.[31] Alle heutigen Policysprachen haben jedoch eine Reihe von Problemen:

- Die meisten Policysprachen werden von ganz unterschiedlichen in sich heterogenen Organisationen vorangetrieben[32], mit der Folge, dass jede dieser

---

[29] e**X**tensible **A**ccess **C**ontrol **M**arkup **L**anguage (XACML) ist ein XML-Schema, welches die Darstellung und Verarbeitung von Autorisierungen versucht zu standardisieren.

[30] XACML ist nicht zu verwechseln mit XAML, s. Abschn. 9.20.1.

[31] Ein Situation, wie sie sich in der Vergangenheit bei Protokollen wie LDAP (**L**ightweight **D**irectory **A**ccess **P**rotocol) zeigte, vermutlich können die LDAP-Erfahrungen auf den Sektor der Policies übertragen werden.

[32] Siehe auch die Standarddiskussion Abschn. 9.1.

Sprachen eine mehr oder minder eigenständige Semantik und Syntax besitzt und die unterschiedlichsten Konzepte implementiert.

- Es ist unklar, wo Policies aufhören und Applikationen oder Services beginnen. Typischerweise würde man die Sicherheit und Transaktionseigenschaften als Policies eines Services verstehen, aber Kosten oder andere „Quality of Service"-Spezifika sind viel schwieriger einzuordnen, da die heutigen Policyframeworks sich fast ausschließlich auf die technischen Eigenschaften der Services fokussieren.
- Häufig sind die Eigenschaften, die für Verhandlungen über die Nutzung von Services notwendig sind, viel feingranularer als es die Policysprachen ermöglichen.[33]

Speziell im Rahmen der Entwicklung ausgefeilter Plattformen für die Services (s. Kap. 6) werden Policies und die entsprechenden Sprachen immer wichtiger werden. Hier sind sie in der Lage, alle Services nach identischen Mustern (abhängig vom Consumer) zu steuern.

Aus systemtheoretischer Sicht sind Policies der Versuch die Umgebung (Kontext) eines Services aktiv zu steuern, so dass sich dadurch das Verhalten des Services und damit nach der Servicedefinition (s. S. 18) der Service selbst verändert, aus Sicht des Consumers agieren Policies wie Parametrisierungen des Interfaces, aus Sicht des Providers jedoch wie Eigenschaften der Ablaufplattform des Services. Architektonisch gesehen kann die Ausführung einer Policy als eine Art Metaservice verstanden werden und wird auch so in einigen Architekturen implementiert (s. Abschn. 12.1).

5.8 Servicearten

Eine wesentliche Eigenschaft einer SOA besteht darin, dass das Softwaresystem aus kleineren, handhabbaren Services aufgebaut ist. Die einzelnen Bestandteile einer SOA sind die unterschiedlichen Services, die sich nach verschiedenen Kriterien einordnen und in die jeweiligen Layer einteilen lassen. Diese Services lassen sich wie folgt klassifizieren:

- Basisservices – Basisservices sind das Fundament einer SOA. Es wird zwischen datenzentrierten und logikzentrierten Services unterschieden. Die datenzentrierten Services regeln den Zugriff auf die unterschiedlichen Daten wie Datenbanken oder ERP-Systeme. Logikzentrierte Services realisieren einen bestimmten Aspekt der fachlichen Domäne. Beide Servicearten sollten zustandslos sein und sich idealerweise nicht überlappen. In der Praxis lässt sich eine so strikte Einteilung nicht aufrechterhalten. So besitzt ein datenzentrierter Service oft auch Plausibilitätsüberprüfungen, die eigentlich einem logikzentrierten Service zugeordnet werden sollten.

---

[33] Da die Feinsteuerung der Nutzung theoretisch jede beliebige Parameterkombination des Interfaces als auch des Servicevertrags betreffen kann, ist dies vermutlich ein nicht lösbares Problem.

- Datenzentrierte Services – Ein datenzentrierter Service verwaltet persistente Daten. Damit erfüllt er eine ähnliche Funktion wie der Datenzugriffslayer in einer klassischen Multi-Tier-Architektur. Im Vergleich zu einem Datenzugriffslayer gibt es jedoch einige Unterschiede. In traditionellen Applikationen existiert in der Regel genau ein Datenzugriffslayer, der von allen anderen Layern verwendet werden muss, um auf die Daten zuzugreifen. Sehr oft ist der Zugriff auf diesen Layer nur von dem direkt darüberliegenden Layer möglich. Ein datenzentrierter Service beschäftigt sich mit nur einer Geschäftsentität, damit er dieselbe Funktionalität wie ein Datenzugriffslayer erreichen kann, bedarf es mehrerer Services, welche die unterschiedlichen Geschäftsentitäten einer Applikation verwalten. Das Ergebnis ist vergleichbar mit der vertikalen Partitionierung eines Datenzugriffslayers. Ein datenzentrierter Service besitzt sozusagen die Geschäftsentität, da nur über ihn auf diese zugegriffen werden kann. Der Aspekt des Besitzes ist der wesentliche Unterschied zu herkömmlichen Ansätzen. Hauptschwierigkeit bei der Festlegung von datenzentrierten Services ist die Identifikation der Geschäftsentitäten, welche von diesen Services verwaltet werden sollen. Zwischen den einzelnen datenzentrierten Services dürfen keine Abhängigkeiten bestehen, dies führt dazu, dass pro Service sehr komplexe Datenmodelle benötigt werden, da navigierende Zugriffe, wie sie aus objektbasierten Systemen her bekannt, nicht möglich sind. Diese Aufteilung erhöht die Wiederverwendbarkeit und Flexibilität des einzelnen Services. Traditionelle Applikationen greifen über einen Datenzugriffslayer auf einen monolithischen Datenspeicher zu. Werden in einer solchen Applikation nun Teile des Datenmodells verändert, so kann auf die volle Funktionalität des Transaktionsmonitors oder der Datenbank zugegriffen werden. Transaktionen werden in einem solchen Fall transparent für den Softwareentwickler abgewickelt. Bei einer Nutzung mehrerer datenzentrierter Services muss dieser Automatismus noch explizit nachgebildet werden, was üblicherweise durch Choreographie oder Orchestration verwirklicht wird.
  - Logikzentrierte Services – Ein logikzentrierter Service kapselt Algorithmen für komplexe Berechnungen oder Geschäftsregeln. Bei traditionellen Applikationen lässt sich eine solche Funktionalität innerhalb von Bibliotheken oder Businessframeworks finden.
- Utilityservices – Unter Utilityservices werden Services verstanden, welche die Unterschiede in der technischen Infrastruktur oder im Design der Architektur überbrücken:
  - Technologische Gateways – Ein Technologiegateway dient der Überbrückung technologischer Lücken. Wenn eine Benutzeroberfläche implementiert in der Technologie A auf einen Basisservice implementiert in der Technologie B zugreift, so muss ein Gatewayservice im Sinne eines Proxys die Technologie A auf Technologie B umsetzen. Dieses Proxy repräsentiert die Funktionalität des darunterliegenden Services

und bildet diese Funktionalität, ohne sie zu verändern, an die darüberliegende Benutzeroberfläche ab, welche eine ganz andere Laufzeitumgebung hat. Die Hauptaufgabe eines Gatewayservices besteht in der Umsetzung der unterschiedlichen Kommunikationsmuster und Datenkodierungen der verschiedenen Technologien. Besonders Legacysysteme werden öfter über Gatewayservices angebunden.

- Adapter – Ein Adapterservice passt die unterschiedlichen Signaturen eines Services an die Anforderungen eines Consumers an. Der wesentliche Unterschied zu den Technologiegateways besteht darin, dass die Adapterservices die Unterschiede innerhalb einer Technologie abbilden, wohingegen ein Technologiegateway Unterschiede zwischen verschiedenen Technologien abbildet.

- Façaden – Die Aufgabe eines Façadenservices ist es, eine andere Sicht auf einen oder mehrere Services zu bieten. Eine Façade kann z.B. verschiedene Services aggregieren und damit das System für den Consumer insgesamt einfacher verwendbar machen. Façaden bieten auch die Möglichkeit, einen bestimmten Service mit zusätzlichen Eigenschaften wie etwa verteilten Transaktionen zu versehen. Im Zuge einer verstärkten Serviceorientierung sehen sich die Softwareentwickler mit einer großen Anzahl von Services konfrontiert, eine Façade kann hier als eine Art Filter fungieren, welcher nur einen Teil der Funktionalität sichtbar und damit die Komplexität beherrschbarer macht. Im Kontext der Gesamtorganisation ist es wichtig, dass die Funktionalität, die von einer Façade zur Verfügung gestellt wird, auch in Form von einzelnen Services existiert, ansonsten entstehen Probleme bei der Wiederverwendung.

- Funktionalitätserweiternde Services – Ein solcher Service fügt Funktionalität zu einem bestehenden Service hinzu. Es kann verschiedene Gründe geben, warum die Funktionalität in dem ursprünglichen Service nicht vorhanden ist oder nicht implementiert werden kann. Bei Services, die auf Legacysystemen basieren, kann ein funktionalitätserweiternder Service die Migration erleichtern in dem er zusätzliche Funktionalität implementiert und existierende Funktionalität so lange ersetzt, bis die alte Software nicht mehr notwendig ist, da die neuen Services die komplette Funktionalität der alten Software besitzen.

• Prozessservices – Prozessservices enthalten das Wissen über die Geschäftsprozesse der Organisation. Sie unterscheiden sich deutlich von den anderen Servicearten, da sie sich selbst kontrollieren und einen eigenen Zustand besitzen. Alle anderen Servicearten sollten in der Regel zustandslos sein. Ein Prozessservice ist sowohl ein Consumer als auch ein Provider, da er auf der einen Seite von der Benutzeroberfläche in Anspruch genommen wird (hier Provider), auf der anderen Seite aber auch selbständig andere Services in Anspruch nimmt (als Consumer), um den Geschäftsprozess abwickeln zu können. Die Vorteile der Prozessservices sind:

- Kapselung der Prozesskomplexität – Geschäftsprozesse sind oft hochgradig komplex. Selbst einfache Geschäftsprozesse weisen meist eine große Anzahl von Ausnahmen und Besonderheiten auf. Ein Prozessservice hilft dabei, diese Komplexität vor der Benutzeroberfläche zu verbergen und bietet dazu sehr geschäftsnahe Interfaces an.
- Kapselung der Prozesslogik – In traditionellen Ansätzen wie der 3-Tier-Architektur ist die Prozesslogik und Prozesskontrolle häufig nicht klar von den anderen Bereichen getrennt. In einem solchen Fall übernimmt meist die Benutzeroberfläche diese Aufgabe, in solchen Fällen ist die Prozesslogik mit der Dialogkontrolle und anderen technischen Konzepten verwoben.

- Enterpriseservices – Die meisten Services in einer SOA befinden sich innerhalb einer Organisation. Öffentliche Enterpriseservices sind Services, welche die Organisation seinen Partnern und Kunden anbietet. Häufig sind die verschiedenen Consumer im Voraus nicht bekannt und es gibt keine feste Beziehung zwischen den Geschäftspartnern, woraus sich einige spezielle Anforderungen ergeben:
  - Für diese Art von Service ist es sehr wichtig, dass die verschiedenen Geschäftspartner voneinander entkoppelt sind.
  - Diese Art von Service hat zusätzliche Anforderungen an die Sicherheit im Vergleich zu organisationsinternen Services.
  - Anders als bei internen Services kann die Nutzung von öffentlichen Enterpriseservices für Geld angeboten werden. Dies wiederum impliziert, dass geeignete Möglichkeiten der Abrechnung existent sein müssen.
  - Der Betrieb eines Services wird über SLAs reguliert. Um die Einhaltung eines SLAs zu überwachen muss es geeignete Monitoringmöglichkeiten geben.

5.9 Webservices

Webservices können als ein Produkt der Entwicklung des **W**orld **W**ide **W**ebs (WWW) gesehen werden, da neben der reinen Darstellung und Verlinkung von Dokumenten auch der Informationsaustausch recht schnell in den Vordergrund des WWW rückte. Die ersten Versuche basierten auf einer Art Screenscrapertechnik[34], wobei das gesendete HTML interpretiert wurde. Die automatische Erkennung von HTML führte recht schnell in eine Sackgasse und die Softwareentwickler wandten sich XML zu, welches über HTTP transportiert wurde.

Die Nutzung von Webservices führt nicht automatisch zu einer SOA, ganz im Gegenteil, frühe Webserviceimplementierungen haben die Tendenz, sich zu

---

[34] Bei Screenscrapern wird die Benutzeroberfläche, welche eigentlich für einen Menschen gedacht ist, technisch „ausgelesen" und automatisch verarbeitet. Solche Techniken sind im Bereich von Terminalemulationen (Kermit, Citrix, Metaframe, Tarantella...) und GUI-Enablern wie Smalltalk und Java-Bibliotheken zur Interpretation von 3270-Bildschirmmasken verbreitet.

fest codierten Aufrufen von Services zu entwickeln, die einfach ein Webservice-protokoll einsetzen. Genauso gut könnte auch direkter Call gemacht werden. SOA ist eine Architekturidee und Webservices sind ein bestimmtes Protokoll!

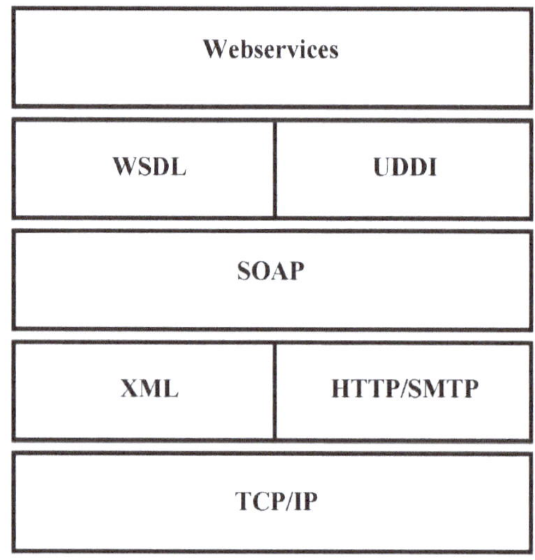

Abb. 5.9: Protokollstack für Webservices

Oft werden Webservices mit dem Konzept der mobilen Agenten verwechselt. Mobile Agenten werden üblicherweise eingesetzt, um auf einem anderen System Operationen durchzuführen. Sehr oft steckt dahinter die Idee des autonomen mobilen Agenten, welcher sich wie ein Wurm[35] oder Virus[36] völlig unabhängig in dem anderen System bewegt. Typisch für solche mobilen Agenten sind Aufgaben im Bereich der Informationsbeschaffung[37]. Mobile Agenten können auch als Webservices implementiert sein, jedoch ist nicht jeder mobile Agent ein Webservice. Markante Unterschiede sind:

- Ein Webservices hat nur Wissen über sich selbst, nicht jedoch Wissen über seine Consumer[38] oder andere Webservices in seiner Umgebung. Im Gegensatz dazu sind mobile Agenten meistens damit beschäftigt, Informationen über ihre Umgebung und ihre Consumer zu sammeln. Diese Form der „Self Awareness" ist manchmal nur auf einer Metaebene vorhanden, trotzdem ist sie immanent.

---

[35] Würmer wandern von einem System zum anderen und können sich dabei ähnlich den Viren oft auch reproduzieren.

[36] Ein Virus vermehrt sich innerhalb eines Systems und infiziert andere Programme, in dem er sie verändert.

[37] Internetsearchengines oder Datamining.

[38] Oft auch Requestor genannt.

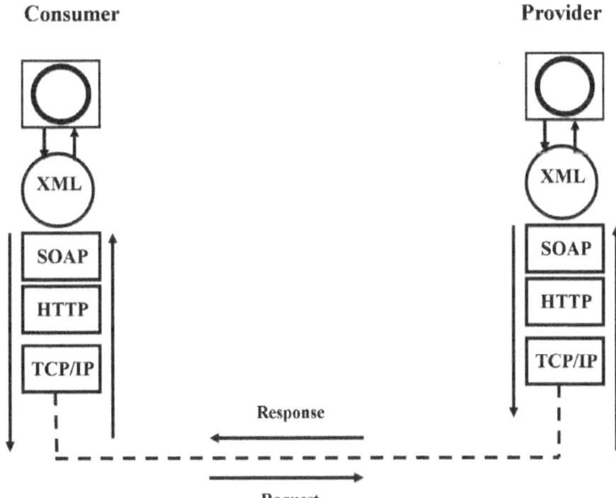

Abb. 5.10: Aufrufstack für Webservices mit XML und SOAP

- Agenten streben von sich aus Aktivitäten an, Webservices sind stets passiv.
- Agenten sind bis zu einem gewissen Grad autonom, Webservices sind dies heute nicht, obwohl die Autonomie eine zentrale Forderung an die Services ist.
- Agenten werden meist a priori kooperativ konzipiert, während dies Webservicestandards heute nicht berücksichtigen.
- Agenten müssen sich auf diverse Umgebungen einstellen können, bei Webservices ist diese Umgebung heute faktisch fixiert.

Obwohl komponentenbasierte Architekturen schon ein gewisses Alter haben, ist das wirklich Neue an den Webservices ihre lose Koppelung, welche sich auch aus der SOA ableitet. Hierin unterscheiden sie sich drastisch von traditionellen Komponentenarchitekturen wie CORBA (s. Abschn. 6.3.2). Die zweite interessante Entwicklungslinie ist EAI. Die EAI-Systeme sind im Vergleich zu den Webservices teurer, da die Investitionsvoraussetzungen für eine EAI sehr viel höher sind als für die Webservices. Aus technischer Sicht erzeugt eine EAI keine flexiblen generischen Interfaces, die eine ideale Voraussetzung für Wiederverwendung darstellen. Mittelfristig könnte es zu einer gewissen Koexistenz zwischen beiden Techniken kommen, mit einer EAI innerhalb eines Subsystems und den Webservices innerhalb des Intra- und Internets.

Auch die bestehenden monolithischen Legacyapplikationen können von den Webservices genutzt werden. In diesem Fall erhalten die Legacyapplikationen zusätzliche Interfaces, die Teile ihrer monolithischen Funktionalität als Webservices zur Verfügung stellen. Dieses Vorgehen ist recht kostengünstig und schnell zu bewerkstelligen. Dieser Trend lässt sich gut daran ablesen, dass heute alle großen ERP- und CRM-Hersteller schon SOAP-Interfaces, als

Tabelle 5.3: Vergleich zwischen CORBA und Webservices

Eigenschaft	CORBA	Webservice
Datenmodell	Objektmodell	SOAP Messages
Koppelung	eng	eng/lose
Lokationstransparenz	Objektreferenz	URL
Typsystem	IDL	XML
Exceptionhandling	IDL Exception	SOAP-Fault Message
Serialisierung	ORB	–
Parameterübergabe	Referenz / Wert	Wert
Transfertyp	binär	Unicode
Zustand	zustandsbehaftet	zustandslos
Laufzeitkomposition	DII	UDDI / WSDL
Registry	Interface und Implementation Repository	UDDI / ESB
Servicediscovery	CORBA Namingservice	UDDI
Sprachunterstützung	jede Sprache mit IDL-Binding	jede Sprache
Events	CORBA Eventservice	–

Grundlage für Webservices, für ihre Software unterstützen oder angekündigt haben.

In diesem Sinne sind Webservices Geschäftsprozessimplementierungen, welche im Internet über wohldefinierte Interfaces als auch über standardisierte Internetprotokolle zur Verfügung stehen. Diese Webservices erlauben es einer Organisation, ihre Dienstleistungen einer großen Anzahl von Consumern zur Verfügung zu stellen. Durch die Nutzung von standardisierten Internetprotokollen geschieht dies in einer einfachen und effektiven Art und Weise.

Im Vergleich zu den mehr allgemein orientierten Komponenten sind die Webservices ein spezieller Fall, denn hierunter versteht man lose gekoppelte, ausführbare Applikationen, welche dynamisch über ein TCP/IP-Protokoll eingebunden werden. Aus einer anderen Perspektive beurteilt, sind Webservices eine mögliche Implementierungsform von einer SOA. Die offizielle Definition von Webservices ist laut dem World Wide Web Consortium[39]:

> *... software application identified by a URI, whose interfaces and binding are capable of being defined, described and discovered by XML artifacts and supports direct interactions with other software applications using XML based messages via Internet based protocols.*

---

[39] Komitees und ihren Vorschlägen sollte man mit Vorsicht begegnen, da Komitees die Tendenz zum Kompromiss, dem kleinsten gemeinsamen Nenner haben:
Einer der ärgsten Feinde des Menschen ist der auf Denkfaulheit und Ruhebedürfnis ausgerichtete Drang zum Kollektiv.

Reinhard Sprenger
Managementtrainer

Die Nutzung von SOAP ist auch eines der Probleme der Webservices. Ursprünglich war SOAP entwickelt worden um **R**emote **P**rocedure **C**alls (RPC) zu ermöglichen. Beim RPC wird ein lokaler direkter Aufruf eines Moduls durch einen Aufruf eines Moduls in einem anderen Rechner ersetzt. Diese Herkunft führte dazu, dass die ersten Webservices SOAP als „Tunnel" für applikationsspezifische verteilte Aufrufe genutzt haben und damit keinen Servicecharakter zeigten. Diese Situation setzt sich heute fort, da Applikationen, die auf SOAP aufbauen, nicht per se interoperabel sind.

Webservices haben keine eigenen Benutzeroberflächen, mit der Folge, dass solche Benutzeroberflächen durch andere Mechanismen erst gebaut werden müssen. Daraus resultiert eine geringe Sichtbarkeit der Webservices für die Endbenutzer, da die Endbenutzer Software direkt nur durch die Benutzeroberflächen erleben[40].

Welche Voraussetzungen an Technik auf der Protokollebene sind für die Webservices notwendig? Obwohl Webservices auf Standardprotokollen aufbauen, brauchen sie eine gewisse Menge von Voraussetzungen. Diese Voraussetzungen bauen systematisch aufeinander auf. Der sogenannte Webservicestack erfüllt diese Voraussetzungen, er braucht, von unten nach oben betrachtet:

- TCP/IP – Diese logische Basisverbindung stellt das Rückgrat jeder Kommunikation im Webservice-Umfeld dar.
- XML – Die Protokollsprache XML dient zum Messageaustausch der einzelnen Webservice-Aufrufe (s. Abschn. 9.2).
- HTTP – Das HTTP nutzt das TCP/IP als darunterliegendes Transportprotokoll. Durch SOAP wird HTTP sowohl für den Aufruf sowie den Austausch der XML-Dateien beziehungsweise XML-Datenströme genutzt.
- SOAP – s. Abschn. 9.3.
- UDDI – s. Abschn. 9.5.
- WSDL – s. Abschn. 9.4.

Aufbauend auf diesem Protokollstack werden die einzelnen Webservices implementiert. Interessanterweise sind die Teile TCP/IP, HTTP, XML und SOAP so weit verbreitet, dass sie in vielen Bereichen den heutigen De-facto-Standard darstellen. Im Fall von TCP/IP ist der Übergang zur Hardware in Form von embedded Chips auf den Netzwerkkarten heute schon fließend[41]. Obwohl eine

---

[40] ...oder durch Fehlersituationen, welche von einer Benutzeroberfläche in einer mehr oder minder hilflosen Art vermittelt werden.

[41] Ein Phänomen, welches als Sedimentation bezeichnet wird. Die Sedimentation kann man ausnutzen, um effektiver zu produzieren. Bei der Sedimentation bewegt sich ein Teil der Supportfunktionalität von der Applikation in die Middleware, von der Middleware in das Betriebssystem und von dort in die Hardware. Beispiele hierfür sind Netzwerkverbindungsprotokolle, die heute Bestandteile aller modernen Betriebssysteme sind. Aber auch Supportfunktionalität, wie beispielsweise ein Printspooler oder ein Jobscheduler, welche früher Bestandteil einer Software waren, sind heute oft in der Infrastruktur wiederzufinden. Ein beson-

Reihe von verschiedenen Internetprotokollen existiert, hat sich XML als der de facto Standard für Webservices herauskristallisiert.

Historisch gesehen ist die Idee der Webservices nicht neu, schon CORBA hat ähnliche Mechanismen unterstützt. Was aber hierbei neu ist, ist die Einfachheit und Effektivität der Nutzung und der Gebrauch der standardisierten Internetprotokolle. Webservices basieren heute auf XML und dem plattformunabhängigen SOAP-Protokoll. Genauso wie HTML sind Webservices sehr einfach zu nutzen und hochflexibel. Sie sind einfach und gleichzeitig universell genug, damit sie von einer großen Anzahl von Consumern genutzt werden können. Diese Einfachheit hat sie so populär gemacht, dass sie schneller ein de facto Standard wurden, als es ihrem eigentlichen Reifegrad entspricht.

5.10 Präsentationsservices

Im Bereich der Service Oriented Architecture gibt es keine Services für die Benutzeroberfläche, da in einer SOA ein Service auf eine zustandslose Funktion reduziert wird. Aus ökonomischer Sicht betrachtet ist dies nicht besonders hilfreich, da schätzungsweise 50-70% der Softwareentwicklungskosten heute direkt oder indirekt Kosten der Benutzeroberfläche sind.[42] Der Bau dieser Benutzeroberflächen ist, bedingt durch die heute übliche Eventsteuerung und der großen Zahl an Kombinationsmöglichkeiten in Design, Implementierung und Test sehr teuer. Was liegt also näher, als einen Präsentationsservice zu fordern?[43] Auf der anderen Seite ist die Benutzeroberfläche der Teil eines Softwaresystems, welcher für den Anwender direkt zugänglich ist und ihm damit einen Eindruck vom System vermittelt. Speziell die Akzeptanz eines neuen Softwaresystems steht und fällt mit der Benutzeroberfläche und der Erwartungshaltung der Anwender auf diese Oberfläche. Dieses wichtige Kriterium wird von der Idee der SOA überhaupt nicht adressiert. Im Gegenteil, in der Literatur erscheinen Oberflächen meist als lästig und kompliziert oder es wird lapidar auf die Existenz von Browsern verwiesen. Dies ist für die Einführung einer SOA in einer Organisation auf keinen Fall ausreichend.

Eine SOA benötigt eine generische Benutzeroberfläche, da sonst die Basisidee der Serviceorientierung verletzt wird. Insofern ist eine „reine" SOA

---

ders schönes Beispiel für Sedimentation ist Lastverteilung in Webservern; diese wanderte zunächst in die Betriebssysteme und ist heute sogar in der Netzwerkhardware implementiert.

[42] Die besonders hohe Vielfältigkeit (s. Anhang A.4.1) einer Benutzeroberfläche (nicht nur die möglichen Zustände der einzelnen Oberflächenelemente spielen eine Rolle, auch die Reihenfolge ihrer Aktivierung und Deaktivierung ist oft entscheidend), welche berücksichtigt werden muss, führt zu dieser großen Zahl.

[43] Eine solche Idee wurde schon im X-Windows-System diverser Unixplattformen realisiert. Hier stellen die Desktopoberflächen einen „Server" dar, welche von einem „Consumer" (in Wirklichkeit eine oder mehrere Applikationen) bestückt werden.

nur mit Browsern oder Portlets[44] möglich. Eine andere Variante ist, die Benutzeroberfläche an dieselbe Ontologie (s. Abschn. 8.11) anzubinden wie den genutzten fachlichen Service, eine solche Strategie setzt keine heutigen Styleguides voraus, sondern standardisierte Repräsentationen fachlicher Objekte. In sehr engen Grenzen ist dies schon heute möglich, so z.B. bei Adressen oder Kontendaten. Die funktionalen Anforderungen an einen Präsentationsservice sind:

- Daten – Daten müssen für eine Darstellung und Nutzung im Präsentationsservice in eigenem weit verbreitetem, offenem, standardisiertem und einfach verwendbarem Format vorliegen. Um eine gute Integration zu ermöglichen, sollten die Daten einem integrierten, einheitlichen Datenmodell folgen. Aufgabe der Präsentationsservices ist es, die Daten funktional und ansprechend nutzbar zu präsentieren. Dazu kann der einzelne Präsentationsservice präsentationsspezifische Daten transparent cachen[45] aber nicht explizit speichern wie die Basisservices; Präsentationsservices sind somit zustandsbehaftet. Das geeignetste Format hierfür ist, auf Grund der hohen Flexibilität, XML.

- Funktionen – Die Komponenten zur Implementation der Funktionalität des Präsentationsservices sollten eine möglichst hohe Kohäsion und eine möglichst geringe Koppelung aufweisen. Je nach gewähltem Entwurfsmuster für die Implementation der Präsentationsservices gliedern sich die Funktionalitäten unterschiedlich. Eines der Ziele dabei ist es, eine möglichst gute Abstraktion der angebotenen Funktionalität bei weitgehendem Erhalt oder sogar einer Verbesserung der Performanz der implementierten Komponenten und der Gesamtfunktionalität des Präsentationslayers zu erreichen.

- Verhalten – Das Verhalten des Präsentationsservices muss korrekt, konsistent und jederzeit überprüfbar sein. Insbesondere müssen Transaktionen unterstützt werden. Das Verhalten sollte für Benutzer des Systems so transparent und deterministisch wie möglich sein.

- Ausnahmen – Ausnahmen, welche für die Benutzer relevant sind, müssen diesen in adäquater Form präsentiert werden. Alle Ausnahmen müssen protokolliert werden, um eine spätere Rückverfolgbarkeit bei Ausfällen der Funktionalität oder sonstigen Problemen zu ermöglichen. Bei Auftreten von nicht behebbaren, systemkritischen Fehlern und darauf folgendem Systemausfall sollte das System stets in einen gesicherten, deterministischen Systemzustand übergehen.

---

[44] Teile eines Portals.

[45] Das Caching verletzt die Forderung der Zustandslosigkeit, ist aber in der Praxis fast immer notwendig.

5.10.1 WSUI

Ein Ziel bei der Entwicklung des **W**eb **S**ervice **U**ser **I**nterfaces (WSUI) war es, einfachen Anwendern zu ermöglichen, neue Webservices in bestehende Applikationen oder Webseiten zu integrieren. Eine Webseite lässt sich hier durch Auswahl der gewünschten Webservicekomponenten individuell zusammenstellen. Um solche Applikationen zu ermöglichen, definiert WSUI ein Komponentenmodell, welches die Kombination von Webservices, Präsentations- und Interaktionslogik ermöglicht. Eine WSUI-Komponente ist eine plattformunabhängige Webapplikation, welche die Interaktion mit Endnutzern erlaubt, Webservices aufrufen kann, das Ergebnis eines Aufrufes verarbeiten und daraus schließlich die Ausgabe für den Endnutzer z.B. in Form von HTML oder WML erzeugen kann. Ein WSUI-Container stellt die Laufzeitumgebung zur Verfügung, in die WSUI-Komponenten integriert werden können. Mögliche WSUI-Container sind Webseiten oder Portale. Zur Integration der Komponente ist lediglich die Komponentenbeschreibung notwendig, die alle notwendigen Informationen enthält. Die verwendeten Webservices verbleiben beim jeweiligen Provider. Die Definition von WSUI-Komponenten geschieht mit Hilfe einer XML-basierten Komponentenbeschreibung. Diese enthält unter anderem Informationen über mögliche Interaktionen mit dem Benutzer, die beteiligten Webservices und die Sicht des Benutzers auf die Komponente. Dabei können die WSUI-Komponenten auch mehrere Sichten für verschiedene Endgeräte zur Verfügung stellen, die mit Hilfe von XSLT definiert werden.

Mit Hilfe solcher Komponentenbeschreibungen können die Webservices direkt in andere, das WSUI-Komponentenmodell unterstützende Applikationen eingebunden werden, ohne dass dafür ein zusätzlicher Programmieraufwand erforderlich wäre.

5.10.2 WSXL

Auch die **W**eb **S**ervices **E**xperience **L**anguage (WSXL) beschreibt ein auf Webservices basierendes Komponentenmodell, mit dem die Zusammensetzung interaktiver Applikationen ermöglicht werden soll. Das Komponentenmodell von WSXL ist wesentlich komplexer als WSUI, nicht zuletzt deshalb, weil das Hauptaugenmerk nicht mehr nur auf Komponenten gerichtet ist, mit denen ein Endnutzer direkt arbeiten kann. WSXL-Applikationen basieren auf der **M**odel-**V**iew-**C**ontroller-Architektur (MVC) und sind somit aus einer oder mehreren Daten- und Präsentationskomponenten zusammengesetzt, die von einer Kontroll-Komponente gesteuert werden. Die WSXL-Spezifikation definiert deshalb drei Typen von Komponenten (*data*, *presentation*, *control*), die alle auf einer Grundkomponente (*base component*) basieren. Jede Komponente implementiert die Interfaces der Grundkomponente für das Lifecyclemanagement und die Ausgabe von Daten in einer Markup-Sprache wie HTML. Darüber hinaus muss jede Komponente das für ihren Typ spezifische Interface implementieren.

Die eigentliche Funktionalität der Komponenten wird von Webservices implementiert, eine WSXL-Komponente kapselt einen oder mehrere Webservices zusammen mit zusätzlichen Informationen über das Benutzerinterface.[46] Die Interfaces der WSXL-Komponenten werden mit Hilfe von WSDL beschrieben, zur Definition des Kontrollflusses in einer WSXL-Applikation wird eine auf WSFL basierende Sprache verwendet. Ein WSXL-Container muss die Ausführungs- und Managementumgebung für WSXL-Komponenten zur Verfügung stellen. Er ist für das Aufrufen der Lifecylcemethoden und die Instanziierung der Komponenten verantwortlich, und stellt seinerseits Interfaces für die Kommunikation mit den Komponenten und mit der Außenwelt zur Verfügung.

5.10.3 HIC

Anstelle eines Präsentationsservices lässt sich die Wechselwirkung eines Menschen mit Software auch anders modellieren. Ein Ansatz ist der **H**uman **I**nteraction Container (HIC). Dieser Container, analog zum Servicecontainer (s. Abschn. 6.4), adaptiert sich dynamisch an eine geänderte Serviceumgebung und stellt dem Benutzer stets die gleichen Funktionen zur Verfügung. Ein solcher Container führt zu einer völlig anderen Sicht auf ein IT-System (s. Abb. 5.11).

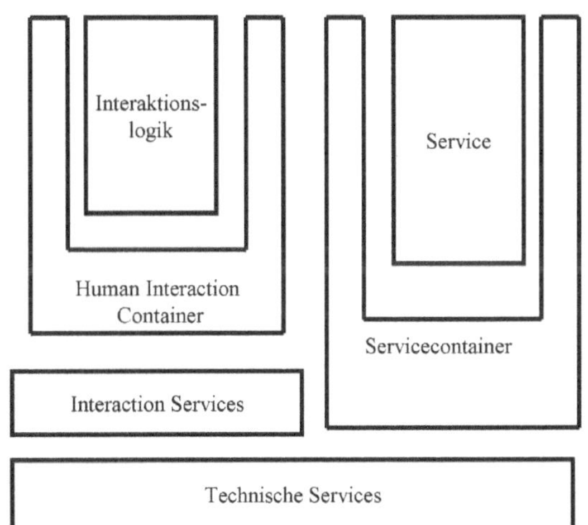

Abb. 5.11: Der Human Interaction Container in einer Gesamtarchitektur

---

[46] Mit WSXL entsteht kein „richtiger" Service, sondern eine Komponente.

Ein solcher HIC ist gleichwertig zu einem Servicecontainer und macht den Menschen zu einem Teil des IT-Systems, oder anders formuliert durch einen HIC wird der Mensch zu einem Subsystem des Systems und nicht zu einem Bestandteil der Systemumwelt (s. Kap. 11). Die Interaction Services befassen sich mit dem Management der Benutzeraufgaben und der Evaluierung des aktuellen Zustands von Dialogen und Interaktionsmustern.[47]

5.11 SOAbility

Das Kunstwort SOAbility[48] beschreibt die Fähigkeit einer bestehenden IT-Umgebung, das Konzept einer Service Oriented Architecture zu unterstützen. Dabei sind speziell zu betrachten:

- Applikationen, welche z.Z. in der Organisation genutzt werden.
- Infrastruktur, auf der diese Applikationen ablaufen.
- Organisation[49], welche Infrastruktur und Applikationen unterstützt.
- Technologische und organisatorische Umgebung.

Im Grunde sollten stets alle Aspekte der Organisation und der Softwaresysteme simultan betrachtet werden, um eine SOA-Migration einzuschätzen. Dies ist aber in der Regel nicht praktikabel. Es ist besser die SOAbility aus einer Schichtenperspektive (s. Abb. 5.12) heraus zu betrachten. Jede Schicht hat ihre eigenen Charakteristika, nach der die partielle SOAbility beurteilt werden kann, aber die Einführung einer SOA macht nur dann Sinn, wenn alle Schichten die nötige SOAbility entwickelt haben. Insofern kann eine solche SOAbility-Untersuchung auch Defizite für die Einführung einer SOA offen legen.

- Applikationsschicht – Die Applikationen sind der wichtigste Teil der Softwarestruktur einer Organisation. In einer Organisation, die noch nicht serviceorientiert arbeitet, kapseln die bestehenden Applikationen die bereits vorhandene Funktionalität, welche in Form von Services offengelegt werden muss. Diese vorhandenen Applikationen enthalten oft eine erstaunlich große Menge an mehr oder minder unbekannter[50] Geschäftsprozessfunktionalität, die außerhalb der Organisation nicht oder nur sehr schwer zu finden ist.[51] Mit zunehmender Serviceorientierung werden immer mehr und mehr Funktionen im Gesamtsystem als Services zugänglich gemacht.

---

[47] In gewisser Weise steht der HIC im Gegensatz zum „Affective Computing", bei dem explizit auf die emotionalen Bedürfnisse des einzelnen Menschen eingegangen wird und so eine erhöhte Produktivität erzielt werden kann.

[48] Aus den beiden Wörtern SOA und Ability (Fähigkeit).

[49] Betrieb, Support und Softwareentwicklung bzw. Systemintegration.

[50] Oft wurde die Funktionalität einfach im Laufe der Zeit vergessen.

[51] Insofern kann der Zukauf von Software nicht immer einen Ersatz darstellen.

Abb. 5.12: Die Schichten der SOAbility

Aber da ein Service anders strukturiert ist als eine traditionelle Applikation, können nicht alle Funktionen in einer Applikation auch als Service fungieren. Eine SOA beruht darauf, dass die Implementation eines Services austauschbar ist und damit für den Consumer unsichtbar bleibt, aber oft bleibt die Betrachtung der Implementation[52] die einzige Möglichkeit, technische Informationen über Services zu gewinnen und im Rahmen der Umstellung auf eine SOA sind diese Services stets Teile von Applikationen.

– Zunächst sollte innerhalb der Applikationsschicht eine Reihe von Servicekandidaten bestimmt werden. Diese bilden die möglichen Zielservices. Für jeden Servicekandidat muss ein sogenanntes Lösungsprofil erstellt werden. Dieses Lösungsprofil wird später durch ein Zugriffsprofil ergänzt, um so den „besten" Service zu ermitteln. Damit ein Lösungsprofil einsetzbar ist, benötigt es Aussagen über:
  · Wiederverwendbarkeit,
  · Verfügbarkeit,
  · Skalierbarkeit,
  · Modularität,
  · Fachlichkeit.
– Das Zugriffsprofil bestimmt, wie nahe ein Servicekandidat einem Service kommt. Ein solches Serviceprofil sollte zumindest folgende Punkte enthalten: Koppelung und Zugänglichkeit der Funktionalität.
– Außerdem wird das Interface des Servicekandidaten bestimmt, dabei müssen mehr als die üblichen fachlichen Verhaltensparameter definiert

---

[52] Aus Sicht des Consumers sind Implementationen inhärent mehrdeutig.

werden, speziell die nichtfunktionalen Eigenschaften und Qualitäten spielen eine wichtige Rolle.

- Das Kommunikationsprofil des Servicekandidaten bestimmt einen Teil der Verwendung. So muss geklärt werden, ob der Servicekandidat transaktionsfähig ist oder asynchron genutzt werden kann.
- Ein erstelltes Performanzprofil zeigt die möglichen Lücken für zukünftige Services auf. Da die meisten Serviceimplementierungen de facto auf SOAP und XML basieren, liegt es nahe, einige für diese Protokolle kritischen Größen zu betrachten:
  · Datengröße plus Overhead durch XML-Tags,
  · Parsinggeschwindigkeitsverlust,
  · Performanzverlust durch Verifikation,
  · Ver- und Entschlüsselungszeiten.
- Ein Sicherheitsprofil ist unabdingbar, wenn der zukünftige Service extern genutzt werden soll.
- Ein Wissensprofil über das fachliche Wissen bezüglich des Servicekandidaten ist notwendig.
- Ein Organisationsprofil, wie der Servicekandidat unterstützt werden kann. Auf organisatorischer Ebene muss mit sehr viel mehr Kollaboration gerechnet werden als es in bisherigen Architekturen üblich ist, folglich muss auch die „Reife" der Organisation in Bezug auf die Unterstützung und Weiterentwicklung von Services betrachtet werden.

Im Rahmen der Applikationsschicht sollte die SOAbility auch mess- oder zumindest bewertbar sein. Es empfiehlt sich eine Metrik (s. Anhang A) für die Bewertung zu nutzen (mit $m_i \in [0,1]$):

$$m_\text{Lösungsprofil} = \frac{m_\text{Wiederverwendung}}{3 \sum w_i} \left(w_1 m_\text{Verfügbarkeit} \right.$$
$$\left. + w_2 m_\text{Skalierbarkeit} + w_3 m_\text{Modularität} \right), \qquad (5.4)$$

$$m_\text{Zugriffprofil} = \frac{m_\text{Zugänglichkeit}}{2 \sum w_i} \left(w_1 m_\text{Koppelung} + w_2 m_\text{Interface} \right), \quad (5.5)$$

$$m_\text{Einfachheit} = \frac{1}{5 \sum w_i} \left(w_1 m_\text{Kommunikation} + w_2 m_\text{Performanz} \right.$$
$$\left. + w_3 m_\text{Sicherheit} + w_4 m_\text{Wissen} + w_5 m_\text{Organisation} \right). (5.6)$$

- Infrastrukturschicht – Die Frage, wie gut eine bestehende Infrastruktur eine SOA unterstützt, wird oft nicht betrachtet (s. Kap. 6), sie ist aber für den Betrieb und die gesamte Softwareentwicklung eine der Voraussetzungen für die Einführung von Services. Folgende Punkte sollten für eine Beurteilung der SOAbility einer Infrastruktur betrachtet werden:
  - Kommunikation – Die Feststellung, dass eine Organisation Services (häufig Webservices) einsetzt, führt nicht notwendigerweise zu einer SOA. Oft werden Servicetechnologien nur eingesetzt, um P2P-Netzwerke aufzubauen, aber eine SOA benötigt mehr als die bloße Fähigkeit, ein vorgegebenes Kommunikationsprotokoll zu nutzen. Die

eingesetzten Kommunikationsprotokolle und -mittel sind ein notwendiges aber kein hinreichendes Kriterium für eine hohe SOAbility. Damit eine SOA unterstützt werden kann, müssen Servicerequests und das Routing der Aufrufe in einer konsistenten Art und Weise unterstützt werden.

Discovery – Das Auffinden eines Services zur Lauf- und Designzeit ist in großen Organisationen auf Grund der Menge an Services eine Herausforderung. Bedingt durch die lose Koppelung innerhalb der SOA, sollte die Charakteristik des dynamischen Auffindens und Bindings eines Services von der Infrastruktur explizit unterstützt werden.

– Sicherheit – Die Infrastruktur muss auch in der Lage sein, unterschiedlichste Sicherheitskonzepte zu unterstützen.

– Komposition – Die Infrastruktur muss Elemente wie Workflow oder eine BPEL-Implementierung enthalten, welche die Komposition von Services aktiv unterstützt. Dabei kann es zu zusätzlichen Anforderungen, wie der Transaktionsunterstützung für zusammengesetzte Services, obwohl die Subservices nicht transaktionsgestützt sind, kommen. Die Existenz von rekursiven Kompositionen muss zusätzlich unterstützt werden.

– Management – Die Services, das Routing, die Performanz und die Verfügbarkeit müssen auch in der Infrastruktur verwaltet und beobachtet werden können. Neben der reinen Werkzeugunterstützung müssen im Betrieb auch die entsprechenden organisatorischen Randbedingungen und Mechanismen vorhanden sein.

$$m_{\text{Kommunikation}} = \frac{m_{\text{Performanz}}}{5 \sum w_i} \left(w_1 m_{\text{Skalierbarkeit}} \right.$$
$$+ w_2 m_{\text{Standards}} + w_3 m_{\text{Transformation}}$$
$$\left. + w_4 m_{\text{Routing}} + w_5 m_{\text{Transaktion}} \right), \tag{5.7}$$

$$m_{\text{Discovery}} = \frac{1}{4 \sum w_i \sum v_i} \left(w_1 m_{\text{manuell}} + w_2 m_{\text{automatisch}} \right)$$
$$\left(v_1 m_{\text{Zentral}} + v_2 m_{\text{Standards}} \right), \tag{5.8}$$

$$m_{\text{Sicherheit}} = \frac{1}{7 \sum w_i} \left(w_1 m_{\text{interner Transport}} \right.$$
$$+ w_2 m_{\text{interne Message}} + w_3 m_{\text{interne Daten}}$$
$$+ w_4 m_{\text{externer Transport}} + w_5 m_{\text{externe Message}}$$
$$\left. + w_6 m_{\text{externe Daten}} + w_7 m_{\text{Standards}} \right), \tag{5.9}$$

$$m_{\text{Komposition}} = \frac{1}{2 \sum w_i} \left(w_1 m_{\text{Support}} + w_2 m_{\text{Standards}} \right), \tag{5.10}$$

$$m_{\text{Management}} = \frac{1}{4 \sum w_i} \left(w_1 m_{\text{Abhängigkeiten}} + w_2 m_{\text{SLA}} \right.$$
$$\left. + w_3 m_{\text{Performanz}} + w_4 m_{\text{Standards}} \right). \tag{5.11}$$

- Organisationsschicht – Die Einführung einer SOA macht nur dann Sinn, wenn es in der gesamten Organisation zu einer Serviceorientierung kommt (s. Kap. 4), folglich muss auch die Organisation als solche bei einer Betrachtung der SOAbility herangezogen werden. Damit eine SOA unterstützt werden kann, sind eine Reihe von Attributen der Organisation im Umgang mit Services zu bewerten:
  - Servicehandling – Das Servicehandling überdeckt vier Kategorien:
    · Design,
    · Implementierung,
    · Komposition,
    · Wiederverwendung.

    Diese Tätigkeiten müssen aktiv durch die Organisation unterstützt oder entsprechend der Serviceorientierung als Service von Providern genutzt werden.
  - Qualität – Die Methoden zur Qualitätsmessung und Steuerung müssen auf Services abgestimmt werden. Außerdem muss bei dem einzelnen Service auch stets der Nutzen für den Geschäftsprozess nachgewiesen werden können. Ein weiterer Aspekt im Sinne der Qualität sind eventuelle Ownershipkonzepte:
    · Wem gehört der Service?
    · Wem die Implementierung des Services?

    Erfahrungsgemäß ist die Qualität der Services eng mit dem Vorhandensein einer sinnvollen IT-Governance verknüpft, da diese homogenisierend auf die Serviceimplementierungen wirkt.
  - Management – Services sind keine rein technische Frage, sondern eine Managementaufgabe, da die gesamte Organisation auf die Serviceorientierung ausgerichtet werden muss, dazu zählen:
    · Strategie und Planung,
    · Stakeholder,
    · Governance und Managementprozesse,
    · Anreize und Ziele.
  - Kultur – Eine SOA kann sich nicht in jeder beliebigen Organisationskultur entwickeln, denn eine erfolgreiche SOA setzt voraus, dass die Organisationskultur folgende Werte explizit schätzt und fördert:
    · Prozessdenken.
    · Kollaboration – Ohne dass Arbeitsteiligkeit und gegenseitiges Vertrauen Kulturbestandteile sind, muss eine SOA scheitern. Kollaboration bedeutet immer Teamarbeit, aber im Fall einer SOA stets abteilungs- und bereichsübergreifend.[53]

---

[53] Merkwürdigerweise vertrauen die meisten Softwareentwickler der Software von Herstellern „blind", d.h. sie stellen die Ergebnisse von gekaufter Software nicht in Frage. Anders bei der Software, die von ihren Kollegen erstellt wurde, dort akzeptieren sie nur Software, die von Softwareentwicklern mit hohem Ansehen (Meritokratie) entwickelt wurden. Bei anderen wird versucht, die Implementierung explizit zu überprüfen: *Es könnte ja etwas falsch sein...*

· Wiederverwendung – Wiederverwendung darf nicht als Diebstahl geistigen Eigentums gelten, sondern muss als die beste Form der Softwareentwicklung angesehen werden.[54]

$$m_{\text{Servicehandling}} = \frac{1}{3\sum w_i}\left(w_1 m_{\text{Design}} + w_2 m_{\text{Implementierung}}\right.$$
$$\left.+ w_3 m_{\text{Komposition}}\right), \tag{5.12}$$

$$m_{\text{Qualität}} = \frac{1}{6\sum w_i}\left(w_1 m_{\text{Ownership}} + w_2 m_{\text{Governance}}\right.$$
$$+ w_3 m_{\text{Wiederverwendung}} + w_4 m_{\text{Sicherheit}}$$
$$\left.+ w_5 m_{\text{Interfaces}} + w_6 m_{\text{SLA}}\right), \tag{5.13}$$

$$m_{\text{Management}} = \frac{1}{3\sum w_i}\left(w_1 m_{\text{Planung}} + w_2 m_{\text{Koordination}}\right.$$
$$\left.+ w_3 m_{\text{Stakeholder}}\right), \tag{5.14}$$

$$m_{\text{Kultur}} = \frac{1}{3\sum w_i}\left(w_1 m_{\text{Kollaboration}} + w_2 m_{\text{Prozesse}}\right.$$
$$\left.+ w_3 m_{\text{Wiederverwendung}}\right). \tag{5.15}$$

• Umgebungsschicht – Ohne eine permanente Beobachtung und Interpretation der Umgebung der Organisation ist eine SOA nicht sinnvoll einsetzbar.[55]

5.12 Reifegradmodelle

Der Einsatz des Serviceorientierungsparadigmas oder einer Service Oriented Architecture geschieht nie spontan, sondern ist immer das Ergebnis eines lang andauernden Prozesses. Ein solcher Einführungsprozess kann als eine Abfolge von Reifegraden[56] verstanden werden, wenn sich verschiedene Organisationen miteinander vergleichen.[57] Das erfolgreichste Reifegradmodell ist das CMM[58] der Carnegie Mellon Universität, welche dieses Modell für das DoD[59] entwickelte und dazu diente, die „Reife" eines Softwarelieferanten einzuschätzen. Dieses Verfahren lässt sich auch auf eine SOA oder die Serviceorientierung ausdehnen; es entstehen zwei Reifegradmodelle:

---

[54] Dies ist in den wenigsten Organisationen der Fall. Die meisten Softwareentwickler sehen ihre Programme als persönliches Eigentum an und lassen andere diese nur sehr widerwillig nutzen oder begutachten. Auf Team- und Abteilungsebene ist immer noch das: „Not invented here" Phänomen zu beobachten, bei dem Lösungen von anderen Einheiten a priori als minderwertig angesehen werden.

[55] Eine detailliertere Diskussion über die Wechselwirkungen einer Organisation mit ihrer Umgebung findet sich in Kap. 12.

[56] Maturity Level

[57] Oder eine Organisation ihren aktuellen Zustand mit seiner Historie vergleicht.

[58] Capability and Maturity Model

[59] Department of Defense – amerikanisches Verteidigungsministerium.

- **SOA** Maturity Model (SOAMM) (s. Abb. 5.13),
- Service Integration Maturity Model (SIMM) (s. Tab. 5.4).

Das SOAMM beginnt mit der Einführung von Services und besteht aus fünf
Ebenen:

1. Initiale Services – Die erste Ebene führt nur zu neuer oder neu gefasster
   Funktionalität und kann als der Beginn einer Lernkurve gesehen werden.
   Hier wird noch sehr viel experimentiert. Ein ESB (s. Abschn. 6.3) wird
   eingeführt, einige Legacysysteme werden aufgebrochen. Der primäre Einsatz von Services geschieht allerdings auf der Ebene von Pilotprojekten.
   Oft ist auf dieser Ebene eine starre Koppelung zwischen den Services zu
   beobachten. Die technischen Protokolle für Services werden eingeführt,
   daneben entstehen die ersten Strukturen, um ein Servicerepository oder
   -registry aufzubauen.
2. Entworfene Services – Nachdem genügend an Erfahrung gesammelt wurde,
   kann die zweite Ebene erreicht werden. Ziel dieser Ebene ist es, Standards
   für einen organisationsweiten Einsatz und Entwicklung von Services einzuführen und den Grad der Wiederverwendung zu systematisieren. Durch
   die Zielsetzung der Wiederverwendung und Standardisierung in der IT soll
   eine Kostenreduktion[60] und -kontrolle erreicht werden. Die auf der ersten
   Ebene entwickelte Architektur und Infrastruktur wird durch Governance
   und Policies oder durch ein zentrales Repository ergänzt.
3. Business- und Kollaborationsservices – Diese Ebene kann über zwei unterschiedliche Wege erreicht werden: Zum einen kann die Organisation sich
   auf die Verbesserung des internen Geschäftsprozesses und Schaffung von
   „echten" Businessservices konzentrieren mit dem Ziel, den Geschäftsprozess möglichst schnell und einfach wechseln zu können. Zum anderen kann
   sie sich auf die Verbesserung der Verbindung mit externen Partnern und
   einer Konzentration auf Kollaborationsservices fokussieren. Anschließend
   will man Services mit in- und externen Interfaces schaffen, welche einen
   hohen Grad an Austauschbarkeit des jeweiligen Providers bieten. Beide
   Wege haben das Ziel, die Fähigkeit der Organisation, auf Änderungen zu
   reagieren, deutlich zu erhöhen. Je nach Strategie und Vision der Organisation wird einer der beiden Wege gewählt.[61]
4. Quantifizierbare Businessservices – Egal welcher Weg auf der dritten Ebene eingeschlagen wurde, Ziel der vierten Ebene ist es, die entstandenen
   Services quantifizierbar zu machen. Letztlich muss es geschafft werden,

---

[60] Bisher hat noch jede neue Technologie von der Einführung von Datenbanken über
relationale Datenbanken über Objektorientierung über Internet und nun Services
eine Kostenreduktion versprochen. Interessanterweise hat eine Kostenreduktion
nie eingesetzt!

[61] Je näher die Organisation einem virtuellen Enterprise kommen will, desto stärker
muss der zweite Weg eingeschlagen werden. Für traditionellere Organisationen
empfiehlt sich der erste Weg.

den Wertschöpfungsbeitrag jedes einzelnen Services zu eruieren. Der Einsatz von Metriken (s. Anhang A) ist hier unabdingbar.

5. Optimierte Businessservices – Nachdem jeder einzelne Service messbar gemacht wurde, kann der Weg zur kontrollierten Optimierung eingeschlagen werden, welcher auf dieser Ebene erreicht wird.

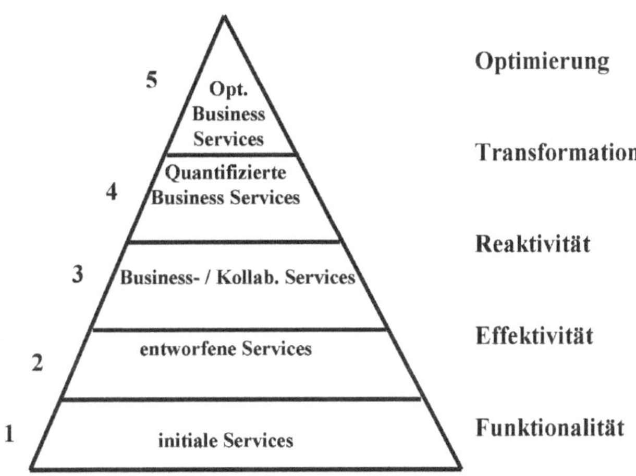

Abb. 5.13: Reifegradmodell einer SOA

Tabelle 5.4: Das Service Integration Maturity Model

Level	Service Integration Maturity Level	Integrationsform
1	Silo	Datenintegration
2	integriert	EAI
3	Komponenten	funktionale Integration
4	einfache Services	Prozessintegration
5	Kompositservices	Supply Chain
6	virtualisierte Services	virtuelle Infrastruktur
7	dynamisch rekonfigurierbare Services	Ökosystem

Das große Problem hinter der Klassifizierung des SOAMM ist, dass es sich offensichtlich um den Versuch einer Bottom-Up-Strategie handelt, welche eine Reihe von typischen Problemen aufwirft (s. Abschn. 5.14). Solche Bottom-Up-Strategien widersprechen in gewisser Weise dem Grundgedanken

Tabelle 5.5: Das SOA Maturity Model

Ebene	Ziel	Scope	Technische Erfolgsfaktoren	Organisatorische Erfolgsfaktoren	Standards
1	neue Funktionalitäten	experimentelle Projekte, wenige Services	Legacysoftware, Standardisierung	Softwareentwicklung	XML, WSDL, SOAP
2	Kostenreduktion	integrierte Applikationen	Heterogenität, Verteilung, ESB	Architekten, Enterprise Architektur	UDDI, WS-Suite, SAML
3a	adaptive Geschäftsprozesse	Geschäftsprozesse	Komposition, Wiederverwendung	Governance, Servicelifecycle	BPEL
3b	externe Kollaboration	virtuelles Enterprise	Externe Services nutzen, Provider werden	Governance, Servicelifecycle	RosettaNet, ebXML, WS-Security
4	Realtime Enterprise	gesamte Organisation	Monitoring, ESB	Prozessmetriken	
5	Optimierung	gesamte Organisation	Monitoring, ESB	Verbesserungskultur	

des Serviceorientierungsparadigmas, welches das Primat der Fachlichkeit in den Vordergrund stellt, insofern müsste sinnvollerweise auf der Ebene 3 des SOAMM gestartet werden und nicht auf der Ebene 1.

Im Gegensatz zum SOAMM versteht sich das SIMM als eine Fortsetzung bestehender Integrationsmechanismen, Services werden als konsequente Weiterentwicklungen von **Enterprise Application Integration (EAI)** und Komponentenbauweise verstanden. Das SIMM besteht aus sieben Ebenen:

1. Auf der Siloebene ist die einzige Form der Integration die Datenintegration. Hier werden Daten über gemeinsame Datenbanken oder Export- und Importdateien ausgetauscht. Die Integration selbst ist ad hoc und sehr zufallsgetrieben.

2. Auf der integrierten Ebene wird eine EAI eingesetzt, um die diversen Applikationen miteinander zu verknüpfen. Der Informationsfluss wird harmonisiert und bis zu einem gewissen Grad auch standardisiert, dabei wird eine messageorientierte Middleware[62] als Kommunikationsmittel eingesetzt. Die Organisation hat sich von einer monolithischen Architektur stärker zu einer Layerarchitektur hin entwickelt.

3. Auf der Komponentenebene ist das primäre Ziel nicht der Datenaustausch, sondern die funktionale Integration. Methoden in Objekten und nicht mehr Module in Applikationen sind die zentralen Bestandteile dieser Reifestufe. Typische Vertreter sind hier CORBA-Systeme, aber auch Ap-

---

[62] Aus Sicht einer SOP (s. Kap. 6) der Vorläufer eines ESBs.

plikationsserver mit **Enterprise Java Beans** (EJBs). Man kann dies auch als die hart kodierte Form einer SOA verstehen. Diese Ebene ist die erste, die sich mit den Fragen des Alignments zwischen Geschäftsprozessen und IT beschäftigt.

4. Auf der Ebene der einfachen Services ist die vorherrschende Form der Integration die Prozessintegration. Dies ist eine frühe Phase in der Einführung einer SOA, wobei hier die ersten Services intern publiziert werden und die Organisation wandelt ihre Sicht auf die IT von einer funktionsorientierten zu einer serviceorientierten. Daher werden hier auch die ersten Methoden der serviceorientierten Entwicklung (s. Kap. 8) eingesetzt.[63]

5. Auf der fünften Ebene dominiert die Fähigkeit, die Services der vierten Ebene zu neuen Kompositservices (s. Abschn. 9.18) zusammenzuführen. Der Fokus liegt hierbei auf der Wertschöpfungskette der Organisation und wie Services diese möglichst gut unterstützen können. Diese Stufe ist die erste „wirkliche" SOA; Services können bei Bedarf neu zusammengestellt werden und verknüpfen sich über entsprechende Serviceverträge.

6. Die virtuelle Serviceebene wird erreicht, wenn der einzelne Service sich von den alten Applikationen loslöst und als virtueller Service auf einer beliebigen Infrastruktur ablaufen kann. Die Services sind auf dieser Ebene völlig technologieneutral und auch die Kontrolle der Services wird durch Services geliefert.

7. Auf der höchsten Stufe entstehen Ökosysteme aus Services, welche sich dynamisch rekonfigurieren und so auf Policies oder Veränderungen im Umfeld reagieren (s. Kap. 12).

5.13 SOA-Governance

Die Einführung eines neuen Softwaresystems in einer Organisation und auch organisationsübergreifend verläuft in drei Phasen:

- Adoptionsphase – Die Beteiligten entscheiden sich, ob und wie sie das neue System nutzen wollen. Die Implementierung und Nutzung eines neuen Systems und ganz besonders einer neuen Architektur impliziert einen hohen Grad an organisatorischer Veränderung, wobei zu beachten ist, dass speziell im Fall der SOA-Einführung der externe Druck immens ist, mit der Folge, dass die vermeintlichen Vorteile deutlicher wahrgenommen werden als eventuelle Risiken.[64]

- Nutzungsphase – Organisatorische Veränderungen werden vorgenommen, um das System nutzen zu können und es geht in den täglichen Gebrauch über.

---

[63] Diese Stufe wird auch als Service Oriented Integration (SOI) bezeichnet.

[64] Die SOA-Hype wird von Consulting- und Outsourcingunternehmen sowie den Werkzeugherstellern intensiv zur Generierung von Umsatz genutzt. Der erzeugte Druck durch die Fachpresse und vermeintliche „Successstories" ist enorm, so dass kaum ein CIO sich diesem Druck entziehen kann (s. S. 10).

- Impactphase – Während der Impactphase erfahren die Beteiligten die Vor- und Nachteile des eingeführten Systems.

Ein weit verbreiteter Fehler beim Einsatz einer Governance ist der Glaube, dass man zuerst die Governance definieren kann und anschließend eine SOA implementiert. Dieses Vorgehen produziert in der Regel keine sinnvollen Resultate, da eine Governance nur im Rahmen einer konkreten Implementierungsform angemessen ist. Governance muss die Regeln zur Nutzung vorgeben, diese sind jedoch viel zu eng mit der Implementierung, korrekterweise mit den Kompromissen in der Implementierung, verknüpft als das es möglich wäre, diese vorab festzulegen. Diese Beobachtung läuft auf die Trennung in eine Designtimegovernance und eine Runtimegovernance hinaus.

Eine der wichtigsten Strategien zum Aufbau von großen Systemen ist die Reduktion von Komplexität (s. Kap. 11). Ein solches Vorgehen ist nicht immer möglich, speziell dann nicht, wenn das Kernsystem eine hohe irreduzible Komplexität besitzt. In diesen Fällen ist die kontinuierliche Evolution[65] des Systems die bessere Strategie. Während dieser Evolution muss es zu einer permanenten Adaption des Systems kommen. Ziel jeder Governance muss es daher sein, eine solche Evolution explizit zu unterstützen und diese in „natürliche" Bahnen[66] zu lenken.

Eine erfolgreiche Governance einer organisationsweiten SOA muss einige Punkte berücksichtigen. Dazu zählen:

- Architekturgovernance – Hierbei wird die zukünftige und bestehende Architektur nach Kriterien wie Standardisierung, Komplexität, Skalierbarkeit und Topologie gesteuert oder weiterentwickelt.
- Service Lifecycle Governance – Die Lebenszyklen einzelner Services müssen alle sehr ähnliche Charakteristika besitzen, insofern müssen Entwicklung, Betreibung und Veränderungen von Services einem technischen wie auch organisatorischen und softwaremethodischen Rahmen unterliegen:
  - Design und Implementierungsgovernance – Der Entwurf und Bau von Services muss einer Reihe von Blueprints und Qualitätsmaßstäben unterliegen. Fragen nach Art und Weise der Wiederverwendung, Dokumentation, Einordnung in Ontologien und Taxonomien, aber auch Designrichtlinien und Codingstandards für die Services werden hier erörtert.
  - Runtimegovernance – Die zentrale Fragestellung der Runtimegovernance ist: Wie werden Services in den Betrieb aufgenommen und wieder entsorgt? Spezielle Probleme bilden hier Fragen der Interoperabilität als auch Abhängigkeiten und das Fehlermanagement.

---

[65] Kontinuierliche Evolution wird in der Praxis von unterschiedlichen Lösungsstrategien genutzt, so z.B. bei den agilen Entwicklungsmodellen, den zyklischen Vorgehensmodellen und jeder Form der „sanften" Migration.

[66] Jedes System strebt auf Dauer einen Gleichgewichtszustand an; dieser zeigt die Richtung der natürlichen Bewegung an.

– Changegovernance – Veränderung auch von Services ist unausweichlich.
Daher werden im Rahmen der Changegovernance die Mechanismen der
Komposition und Konfiguration aller Teile des Systems betrachtet.

5.14 Herausforderungen

Die Einführung einer SOA bietet viele Vorteile, jedoch ist eine SOA auch
mit Herausforderungen und Nachteilen verbunden. Meist ist ein sehr hoher
initialer Aufwand zu betreiben, wenn man die bestehende Architektur in eine
SOA umbaut. Dabei kann es auch passieren, dass Einschränkungen bezüglich
der Komponenten getroffen werden müssen, manche Komponenten müssen
auch abgeändert werden. Hat man dann eine Architektur aus bestehenden
Services, ist es schwer, ab einer gewissen Anzahl den Überblick zu behalten.
Dieses Problem lässt sich durch eine SOP (s. Kap. 6) beheben, doch ist auch
die Integration einer solchen SOP meist nicht einfach. Ein wichtiger Punkt ist
auch die Sicherheit, zwar haben sich einige Standards etabliert, jedoch ist es
immer noch eine Herausforderung, Sicherheitsbestimmungen in SOA-Systeme
zu integrieren. Auch die Verlässlichkeit von serviceorientierten Applikationen
ist ein kritisches Thema. Die wohl wichtigste Eigenschaft einer SOA ist, dass
ein Netzwerk, wobei meist das Internet gemeint ist, zum Austausch von Daten benötigt wird. Schlagworte wie Phishing, Spoofing, Viren oder Spam zeigen nur einige wenige Gefahren des Internets auf. Die Verlässlichkeit und
Sicherheit von SOAs wird durch genau diese Gefahren stark beeinträchtigt.
Die Kommunikation zwischen Services, besonders Webservices ist wegen dem
Einsatz von Protokollen wie SOAP, HTTP und TCP relativ umfangreich in
Bezug auf die Datenmengen.

Aus dem Blickwinkel der Enterprise Architektur (s. Abschn. 3.3) lassen
sich die Risiken für eine SOA in die einzelnen Teilarchitekturen einteilen:

- Geschäftsprozessarchitektur:
  - Fehlerhafte SOA-Implementierung auf Grund anderer inflexibler Poli-
    cies. Während der Aufbauphase haben Architekten oft das Problem,
    dass es Randbedingungen durch die Policies in der Organisation gibt,
    welche die Durchführung erschweren.[67] Typische Ursachen für diese
    Lücke sind:
    · Standards in der Organisation sind nicht nach dem Serviceparadig-
      ma spezifiziert.
    · Führungsebene verharrt in „altem" Denken.
    · Die Konflikte zwischen einer SOA und den vorhandenen Policies
      werden weder eingeplant und noch aktiv kommuniziert.
    · Die Governance zeigt keine Wege zur Konfliktlösung auf.
    · Fehlende Überzeugungsarbeit bei den Betroffenen.

---

[67] So die Nutzung von Stored Procedures, welche einen Widerspruch zur Layerarchitektur darstellt.

- Oft werden die QoS-Anforderungen einer einzelnen Applikation auf den gesamten Geschäftsprozess übertragen, mit der Folge, dass die gelieferte Qualität nicht mit der für jede Aktivität erwarteten übereinstimmt. Typische Ursachen sind: Mangelndes kognitives Alignment, keine Modellierung der geforderten Qualität aus Prozesssicht und keine Berücksichtigung der QoS-Aspekte.

- Informationsarchitektur: Das größte Problem auf der Ebene der Informationsarchitektur ist die fehlerhafte Abbildung zwischen dem Geschäftsobjektmodell und der Speicherung. Viele Softwareentwickler tendieren zu einer direkten Abbildung zwischen beiden Welten[68], mit der Folge von sehr ineffizienten Services. Umgekehrt führen Geschäftsobjekte, die aus dem Datenbankmodell abgeleitet wurden[69], zu einer Unmenge an schwer handhabbaren Services.

- Applikationsarchitektur:
  - Die fehlerhafte Identifikation der fachlichen Services stellt ein großes Problem dar. Oft werden Services aus IT-Sicht und nicht aus fachlicher Sicht identifiziert, was zu einer geringen Wiederverwendung und hohen Maintenanceaufwänden führt. Ursache hierfür ist neben fehlendem Know-how ein mangelndes kognitives Alignment, da die SOA von der IT und nicht vom Fachbereich vorangetrieben wird.
  - Auch wenn die Services richtig identifiziert wurden, können fehlerhafte Implementierungen zu sehr hohen Kosten führen.
  - Ineffiziente Behandlung von Ausnahmen in den Prozessen. Jeder einzelne Geschäftsprozess kann Ausnahmen produzieren, diese müssen explizit modelliert und behandelt werden.
  - Oft wird von Werkzeugherstellern empfohlen, einfach einen Webservicewrapper einzusetzen und damit alle Legacysoftware in Services zu verwandeln. Ein solcher Schritt ist aus zwei Gründen falsch:
    · Jeder Bezug zum eigentlichen Geschäftsprozess oder zur Domäne geht faktisch verloren. Eine SOA basiert aber primär auf der Fachlichkeit, nicht auf der technischen Machbarkeit.
    · Die entstehenden Interfaces haben in der Regel reine CRUD-Funktionen.
  Ein ähnlich falscher Ansatz ist es, reine Datenservices[70] auf der Datenbank zu schaffen und die Applikationen auf diese zugreifen zu lassen.

- Technologiearchitektur:
  - Die falsche Wahl eines ESBs ist ein großes Problem. Besonders durch die Softwarehersteller werden EAI-Systeme als ESBs verkauft und als zu erhaltende Investition müssen diese im Rahmen der SOA eingesetzt

---

[68] Diese direkte Abbildung wird von Entwicklungswerkzeugen sogar suggeriert.
[69] Sogenannte CRUD-Services, s. Fußnote S. 138.
[70] Viele Systeme besitzen explizite Datenzugriffsschichten, was ein solches Vorgehen verlockend einfach macht.

werden. Meist sind einfache Services noch gut handhabbar, aber Maintenance und Ausdehnbarkeit sind nur schwer zu gewährleisten.

- Selbstgebaute Integrationsframeworks – In vielen Organisationen sind selbstentwickelte Frameworks vorzufinden, diese behindern eine SOA mehr als das sie helfen, da sie genau wie einige kommerzielle ESBs eigentlich nicht als SOA ausgelegt sind.

- Fehlerhafte Deploymentstrategie – Oft wird eine explizite Deploymentstrategie nicht abgeleitet, eine solche ist aber für den langfristigen Einsatz unabdingbar.

In Bezug auf das oft gehörte Argument der möglichen Kostenersparung durch den Einsatz von SOA muss gesagt werden, dass das selbe Argument bisher immer für die Einführung einer neuen Technologie herhalten musste und nie wirklich eintrat. Der Grad der möglichen Einsparung hängt primär vom Grad der Wiederverwendung von Services ab, ist also nicht durch die Architektur, sondern durch die Identifikation und Konstruktion der Services bedingt! Die schlechten Erfahrungen mit dem Maß an Wiederverwendung in der Objekt- und Komponentenorientierung lassen jedoch vermuten, dass auch bei der Serviceorientierung eine groß angelegte Wiederverwendung nicht wirklich einsetzen wird. Neben den Kosten sind die beiden Problemgebiete Performanz (sowie ihre Prognose) und Sicherheit innerhalb einer SOA weder verankert noch in irgendeiner Weise adressiert. Der größte Fehler, der bei der Umwandlung eines bestehenden Systems in ein serviceorientiertes System gemacht werden kann, ist eine technikgetriebene Bottom-Up-Einführung, oft auch mit dem Euphemismus „organisches Wachstum" belegt. Diese Strategie ist deswegen so beliebt, weil die Werkzeughersteller Generatoren für Webservices aus bestehendem Sourcecode anbieten und weil die IT den Fachbereich nicht involvieren muss. Typischerweise sind in Organisationen mit EAI-Systemen dann sogenannte Integrationsservices der Startpunkt für die Bottom-Up-Strategie. Diese Strategie hat aber massive Nachteile:

- Die entstehenden Services haben keinerlei organisationsweite Bedeutung. In den meisten Fällen sind sie nichts anderes als ein neues Interface für eine bestehende Applikation. Damit wird implizit eine enge Koppelung zwischen den bestehenden Legacysystemen und den Services erzeugt, welche eine Veränderung des Legacyportfolios deutlich schwieriger macht.[71]

- Das bestehende Legacyportfolio hat in aller Regel ein hohes Maß an Redundanz mit der Folge, dass eine große Zahl an redundanten oder teilredundanten Services entsteht. Das selbe Phänomen ließ sich in der Vergangenheit bei Datenbanken beobachten, auch dort ist ein Großteil der Attribute redundant.

---

[71] Oder anders formuliert:
Services, die das Abbild der vorhandenen Applikationen sind, machen den Softwarelieferant zum Entscheider für das Geschäftsmodell.

- Die meisten Applikationen haben proprietäre Datenmodelle, welche durch Services organisationsweit abgebildet werden. Diese Proprietarität hat aber zur Folge, dass fast nur Punkt-zu-Punkt-Verbindungen entstehen.
- Die Implementierung eines Geschäftsprozesses nach Refaktoring aus solchen Services ist oft unmöglich, da ein großer Teil des Wissens über den Prozess im Legacysystem (es ist schließlich ein soziotechnisches System) versteckt und verankert ist. Dies limitiert praktisch gesehen jede Form von Adaption.

Auch wenn Top-Down angefangen wird, früher oder später landen die Softwareentwickler bei dem Versuch, ein CRUD[72]-Interface zu implementieren. Ein Grund hierfür ist, dass solche Operationen praktisch in jedem Design, von der Structured Analysis über die Objektorientierung bis hin zur Komponentenbauweise auftauchen. Trotz der weiten Verbreitung bereiten die CRUD-Interfaces große Probleme:

- Das Interface neigt zur Verwendung in einem direkten Aufrufstil und nicht in einem Servicestil.
- Andere Services müssen dieses Interface öfters aufrufen, um tatsächliche Veränderungen zu produzieren.
- Es handelt sich um den falschen Abstraktionsgrad oder die falsche Granularität. CRUD-Operationen sollten innerhalb eines Services faktisch privat geschehen.
- Das Read-Interface führt bei großen Datenmengen entweder zu Problemen oder zum Versuch der Implementierung eines Pointers, der durch den Aufrufer gesteuert werden kann.
- Die zugrundeliegenden Daten können sehr leicht inkonsistent werden, da das CRUD-Interface nichts über den Kontext der Operation und die daraus notwendigen Randbedingungen weiß.

6

Service Oriented Platform

To the platform, masters;
come, let's set the watch.

Othello
William Shakespeare
1564 – 1616

Viele Organisationen befinden sich heute in der Situation, dass sie eine zunehmend komplexe IT-Umgebung immer kostengünstiger unterstützen und weiterentwickeln müssen. Dabei müssen neue Technologien integriert und alte weiterhin unterstützt werden. Von der Infrastruktur wird heute erwartet, dass sie ihre Fähigkeiten als „Service" der ganzen Organisation zur Verfügung stellt.

Die Flexibilität, welche eine Serviceorientierung innerhalb der Organisation und der Software produziert, muss sich in der Infrastruktur widerspiegeln und von dieser explizit unterstützt werden. Die Schwierigkeit der Unterstützung liegt darin begründet, dass durch eine SOA ein hohes Maß an Interoperabilität erzeugt wird, die infrastrukturell erst ermöglicht werden muss, ein **Enterprise Service Bus** (ESB) ist ein Weg in diese Richtung. Die Heterogenität der Services als auch der ihrer Provider läuft dem jahrezehntealten Trend zur Homogenität in der Infrastruktur entgegen. Trotzdem lässt sich die Serviceorientierung auch auf die IT-Infrastruktur übertragen, denn dann kann die Infrastruktur wohldefinierte Services zur Verfügung stellen.[1] Zwar ist es theoretisch möglich, Services ohne eine Serviceinfrastruktur durch direkte Aufrufe oder mittels eines Applikationsservers zu betreiben, aber diese Modelle haben keinerlei Vorteile gegenüber herkömmlichen Applikationen. Erst der Einsatz einer entsprechenden Serviceplattform ermöglicht es, die typischen Eigenschaften der Interoperabilität und Flexibilität, die von Services erwartet werden, wirklich zu nutzen.

Historisch betrachtet sind die meisten IT-Infrastrukturen stückweise, bottom-up und sehr technikzentriert entstanden, mit der Folge, dass sich die Infrastruktur und die Applikationen sehr eng[2] koppeln. Diese enge Koppelung führt seit vielen Jahren zu einer Überbewertung der Technologie im Ver-

---

[1] Ein Schritt in diese Richtung ist ITIL.

[2] Noch heute ist es üblich, dedizierte Rechner für SAP-Systeme oder Datenbanken einzusetzen.

gleich zu den eigentlichen Informationen, aber gerade diese Informationen sind der wirkliche Sinn und Zweck der IT. Eine Folge der Serviceorientierung muss die Entkoppelung von Geschäftsprozessen und der darunterliegenden IT-Infrastruktur sein. Neben der Ausrichtung der IT-Infrastruktur auf mehr Services, Entkoppelung von Applikationen, muss auch das Infrastrukturmanagement in Form von Services durchgeführt werden. Naturgemäß wird eine Infrastruktur auch noch in der Zukunft eine große Zahl an Legacysystemen unterstützen müssen, aber ein spezifischer Teil der Infrastruktur sollte darauf ausgerichtet sein, Services zu unterstützen. Dieser Teil wird als **Service Oriented Platform** (SOP) bezeichnet. Eine solche SOP muss eine Reihe von Aufgaben erfüllen. Dazu zählen unter anderem:

- Sicherheit – Isolierte Applikationsserver können auch schon heute sichere Webservices zur Verfügung stellen; dies wird aber in Zukunft nicht ausreichen, da die Sicherheit über mehrere Services hinweg und simultan auf diversen Plattformen erreicht werden muss. Außerdem muss eine SOP in der Lage sein, sich an ein externes Identity Management System andocken zu können.
- Routing – Die Infrastruktur muss es ermöglichen, alle Messages zu interpretieren und an einen entsprechenden Provider weiterleiten zu können. Ohne diese Routingfunktionalität lässt sich ein dynamisches Kompositionsmodell (s. Abschn. 5.5) nur schwer realisieren.
- Transformation – Die Transformation von XML-Strukturen ist zwar nicht unbedingt eine der originären Aufgaben einer SOP, trotzdem muss sie eine solche Funktionalität besitzen, ansonsten ist eine SOP nicht in der Lage, Routing entsprechend zu unterstützen. Daher liegt es nahe, eine Reihe von Transformationsservices innerhalb der SOP anzusiedeln.
- Prozessmanagement – Die Fähigkeit, Abläufe und Prozesse als ein Netz von Serviceaufrufen und Zustandsübergängen ablaufen zu lassen, ist eine der zentralen Fähigkeiten jeder SOP.
- Monitoring und Administration – Neben den Abläufen muss die SOP es ermöglichen, diese zu kontrollieren, messen (s. Abschn. 5.12) und administrieren zu können.

Zusätzlich sollte eine SOP eine Reihe von Charakteristika aufweisen, um die Infrastrukturaufgaben einfacher bewerkstelligen zu können:

- inkrementelles Deployment,
- explizite Unterstützung öffentlicher Protokolle,
- dezentralisiert, dezentral verwaltet und ausbaubar.

Diese Aufzählung von Kennzeichen einer SOP zeigt, welche Mächtigkeit eine voll ausgebaute SOP besitzen muss. Das Phänomen der Sedimentation (s. Fußnote S. 119) setzt sich auch in einer SOP fort; bei einer SOP wandert immer mehr an Funktionalität, die heute in Applikationen angesiedelt ist, in die Infrastrukturschicht, außerdem übernimmt eine SOP in Zukunft eine Reihe von Funktionen, die heute ein Applikationsserver durchführt.

6.1 Komponenten

Eine SOP selbst besteht aus einer Reihe von Komponenten (s. Abb. 6.1), welche mehr oder minder klar umrissene Funktionalitäten besitzen.

- Servicedirectory – Das Servicedirectory liefert Informationen über die Services (Interfaces und Implementierungen), Provider und Rahmenbedingungen. Es besteht dabei aus zwei Blöcken:
  - Serviceregistry – Eine Registry gibt dem Consumer Angaben über die der Registry bekannten Services innerhalb der Reichweite der Infrastruktur.[3] Zu diesen Angaben zählen neben den syntaktischen Beschreibungen der Interfaces auch Informationen über die nichtfunktionalen Eigenschaften der Services (QoS, s. Abschn. 5.6), sowie Daten zur taxonomischen Klassifikation (s. Abschn. 8.10) oder ontologischen Positionierung (s. Abschn. 8.11) des entsprechenden Services. Die Registry enthält aber keine Serviceimplementierungen, sondern nur Verweise (meist in Form einer URI) auf die Implementierungen. Eine Registry sollte beim Einsatz von Webservices das UDDI-Protokoll (s. Abschn. 9.5) unterstützen.
  - Servicerepository – Ein Servicerepository steuert den kompletten Lebenszyklus eines Services während seiner Entwicklung und Laufzeit und arbeitet mit der Registry zusammen. Das Repository verwaltet die Serviceinterfaces und -implementierungen (Konfigurations- als auch Versionsverwaltung). Das Repository enthält neben den Implementierungen auch eine Reihe von Metainformationen über die Services. Die Rolle, welche die Registry für den regulären Betrieb von Services hat, übernimmt das Repository für die Entwicklung von Services. Während der Entwicklung sind nicht nur Informationen über die Interfaces, sondern auch über die Art und Weise, wie die entsprechende Aufgabe gelöst worden ist und welcher Service von wem genutzt wird, im Repository zugänglich.

  Registry und Repository können auch gemeinsam in einem Paket implementiert werden, in diesem Fall versieht man das Repository mit einen UDDI-Interface und verweist dabei auf sich selbst.
- Werkzeuge – Eine SOP benötigt Werkzeuge für ihren sinnvollen Einsatz. Eine Vielzahl von heute noch nicht standardisierten Werkzeugen sind hier denkbar, die in zwei Kategorien eingeteilt werden können:
  - Administration – Z.Z. sind noch keine SOP-dedizierten Administrationswerkzeuge entwickelt worden.[4] Wichtige zu unterstützende administrative Aufgaben sind:

---

[3] Da eine Registry und eine ESB nicht zwanghaft benutzt werden müssen, ist es auch denkbar, dass Services außerhalb der Organisation über Mechanismen angesteuert und genutzt werden, die nicht zur SOP gehören (z.B. direkter Aufruf).

[4] Es existieren aber Werkzeuge, die einen Teil des notwendigen Spektrums abdecken, aber sie entstammen einer anderen Applikations- und Infrastrukturhistorie.

- · Steuerung des ESBs,
- · Verwaltung von Rollen und Rechten für die Servicenutzung,
- · Verwaltung von Policies zur Servicenutzung,
- · Bepreisung[5],
- · Verfolgung von Fehlern und Ausnahmen,
- · Verfolgung des Lebenszyklusses der Serviceimplementierungen,
- · Kontrolle der Performanz der SOP.
  - – Entwicklung – Werkzeuge in dieser Kategorie umfassen faktisch alle typischen Softwareentwicklerwerkzeuge:
    - · Generatoren für die Interfaces,
    - · Modellierungswerkzeuge für Abläufe und Servicekomposition,
    - · High-Level-Debugger[6],
    - · Simulatoren für Abläufe und Servicekomposition,
    - · Testwerkzeuge,
    - · Analysewerkzeuge für Abhängigkeiten.
- • Enterprise Service Bus – Der ESB bildet den eigentliche Kern einer SOP (s. Abschn. 6.3).

Diese Vielfalt an Aufgaben und Bestandteilen einer SOP macht klar, welche Mächtigkeit eine voll ausgebaute SOP besitzen muss.

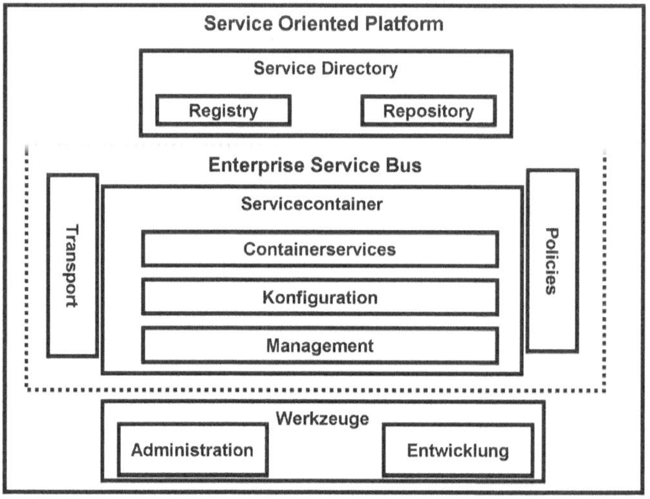

Abb. 6.1: Die Komponenten einer Service Oriented Platform

---

[5] Einige neue Services im Mobilfunkumfeld scheiterten in der Vergangenheit daran, dass sie nicht nachvollziehbar zu bepreisen waren.

[6] Ein High-Level-Debugger ermöglicht es, die Aufrufe der Services und die ausgetauschten Daten zu verfolgen und gegebenenfalls die einzelne Serviceimplementierung zu debuggen.

6.2 Broker Architekturen

Heutige Ansätze für eine SOP nutzen stets Brokerarchitekturen, ein Broker ist eine Art softwaretechnischer Makler, der zwischen zwei oder mehreren Systemkomponenten vermittelt. In einer SOA übernimmt ein solcher Broker diverse Rollen, unter anderem:

- Übertragung von Informationen zwischen den verschiedenen Services.
- Anlegen und Zurverfügungstellung einer Serviceregistry.
- Abgleich zwischen Aufruf eines Services und dem tatsächlich implementierten Interface.
- Unterstützung der Verhandlung zwischen Consumer und Provider über die Servicenutzung.

Tabelle 6.1: Unterschiedliche Brokerdesigns

Design	Alternativen	Kommentar
Verteilung	zentral	Ein einzelner Broker, der alle Entscheidungen trifft.
	dezentral	Mehrere Broker mit lokalen Entscheidungen.
Aufruf	in-band	Requests und Response werden übertragen.
	out-of-band	Nur Requests existieren.
Brokertyp	Informationbroker	Gibt Hinweise über die Serviceorte. Fokus auf Serviceregistry
	Servicevirtualizer	Gibt Services zusätzliche Funktionalität, z.B. Transaktionen.
Fokus	Brokerfokus	Unabhängigkeit und Stabilität des Brokers. Services sind sekundär.
	Servicefokus	Services werden primär. Risiko der Verquickung.

Da der Broker eine zentrale Rolle spielt, ist es notwendig, sein grundsätzliches Design näher zu beleuchten (s. Tab. 6.1). Brokerarchitekturen sind nicht a priori festgelegt[7], von daher ist es sinnvoll, die verschiedenen Designalternativen für Brokerarchitekturen zu betrachten:

- zentral versus dezentral – In der Weise, wie die Größe und die Ansprüche an ein serviceorientiertes System wachsen, wird die Skalierbarkeit eine immer wichtigere Rolle in einer Organisation spielen. Hier sind dezentrale Architekturen vorteilhafter als zentrale, zumindest kann die Last in bestimmten Bereichen auf mehrere Broker verteilt werden. Im Gegensatz dazu bildet in einer zentralen Umgebung ein einzelner Broker das Rückrat und eventuell auch das Bottleneck für die Skalierbarkeit. Außerdem können Probleme an

---

[7] Außer sie werden als Produkt eingekauft, selbst dann können sie meist noch konfiguriert werden.

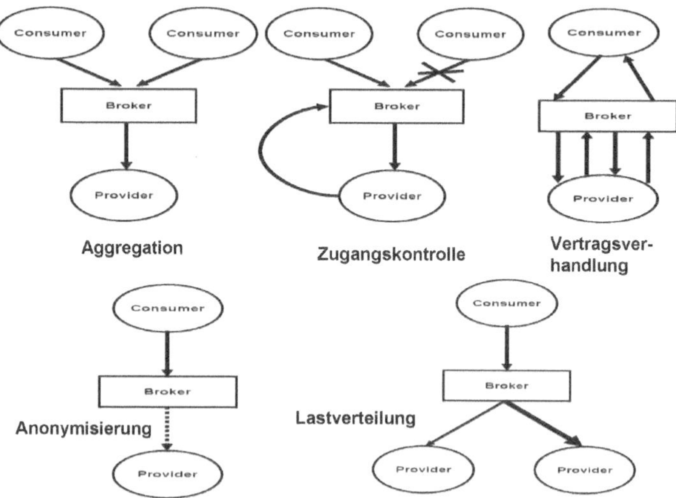

Abb. 6.2: Services eines Servicevirtualizer-Brokers

einer zentralen Stelle das Gesamtsystem lahm legen. Ein dezentraler Broker hat dagegen den Vorteil, dass dieser nur seine lokalen Services kennt und auch nur von einer Teilmenge von Services genutzt werden kann. Bei dezentralen Lösungen gibt es neben der Möglichkeit, verschiedene Typen von Brokern einzusetzen auch die Chance, multiple Instanzen desselben Brokers zu nutzen. Aus Betriebssicht wird die zweite Variante bevorzugt, mit dem zusätzlichen Effekt, dass unterschiedliche Policies auf den verschiedenen Brokerinstanzen zu einer besseren Anpassung an die jeweilige Consumergruppe führen. Die dezentralen Lösungen führen zu spezifischen Problemen in der Infrastruktur. Eine Verteilung der Funktionalität auf mehrere Broker führt zu einer Fragmentierung der Information über das System. Außerdem ist unklar, ob die Summe aus lokalen Optima auch immer ein globales Optimum darstellt. Um dieses Problem zu vermeiden ist bei einer dezentralen Lösung eine Koordination zwischen den Brokern notwendig, um zumindest bei den Policies und der Ressourcenallokation[8] eine gemeinsame Lösung zu finden. Folglich müssen alle Broker Informationen über sich selbst mit den anderen Brokern austauschen können. Diese zusätzlichen Informationen stellen für das Gesamtsystem ein Dilemma dar. Je mehr an zusätzlicher Information ausgetauscht wird, desto besser ist die Ressourcenallokation im Gesamtsystem. Aber je mehr Information ausgetauscht wird, desto mehr Overhead an Austausch entsteht, der von den tatsächlichen Services weggenommen wird. In dem Extremfall sehr vieler Services und ganz weniger Broker nähert man sich der zentralen Lösung,

---

mit einer Kommunikationskomplexität von:

$$\mathfrak{I}_{Broker} \sim \mathcal{O}(1).$$

Im umgekehrten Fall – jeder Service hat seinen eigenen Broker – sind die Broker nur noch mit sich selbst beschäftigt. In diesem Fall müssen alle Broker miteinander kommunizieren:

$$\mathfrak{I}_{Broker} \sim \mathcal{O}(n^2).$$

- In-band versus Out-of-band – Die Kategorisierung zwischen in- und out-of-band gibt an, wie ein Broker auf Requests reagiert. Die In-band-Broker sind für den Request als auch den Response verantwortlich, damit stellen sie eigentlich einen Kanal zwischen Consumer und Provider dar. Bei dieser Variante sind die Provider für den Consumer anonym, da jede Kommunikation nur über den Broker funktioniert. Die Out-of-band-Broker sind nur auf einer Seite der Kommunikation beteiligt. In diesem Fall nutzen die Consumer den Broker, um einen Provider zu finden, entkoppeln sich aber danach vom Broker und kommunizieren direkt mit dem Provider über Folgeaktivitäten.[9] Der Vorteil dieser Variante ist eine deutlich niedrigere Basislast auf dem Broker, der jetzt fast nur noch wie eine Serviceregistry agiert.
- Informationbroker versus Servicevirtualizer – Die Informationbroker führen nur eine Softallokation durch. Dies bedeutet, dass der Broker Informationen über den Ort des Services bekannt gibt aber keine Kontrolle über den tatsächlichen Service besitzt. Ein solcher Broker kann keine Garantien über die Verfügbarkeit oder die Qualität des jeweiligen Services geben. Typische Beispiele sind Broker, die wie Suchmaschinen agieren und dann dem Consumer eine URI zur Verfügung stellen. Ein Servicevirtualizer ist ein Broker, der eine harte Allokation durchführt, der Broker gibt Garantien über die Services, ihre Verfügbarkeit als auch ihre Qualitäten ab. Außerdem übermittelt er Informationen über die Servicebeschreibung (s. Abschn. 9.15.9). Der Broker erscheint einem Consumer wie der Service selbst und kann sogar einfache Funktionalitäten, wie Serviceaggregation, anbieten (s. Abb. 6.2).[10]
- Brokerfokus versus Servicefokus – Viele Brokerarchitekturen sind dafür konzipiert worden, den Services als Infrastruktur zur Verfügung zu stehen und haben damit einen Servicefokus. In sehr heterogenen Umgebungen kann es jedoch sinnvoll sein, dem Broker ein gewisses Eigeninteresse zu geben, ein solcher Broker wird dann andere Broker und andere Services für seine Aufgaben nutzen.

---

[9] Die Basisidee des Servicemodells (s. Abschn. 5.4).

[10] Virtualizer agieren mehr als eine Art Repository.

6.3 Enterprise Service Bus

Informationen in einer Organisation sind oft auf verschiedenste Applikationen, Abteilungen und sogar Suborganisationen verteilt, wodurch es sehr schwierig ist, diese Informationen abzufragen oder zu konsolidieren. Der **E**nterprise **S**ervice **B**us (ESB) ist ein Ansatz zur Integration von lose gekoppelten, verteilten Netzwerken. Der Begriff ESB wird mittlerweile von vielen Herstellern für ihre jeweiligen Produkte genutzt, ohne dass diese genau erklären, was ein ESB eigentlich leistet. Speziell die EAI-Hersteller geben ihren bestehenden Produkten gerne die Bezeichnung ESB, obwohl es sich bei diesen im Grunde um EAI-Systeme mit Webserviceprotokollinterfaces handelt. Es gibt sogar schon vereinzelt Hersteller, die nicht nur einen ESB, sondern in ihrer Produktpalette zwei unterschiedliche ESBs anbieten.

Der ESB kann zunächst einmal als Konzept und damit als zu implementierende Lösung verstanden werden, die es, als Infrastruktur für die Informationsweitergabe einer Organisation, aufzubauen gilt. Der ESB kann aber auch als Produkt verstanden werden, da inzwischen zahlreiche Softwarehersteller über eine Lösung in ihrem Produktportfolio verfügen, die eine solche Funktionalität verspricht.[11] Ein wichtiges Kennzeichen des ESBs ist sein, nach außen hin, homogenes Administrationsinterface, welches eine zentrale Konfiguration des gesamten Systems und damit aller angeschlossenen Subsysteme ermöglicht. Dieser Ansatz geht über das Konzept eines einfachen EAI-Brokers hinaus. Ein EAI-Broker bietet als Funktionalität:

- Konnektivität,
- Datentransformationssysteme,
- Adaptoren für Applikationen,
- Routing von Messages, basierend auf vorgegebenen Regeln und dem Inhalt der einzelnen Messages[12].

Ein ESB bietet dieselben Funktionalitäten, allerdings mit dem großen Unterschied, dass die Funktionen selbst Services sind. Somit können diese Funktionen unabhängig voneinander und verteilt implementiert werden. Applikationen können sich unabhängig vom Standort und der Organisation, der sie gehören, beim ESB eintragen und dann miteinander kommunizieren. Im Zusammenhang mit einer SOA stellt der ESB das eigentliche Rückgrat der Laufzeitumgebung dar. Applikationen werden entkoppelt und durch den ESB über logische Endpunkte verbunden. Ein weiterer Unterschied zwischen ESB und EAI besteht darin, dass ein ESB stets auf Verteilung, ein EAI-System hingegen eher zentralistisch ausgerichtet ist. EAI-Systeme tendieren sehr viel stärker zu zentralistischen Systemen und konzentrieren sich häufig auf die Erstellung von „Gluecode" (s. Abb. 6.3). Viele praktische Implementierungen von EAI-Systemen zeigen sogar Charakteristika von P2P-Systemen. Die

---

[11] Wie immer klaffen hier Anspruch und Wirklichkeit weit auseinander.
[12] Content **B**ased **R**outing (CBR)

Application Server im Gegensatz dazu produzieren sehr eng gekoppelte Applikationen, ein Widerspruch zur losen Koppelung der Services.

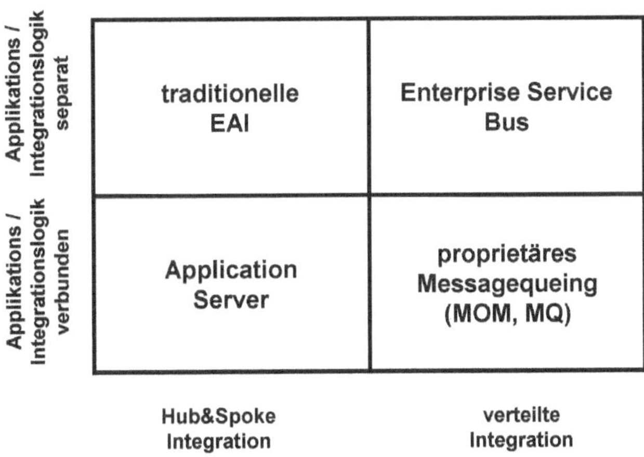

Abb. 6.3: Des ESB als Integrationsplattform

Tabelle 6.2: Lose und enge Koppelungen

Eigenschaft	Enge Koppelung	Lose Koppelung
Interaktion	synchron	asynchron
Messagestil	RPC	Dokument
Pfad	fest kodiert	gerouted
Technologiemix	homogen	heterogen
Datentypen	abhängig	unabhängig
Syntax	Konvention	publiziertes Schema
Koppelung	beim Design	Laufzeit
semantische Adaption	neu kodieren	durch Transformation
Softwareziel	Effizienz	breite Nutzbarkeit
Konsequenzen	antizipiert	unerwartet

Ein ESB sollte diverse Standards wie J2EE Komponenten, J2EE Konnektoren, .NET, COM, C#, C/C++ und SOAP-basierte Technologien unterstützen. Zusätzlich muss er auch in der Lage sein, die ausgetauschten Daten zu transformieren. Die Aufgabe der Transformation wird, wie es das Prinzip des ESBs vorgibt, als Service realisiert, welcher der ESB zur Verfügung stellt. Die Charakteristika, die einen ESB auszeichnen, sind:

- Pervasive Computing[13] – Eines der Ziele hinter dem Einsatz eines ESBs ist es, innerhalb der Organisation und auch interorganisatorisch, Pervasive Computing zu erreichen. Dies hat zur Folge, dass der ESB eine globale Reichweite erlangt, in jeden Teil der Organisation wie auch in andere Organisationen vordringt. Services verbinden sich mit dem ESB, werden dadurch sichtbar für andere und können gleichzeitig andere „sehen".
- Standardisierte Integration – Die standardisierte Integration ist eines der fundamentalen Konzepte des ESBs. Es sollten stets die vorhandenen Standards[14] und Protokolle genutzt werden. Die fachlichen Interfaces werden zusammmen mit ihren standardisierten Implementierungen in einer offenen „plug&play"-Architektur zusammengefügt. Das eigentliche Rückrat bildet hierbei der ESB. Die immer stärkere Durchdringung der Organisationen mit Standards im technischen Umfeld ermöglicht erst die Entwicklung eines ESBs, denn ein ESB macht sich die Standardisierung zu nutze.
- Verteilte Umgebung – Ein ESB muss in der Lage sein, für die Services einen Transportmechanismus zur Verfügung zu stellen, der bezüglich des Ausführungsortes transparent ist. Folglich muss der ESB eine verteilte Ausführungsumgebung unterstützen.
- Selektives Deployment[15] – Bei der großen Anzahl von Services in einer Organisation sowie dem hohen Durchdringungsgrad des ESBs ist eine selektive und verteilte Einführung von Services notwendig.
- Verteilte Datentransformation – Ein wichtiger Teil der Integration ist die Fähigkeit Daten zu transformieren. Auf Grund der Verteilung des ESBs muss dies auch dezentral möglich sein.
- Eventgetriebene SOA – Innerhalb des ESBs werden Services als abstrakte Endpunkte von Verbindungen angesehen. Diese Endpunkte müssen auf asynchrone Ereignisse reagieren können. Die Unterstützung asynchroner Verarbeitung erhöht die Einsatzmöglichkeiten eines ESBs.
- Workflowunterstützung – Organisationen setzen immer stärker Workflowsysteme und Mechanismen zur Delegierung ein, folglich muss der ESB auch diese unterstützen.
- Verlässlichkeit – Das Konzept einer verlässlichen Übertragung ermöglicht erst die Idee von verteilten Transaktionen im Umfeld des ESBs.
- Autonomie – Der ESB ist völlig losgelöst von der tatsächlichen Organisationsform, in der er eingebettet ist. Er ist autonom in dem Sinne, dass er Bestandteil einer alles durchdringenden Infrastruktur wird.
- Dezentrale Steuerung des ESBs.

Eine typische serviceorientierte Software muss die drei Rollen des Servicemodells unterstützen. Jeder Serviceconsumer muss ein Lookup durchführen,

---

[13] auch allesdurchdringende Vernetzung genannt.
[14] für eine kritische Betrachtung des Begriffs Standard, s. Abschn. 9.1.
[15] Oft auch Provisioning genannt.

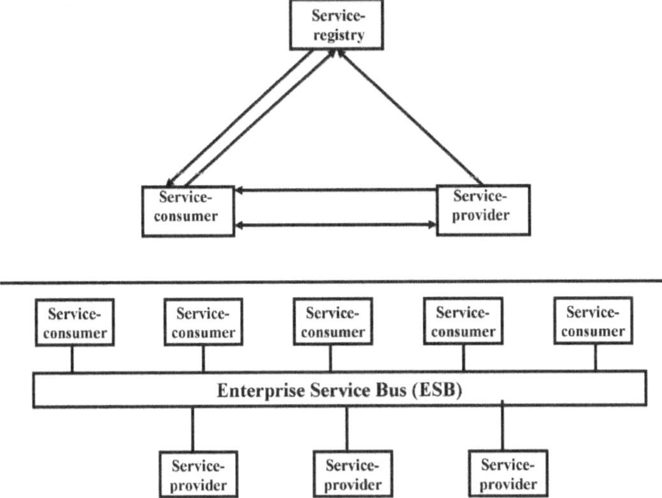

Abb. 6.4: Generisches SOA gegenüber einer ESB-Implementierung

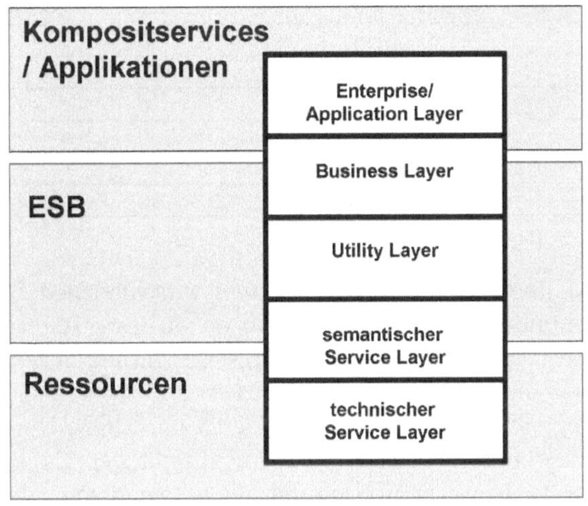

Abb. 6.5: Die einzelnen Layer einer SOA mit einem Enterprise Service Bus

der es ihm ermöglicht, einen Service zu verwenden. Dafür müssen bestimmte Aufrufe in den Code des Serviceconsumers implementiert werden. Durch die Einbindung eines ESBs rufen Services sich nicht mehr gegenseitig auf, die Kommunikation und das Routing werden über den ESB erledigt. Es existieren zwar noch immer die Rollen, die Vermittlung dazwischen übernimmt aber der ESB. Dadurch wird es ermöglicht, die Kommunikation nicht mehr in den Code schreiben zu müssen, sondern die Abhängigkeiten über Konfigurationen und Deploymentinformationen angeben zu können. Eine SOA und eine ESB-Implementierung sind a priori nicht identisch (s. Abb. 6.4), insofern lässt sich ein ESB als eine spezielle Form einer SOA betrachten und wird oft als Enterprise-SOA bezeichnet.

6.3.1 Message Oriented Middleware

Der ESB braucht ein Transportmittel, um in der Lage zu sein, Daten und Aufrufe an die entsprechenden Services weiterzugeben. Im Rahmen einer ESB-Implementierung wären durchaus unterschiedliche Möglichkeiten vorhanden, eine solche Transportschicht zu bauen, aber in der Praxis hat sich die Nutzung einer **M**essage **O**riented **M**iddleware (MOM) als die heute favorisierte Lösung herausgestellt.

Tabelle 6.3: Unterschiedliche Transporttechnologien im Vergleich

Kriterium	RPC	RMI	DCOM	Webservice	MOM	CORBA
Transaktionen	–	✓	✓	–	–	✓
Koppelung	lose	eng	eng	lose	lose/eng	eng
Standards	✓	✓	✓	✓	–	✓
synchron	✓	✓	✓	✓	–	✓
asynchron	–	–	–	✓	✓	–
portierbar	✓	–	–	✓	✓	✓
Prozessunterstützung	–	–	–	✓	✓	–
reliable	–	–	–	–	✓	–

Eine MOM übermittelt Daten zwischen verschiedenen Programmen, indem sie Kommunikationskanäle nutzt, in denen feste Informationseinheiten (Messages) übertragen werden. Diese Messages enthalten neben der eigentlichen zu übertragenden Information (Payload) noch zusätzliche Informationen über Verteilweg, Struktur, Herkunft, etc.[16] Eine MOM-Umgebung ist üblicherweise asynchron aufgebaut, Sender und Empfänger wissen nur wenig voneinander. Das MOM-System übernimmt alle notwendigen Tätigkeiten, um die Message zu übermitteln. Die Nutzung eines MOM-Systems im ESB wird dadurch unterstützt, dass MOM-Systeme explizit eine Entkoppelung zwischen dem Sender und dem Empfänger vornehmen und damit auf natürliche Art und Weise eine lose Koppelung in den Services zwischen dem Consumer und dem Provider ermöglichen. Eine Message im Sinne eines MOM-Systems (s. Abb. 6.6) besteht aus drei logischen Teilen:

- Header – Der Header enthält typischerweise Informationen über Zieladresse, Herkunft, an wen geantwortet wird, Verfallsdatum und Messageart.

---

[16] Im Grunde ähneln MOM-Messages damit E-Mails, welche eine mögliche Erscheinungsform von Messages sind.

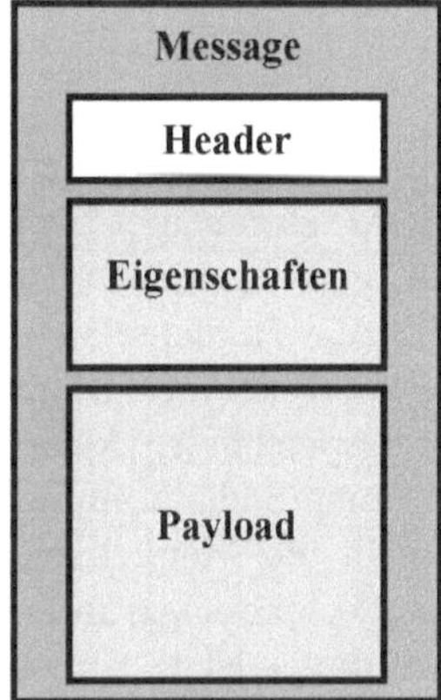

Abb. 6.6: Message einer MOM

- Eigenschaften – Die Eigenschaften sind in aller Regel servicespezifisch, Sender und Empfänger[17] haben sich im Voraus auf eine feste Anzahl von Schlüsseln und Wertepaaren geeinigt. Üblicherweise werden diese Eigenschaften eingesetzt, um Vorabselektionen oder andere Formen von speziellen Verarbeitungen durchführen zu können, ohne dass die Payload interpretiert werden muss.[18]
- Payload – Die Payload ist ein konkretes Informationspaket in einem beliebigen Format. In aller Regel wird aber ein XML-Format bevorzugt, da dann die Fehlersuche einfacher ist.

Jede MOM hat neben der Forderung nach Übertragung von Daten auch die Forderung, diese verlässlich zu übertragen. Eine MOM muss synchrone wie auch asynchrone Kommunikation unterstützen.[19] Für den asynchronen Fall stellt sich sofort die Frage nach der Verlässlichkeit, da jetzt der Sender nicht mehr sicher sein kann, ob der Empfänger überhaupt die Message erhalten hat. Grundlage für die asynchrone Zuverlässigkeit sind drei MOM-Bestandteile:

- Autonomie der Messages – Jede Message ist autonom und komplett. Von daher wird eine Message entweder empfangen oder nicht. Es existieren keine Zwischenzustände oder halbübertragene Messages.

---

[17] Die Rollen von Sender und Empfänger werden von Consumer und Provider wechselseitig angenommen.

[18] Die Informationen in den Eigenschaften sind fast immer redundant zu den Payloadinformationen.

[19] Da die Übertragung der Messages auf einem TCP/IP-Protokoll aufbaut, brauchen MOM-Systeme das physische Netzwerk nicht zu kontrollieren.

- Store and Forward – Die Lieferung einer Message hat ein breites Spektrum an Möglichkeiten, dazu zählen:
  - genau einmal,
  - mindestens einmal,
  - höchstens einmal.

  Das Übermittlungssystem der MOM garantiert, dass die gewählte Übertragungsoption eingehalten wird. Damit dies bei einer unsicheren Verbindung sichergestellt werden kann, wird intern ein Store and Forward System genutzt. Dabei wird die Message zunächst gespeichert[20] und dann erst an einen Empfänger weitergeleitet. Ist der Empfänger nicht bereit, so kann der Prozess an Hand der gespeicherten Message später noch einmal versucht werden. Neben der reinen Sicherstellung der Übertragung haben die meisten MOM-Systeme auch die Möglichkeit, die Reihenfolge von Messages sicherzustellen. Aus Performanzgründen dürfen Messages nur eine endliche Größe haben, von daher ist es üblich, große Messages in mehrere kleine aufzuteilen. Nach der Übertragung muss dann aber die Message wieder vollständig zusammengesetzt werden.
- Messagebestätigung – Die Bestätigung des Empfangs der Message ist das zentrale Schlüsselelement für eine sichere Übertragung in einer asynchronen MOM.

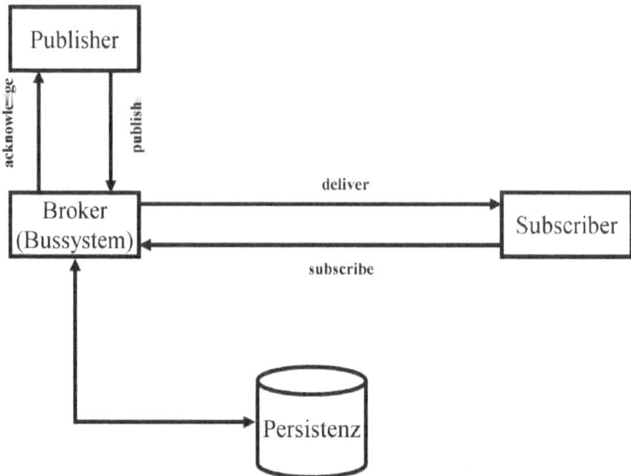

Abb. 6.7: Die Durable Subscription

---

[20] Oft in einer Datenbank, es existieren aber auch einfache Dateisystemimplementierungen.

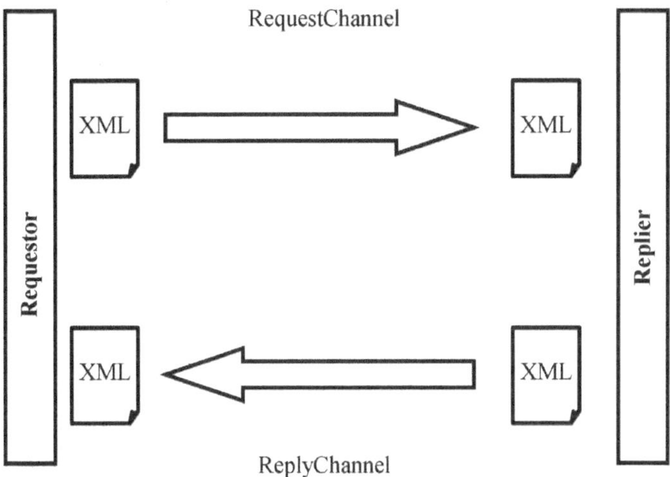

Abb. 6.8: Das Request-Reply-Kommunikationsmuster

Die Fähigkeit, Messages zu bestätigen, ist die Grundlage für den Aufbau einer verlässlichen synchronen Kommunikation durch eine MOM. Da alle MOM-Systeme ein Publish-Subscribe-Kommunikationsmuster[21] beherrschen, dient dies zusammen mit der Fähigkeit zur Messagebestätigung als Grundlage für die sichere synchrone Übertragung. Die Nutzung des Publish-Subscribe-Musters wird als „durable Subscription" bezeichnet (s. Abb. 6.7).[22]

Da eine der Aufgaben eines ESBs die Unterstützung der direkten und verlässlichen Kommunikation zwischen Services ist, empfiehlt es sich, ein direktes Request-Reply-Kommunikationsmuster mit Hilfe einer MOM zu implementieren und dieses Muster (s. Abb. 6.8) durch entsprechende Parametrisierungen veränderbar zu machen. Vergleicht man die Fähigkeiten, die mit bisherigen MOM-Systemen aus dem EAI-Umfeld realisiert werden können mit dem eines ESBs, so stellt sich die Frage nach dem eigentlichen Neuheitsgrad eines ESBs. Dieser liegt vor allem in der Architektur, mit der die Integration auf Basis von Messages und Standardinterfaces vorgenommen wird. Der Grundaufbau des ESBs ist ein Bussystem, was eine bewusste Abkehr vom traditionellen Hub&Spoke der Messagebroker darstellt, dieser basiert auf einem zentralen Server, über den alle Beteiligten kommunizieren, und der die gesamte Funktionalität sowie die Verwaltung und Kontrolle des Netzwerkes

---

[21] In diesem Kommunikationsmuster gibt es einen Informationsgeber (der Publisher) und eine Reihe von Informationsnehmern (die Subscriber), welche sich aktiv beim Informationsgeber registrieren und dann vom Informationsgeber beim Eintreten eines vordefinierten Ereignisses mit einer Information versorgt werden.

[22] Synchrone Aufrufe lassen sich allerdings mit Mitteln außerhalb eines MOM in Form von CORBA (s. Abschn. 6.3.2) oder RPC sehr viel einfacher erreichen.

enthält. Ein Bussystem hingegen ist eine verteilte Architektur. Alle angebunden Services sind über denselben Messagekanal verbunden. Sämtliche Funktionalitäten werden dezentral von verschiedenen Funktionseinheiten realisiert. Beim ESB werden über ein derartiges Bussystem alle Services als eventgesteuerte Services über die entsprechenden Interfaceprotokolle angesprochen, der ESB dient damit als eine Messaginginfrastruktur.

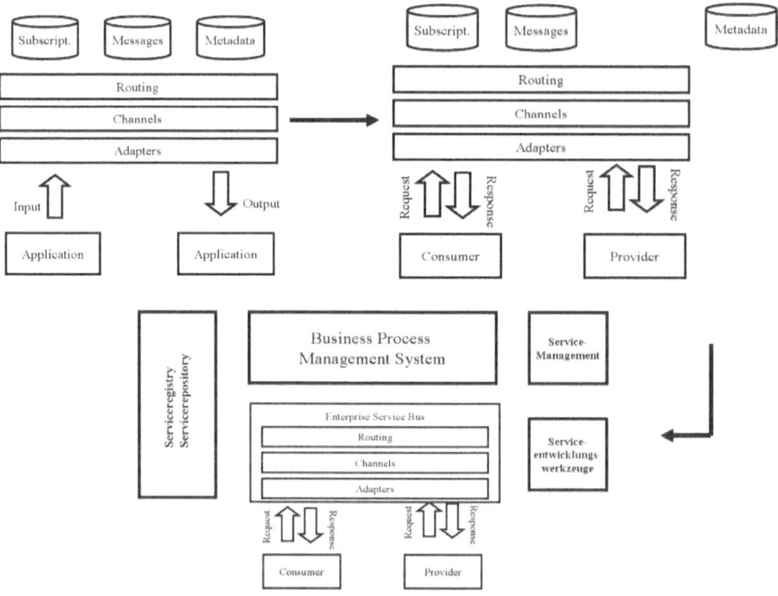

Abb. 6.9: Vom MOM zum ESB und SIM (s. Abschn. 6.5)

Im Hinblick auf eine SOA kommt einer MOM neben der Kommunikation die Aufgabe zu, folgenden Anforderungen gerecht zu werden:

- Skalierbarkeit – Der Skalierbarkeit kommt eine große Bedeutung zu. Es muss möglich sein, Services beliebig zu ergänzen, zu verändern oder zu entfernen, sowie den logischen Informationsfluss zu ändern, um das Ziel einer SOA zu erreichen.
- Datensicherheit – Eine MOM muss den Datenaustausch zwischen den Services regeln, was insbesondere die Steuerung der Messages betrifft, sowie die Daten und Messageformate der Providerservices in die jeweiligen Formate der Consumerservices überführen, damit eine Kommunikation zwischen diesen überhaupt aufgebaut werden kann. Daher muss eine Vielzahl von Adaptern zur Verfügung gestellt werden.
- Transaktionssicherheit – Es müssen Elemente enthalten sein, die Transaktionssicherheit und andere QoS gewährleisten.

Trotz aller Vorzüge haben die MOM-basierten ESBs auch einige Schwierigkeiten:

- Obwohl MOM-Systeme schon technisch sehr ausgereift sind, haben sie einen entscheidenden Nachteil. Auf Grund ihrer EAI-Herkunft sind ETL[23]-Werkzeuge stets ein integrierter Bestandteil des MOM-Systems, diese weisen aber, speziell im Umfeld großer Datenmengen, eine hohe Latenzzeit auf. Insofern ist eine für SOA wichtige Fähigkeit, die der Real-Time-Integration, manchmal nur sehr schwer mit MOM-Systemen zu erreichen. Zwar gibt es Möglichkeiten, dieses Problem zu mildern, so durch Caching und lokale Datenredundanz, aber solche Maßnahmen sind aus Servicesicht fehleranfällig und problematisch.

- Die explizite Instanziierung von Services wird nicht unterstützt, ein MOM-basierter ESB übernimmt zwar den Transport der Messages, stellt aber keine Laufzeitumgebung zur Verfügung, mit der Folge, dass das Management und die Entwicklung von Services über unterschiedliche Werkzeuge laufen muss.

- In den meisten ESBs sind Servicegedanken erst spät integriert worden, mit der Folge, dass die Busfähigkeiten nicht als Services (im Sinne eines Transportservice) zugänglich sind. Oft werden nur einfache technische APIs zur Verfügung gestellt.

6.3.2 CORBA

Neben einer möglichen MOM-Basis bietet sich für einen ESB die **C**ommon **O**bject **R**equest **B**roker **A**rchitecture (CORBA) an. CORBA ist schon seit Anfang der neunziger Jahre im Einsatz. Obwohl in der Literatur oft behauptet wird, dass sich CORBA nur für synchrone Aufrufe eignet, ist dies nebensächlich, da durch den Einsatz eines einfachen generischen Proxies jeder synchrone Aufruf in einen asynchronen verwandelt werden kann. CORBA nutzt als Bus den **O**bject **R**equest **B**roker (ORB) (s. Abb. 6.10), von dem es auch seinen Namen ableitet. Da mit CORBA eine verteilte Architektur in einer heterogenen Umgebung aufgebaut werden kann, beschäftigt sich CORBA mit dem Problem der Interoperabilität und der Plattformneutralität, eine gute Voraussetzung für den Einsatz von Services. Wie in Abb. 6.10 dargestellt, wird ein gemeinsamer Bus genutzt und alle Objekte innerhalb von CORBA besitzen vier mögliche Kategorien von Interfaces, die sie in der CORBA-Umgebung zugänglich machen:

- Object Services – Die Services in dieser Kategorie sind domänenunabhängig und werden als Infrastrukturinterfaces von vielen Objekten genutzt. Die CORBA-Services sind technische Services, die praktisch jede CORBA-Komponente nutzen kann. Sie werden auch Common Object Services (COS) genannt und bilden ein technisches Framework für den App-

---

[23] **Extract Transform Load**

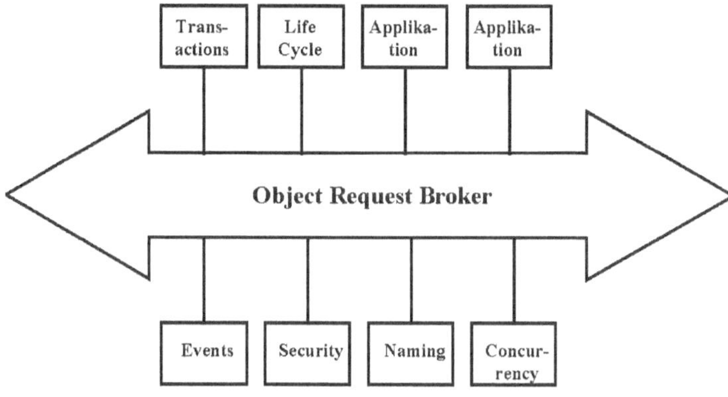

Abb. 6.10: Die Object Management Architektur

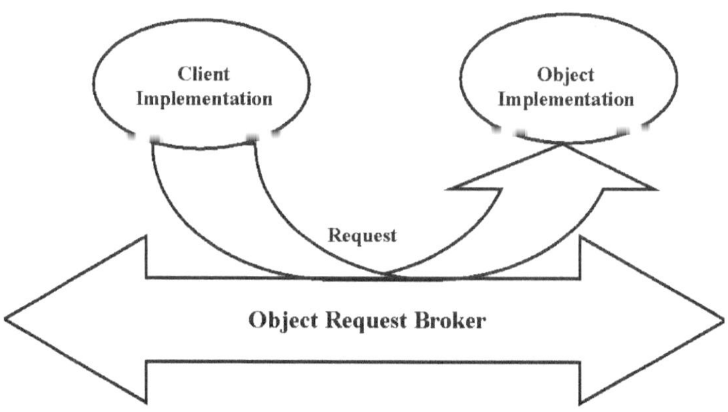

Abb. 6.11: Aufruf mit Hilfe des ORB

licationbuilder, um verteilte Applikationen zu entwickeln. Die wichtigsten
Services sind:

– Namingservice – Der Namingservice gestattet es den Objekten, andere
  Objekte über den jeweiligen Namen des anderen Objektes zu finden.
  Der Service ist ein Mechanismus, Objekte in einer verteilten Umgebung
  zu finden. Er erlaubt die Assoziation eines Objekts mit einem Namen
  in einem Namensraum, das sogenannte Name Binding. Dieser Namens-

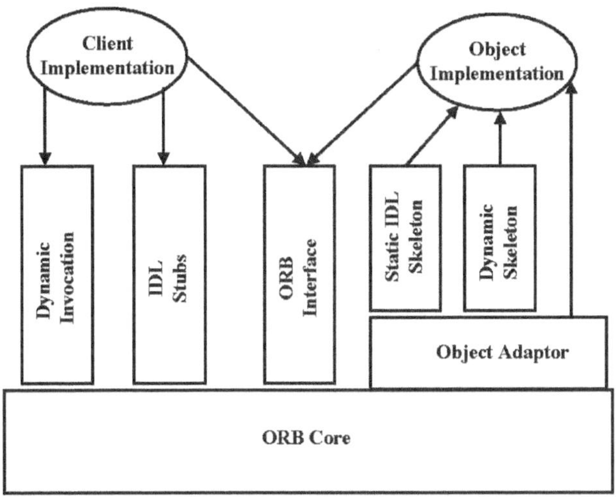

Abb. 6.12: Das Object Request Interface

raum bildet den Namenskontext in dem der Objektname eindeutig ist.
Der Namingservice hat eine der SOA-Registry analoge Semantik.

– Trading Service – Mit Hilfe des Trading Services sind andere Objekte
an Hand ihrer Eigenschaften auffindbar, analog der Registry einer SOA.

– Lifecycle Service – Definiert Services und Konventionen zur Erzeugung,
zum Löschen, Kopieren und Verschieben von Objekten.

– Relationship Service – Ermöglicht es, Beziehungen zwischen Objekten
im Netz zu verwalten. Ebenso können Typbeschränkungen und Kardi-
nalitätskriterien über diesen Service definiert und überprüft werden.

– Persistent Object Service – Dient der dauerhaften Speicherung von
Objekten in verteilten Systemen. Er ermöglicht es Objekten, auch dann
persistent zu existieren, wenn die Applikation, die das Objekt erzeugt
hat, oder der Consumer, der es eingesetzt hat, beendet wurde.

– Concurrency Control Service – Versetzt mehrere Consumer in die Lage,
eine gemeinsame Ressource zu nutzen. Im Falle eines Konflikts beim
Zugriff auf eine Ressource hat der Service die Aufgabe, die Ressource
in einem konsistenten Zustand zu belassen.

– Transaction Service – Unterstützt das allgemeine Transaktionskonzept.
So besteht jede Transaktion aus dem Start, einer Zahl von Transaction-
Events, z.B. Datenbankupdates, und einem definierten Ende. Eine
Transaktion kann auf zweifache Weise enden: Sie wird entweder „commited" oder „rolled back". Commited heißt, dass sämtliche Änderungen
permanent werden, andernfalls werden die Veränderungen auf ihren
ursprünglichen Ausgangsstand zurückgesetzt, das sogenannte „Rollback".

- Trader Service – Hat die Aufgabe, Objekte an Hand ihrer verfügbaren Services und Servicearten zu finden. Ein Trader ist ein Objekt, das für andere Objekte „passende" Services vermittelt. Der Trader Service fungiert dabei als „Vermittler". Der Trader arbeitet dazu mit zwei Arten von Objekten: Den Serviceprovidern und den Servicerequestoren. Provider bieten dem Trader ihre Services einschließlich deren Beschreibung an. Servicerequestoren erfragen und erhalten gewünschte Services durch den Trader.
- Property Service – Ermöglicht das dynamische Zuweisen von Attributen zu einem CORBA-Objekt.
- Security Service – Definiert Interfaces, mit denen Sicherheitsmechanismen bzw. -technologien in einen ORB integriert werden können. Dieser Service ist für die Client- und die Serverobjekte transparent und muss nicht explizit aufgerufen werden.
- Event Service – Bildet die Basis, auf der Services, wie die asynchrone Verarbeitung von Ereignissen, Benachrichtigungen usw., beschrieben werden können.
- Externalization Service – Bildet das Interface zur Transformation eines Objektzustandes in einen flachen Datenstrom sowie umgekehrt zur Extraktion von Objekten aus einem Datenstrom, das Marshaling.
- Licensing Service – Dynamische Lizenzierung für die Objektnutzung.
- Common Facilities – Diese werden oft auch als horizontale Facilities bezeichnet. Sie beinhalten applikations- und benutzerspezifische Funktionalitäten, die auf Grund ihrer Querschnittsfunktionalität keinem bestimmten Marktsegment zugeordnet werden können. Während die CORBA-Services hauptsächlich für die Kommunikation zwischen den Applikationen, als CORBA-Client, und dem Objekt, als CORBA-Server, zuständig sind, stellen die Facilities Services zwischen den Applikationen dar. Üblicherweise werden die horizontalen Facilities in folgende Kategorien eingeteilt:
  - Task Management – Dient der Prozessautomatisierung und kann sowohl die Benutzer- als auch die Systemprozesse automatisieren. Die beiden bekanntesten Unterkategorien des Task Managements sind:
    · Workflow Facilities,
    · Automation Facilities.
  - System Management – Verwaltet komplexe Informationssysteme durch die Provider, mit den Subkategorien:
    · Policy Management Facility – Dient der Kontrolle von Objekten. Eine einmal formulierte Policy wird hier quasi implementiert.
    · Quality of Service Management Facility – Die QoS-Facility ist ein sehr wichtiger Bestandteil für die kommerzielle Nutzung von Services. Diese Basisfunktionalität fehlt z.Z. noch bei den Webservices, da mit dieser Facility die Nutzung, die Verfügbarkeit, der Durchsatz und die Wiederherstellung eines Services gemessen und verändert werden kann, natürlich nur dann, wenn das Objekt, welches die Services zur Verfügung stellt, dieses Interface unterstützt.

- · Instrumentation Facilities – Ist eine Kollektion von Interfaces für die Benutzung von ressourcespezifischen Daten.
- · Data Collection Facilities – Hier werden Logging- und Historyfunktionen zur Verfügung gestellt. Diese Funktionalität ist z.Z. bei den Webservices noch nicht standardisiert worden.
- · Security Facilities – Ein Interface für Autorisierung und Authentisierung in Systemen. Dieses Interface reicht die Daten an die konkrete Security-Implementierung jedes einzelnen Systems weiter.
- · Instance Management Facilities – Operationen, die sich mit multiplen Instanzen des gleichen Objekts beschäftigen.
- Information Management – Ermöglicht die Modellierung, Definition und Persistenz von Informationen. Teile der Information Facilities sind:
  - · Information Modeling Facilities – Diese Facilities stellen Services zum Modellieren von Informationssystemen zur Verfügung.
  - · Information Storage and Retrieval Facilities – Services für die Persistenz und das Suchen von Informationen werden hier adressiert.
  - · Compound Interchange Facilities – Hier werden die Services zum Austausch von Daten definiert.
  - · Data Interchange Facilities – Allgemeine Services zum Austausch von Daten.
  - · Information Exchange Facilities – Services für den Informationsaustausch zwischen Systemen.
  - · Data Encoding und Representation Facilities – Services für die Verschlüsselung und Codierung von Daten.
  - · Time Operations Facilities – Kalenderkonvertierung und Zeitberechnungsservices sind hier angesiedelt.
- User Interface – Diese Facilities ermöglichen das Benutzerinterface für einzelne Applikationen oder ganze Systeme, dazu gehören:
  - · Rendering Management – Stellt Services für die Darstellung und Ausgabe auf diversen Geräten, rangierend von Druckern oder auch Soundkarten bis hin zu Monitoren oder Plottern. Neben der Ausgabe wird auch die Eingabe von verschiedenen Quellen unterstützt, von der Maus über die Tastatur und Scanner bis hin zu einem Mikrophon.
  - · Compound Presentation Management – Mit Hilfe dieser Facility lassen sich auf einem Fenster verschiedene Teile zu einem Ganzen zusammenfassen, so z.B. Buttons, Scrollbars, Listen. Voraussetzung und Modell hinter dem Compound Presentation Management ist die Compound Document Architecture.
  - · User Support Facilities – Hinter dieser Facility stehen Aufgaben wie Look& Feel der Applikation, Hilfesystem, Rechtschreibprüfung als auch einfache Tabellenkalkulation und Graphik.
  - · Desktop Management Facilities – Diese Facilities stellen die Struktur eines Desktops zur Verfügung und erlauben Manipulationen auf dem Desktop.

   · Scripting Facilities – Die Skripting Facilities stellen einen einfachen Interpreter zur Verfügung, damit die Automation überhaupt
genutzt werden kann.

- Domain Interfaces – Die Domain Interfaces sind branchenspezifische Services, sie werden auch als vertikale Facilities bezeichnet. Sie sind meist so
speziell, dass nur bestimmte Interessengruppen sie wirklich nutzen können.
Die beiden bekanntesten Unterkategorien sind Accounting und Mapping.
Das erstere stellt Services für kommerzielle Transaktion, wie Geldtransfer,
Bestellung und Fakturierung und das zweite Services für die Verarbeitung
von geographische Daten zur Verfügung.

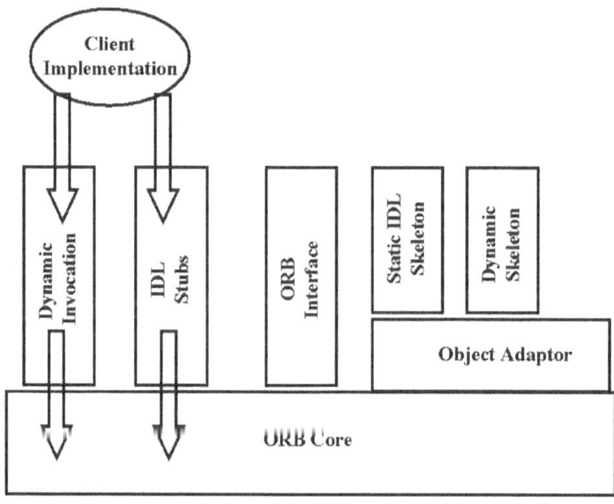

Abb. 6.13: Die CORBA-Client-Seite

Hinter einem einfachen Aufruf des CORBA-Clients (s. Abb. 6.13) verbirgt
sich eine komplexe Netzwerkkommunikation, die vom ORB gehandhabt wird.
Eine Anfrage des CORBA-Clients, bestehend aus dem Methodenaufruf und
den Parametern, wird in einen binären Strom umgesetzt (Marshaling) und
über das Netzwerk an den Server geschickt (s. Abb. 6.14). Die Informationen
werden auf der Objektimplementierungsseite wieder decodiert, das sogenannte Unmarshaling, und die gewünschte Operation ausgeführt. Rückgabewerte
werden auf die gleiche Weise wieder über den ORB an den CORBA-Client
gesendet.

Der ORB hat die Aufgabe, die entsprechende Objektimplementierung zu
finden, sie zu aktivieren, falls erforderlich, die Anfrage an das Objekt zu leiten
und entsprechende Rückgabewerte wieder an den CORBA-Client zurückzu-
geben. Das ORB Interface stellt einige wichtige Funktionen für lokale Ser-

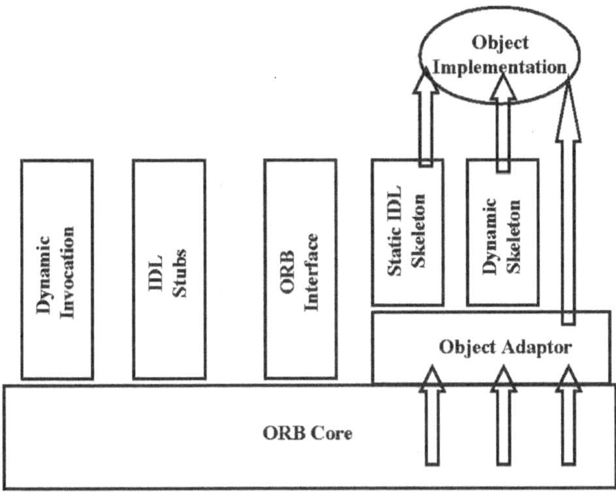

Abb. 6.14: Die Objektimplementierungsseite

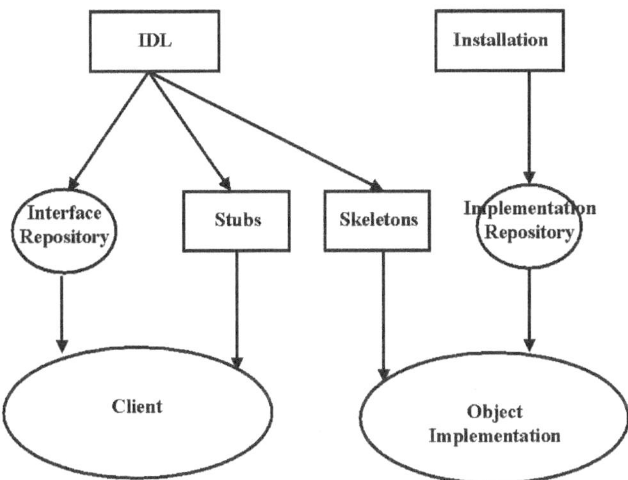

Abb. 6.15: Die CORBA-Repositories

vices bereit, um eine reibungslose Kommunikation der CORBA-Objekte zu gewährleisten. Hierunter fallen die Konvertierung einer Objektreferenz in eine Zeichenfolge bzw. die Rücktransformation aus der Zeichenfolge sowie das Erstellen von Argumentlisten, welche für dynamische Methodenaufrufe benötigt werden.

Einen grundlegenden Bestandteil des CORBA-Standards stellt die abstrakte, programmiersprachenunabhängige[24] Interfacebeschreibungssprache, die **I**nterface **D**efinition **L**anguage (IDL), dar. Mit der IDL werden die an den Interfaces der verteilten CORBA-Objekte sichtbaren Eigenschaften auf standardisierte Weise beschrieben. Dadurch wird festgelegt, welche Methoden und Attribute der Objekte im CORBA-System zur Verfügung stehen. In der IDL werden hauptsächlich Attribute und Operationen mit ihren Parametern spezifiziert. Die Implementierung dieser Funktionalität geschieht aber nicht in IDL, welche lediglich deklarativ ist, sondern in einer herkömmlichen Programmiersprache, meist Java oder C++.

Mit dieser strikten Trennung von Interfacedefinition und Implementierung eines Objektes und einer einfach gehaltenen IDL soll die Integration möglichst vieler verschiedener Programmiersprachen unter der CORBA-Architektur erwirkt werden. Dies ist ferner eine Voraussetzung für die Weiterverwendung von bereits bestehendem Code, der nicht umgeschrieben werden muss, sondern für den lediglich die Definition seiner Interfaces in IDL notwendig ist.

Ergänzend zu den statischen Mechanismen besitzt CORBA zwei standardisierte Interfaces zur Unterstützung eines dynamischen Verhaltens:

- **D**ynamic **I**nvocation **I**nterface (DII) –
- **D**ynamic **S**keleton **I**nterface (DSI) –

Beide werden direkt vom ORB unterstützt und beide sind unabhängig von den IDL-Interfaces der aufgerufenen Objektimplementierungen. Das Dynamic Invocation Interface ermöglicht es dem CORBA-Clients, dynamische Requests auf beliebige CORBA-Objekte durchzuführen, d.h. Informationen über die Objektinterfaces müssen zur Compilezeit nicht vorhanden sein.

Als Gegenstuck zum DII ist das DSI auf der Serverseite zu sehen. Es ermöglicht die Programmierung von Servern, ohne Skeletons für die aufzurufenden Objekte zu besitzen. Das bedeutet, dass der Server zu seiner Entwicklungzeit keine Kenntnis über die Interfaces braucht, die er implementieren soll. Er erhält diese Informationen direkt zur Laufzeit.

Das Interface Repository ist ein Repository, bestehend aus IDL-Definitionen, die zur Laufzeit abgefragt werden. Die Informationen in einer Definition in Form von IDL werden im Interface Repository jeweils als CORBA-Objekte repräsentiert, so dass ein Zugriff für alle möglich ist. Unter Benutzung der Interfaces des Repositories, kann ein Service durch eine Hierarchie von IDL-Informationen wandern und durch die global eindeutige Identifikation der Einträge mittels Repository-IDs ist es möglich, mit mehreren Repositories zu arbeiten.

Trotz seiner sehr fortgeschrittenen Fähigkeiten zeigt CORBA auch einige Nachteile:

---

[24] Obwohl die IDL offiziell als sprachunabhängig bezeichnet wird, ist ihr die C++-Herkunft deutlich anzumerken.

- Keine funktionalen Grenzen – Das CORBA-Objektmodell behandelt alle Interfaces als Client-Server-Interfaces, enthält aber keine Mechanismen zur Entkoppelung von Abhängigkeiten zwischen einzelnen CORBA-Objekten, folglich muss ein Softwareentwickler die Verbindungen zwischen den Objekten explizit entwerfen.
- Keine generischen Serverstandards – CORBA enthält kein Serverframework wie EJB und keine Mechanismen zur Unterstützung der QoS. Dies führt zu sehr eng gekoppelten „ad-hoc" Serverimplementierungen.
- Keine Konfigurationsstandards – Konfiguration von CORBA bleibt dem Hersteller überlassen und daher proprietär.
- Es existieren keine Deploymentstandards.

CORBA enthält eine Reihe von Mechanismen, welche auch für einen ESB gefordert werden; das macht CORBA als ESB-Implementierung attraktiv. Allerdings ist CORBA auf synchrone Kommunikation ausgelegt und es müssen Anstrengungen unternommen werden, um Asynchronität zu ermöglichen. Das CORBA-Repository kann (mit den entsprechenden Erweiterungen) sogar als UDDI-Registry für Webservices agieren und CORBA erlaubt es, mehrere ORBs zu einem großen Netzwerk zusammenzufassen. Die größte Schwierigkeit für CORBA als ESB ist die lose Koppelung, da CORBA diese nicht explizit unterstützt. CORBA kann zwar auch dynamisch koppeln (DII), aber hierfür ist zusätzlicher Aufwand notwendig. Ein möglicher Ausweg ist die Einführung generischer Stubs, welche die Asynchronität und lose Koppelung ermöglichen.

6.3.3 P2P

In einer sehr dynamischen Umgebung oder einem Ultra Large Scale System (s. Kap. 10) funktioniert das Auffinden von Services nicht mehr so einfach, selbst wenn eine Registry vorhanden ist. Das Fehlen einer zentralen Kontrolle macht dies sehr schwer. In diesem Fall ist es sinnvoller, bekannte P2P[25]-Techniken einzusetzen. In einem solchen Netzwerk haben alle Beteiligten die gleiche Funktionalität, sie unterscheiden sich nur darin, ob sie eine bestimmte Ressource zur Verfügung stellen oder nicht. Damit man P2P zusammen mit Services nutzen kann, muss jeder Serviceprovider wie eine Ressource im P2P-Netz behandelt werden. In den P2P-Netzen sind allerdings Rollen wie Provider und Consumer sehr viel dynamischer als bei anderen Serviceprotokollen.

Die P2P-Netzwerke kamen Ende der neunziger Jahre als direkte Folge der drastisch erhöhten öffentlichen Bandbreite auf, zunächst im Bereich des Instant Messaging[26]. Die P2P-Protokolle wurden sehr schnell im privaten Umfeld für den Austausch von Dateien[27] eingesetzt.[28] Das größte P2P-Netz

---

[25] **Peer-to(2)-Peer**

[26] Bekanntester Vertreter ist ICQ.

[27] Bekannteste Vertreter: Napster, Gnutella, eDonkey, Overnet, Redswoosh.

[28] Mit allen daraus entstehenden lizenzrechtlichen Problemen, der einfache und anonym erscheinende Datenaustausch senkt die moralische Schwelle für illegales Raubkopieren.

ist heute *SETI@home*[29] mit einer kombinierten Rechenkapazität von 10^{18} FLOP[30]. Für das Auffinden von Ressourcen (Services) existieren im P2P-Umfeld drei Basisstrategien:

- Zentralverzeichnismodell – In diesem Modell existiert ein Zentralverzeichnis aller Ressourcen (Services) und ihrer jeweiligen Adressen (URI). Die einzelnen Peers registrieren ihre Adressen und Ressourcen im zentralen Verzeichnis. Dieses Modell ist analog dem Registryansatz.
- Flooded Request Modell[31] – Hier werden viele redundante Messages im gesamten Netzwerk verschickt, um damit Adresse (URI) und Ressource (Service) anzukündigen. Oft wird versucht, die Gesamtzahl der Messages durch TTL[32]-Techniken, bei der die Messages eine endliche Lebensdauer haben und anschließend nicht mehr transportiert werden, zu reduzieren.
- DHT[33]-Modell – Bei einem DHT-Netzwerk hat jeder Peer eine eindeutige ID und alle Peers bilden einen Ring. Die Position im Ring ist durch eine Hashfunktion und die ID gegeben. Jeder Peer kennt andere Peers und hat eigene Routingtabellen, welche durch die Distanz im Ring bestimmt werden. Neben den Peers wird auch jeder Ressource eine ID gegeben, so dass neben ihrer Existenz und auch ihre Distanz innerhalb des DHT-Netzwerks bestimmt werden kann.

Eine solche Technik lässt sich auch einsetzen, um die Services als Ressourcen über ein P2P-Netzwerk zugänglich zu machen. Solche Netzwerke sind durchaus in der Lage, ESB-Systeme abzulösen. Speziell in öffentlichen Netzen können P2P-Systeme erfolgreich eingesetzt werden. Falls es mehrere Provider für denselben Service im P2P-Netz gibt, so lässt sich die Performanz eines Providers ermitteln:

$$T_{\text{predicted}}(i) = \frac{S}{1 - \lambda S} + \frac{1}{N} \sum_{n=1}^{N} D_n,$$

hierbei ist $T_{\text{predicted}}(i)$ die vorhergesagte Responsezeit, λ die Ankunftsrate, S die mittlere Servicezeit und D_n die mittlere registrierte Zeitdifferenz für den n-ten Consumer und i-ten Provider. Auch schwierige Vorgänge wie Deployment sind relativ einfach in einer solchen Umgebung.

Ein Nachteil existiert jedoch: Das Verschwinden von Services kann nicht aktiv publik gemacht werden, insofern müssen die Consumer aktiv nach Ersatz suchen. Ein nicht mehr vorhandener Service würde $T_{\text{predicted}} \mapsto \infty$ bedeuten. P2P-Netze sind im Gegensatz zu MOMs und CORBA faktisch nicht administrierbar. Innerhalb eines solchen „chaotischen" Systems müssen Regelwerke für eine Steuerbarkeit sorgen, da keine zentrale oder dezentrale bzw. föderale

---

[29] **S**earch for **E**xtraterrestrial **I**ntelligence
[30] **F**loating **P**oint **O**perations per Second
[31] Gnutella ist ein Vertreter dieser Art.
[32] **T**ime **to** **L**ive
[33] **D**istributed **H**ash **T**able

Administrationsinstanz existent ist. In einem ULS-System würde eine P2P-Implementierung des ESBs durchaus angebracht sein, allerdings sind hier die Governancemechanismen noch unklar.

Neben der Frage der Sicherheit ist die Bandbreite im Netzwerk eine der limitierenden Faktoren hinter dem Einsatz von P2P-Systemen für Services. Der P2P-eigene Verwaltungsoverhead kann ein sehr großes Netzwerk stark belasten, mittlerweile existieren aber eigene P2P-Verwaltungsserver (z.B. bei eDonkey), welche einen Teil dieser Administration übernehmen und so das Netzwerk deutlich entlasten, außerdem existieren schon die ersten Infrastrukturen, welche P2P-Servicenetzwerke aufbauen, dazu zählen: JXTA[34], Xtrem-Web und BOINC[35].

6.4 Servicecontainer

Bisher haben wir stets so getan, als ob der ESB direkt die Serviceaufrufe weitertransportiert. Zwar ist es technisch möglich, dass ein ESB eine Reihe von APIs zur Verfügung stellt und ein Service diese dann auch nutzt, aber eine solche Implementierung ist viel zu risikoreich:

- Der Service sollte von den Details des Transports und des ESBs nichts wissen.
- Da kein ESB-Standard existiert, stellt sich bei der Einführung eines ESB-Produkts die Frage der Stabilität der nichtvorhandenen Standards (s. Abschn. 9.1).
- Damit der ESB die Services verwalten kann, müssen alle Services für den ESB gleiche Eigenschaften besitzen.

Daher muss der Service von dem ESB isoliert werden, um die ex- und impliziten Abhängigkeiten zu minimieren. Ein mögliches Modell für eine Entkoppelung zwischen Service und ESB ist das Servicecontainermodell (s. Abb. 6.16). Hierbei wird die Erfahrung aus dem Betrieb von Applikationsservern in Form von EJB-Containern genutzt. Ein solches Servicecontainermodell hat für den Betrieb immense Vorteile, da die Erfahrungen aus dem Bereich von EJB-Frameworks als auch die dort gemachten Erfahrungen bei der Policierung und Steuerung solcher Container, inklusive Lastverteilung und Monitoring, recht gut übertragen werden können.

Die Managementinterfaces der Services in einem solchen Servicecontainermodell bedürfen einer speziellen Betrachtung. Diese Managementinterfaces können nicht von außen aufgerufen werden, stellen folglich keine Services dar, sondern der Service reagiert auf Veränderungen seiner Umgebung, in dem er aktiv nachfragt. Die Existenz solcher Interfaces, die keine Services implementieren, ist ein Bruch des Serviceorientierungsparadigmas, allerdings bildet das

---

[34] Akronym für **Juxta**position, aus dem Lateinischen von *iuxta* (nebenan) und *positio* (Lage).

[35] **B**erkeley **O**pen **I**nfrastructure for **N**etwork **C**omputing

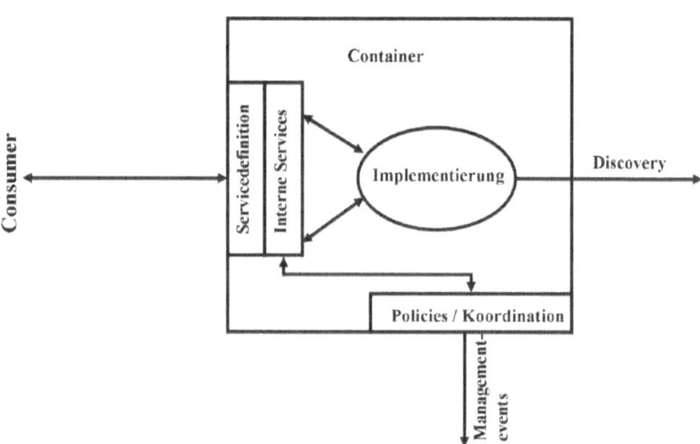

Abb. 6.16: Das Servicecontainermodell

Gesamtsystem hiermit eine Art Metaservice, da das Verhalten im Sinne von Policies für das Gesamtsystem durch den Kontext der Umgebung gesteuert wird.

Eine der Aufgaben des Servicecontainers ist es, eine Ablaufumgebung für die Implementierung zu liefern und diese Implementierung der „externen Welt" zur Verfügung zu stellen. Die Kernfunktionalitäten eines solchen Servicecontainers sind:

- Discovery,
- Daten- und Protokolladapter,
- Konnektivität und Messageprocessing,
- Unterstützung für die dynamische Konfiguration (s. S. 100),
- Monitoring des internen Verhaltens und des Zustandes des Services,
- Mechanismen – Diese stellen Transaktionen, Sicherheit, Monitoring oder ähnliches zur Verfügung.

Der Servicecontainer sollte den gesamten Managementdatenfluss von und zu dem Service steuern. Dies betrifft speziell die Fähigkeiten in den Bereichen: Konfiguration, Monitoring und Audit, sowie Fehlerbehandlung. Damit der Service über den Servicecontainer mit dem ESB überhaupt interagieren kann, enthält der Servicecontainer zwei separate Interfaces: Zum einen das Eingangsinterface und zum anderen das Ausgangsinterface. Die beiden Interfaces werden genutzt, um Messages an und vom eigentlichen Service zu senden und zu erhalten. Als Teil der Managementfähigkeiten muss der Servicecontainer die Möglichkeiten zum Audit und zur Protokollierung bieten. Dies verlangt jedoch, dass man in der Lage ist, den Service und sein Verhalten schon auf tiefer Ebene zu verfolgen.

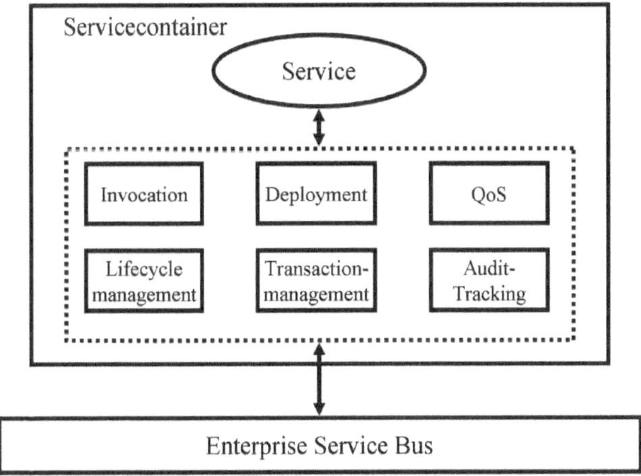

Abb. 6.17: Die Funktionalitäten eines Servicecontainer

Der Servicecontainer vermittelt sozusagen zwischen dem ESB und dem einzelnen Service (s. Abb. 6.17), hierbei bietet er eine Reihe von allgemeinen Funktionen an:

- Invocation,
- Deployment,
- Lifecyclemanagement,
- Transaktionsmanagement,
- Quality of Service (QoS) (s. Abschn. 5.6),
- Auditing, Tracking und Logging.

Diese Trennung in die Eigenschaften des Servicecontainers und die des Services erlaubt es, einen Unterschied zwischen der Implementierung eines Services und entsprechenden Funktionen wie Auditing oder Transportfehlerbehandlung vorzunehmen, so dass die Serviceimplementierung sich auf ihre eigentliche fachliche Aufgabe konzentrieren kann. Bei anderen Funktionen wie den QoS führt diese Trennung zwischen Serviceimplementierung und dem Servicecontainer zu einer impliziten Standardisierung der QoS. Diese müssen jetzt für alle Services dieselben Kenngrößen erfassen. Da in diesem Modell der Servicecontainer fachlich neutral ist, sind es folglich die QoS auch. Mit den QoS können nur serviceübergreifende Größen erfasst und bewertet werden. Ein Servicecontainer ist zwar von seiner Idee her sehr ähnlich einem Servercontainer, wie er in Applikationsservern oder im J2EE-Standard vorhanden ist, aber es gibt doch deutliche Unterschiede zwischen diesen beiden Formen von „Containern":

- Applikationsserver sind stets zentralisiert. Im Gegensatz dazu lebt der Servicecontainer mit dem ESB in einem verteilten System.
- Bei einem Applikationsserver werden sehr oft Workflow- und Geschäftsprozessintegrationsfunktionalitäten in die Servercontainer integriert, nicht so beim Servicecontainer, da eine solche Funktionalität auf einer anderen Ebene angesiedelt ist.

6.4.1 Serviceinvocation

Der eigentliche Aufruf eines Services innerhalb eines Servicecontainers ist die Hauptaufgabe eines Servicecontainers. Die übliche Abfolge (s. Kap. 5) von Find, Bind und Execute ist für selten genutzte Fälle durchaus sinnvoll, aber im Rahmen eines großen Softwaresystems nicht gut einsetzbar. Große Softwaresysteme in Organisationen müssen performant sein und einen hohen Datendurchsatz ermöglichen, sonst werden sie auf Grund mangelnder Nutzerzufriedenheit recht schnell abgelöst.[36] An dieser Stelle sorgt der Servicecontainer für eine praktikable Abkürzung. Im Rahmen des eingesetzten ESBs muss die Servicedefinition von dem Mechanismus, Services zu finden und diese aufzurufen, getrennt werden. Fast alle Services nutzen über sehr lange Zeiten hinweg stets dieselben Services, warum sollte man sie daher andauernd suchen und wieder neu binden? Eine permanente Zuordnung ist gefragt. Und genau das leistet ein ESB.

Im Rahmen einer MOM-Implementierung eines ESBs wird dies durch ein sogenanntes Message Itinerary gelöst. Diese Art der Metamessage enthält neben der eigentlichen Message, welche an den ersten beteiligten Service geht, auch die entsprechende Routinginformationen, welcher Service als nächster aufzurufen ist. In diesen Fällen wird die transportierte Payload während der gesamten Verarbeitung ergänzt, verändert, ja sogar komplett ausgetauscht. Aber die Routinginformation bleibt erhalten. Zunächst lässt sich mit einem solchen Verfahren ein einfacher linearer Fluss beschreiben. Nutzt man jedoch die zusätzliche Eigenschaft eines MOM-Systems zum Content Based Routing, so lässt sich die Routinginformation auch durchaus durch die fachliche Veränderung der Message steuern. CORBA-Systeme können von sich aus direkt routen, bei P2P-Systemen besorgt sich der Consumer zunächst die URI des Providers, um diese anschließend zu binden und später direkt aufrufen.

6.4.2 Java Komponenten

Der ESB wie auch der Servicecontainer sollten im Prinzip plattformneutral sein. Im Rahmen einer Implementierung muss man sich jedoch für eine konkrete Plattform entscheiden. Die heute dominante Plattform in diesem Umfeld ist

---

[36] Dies ist eine etwas vereinfachte Sicht, eine detailliertere Erörterung des Themenkomplexes Ablösung und Ausbau großer Softwaresysteme findet sich in: *Masak, D.:* 2005, Legacysoftware, Springer.

Java, dabei sind für einen ESB folgende drei Java-Spezifikationen von großem Interesse:

- **Java Business Integration** – JBI[37] geht auf eine gemeinsame Initiative einiger großer Softwarehersteller zurück. Ziel dieses Standards ist es, Software in einer applikationsserverähnlichen Weise an einen ESB binden zu können; auch Software, die nicht explizit für einen Applikationsserver konzipiert wurde.[38] Das zentrale Element des JBI ist der JBI-Container. Dieser nutzt intern:
  - Serviceinstanz – Der „eigentliche" Service. Theoretisch gesehen kann es sich jedoch auch um einen eigenständigen Servicecontainer handeln.
  - **Protocol Binding Component** (PBC) – Die PBC dient zur „Übersetzung" für andere Protokolle, die von außen kommen oder nach außen gehen. Typische Protokolle sind hierbei: SOAP, HTTP, JMS. Die Aufgabe des PBC ist es, Messages aus einem speziellen Protokoll zu lesen und an das NMS weiterzugeben oder Messages vom NMS zu nehmen und diese in externe Protokolle zu verwandeln.
  - Serviceengine – Ein JBI-Container kann durchaus mehrere Serviceengines enthalten. Diese sind entweder eigenständige Applikationsserverengines oder andere proprietäre Server.
  - **Normalized Message Service** (NMS) – Der NMS stellt ein gemeinsames Providerinterface für alle Services und Serviceengines zur Verfügung, dabei wird die Payload der Message überhaupt nicht interpretiert. Der NMS stellt Mechanismen zum Transport, zur Security und für den Transaktionskontext zur Verfügung.

  Der JBI-Container ermöglicht es, Services zu betreiben und diese in einer definierten Umgebung zur Verfügung zu stellen. Die Stärke dieses Ansatzes liegt in der Verwendung multipler Serviceengines, dies ermöglicht den Einsatz diverser Softwaresysteme als Services.[39] JBI unterstützt außerdem:
  - **Java Transaction API** (JTA),
  - **Java Message Service** (JMS),
  - **Java Architecture for XML Binding** (JAXB),
  - **Java Authentication and Authorisation Service** (JAAS).

  Diese Erweiterungen des JBI ermöglichen es, dass ein JBI-Container den abstrakten Anforderungen eines Servicecontainers genügt.
- **J2EE Connector Architecture** (JCA)[40] – Hinter der JCA steht die Fragestellung: Wie kann eine Legacysoftware in eine Javawelt integriert werden? Ein JCA hat genau wie JBI als zentrales Element einen Container[41]. Die-

---

[37] auch bekannt als JSR-208.

[38] Hier folgt Java dem EJB-Gedanken zur Anbindung von Legacysystemen.

[39] Ob diese Systeme jedoch in der Lage sind, fachlich sinnvolle und geschlossene Services zur Verfügung zu stellen, sei dahingestellt.

[40] Oft auch als J2CA bezeichnet. Um die Verwirrung komplett zu machen, wird in einiger Literatur das Java Cryptography API auch als JCA bezeichnet.

[41] Sinnigerweise JCA-Container genannt.

ser JCA-Container sorgt für die Verbindung zwischen der Legacysoftware und einem eventuellen Servicecontainer auf Java-Basis. Ein solcher JCA-Container dient damit als Zwischenstück zwischen dem ESB und der „alten" Applikation. Neben der Integration von Legacysystemen dient JCA auch als Adapterwerkzeug zur Nutzung von JMS.

- **Java Management eXtensions (JMX)** – Das JMX-Protokoll dient zur Steuerung und zum Monitoring von Applikationen in einer Java-Plattform, dabei wird das zu verknüpfende Softwareobjekt mit dem JMX-Client versehen, während der JMX-Server alle entsprechenden Aktionen protokolliert oder gegebenenfalls im Client veranlasst. Auf diese Art und Weise lassen sich eine Reihe von Eigenschaften innerhalb des ESBs sicherstellen:

  - Die Messages zur Administration können auch asynchron und zeitversetzt erfolgen. Innerhalb einer großen Organisation lässt sich so die steuernde Information recht gut in den täglichen Betrieb integrieren. Hierfür sollte der ESB als Transportmedium genutzt werden.[42]

  - Da das Management des ESBs und der Services dieselben Transportmechanismen nutzt wie die „regulären" Services, existieren hier ähnliche Formen der Verlässlichkeit.

  - Genau wie die Services können für das Management der Services Sicherheits-, Protokoll- und Exceptionhandlingsmechanismen genutzt werden.

6.4.3 Entkoppelung

Der Servicecontainer ermöglicht es, eine Entkoppelung zwischen dem Service und der Laufzeitumgebung sowie zwischen den einzelnen Services zu erreichen. Für den einzelnen Service innerhalb des Containers treten dabei eine Reihe von Vereinfachungen auf. Durch den Servicecontainer und impliziten SOP wird der Service von der Verwendung konkreter Serviceprovideradressen (Endpunkte) befreit. Der Container übergibt diese Aufgabe an den ESB und fordert ihn auf, anhand eines Regelwerks den geeigneten Serviceprovider zu finden und dynamisch zu binden. Diese Fähigkeit setzt allerdings voraus, dass die Servicekomposition dynamisch geschieht (s. Abschn. 9.18). Ein explizit genutzter Provider wird immer noch direkt angesprochen. Allerdings kann ein Servicecontainer diese Technik unterbinden, in dem der Provider seine Services auch in einem Container zur Verfügung stellt und damit nur seine Interfaces nur dem ESB als Broker und sonst niemandem direkt gibt.

Die zweite Form der Entkoppelung ist die Entkoppelung von konkreten Interaktionsmustern. Der Container erlaubt es, synchrone und asynchrone, ja sogar parallel Aufrufe zu simulieren und damit den eigentlichen Service gegenüber den Komplexitäten des Interaktionsmusters zu isolieren. Die dritte Form der Entkoppelung durch den Servicecontainer ist die Neutralisierung der Messagestruktur. Die Mapping und Transformationsregeln innerhalb des

---

[42] Alternativ wäre auch SMTP denkbar.

ESBs können durch den Container genutzt werden, so dass der Service ein strukturell entkoppeltes Interface haben kann, welches die Chance auf langfristige Stabilität gibt (s. Abschn. 8.1).

6.5 Service Information Management

In der Theorie ist es ganz einfach, der Serviceentwickler baut einen Service, der Broker vertreibt ihn und der Applicationbuilder nutzt ihn. In der Praxis gestaltet sich dies jedoch etwas schwieriger. Neben den Services muss auch eine Menge an Metainformation – Informationen über die Services – bekannt sein. Außerdem ist die Zahl der Services recht hoch, größenordnungsmäßig[43] 10.000 in einer großen Organisation. Außerdem kann es durchaus sein, dass zu einem gegebenen Service mehrere Versionen existieren, welche parallel eingesetzt werden. Dies wiederum erhöht die Zahl der Services im Gesamtsystem auf ca. 20.000. Eine solche Menge ist für einen Einzelnen weder überschau- noch verwaltbar und nähert sich sehr schnell einem ULS-System (s. Kap. 10).[44] Im Gesamtsystem dürften sich Cluster von Services ausbilden, welche einen gewissen Zusammenhang besitzen oder durch eine gemeinsame Historie geprägt sind. Taxonomien innerhalb der jeweiligen Domäne führen notwendigerweise zu einer Clusterbildung auf Serviceebene. Aber auch die gemeinsame Abstammung zweier Services von einer gemeinsamen Legacysoftware kann zu einem engen Zusammenhang zwischen diesen beiden Services führen. Neben der Information über den Service muss eine Entwicklungsinfrastruktur auch die entsprechenden Testsysteme und Testdaten sowie die Prozessmodelle für die Applicationbuilder enthalten. Eine solche Menge an Informationen lässt sich langfristig gesehen nur noch werkzeuggestützt verarbeiten. Als solches Werkzeug bietet sich ein Repository an. Die schlechten Erfahrungen mit Repositories in der Vergangenheit haben aber gezeigt, dass diese nur dann sinnvoll eingesetzt werden können, wenn sie Bestandteil eines kompletten Konzepts sind und nicht als alleiniges Werkzeug agieren. Ein solches Konzept ist das **Service Information Management (SIM)**.

Ziel des SIMs ist es, einen Service fachlich, organisatorisch und technisch in den Kontext und die Abläufe der Organisation einzuordnen und seine Abhängigkeiten unfragmentiert aufzudecken. Da der Markt das Handeln einer Organisation bestimmt, sind innerhalb des SIMs die Wirkzusammenhänge von der Geschäftsstrategie über die Suborganisationen, bis hinunter zu den eigentlichen implementierten Services durch ein Metamodell zu beschreiben. Über das Modell ist es möglich, einen Service aus verschiedenen Perspektiven zu betrachten und die Ergebnisse zum einen fachlich, für die Planung

---

[43] Zahl der Applikationen ca. 500 mal 20 Services pro Applikation.

[44] Selbst wenn jeder Service eine Lebensdauer von 5 Jahren besitzt, so ändern sich im Mittel immerhin noch 2000 Services pro Jahr, oder anders formuliert 40 Services pro Woche oder 8 Services pro Tag in diesem Umfeld.

und Steuerung und zum anderen technisch, für die Entwicklung und den Betrieb, zu nutzen. Auch hier gilt es, das Optimum auszugestalten, wobei das größte Potential auf der fachlichen Seite liegt. Der Erfolg des Service Information Managements definiert sich über eine konsistente Metadatenstruktur, der entsprechenden Governance, den zur Verfügung gestellten Funktionen und einem Aktualisierungsverfahren.

Ein SIM-Metamodell ist eine abstrakte Beschreibung der Metadatenkaskade einer spezifischen Organisation. Da sich aber eine Organisation in einem ständigen Wandlungsprozess befindet, kann das Metamodell nicht statisch sein, es muss flexibel, erweiter- und anpassbar bleiben. Die Erfahrung zeigt, dass Metamodelle, wie auch Organisationen, einem Lebenszyklus unterliegen und sich je nach den äußeren Bedingungen verändern; allerdings bleiben die wesentlichen Kernkomponenten relativ stabil. Das Design eines solchen SIM-Metamodells ist einer der Erfolgsfaktoren für die Einführung der Serviceorientierung.

Ein klar strukturiertes SIM versetzt eine Organisation in die Lage, die komplexen Geschäftsarchitekturen einfacher zu beherrschen, gegebenenfalls zu verschlanken und die Wiederauffindbarkeit von Services zu ermöglichen. Die Wiederauffindbarkeit ist der Hebel für die Wiederverwendung (Softwaredarwinismus, s. S. 279) und damit einhergehende Effizienzsteigerung und Kostensenkung. Folgende Komponenten und Funktionalitäten sollte jedes SIM liefern:

- Basisfunktionalitäten – Diese bilden die technische Grundlage des SIM Gesamtsystems, hierbei ist das Hauptziel, die relevanten Metadaten an ihrer Quelle zu bestimmen.

    Offene Interfaces – Das SIM muss allgemein zugängliche, offene Interfaces bereitstellen, um über die involvierten Systeme Metainformationen austauschen zu können. Diese Interfaces sollten bidirektional fungieren, da metadatenliefernde Systeme gleichzeitig auch Metadatenkonsumenten sein können.

    - Versionierbarkeit[45] – Wichtig für die Verwaltung von Services ist die Historisierung und Versionierung, da Services einen komplexen Lebenszyklus durchlaufen.

    - Technische Inventarisierung[46] – Ein wesentlicher Baustein ist die Abbildung der Infrastruktur einer Organisation.

    - Integrationsfähigkeit – Ein SIM muss sich in den technischen und fachlichen Entwicklungsprozess einbetten lassen. Die Integration in die genutzten Entwicklungsumgebungen stellt die Konsistenz und die Aktualität der erzeugten Metadaten sicher.

---

[45] Das originäre Einsatzgebiet von klassischen Repositories.

[46] Das heutige Einsatzgebiet einer **Configuration Management Database** (CMDB).

- Business Enhancements – Die Business Enhancements beschäftigen sich mit der Abbildung von übergreifenden, fachlichen Zusammenhängen und darauf basierenden semantischen Analysen.[47]
  - Semantische Queries – Für spezielle Fragestellungen sind dynamische und semantische Abfragen notwendig. Über sie ist es möglich, anhand der Struktur des SIM Metamodells flexible Auswertungen zu definieren.
  - Horizontale und vertikale Navigation – Je nach Nutzergruppe innerhalb des SIMs sind diverse Einstiegspunkte für Impactanalysen vorzusehen, z.B. für vertikale, fachliche, verdichtete Impactanalysen oder für horizontale, technische Auswertung mit einem hohen Detaillierungsgrad.
  - Taxonomien und Ontologien – Es ist nicht ausreichend, Services allein auf Grund ihrer Syntax zu betrachten. Durch die Serviceorientierung und fachliche Ausrichtung müssen semantische Betrachtungen in den Mittelpunkt rücken. Hierfür sind Taxonomien und Ontologien unabdingbar. Es muss auch Metriken für die Ähnlichkeit von Services geben. Solche Ähnlichkeiten ermöglichen es, Interoperabilität automatisch zu entscheiden. Der Umgang mit Ontologien muss explizit von der Serviceentwicklungsumgebung unterstützt werden, so wie die Interfaces und QoS als integrierter Bestandteil der Entwicklung aufgefasst werden, so müssen es auch die Ontologien.
  - Simulation – Das SIM enthält alle notwendigen Metainformationen, um eine Simulation ad hoc vorzunehmen. Über solche Simulationen werden Konflikte und Abhängigkeiten aufgezeigt. Die Simulationsergebnisse sind die Basis für ein kontrolliertes Change Management und andere Formen der explorativen Softwareentwicklung.

Die heute propagierten Repositories sind in aller Regel Abkömmlinge der früheren Sourcecoderepositories und behandeln daher nur einen sehr kleinen Teil des Service Information Managements, meist den Implementierungsaspekt. Für ein echtes Werkzeug zur Serviceorientierung ist aber der permanente fachlich semantische und prozessorientierte Kontext unabdingbar.

---

[47] Im Gegensatz zu den klassischen Ansätzen verbirgt sich hier das größte Potential.

7

Geschäftsprozess

I think not of them.
Yet, when we can entreat an hour to serve,
We would spend it in some words upon that business,
If you would grant the time.

Macbeth
William Shakespeare
1564 – 1616

Modelle existieren in der Geschäftswelt, um Vorhersagen zu treffen. Ein Modell in diesem Sinne gilt als erfolgreich, wenn es vorhersagbar ist und Vorhersagen macht. Eines der Mittel des Modells ist die Komplexitätsreduktion und die Wegnahme an Angst vor der Zukunft bei den Beteiligten, beides kann erreicht werden, wenn die Zukunft vorhersagbar wird. Ironischerweise wird das Versagen der Vorhersage eines Modells in aller Regel nicht dem Modell angelastet (es beschreibt ja offensichtlich nicht die Realität), sondern behauptet, dass das Modell schlecht umgesetzt wurde.[1] Fast alle heutigen Modellierungsversuche für die Geschäftswelt treffen eine Reihe von stillschweigenden Annahmen:

- Kontinuitätsprinzip – Die Welt ist stabil genug, so dass Veränderungen vorhersehbar sind.[2]
- Primat der Dokumentation – Das Modell dient zur Beschreibung und nicht zur Vorhersage.[3]
- Isoliertheit – Die Grenzen der Organisation oder des Prozesses sind klar definiert.[4]

---

[1] Werden Bürokraten und Politiker mit dem schlechten Ergebnis ihrer vorherigen Aktionen konfrontiert, so sehen sie das schlechte Ergebnis als eine zusätzlich Legitimation an, weitere „rationale" Eingriffe vorzunehmen.

[2] Eine solche Annahme ist in vielen Sektoren der Wirtschaft schon lange nicht mehr gegeben.

[3] Welchen Sinn hat es, ein Modell zu entwickeln, welches nicht genutzt wird? Diese Vorgehensweise ist leider sehr oft zu beobachten.

[4] Heutige Netzwerk- oder Matrixorganisationen, ganz zu schweigen von virtuellen Enterprises, haben keine klar definierten und zeitlich stabilen Grenzen mehr.

- Identität – Die Identität der Organisation ist vorgegeben und muss nicht diskutiert werden.[5]
- Primat des Ziels – Das Ergebnis ist wichtiger als der Prozess.[6]

Diese stillschweigenden Annahmen suggerieren eine Stabilität und Separation des Modellierers von der Realität, in der er modelliert, mit der Folge, dass heute wenige Modelle tatsächlich die Realität abbilden oder Vorhersagekraft besitzen. Diese Beobachtung sollte man stets vor Augen haben, wenn es darum geht, Geschäftsprozessmodelle oder -architekturen zu betrachten.

7.1 Geschäftsprozess

Unter Geschäftsprozessen werden die betrieblichen Prozesse, die zur Erstellung der jeweiligen Organisationsleistung[7] beitragen, verstanden.[8] Im Kontext der Softwareentwicklung wird in der Regel unter einem Geschäftsprozess die inhaltlich abgeschlossene, zeitlich-sachlogische Abfolge von Funktionen verstanden, die zur Bearbeitung eines für die Leistungserbringung der Organisation relevanten Objekts erforderlich ist. Aus systemtheoretischer Sicht sind Geschäftsprozesse Abfolgen bestimmter diskreter Zustandsänderungen des betrachteten Systems Organisation. Die Aufgabe eines Prozesses ist es nicht, einfach Funktionen aufzurufen, sondern es müssen sich auch Zustände im System ändern, denn ohne eine Zustandsänderung geschieht keinerlei Veränderung des Gesamtsystems. In produzierenden Branchen ist die Erhöhung der Anzahl der erstellten Produkte und die Verringerung der Ressourcen die einfachste Form der Zustandsänderung. Da sich Services meist der Forderung nach Zustandslosigkeit gegenüber sehen, stellt sich hier die Frage: Wie können zustandslose Services Zustände im Gesamtsystem verändern? In manchen Fällen ist dies einleuchtend, so kann ein Service *increment* eine übergebene Zahl um 1 erhöhen und damit den Zustand im Gesamtsystem verändern ohne selbst zustandsbehaftet zu sein. In der Praxis können Services nicht beliebig häufig aufgerufen werden, oder es muss die Eindeutigkeit von Werten sichergestellt werden. Bei allen diesen realen Forderungen wird es auf Dauer nicht praktikabel sein, auf Zustandslosigkeit zu beharren. Ein anderes Problem der Zustandslosigkeit ist die Beobachtung, dass in den meisten Fällen eine sehr enge Verknüpfung zwischen dem Verhalten und dem Zustand eines Systems existiert und diese beiden so miteinander verwoben sind, dass sie nur schwer trennbar modelliert werden können.

---

[5] Wer nicht über die Sinnhaftigkeit einer Organisation reflektieren kann, kann auch dessen Zukunft nicht beeinflussen.

[6] Diese implizite Annahme ist besonders in ethischer Hinsicht sehr problematisch.

[7] Schließlich hat jede Organisation ein Ziel und erbringt eine Leistung.

[8] Alternativ dazu kann man auch einen Geschäftsprozess als eine Folge von Aktivitäten, welche in einem logischen Zusammenhang stehen, definieren.

Jeder existierende Geschäftsprozess hat einen Sinn, erzeugt einen Wert und besitzt stets einen Fokus.[9] Außerdem enthält er eine große Menge an Wissen über das Fachgebiet und die jeweilige Organisation, da die Geschäftsprozesse innerhalb der Organisation existieren und einen fachlichen Auftrag sowie einen organisatorischen und fachspezifischen Kontext haben. Allen Geschäftsprozessen ist eine Reihe von Charakteristika gemeinsam:

- Ein Geschäftsprozess besteht aus einer Reihe von Aktivitäten.[10]
- Es existiert ein Maß für den Erfolg eines Geschäftsprozesses.[11]
- Jeder Geschäftsprozess enthält Steuer- und Kontrollmechanismen.
- Ein Geschäftsprozess kann formal beschrieben werden.[12]
- Jeder Geschäftsprozess besitzt eine Anzahl von sozialen und physischen Randbedingungen.
- Jeder Geschäftsprozess existiert nur in einem definierten Kontext.
- Jeder Geschäftsprozess hat einen eindeutigen In- und Output und hat im Rahmen einer Organisation oder zwischen zwei Organisationen einen sinnvollen Zweck.
- Ein Geschäftsprozess hat einen zeitlichen Anfang und ein zeitliches Ende.

Eine Aktivität[13] ist ein diskreter Schritt innerhalb eines Prozesses, welcher entweder durch einen Menschen oder einen Service durchgeführt wird. Die Aktivitäten können noch in tiefer liegende Aufgaben oder Teilaktivitäten zerfallen. Wichtig ist jedoch, dass der Geschäftsprozess von der Umwelt initiiert wird und auch in der Umwelt eine Veränderung erzeugt. Oder anders formuliert: Der Geschäftsprozess geht stets vom Kunden aus und endet auch wieder beim Kunden.

Das Geschäftsprozessmodell gibt ein Rahmenwerk für mögliche Geschäftsprozesse vor. Charakteristisch für alle Geschäftsprozessmodelle sind eine Reihe von Annahmen und Eigenschaften:

- Isolation der Aktivität – Die einzelnen Aktivitäten werden als atomar angenommen. Dies geschieht oft nicht durch eine explizite Annahme, aber auf Grund der Tatsache, dass ein Kontexttransfer zwischen den Prozessen in den meisten Modellen zu Beginn oder zum Ende eines Prozesses vorgenommen werden kann, wird implizit eine Isolation vorausgesetzt.

---

[9] Organisationen, die sich in einer Krise befinden, verlieren oft diesen Fokus. Dieser Fokusverlust kann das Resultat eines Diversifizierungs- oder Änderungsversuchs sein. Der Fokusverlust kann auch in einer Sinnentleerung des Prozesses resultieren.

[10] Erfahrungsgemäß besitzt eine Organisation auf abstrakter Modellebene in etwa 150–300 Aktivitäten.

[11] Ob dieses Maß auch angewandt wird, ist oft zweifelhaft. Zum Teil scheut man sich Geschäftsprozesse zu quantifizieren, da dies manchem Prozess die Legitimation entziehen könnte.

[12] Diese formale Beschreibung ist ein Modell des Prozesses. Der konkret ausgeführte Prozess ist seinerseits eine Instanz des abstrakten Modells.

[13] Die Aktivitäten werden oft auch als Geschäftsprozessschritte bezeichnet.

- grobe Granularität – Die Granularität der Aktivitäten ist meistens sehr grob und wird üblicherweise nach den funktionalen Einheiten der Organisation[14] modelliert. Bei organisationsübergreifenden Modellen subsumieren manche Aktivitäten oft komplette Organisationen.
- feste Granularität – Wird die Granularität einmal im Modell festgelegt, so kann man sie nachträglich meist nicht mehr verändern.
- Unidirektionalität – Der Informationsfluss geschieht immer nur in einer Richtung, welche immer identisch zur temporalen Orientierung ist.[15]
- Transaktionsorientierung – Die meisten Geschäftsprozessmodelle machen den Versuch, die einzelnen Prozesse bzw. Aktivitäten in Form von Transaktionen darzustellen. Dies geht einher mit der Isolation, schließlich resultieren die ACID-Eigenschaften der Transaktionen in einer Isolation (s. Abschn. 7.3).

Alle Aktivitäten innerhalb eines Geschäftsprozessmodells müssen sich auch formal beschreiben lassen. Hierbei empfiehlt es sich Aktivitäten $\mathcal{A}^{(n)}$ zu betrachten. In diesem Fall können die Aktivitäten als ein diskreter Übergang von Zustandsvariablen modelliert werden, in der Form, dass gilt:

$$|\psi\rangle(t > t_0) = \mathcal{A}^{(n)}|\psi\rangle(t_0)$$

$$\begin{pmatrix} |\phi_1'\rangle \\ \cdots \\ |\phi_k'\rangle \\ \cdots \\ |\phi_N'\rangle \end{pmatrix} = \mathcal{A}^{(n)} \begin{pmatrix} |\phi_1\rangle \\ \cdots \\ |\phi_k\rangle \\ \cdots \\ |\phi_N\rangle \end{pmatrix} \tag{7.1}$$

Für den Fall, dass sich die Zustandsvariablen ϕ_k nicht ändern, können sie aus der Beschreibung eliminiert werden. Insofern lässt sich jede Aktivität $\mathcal{A}^{(n)}$ durch ihre Wirkung auf die Zustandsvariablen eindeutig charakterisieren.

Ein sogenannter Kontexttransfer zwischen den Aktivitäten $A_{ij}^{(1)}$ und $A_{kl}^{(2)}$ liegt dann vor, wenn die Zustandsvariable nicht in der Lage ist, einen Übergang von einem Zustand in den anderen zu machen $|\phi\rangle \rightarrow |\phi'\rangle$, ohne dass nicht vorher die andere Aktivität vollzogen wurde. Mit Hilfe dieses Formalismus lassen sich einfache Integrationsformen innerhalb von Geschäftsprozessmodellen beschreiben:

- unabhängige Aktivitäten – Zwei Aktivitäten sind voneinander unabhängig, wenn es keinen Kontexttransfer zwischen ihnen gibt: $\langle\phi_k'|\phi_n\rangle = 0$.
- integrierte Aktivitäten – Zwei Aktivitäten sind integriert, wenn es zwischen diesen beiden höchstens einen Kontexttransfer gibt, mit der Maßgabe, dass die zweite Aktivität erst nach der ersten starten kann: $\langle\phi_k'|\phi_n\rangle \neq 0$.

---

[14] Ein Überbleibsel aus der Zeit, als man hierarchische Organisationen für die „Krone der Schöpfung" hielt.

[15] Diese Annahme ist problematisch, da der Kontrollfluss eines Prozesses (über alle Prozessinstanzen hinweg gesehen) in der Regel entgegen des Arbeitsflusses läuft.

- verschachtelte Aktivitäten – Zwei Aktivitäten sind verschachtelt, wenn es mehr als einen Kontexttransfer zwischen den beiden gibt:
$$\langle \phi_k'' | \phi_n \rangle = \sum_l \langle \phi_k'' | \phi_l' \rangle \langle \phi_l' | \phi_n \rangle .$$

Eine weiterer Vorteil dieser Form der Beschreibung ist, dass es möglich ist, den Unterschied (mathematisch gesehen den Abstand) zwischen zwei Aktivitäten zu messen. Hierzu wird die Differenz der beiden Aktivitäten genutzt:

$$\Delta_{AB} = \mathcal{A} - \mathcal{B} \tag{7.2}$$

Der Unterschied zwischen den beiden Aktivitäten $\mathcal{A}$ und $\mathcal{B}$ bestimmt sich dann aus der Spur über die Differenz:

$$\delta(\mathcal{A}, \mathcal{B}) = \mathrm{Tr}\left(\Delta_{AB}\Delta_{AB}^T\right) \tag{7.3}$$

Innerhalb eines solchen Modells können die Geschäftsprozesse als Graphen $\mathcal{G}(\mathcal{A}_1, \ldots, \mathcal{A}_n)$ repräsentiert werden, bei denen die Knoten die Aktivitäten und die Kanten die Abfolgen der Aktivitäten darstellen. Diese Darstellungsform als Graphen ermöglicht es, bekannte Softwaremetriken wie Halstead, McCabe oder topologische Entropie auf die Graphen anzuwenden und so ein Maß für die Komplexität eines Geschäftsprozesses zu erhalten.

Beim Einsatz von Services kann man sich die einfache Überlegung zunutze machen, dass komponierte Services meist flexibler auf Änderungen und damit auch auf diverse Implementierungsformen von Geschäftsprozessen reagieren. Insofern ist es sinnvoll stets komponierte Services einzusetzen. Wenn allerdings die Zahl der beteiligten Services zu groß wird, überwiegt die Steuerungskomplexität den Flexibilitätsnutzen (s. Kap. 11).

Die normale Durchführung eines Geschäftsprozesses ist oft einfach, da sie meist als eine simple lineare Abfolge der im Geschäftsprozess enthaltenen Aktivitäten verstanden werden kann, aber die Ausnahmebehandlung ist schwierig zu modellieren und genauso schwierig umzusetzen, daher wird diese meist überhaupt nicht modelliert, aber trotzdem in der konkreten Geschäftsprozessinstanz implementiert.[16] Lineare Abfolgen haben den Vorteil, dass Zustandsübergänge dann einfach faktorisieren, da die Aktivitäten streng sequentiell durchgeführt werden:

$$\langle \phi_k' | \phi_l \rangle = \delta_l^k$$

Die wirklich „interessanten" und wichtigen Geschäftsprozesse sind in vielen Fällen lang andauernde Geschäftsprozesse, welche sich nicht auf eine einfache Kette von atomaren Transaktionen reduzieren lassen. Auf Grund

---

[16] Innerhalb von Software beschäftigen sich in einem „industrial strength" Code 40–70% aller Codezeilen mit Ausnahmebehandlung. Nur so kann eine Software noch einigermaßen stabil reagieren. Innerhalb von Geschäftsprozessen dürfte ein ähnliches Verhältnis vorliegen, daher ist die Nichtmodellierung der Ausnahmen sehr problematisch. Einzig die Flexibilität und der Erfindungsreichtum der beteiligten Menschen erlauben es, solche Prozesse weiter stabil zu betreiben.

dieser Nichtatomizität können die Wechselwirkungen zwischen verschiedenen Geschäftsprozesstypen und sogar den verschiedenen Geschäftsprozessinstanzen sehr komplex werden. So kann ein Geschäftsprozess durchaus das Zwischenergebnis eines anderen Geschäftsprozesses für ungültig erklären und so eine Ausnahmebehandlung erzwingen. Die Ausnahmen und die Rücknahme von Zwischenergebnissen sind die Hauptquellen für Probleme im Umgang mit Geschäftsprozessen. Zwar stellen sich die meisten Aktivitäten als Blockmatrizen dar, trotzdem sind die Blöcke sehr groß und es gibt fast immer mehr als einen Kontexttransfer. Diese zunächst fachlich motivierten Ausnahmen werden noch durch ein breites Spektrum an technisch bedingten Ausnahmeerscheinungen durch die benutzte Softwarefunktionalität ergänzt. So muss im Fall einer vorhandenen Datenbank deren Transaktionsmodell berücksichtigt werden. Im Fall einer SOA ist es einfacher, da diese schon einen Teil der technischen Komplikationen kapselt.

7.2 Geschäftsprozessmanagement

Das Geschäftsprozessmanagement (**B**usiness **P**rocess **M**anagement, BPM) beschäftigt sich mit der Schaffung, Veränderung und Steuerung von Geschäftsprozessen. Eines der fundamentalen Probleme des Geschäftsprozessmanagements ist, den aktuellen Prozess zu identifizieren, der für die Organisation oder die aktuelle Betrachtung wichtig ist. In den Organisationen sind schon viele Teilprozesse weitestgehend optimiert und können kaum noch effizienter gestaltet werden.[17] Eigentlich sollte auf den Kernprozess der Organisation fokussiert werden, damit eine maximale Verbesserung überhaupt erzielt werden kann, allerdings sind solche Kernprozesse in aller Regel sehr komplex und sehr stark durch manuelle Tätigkeiten bestimmt. Außerdem sind Kernprozesse fast immer sehr dynamisch. Diese Kernprozesse haben sehr wenig mit Technologie zu tun, sondern viel mehr mit Organisation! Insofern sollten alle Versprechen auf Agilität und Effizienz, welche auf Grund von Architekturen oder Werkzeugen gemacht wurden, mit großer Vorsicht betrachtet werden.[18] Selbst wenn man in der Lage wäre, eine technisch sehr agile Plattform zu implementieren, stellt sich die Frage: Warum sollte man sie in der Praxis überhaupt einsetzen? Schließlich definieren und identifizieren die Kernprozesse einer Organisation geradezu dieselbe und schaffen auch ihre Identität (s. Kap. 12).

Der Grund für BPM ist, dass man unterschiedliche aber ähnliche operative Prozesse in einer einzigen Umgebung zusammenbringen möchte, um daraus Effizienzen zu gewinnen. Eine Konsequenz daraus ist die heute stark vorherrschende Sicht auf datenzentrische Systeme und geschlossene EAI-Systeme. Die meisten „neueren" Applikationen in großen Organisationen haben sich auf die „harte Verdrahtung" von Transaktionen und Subprozessen konzentriert, mit

---

[17] Obwohl Werkzeughersteller dazu tendieren, das Gegenteil zu behaupten.
[18] Ein ähnliches Argument gilt für die „Best Practices".

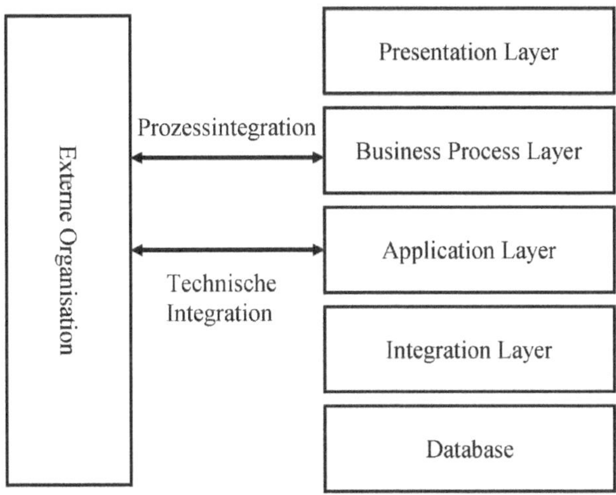

Abb. 7.1: Das Integrationsmodell für interorganisatorische Geschäftsprozesse

der Folge, dass Orchestration oder Choreographie sehr schwer geworden ist. Der Weg von einer herkömmlichen Architektur zu einer servicebasierten ist schwer, da hier sehr viel stärker von konkreter Technologie abstrahiert werden muss und ein grobgranulareres System entsteht. Ein solches grobgranulares System führt zu den Kompositionsapplikationen.

Im Allgemeinen ist es recht schwer zu bestimmen, ob eine bestimmte Implementierung eines Geschäftsprozesses angemessen ist, trotzdem sollte man versuchen, dies zu bewerten. Je einfacher und einsichtiger eine Implementierung ist, desto besser. Auf der anderen Seite gilt aber auch, dass je agiler, desto besser. Agilität kommt oft einher mit einem hohen Maß an feiner Granularität, welche eine erhöhte Komplexität zur Folge hat. Umgekehrt führen grobgranulare Services zu geringerer Agilität.

7.3 Transaktionen

Eine Transaktion[19] ist allgemein betrachtet eine Folge von Operationen, die zu einer logischen Einheit zusammengefasst werden und die als logische Einheit über die sogenannten ACID-Eigenschaften verfügen:

- **A**tomicy – Eine Transaktion ist eine Folge von Verarbeitungsschritten, die nur gemeinsam oder gar nicht durchgeführt werden dürfen. Die Ausführung einer Transaktion soll aus Sicht des Benutzers ununterbrechbar verlaufen. Wird die Bearbeitung aus irgendeinem Grund vor dem Erreichen des

---

[19] Für eine mathematische Definition der Transaktion im Sinne des π-Kalküls s. Abschn. B.6.

Transaktionsendes abgebrochen, so muss der Bearbeitungsstand auf den Zustand vor Beginn der Transaktion zurückgesetzt werden (Rollback).

- Consistency – Transaktionen gehen von einem konsistenten Zustand aus und müssen ihrerseits einen konsistenten Zustand erzeugen. Zu beachten ist, dass die Konsistenz im Allgemeinen nur vor und nach der Ausführung einer Transaktion gewährleistet wird. Innerhalb der logischen Einheit einer Transaktion dagegen können temporäre Konsistenzverletzungen eintreten.

- Isolation – Transaktionen sind isoliert, wenn sie serialisierbar[20] sind und damit keine unerwünschten Nebenwirkungen zwischen den Aktivitäten eintreten. Die isolierte Ausführung einer Transaktion ist äquivalent zu einer serialisierten Ausführung von Aktionen und hinterlässt demzufolge einen konsistenten Zustand.

- Durability – Nach Erreichen des Transaktionsendes werden die Daten durch Commit permanent gespeichert. Durch ein solches Commit werden die Veränderungen des Gesamtsystems für alle sichtbar. Transaktionale Änderungen an Datenbeständen dürfen jedoch erst dauerhaft gespeichert werden, wenn die Transaktion vollständig durchlaufen ist. Dann allerdings sollen Änderungen dieser Transaktion auch alle künftigen Fehler überstehen, insbesondere auch Systemabstürze oder Speicherausfälle.

Die Anwendung von traditionellen Transaktionsmodellen wie zum Beispiel des 2-Phase-Commit-Protokolls auf Prozesse gestaltet sich allerdings problematisch, da Fehler bei der Ausführung von Aufgaben eventuell erst lange nach Abschluss der Transaktion bekannt werden. Im Fall von mobilen Systemen kommt hinzu, dass keine zentrale Koordinationsinstanz zur Durchführung der Transaktion existiert oder dass die Koordinatoren während der Ausführung einer Transaktion durchaus wechseln können. Folglich muss der Initiator einer Transaktion diese nicht zwingend auch koordinieren und die Kontrolle muss nach Abschluss der Transaktion nicht immer an den Initiator zurückgegeben werden. Aus diesen Gründen kommt es zu Abhängigkeiten zwischen dem Kontrollfluss des Prozesses und der Ausführung der Transaktion.

Auch typische Sperrmechanismen wie Locking können nur begrenzt angewendet werden, da es sich bei Aktivitäten innerhalb eines komplexen Prozesses mit einem Großteil an Benutzerinteraktion meistens um zeitlich länger andauernde Aufgaben handelt und bearbeitete Daten eventuell freigegeben werden müssen, bevor die Transaktion abgeschlossen wurde. Transaktionen müssen zudem in der Lage sein, Unterbrechungen durch Fehler oder durch beabsichtigte zeitliche Verschiebung einer bestimmten Aufgabe zu überstehen. Diese Anforderungen erfordern neue Transaktionsmodelle, welche die ACID-Eigenschaften teilweise lockern können und daher besser zur Anwendung für

---

[20] Serialisierbar sind Aktionen, wenn sie in eine Reihenfolge gebracht werden können. Die Forderung nach Serialisierbarkeit reduziert die Aktivitäten innerhalb eines Geschäftsprozesses auf sequentielle Aktivitäten. In diesen Fällen sind dann nur noch Kollisionen zwischen unterschiedlichen Instanzen der Aktivitäten von Bedeutung.

Geschäftsprozesse geeignet sind. Transaktionen mit diesen Eigenschaften und erweiterten Möglichkeiten zur Fehlerbehandlung werden als *Long Running Transactions* bezeichnen. Für Prozesse existieren hier drei Konzepte:

- *Atomic Sphere* – Eine *Atomic Sphere* stellt eine Menge von Aktivitäten dar, welche nur gemeinsam oder überhaupt nicht ausgeführt werden dürfen. Hierbei ist jede beteiligte Aktivität selbst eine Transaktion. Ziel ist die Wiederverwendbarkeit von Einzeltransaktionen in einer globalen Transaktion. Der Kontrollfluss der Aktivitäten innerhalb einer *Atomic Sphere* darf daher keine Aktivitäten beinhalten, die nicht Teil der *Atomic Sphere* selbst sind. Zudem müssen alle Kontrollflüsse, die in die *Atomic Sphere* hineinführen, die gleiche Aktivität zum Ursprung haben. Die Transaktion wird gestartet, sobald der Kontrollfluss die *Atomic Sphere* erreicht. Verlässt der Kontrollfluss die *Atomic Sphere* wieder, so wird abgewartet, bis alle darin enthaltenen Aktivitäten erfolgreich durchgeführt worden sind, um die Transaktion abzuschließen. Muss eine Aktivität innerhalb der *Atomic Sphere* zurückgesetzt werden, so müssen auch alle zuvor bearbeiteten Aktivitäten der *Atomic Sphere* auf ihren ursprünglichen Zustand zurückgesetzt werden. Da atomare Transaktionen Sperrmechanismen für die verwendeten Ressourcen verwenden, können *Atomic Sphere*s nur für kurz andauernde Aktivitäten oder Aktivitäten mit geringen Abhängigkeiten untereinander angewendet werden.

- *Compensation Sphere*[21] – Eine *Compensation Sphere* richtet sich an Transaktionen, die bereits abgeschlossen wurden und deren Ursprungszustand nicht ohne weiteres wiederhergestellt werden kann. Insbesondere, wenn Fehler erst sehr viel später festgestellt werden, sind Daten häufig nicht mehr verfügbar oder sie wurden inzwischen verändert und nicht mehr rekonstruierbar. Daher muss die fehlerhafte Ausführung durch Kompensation der durchgeführten Aktivitäten semantisch korrigiert werden.[22] Die *Compensation Spheres* enthalten dazu eine Menge von Aktivitäten, die gemeinsam ausgeführt werden sollen, können aber im Gegensatz zu *Atomic Spheres* auch Aufgaben innerhalb des Kontrollflusses beinhalten, die nicht transaktionsfähig sind. Zu jeder Aktivität innerhalb einer *Compensation Sphere* gibt es für die Kompensation eine Aktion, die diese Aktivität semantisch rückgängig machen kann. Diese Kompensation kann entweder eine einzelne Aktivität oder ein komplexer Prozess sein. Wird eine Aktivität innerhalb der *Compensation Sphere* nicht erfolgreich durchgeführt oder tritt ein Fehler auf, so werden alle anderen bereits ausgeführten Aktivitäten dieser *Compensation Sphere* durch Aufruf ihrer jeweiligen Kompensationsaktivität rückgängig gemacht. Die passenden Kompensationsfunktionen müssen dazu in der Prozessbeschreibung deklariert werden. Das Konzept der Kompensation von Aktivitäten einer fehlgeschlagenen Transaktion eignet sich auch zur Unterstützung von *Long Running Tran-*

---

[21] Für eine mathematische Definition, s. Anhang B.6.
[22] Dies ist nicht immer vollständig möglich.

sactions, da kaum Sperrmechanismen verwendet werden können. Es gibt jedoch viele Aktivitäten, deren Ausführung in der Realität nicht ohne weiteres rückgängig zu machen ist.[23] In solchen Fällen können zusätzliche Benutzerinteraktionen notwendig sein. Es kann bei manuellen Aktivitäten vorkommen, dass geleistete Arbeit überhaupt nicht rückgängig zu machen ist, wie bei der Ausführung einer Dienstleistung.[24] Derartige Aktivitäten können in diesem Fall nicht Teil einer zu kompensierenden Transaktion sein. Ein möglicher Weg ist es, die Kompensationskosten als Element der QoS zu integrieren und es damit als Attribut einer möglichen Serviceselektion zur Verfügung zu stellen.

- *Open Nested Transactions* – Die *Open Nested Transactions* relativieren die ACID-Forderung nach Isolation, indem Untermengen einer Transaktion auf verschiedenen Ebenen geschachtelt werden. So setzt sich eine *Open Nested Transaction* aus weiteren Transaktionen zusammen, die entweder atomar sein können oder wiederum eingebettete Transaktionen enthalten können. Änderungen an abgeschlossenen Aktivitäten werden sofort gespeichert und die erforderlichen Ressourcen schnellstmöglichst wieder freigegeben. *Open Nested Transactions* eignen sich daher für Transaktionen, die nicht in einem vertretbaren Zeitraum abgeschlossen werden können. Da konsistente Zwischenzustände der Transaktion gespeichert werden, sind Ausfälle nicht so problematisch. Diese Art von Sicherung wird als *Savepoint* bezeichnet. Kommt es innerhalb einer *Open Nested Transaction* zu einem Fehler, so müssen Recovery-Maßnahmen eingeleitet werden, um sowohl die bereits abgeschlossenen eingebetteten Transaktionen zu kompensieren, als auch ein Rollback auf der noch nicht abgeschlossenen Elterntransaktion durchzuführen. Dazu werden zunächst die noch offenen Teiltransaktionen zurückgesetzt und danach die bereits abgeschlossenen Aktivitäten in umgekehrter Ausführungsreihenfolge kompensiert.

Da auf Ausnahmesituationen reagiert werden muss, sind Konstrukte zum Exceptionhandling unerlässlich. Fehler und Ausnahmen treten immer dann auf, wenn sich Situationen ereignen, die Abweichungen vom geplanten zum tatsächlichen Geschehenen darstellen oder die nicht in der Prozessbeschreibung modelliert sind. Werden Aktivitäten nicht oder nur mangelhaft abgearbeitet oder ihre Nebenbedingungen nicht erfüllt, so werden Mechanismen zur Entdeckung der fehlerhaften Ausführung benötigt. Hierzu zählen unter anderem auch die Definition von Deadlines und Timeouts für die Bearbeitung einer speziellen Aufgabe oder für die Durchführung eines gesamten Prozesses. Liegt innerhalb der vorgegebenen Zeit kein Ergebnis der Aktivität oder des Prozesses vor, so kann der Vorgang als gescheitert gekennzeichnet werden und es können weitere fehlerbehandelnde Maßnahmen getroffen werden. Eine einfache Art der Ausnahmebehandlung stellt die Wiederholung gescheiterter Aktivitäten dar. Damit unerfüllbare Aufgaben erkannt werden, muss die Anzahl

---

[23] Oder Strafen wie Stornogebühren im Umkehrfall nach sich ziehen.
[24] Ein Haarschnitt lässt sich oft nicht mehr umkehren.

der möglichen Wiederholungen beschränkt werden, ansonsten wird das System versuchen, die Aktivität unendlich oft zu wiederholen. Stehen die Aktivitäten nicht in direktem Zusammenhang mit anderen nachfolgenden Aufgaben, so besteht außerdem die Möglichkeit, gescheiterte Aktivitäten abzubrechen oder zu überspringen, um zumindest die Ausführbarkeit des Restprozesses zu sichern.

Formal gesehen ist eine Kompensation eine Transaktion, die nach einer vorhergehenden Transaktion ausgeführt werden kann (s. Anhang B.6). Insofern bezieht sich eine Kompensation immer auf eine vorhergehende Transaktion. Im Gegensatz zu einem Rollback, der eine Transaktion vollständig aufhebt, macht die Kompensation die Veränderung nur bezüglich eines Kontextes rückgängig.

7.4 Softwareunterstützung

Es ist wichtig, die Überdeckung sowie den Grad und die Effizienz der Softwareunterstützung für die Geschäftsprozesse zu messen.[25] Dabei wird versucht zu bestimmen, wie gut welcher Geschäftsprozess unterstützt wird. Damit dies quantifizierbar ist, wird zunächst die gesamte Applikationslandschaft in Services zerlegt (s. Abb. 7.2). Auch wenn eine bestehende Applikationslandschaft in den meisten Fällen keinen Servicecharakter hat, macht es diese Form der Modellierung einfacher, entsprechende Metriken zu benutzen.

Die Menge aller Geschäftsprozesse $\mathcal{M}_{GP}$ besteht aus einer Reihe von einzelnen Geschäftsprozessen und diese wiederum aus einer Menge von Aktivitäten ξ_i. Wünschenswert wäre an dieser Stelle schon ein hoher Grad an Wiederverwendung, d.h., die einzelne Aktivität ξ_i wird in diversen Geschäftsprozessen genutzt. Der einzelne Geschäftsprozess $\Upsilon_j \in \mathcal{M}_{GP}$ besteht aus einer Menge von Aktivitäten:

$$\Upsilon_j = \sum_i \Omega_j^i \xi_i, \tag{7.4}$$

wobei die Matrix Ω die Häufigkeit der einzelnen Aktivitäten aufzeigt. Für die einzelnen Aktivitäten kann es eine oder mehrere Implementierungen in Form von Services geben.

$$\xi_i \mapsto \mathcal{M}_R^{IT} \subseteq \mathcal{M}_{GP}.$$

Daher ist mit jedem einzelnen Schritt ein ganzer Baum (s. Abb. 7.2) von Services verknüpft. In dem Sonderfall, dass eine Aktivität kein Implementierungsäquivalent besitzt, hat der entstehende Baum nur eine Wurzel. Diese speziellen Aktivitäten werden mit ξ^0 gekennzeichnet. Den anderen ξ^1 kann eine Reihe von „Blattservices" zugeordnet werden mit

$$\xi_i^1 \mapsto \sum_{Blatt,j} T_i^j \phi_j. \tag{7.5}$$

---

[25] Dies wird auch als architektonisches oder strukturelles Alignment bezeichnet.

Dieses Modell setzt voraus, dass jeder Service letztlich aus Basisservices aufgebaut ist und diese Basisservices sich nicht rekursiv verhalten.

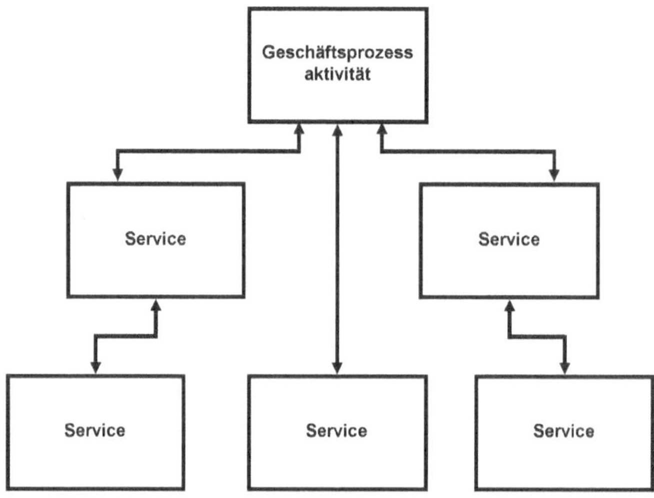

Abb. 7.2: Aufruf eines Services aus Sicht der einzelnen Geschäftsprozessaktivität

Hieraus ergibt sich eine Reihe von messbaren Größen, da der Grad der Softwareunterstützung an Hand dieses Modells direkt sichtbar wird. Die Gesamtzahl an Aktivitäten ergibt sich aus Gl. 7.4 zu.

$$N_{gesamt} = \sum_{ij} \Omega_j^i \delta_i^j \qquad (7.6)$$

Eine Maßzahl für die Softwareunterstützung der Geschäftsprozessarchitektur ist der Grad an Nichtüberdeckung i_{NC} und an Überdeckung (Coverage) i_C:

$$i_{NC} = \frac{1}{N_{gesamt}} \sum_{j,i \in \xi^0} \Omega_j^i \delta_i^j, \qquad (7.7)$$

bzw.

$$i_C = \frac{1}{N_{gesamt}} \sum_{j,i \notin \xi^0} \Omega_j^i \delta_i^j$$
$$= 1 - i_{NC}. \qquad (7.8)$$

Die Zahl der softwareunterstützten Aktivitäten ergibt sich nach Gl. 7.6 und Gl. 7.8 zu

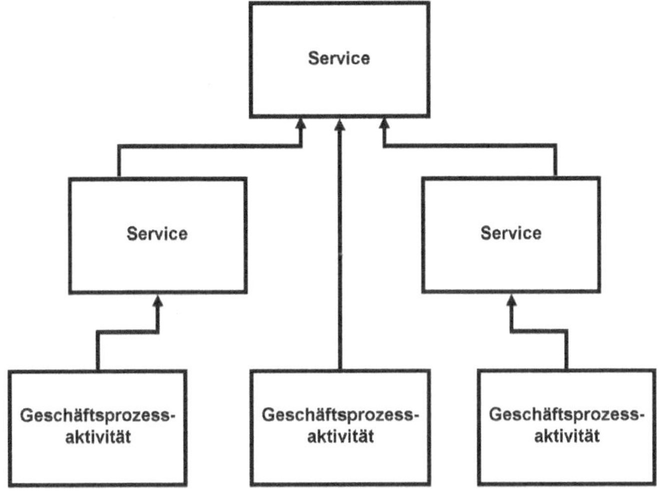

Abb. 7.3: Der Nutzungsbaum eines Services

$$N_C = (1 - i_{NC}) N_{gesamt} \tag{7.9}$$
$$= i_C N_{gesamt}.$$

Eine Organisation wird stets danach streben, als Ziel einen Zustand mit $i_{NC} \approx 0$ und $i_C \approx 1$ zu erreichen. Allerdings sollte berücksichtigt werden, dass es sich oft überhaupt nicht lohnt, selten durchgeführte und wenig fehleranfällige Aktivitäten tatsächlich als Software zu implementieren, da der ökonomische Nutzen in keiner Relation zur Investitionsleistung steht. Neben der Häufigkeit kann auch die Vielfältigkeit eines Prozesses eine Rolle spielen: Je vielfältiger und damit nicht standardisierbarer ein Prozess ist, desto weniger macht es Sinn, diesen in Form von Software zu implementieren.

Die hier aufgezeigte Betrachtungsweise lässt sich auch auf ein eventuelles Outsourcing von Aktivitäten anwenden, da es für die Organisation nur einen geringen Unterschied macht, ob die jeweilige Aktivität durch einen externen Provider oder durch einen eigenen Service abgearbeitet wird.

Aus dem Blickwinkel der direkt softwaregestützten Aktivitäten ξ^1 lässt sich nun die Granularitätsmetrik bestimmen. Sie gibt an, wie „fein" die Schritte unterstützt werden:

$$\rho = \frac{1}{N_C} N_{Blattservice}, \tag{7.10}$$

wobei sich die Zahl der Services $N_{Blattservice}$ (verwandt mit der Zahl der Basisservices) als die Zahl der Blätter aller Bäume aus Gl. 7.5 ergibt:

$$N_{Service} = \sum_{Blatt,ij} T_i^j \delta_j^i. \tag{7.11}$$

Je höher diese Zahl, desto mehr Blätter existieren pro einzelner Aktivität und desto feingranularer sind die Services aufgebaut; allerdings sind für den Grenzfall feingranularer Services ($\rho \gg 1$) sehr viele Services zu verwalten.

Die Granularitätsmetrik hat zwei Extremwerte:

- $\rho \mapsto 0$ – Für kleine Werte von ρ wird die Menge der Geschäftsprozesse durch einige wenige Services unterstützt. Kleine Werte von ρ haben fast immer zur Folge, dass eine Wiederverwendung von Services nur sehr schwer möglich ist.
- $\rho \mapsto \infty$ – Im feingranularen Grenzfall wird die Organisation mit einer großen Menge an Services überschwemmt. Theoretisch gesehen wäre jetzt eine ideale Wiederverwendungsmöglichkeit vorhanden, aber dieser Grenzfall weist ein massives Problem auf. Die entstehende Zahl an Services ist für einen einzelnen Menschen nicht mehr überschaubar. Außerdem haben die Services auf Grund ihres öffentlich bekannten Protokolls die Eigenart, dass sie allen jenen zugänglich sind, die sich für sie interessieren.

Das Verfahren zur Bestimmung der Granularität lässt sich auch umkehren (s. Abb. 7.3), indem betrachtet wird, wie viele Aktivitäten durch einen einzelnen Service unterstützt werden. Eine so entstehende Metrik (Θ) misst den Grad an Wiederverwendung der Services und stellt eine Art Inverse der Matrix T (Gl. 7.5) dar:

$$\Theta = T^{-1}.$$

Aus dieser Inversen lässt sich die (fachliche) Wiederverwendungsmetrik von Services i_R bestimmen:

$$i_R = \frac{N_{IT}}{N_{GPS}}. \tag{7.12}$$

Hierbei stellt N_{IT} einfach die Gesamtzahl der IT-Services dar und die Zahl der unterstützten Geschäftsprozesse N_{GPS} ergibt sich aus:

$$N_{GPS} = \sum_{ij} \Theta_i^j \delta_j^i. \tag{7.13}$$

7.4.1 Supportquotient

Anstelle der Überdeckung und der Granularität kann auch ein sogenannter Supportquotient definiert werden. Der Supportquotient $Q_S(\mathcal{P})$ legt fest, wie stark ein Geschäftsprozess durch die Services unterstützt wird. Je höher der Quotient, desto stärker die Unterstützung. Ein niedriger Supportquotient bedeutet, dass die meisten Geschäftsprozesse manuell ausgeführt werden:

$$Q_S(\mathcal{P}) = \frac{n_A^{(S)}(\mathcal{P})}{n_A(\mathcal{P})}, \tag{7.14}$$

wobei $n_A^{(S)}(\mathcal{P})$ die Anzahl an Aktivitäten in einem Geschäftsprozess $\mathcal{P}$ ist, welche automatisch durch die Services erledigt werden und $n_A(\mathcal{P})$ die Gesamtzahl an Aktivitäten im Geschäftsprozess $\mathcal{P}$. Bei dieser Darstellungsform wird der Baum, welcher die Zerlegung der Aktivitäten in Services modelliert, auf einen einzelnen Service reduziert. Der Supportquotient bezieht sich auf einen einzelnen Geschäftsprozess $\mathcal{P}$, während sich die vorher dargestellten Metriken auf die Summe der Geschäftsprozesse beziehen.

Die Coverage ergibt sich zu:

$$i_C = \frac{1}{\sum_{\mathcal{P}} n_A^{(S)}(\mathcal{P})} \sum_{\mathcal{P}} n_A^{(S)}(\mathcal{P}) Q_S(\mathcal{P}). \tag{7.15}$$

Existiert nur ein einziger Geschäftsprozess in einer Organisation, so fällt der Supportquotient trivialerweise mit der Coverage zusammen:$i_c = Q_S(\mathcal{P})$. Oft ist die Berechnung der $Q_S(\mathcal{P})$ einfacher zu bewerkstelligen als die Coverage i_C zu bestimmen, da die Geschäftsprozesse $\mathcal{P}$ in einer Organisation sehr „weit" verteilt sein können und es keine zentrale Instanz zur Messung und Evaluierung gibt.

7.4.2 Zielerreichungsquotient

Zur Bestimmung der Zielerreichung durch die Services wird der Zielerreichungsquotient genutzt:

$$Q_Z(\mathcal{P}) = \frac{n_Z^{(S)}(\mathcal{P})}{n_Z(\mathcal{P})}.$$

Hierbei wird berechnet, wie viele Ziele in einem Geschäftsprozess durch Services unterstützt werden. Eine Zielerreichungsmetrik i_Z in der gesamten Organisation ergibt sich aus den einzelnen Zielerreichungsquotienten zu:

$$i_Z = \frac{1}{\sum_{\mathcal{P}} n_Z^{(S)}(\mathcal{P})} \sum_{\mathcal{P}} n_Z^{(S)}(\mathcal{P}) Q_Z(\mathcal{P}). \tag{7.16}$$

Allerdings weist diese Metrik i_Z einige Schwächen auf, die ihren Einsatz nicht in allen Fällen als sinnvoll erscheinen lässt. Da viele Ziele einer Organisation durch mehr als einen Geschäftsprozess unterstützt werden, lassen sich in der Praxis Mehrfachzählungen und unterschiedliche Gewichtungen von Zielen nicht vermeiden. Diese Fehlerquellen lassen, außer in den beiden trivialen Extremfällen $i_Z \mapsto 0$ und $i_Z \mapsto 1$, nur wenige Schlüsse aus dem aktuellen Wert von i_Z für die ganze Organisation zu.

7.4.3 Informationsvollständigkeit

Die Menge an tatsächlich softwaregestützten Prozessen wird neben den Aktivitäten auch durch die Zahl der Objekte der jeweiligen Domäne definiert, die eine Repräsentation in der Software haben, dem Quotient der Informationsvollständigkeit:

$$Q_C(\mathcal{P}) = \frac{n_C^{(S)}(\mathcal{P})}{n_C^{(B)}(\mathcal{P})}.$$

Dieser Quotient misst die Zahl der Geschäftsklassen im System und vergleicht sie mit der Anzahl aller fachlichen Klassen pro vorhandenem Geschäftsprozess $\mathcal{P}$.

7.4.4 Informationsgenauigkeit

Im Gegensatz zur Informationsvollständigkeit, welche bei einer einzelnen Klasse zu einer binären Aussage führt, ist oft auch die „Güte" der Information entscheidend. Hierzu wird bestimmt, welches Maß an Vielfältigkeit (s. Anhang A.4.1) der Domäne in der Software abgebildet wurde.

$$Q_A(\mathcal{P}) = \frac{n_S^{(S)}(\mathcal{P})}{n_S^{(B)}(\mathcal{P})}. \tag{7.17}$$

Dieser Quotient misst die Zahl der Zustände im System und vergleicht sie mit der Anzahl aller fachlichen Zustände pro Geschäftsprozess $\mathcal{P}$. Alternativ zu Gl. 7.17 lässt sich ein solcher Quotient auch durch Gl. 7.18 ausdrücken.

$$\begin{aligned} Q_A^V(\mathcal{P}) &= \frac{V(S)}{V(B)} \\ &= \frac{\log_2 n_S^{(S)}(\mathcal{P})}{\log_2 n_S^{(B)}(\mathcal{P})}. \end{aligned} \tag{7.18}$$

Die Informationsvollständigkeit sowie die -genauigkeit sind für die Softwareentwicklung wichtige Messzahlen, denn je mehr sich beide Quotienten der 1 nähern, desto vollständiger und exakter wird die fachliche Wirklichkeit eines Geschäftsprozesses in der Software abgebildet, was wiederum für ein hohes Maß an Automatisierung spricht.

8

Service Oriented System Engineering

> *They bear the mandate; they must sweep my way,*
> *And marshal me to knavery. Let it work;*
> *For 'tis the sport to have the engineer*
> *Hoist with his own petard: and 't shall go hard*
> *But I will delve one yard below their mines,*
> *And blow them at the moon: O, 'tis most sweet,*
> *When in one line two crafts directly meet.*
>
> Hamlet
> William Shakespeare
> 1564 – 1616

Die größte Aufmerksamkeit bei der Entwicklung der ersten Generation von Software hatte die Umsetzung algorithmischer Komplexität; Software wurde meistens Top-Down entwickelt. Mit zunehmender Durchdringung der Organisationen mit Software tauchte die Komplexität auf Grund der Größe der Software als ein zweiter Problemkreis auf. Unterschiedliche Teile der Software entwickelten sich getrennt und passten nicht mehr zusammen.[1]. Dies führte zu den iterativen Entwicklungsmethodiken und anderen Paradigmen wie Objektorientierung und Komponentenbauweise. Mit zunehmender Ausnutzung von Ressourcen wurden dann auch Methodiken für verteilte Systeme (CORBA) entwickelt, welche konkurrierende Abläufe und Parallelität ermöglichten.

Die Softwareentwicklung in den nächsten Jahren wird sich anderen Herausforderungen stellen müssen, zum einen Services mit loser Koppelung, Autonomie und Verteilung und zum anderen dem Aufbau immer komplexerer Systeme (s. Kap. 10). Die Umgebung der Services ist stark heterogen und verändert sich permanent, Services müssen sich auf diverse Verhaltensmuster ihrer jeweiligen Umgebung einstellen und diese explizit nutzen können.[2] Das heute dominante Verfahren der Kenntnis anderer Softwarekomponenten zum Designzeitpunkt wird mit zunehmender Servicedurchdringung immer weniger möglich sein, folglich steht die Runtime- und nicht die Designtimeevolution des resultierenden Systems im Vordergrund. Aber nicht nur das Verhalten der anderen Services, sondern auch die genutzten Daten werden immer hete-

---

[1] Beginn der Softwareevolution.
[2] Schließlich können sich Policies schnell ändern.

rogener und immer weniger verlässlich werden, die Vielfältigkeit (s. Kap. 3.5) steigt stark an.

Ein SOE und eine SOA brauchen für ihren Einsatz eine neue „Art und Weise" Software, speziell Services zu entwickeln. Das **S**ervice **O**riented **S**ystems **E**ngineering[3] (SOSE) betrachtet die für ein Serviceorientierungsparadigma notwendigen Systeme, erstellt sie und zeigt Wege, wie eine **S**ervice **O**riented **S**oftware (SOS) gebaut werden kann. SOSE beschäftigt sich nicht damit, wie ein einzelner Service gebaut wird (dies ist die Aufgabe von SOC, s. Kap. 9), sondern damit, wie man aus Services Software bauen kann. Daher liegt beim SOSE der Schwerpunkt der Betrachtung auf dem Prozess, nicht auf dem einzelnen Service. Der einzelne Service ist für das SOSE ein atomarer Teil.

Speziell bei der Servicekomposition ist die Trennung zwischen SOC und SOSE willkürlich, da hier beide den Prozess betrachten müssen, aber SOC kommt dabei vom Service, mit dem Ziel neue Services zu schaffen, während SOSE eine SOS aus Services bauen möchte. SOSE ist eine disziplinübergreifende Tätigkeit die ein System aus Services aus dem Blickwinkel des Lebenszyklusses, der Kybernetik und der Kundensicht betrachtet.

Die heute vorliegenden Implementierungen zeigen noch nicht das volle Potential, welches im Serviceorientierungsparadigma steckt, dies hat zwei Ursachen:

- Viele der heutigen SOA-Implementierungen sind durch einfaches Wrapping bestehender Applikationen entstanden. Diese Applikationen waren aber nie für Architekturen in Form einer SOA ausgelegt, mit der Folge, dass sie nur bedingt serviceorientiert sind.
- Heute werden neue Services fast immer von der IT initiiert. Das implizite Entwicklungsmodell dahinter ist providerzentriert. Solche Services reflektieren das, was der Provider glaubt, was genutzt werden kann. Wirklich gute Services können aber erst dann entstehen, wenn eine kundenzentrierte Sicht eingenommen wird. Eine entsprechende Parallele ist im ganzen Dienstleistungssektor zu beobachten: Nicht das zu definieren, was man leisten möchte, sondern zu fragen, was der Kunde braucht. Wenn Services aus dieser Sichtweise entstehen, werden sie sehr schnell aufgegriffen und genutzt. Diese Sichtweise wird von den heutigen Vorgehensmodellen überhaupt nicht aufgenommen, selbst wenn man in der Lage ist, eine Applikation durch das Zusammenfügen vorhandener Service zu erzeugen, so wird der darin enthaltene Prozess stets aus Providersicht modelliert und nicht aus Consumersicht. Dieses Defizit wird die Durchdringung mit Services für Consumer auf Dauer stark behindern.

Viele Organisationen versprechen sich von der Einführung einer Serviceorientierung auch Auswirkungen auf die Kosten einer Softwareentwicklung. SOS

---

[3] Manchmal auch als **S**ervice **O**riented **D**evelopment of **A**pplications (SODA) bezeichnet. Allerdings greift der Begriff SODA zu kurz, da das Ziel einer SOSE über die Erstellung von Applikationen hinausgeht.

hat eine Reihe von Charakteristika, die eine Softwareentwicklung preiswerter machen könnten:

1. Trennung der Zuständigkeiten – Durch die in den Services verankerte explizite Trennung von Zuständigkeiten, sprich der Kapselung der einzelnen Services, lassen sich Entwicklungen parallelisieren. In der Theorie stimmt dies, aber die Praxis sieht anders aus. Jede Komponentensoftware lässt sich ähnlich beurteilen, da Komponenten immer die Zuständigkeiten separieren. Besonders preisgünstig in der Entwicklung ist Komponentenbauweise aber nicht, obwohl über 10 Jahre an Erfahrung in dieser Bauweise existieren. Was durch Komponenten billiger wird, ist nicht unbedingt die Ersterstellung, sondern eher die Maintenance.

2. Servicewiederverwendung – Wiederverwendung ist seit Beginn der Objektorientierung das Zauberwort für Kostensenkung in der Softwareentwicklung. Nur ist diese massive Wiederverwendung nie eingetreten. Lange herrschte die Ansicht vor, dass Wiederverwendung der Schlüssel zum Erfolg sei. Ausgehend von der möglichen Wiederverwendung von Funktionen, im Sinne von Bibliotheken, in den siebziger Jahren über die Einführung von objektorientierten Sprachen, kam man Ende der achtziger Jahre zur Verwendung von objektorientierten Frameworks und in den Neunzigern zur Idee der komponentenorientierten Programmierung. Alle diese Versuche haben gemeinsam, dass der Ansatz eine Form der generischen organisationsübergreifenden Wiederverwendung ist. Bis auf wenige Ausnahmen[4] sind die entsprechenden Versuche in der Praxis alle gescheitert. Die versprochenen Effekte der Wiederverwendung wurden nie erreicht. Der Grund für dieses Scheitern ist, dass stets versucht wurde, zwei Dimensionen der Komplexität gleichzeitig zu überwinden: Die Wiederverwendung zwischen den einzelnen Applikationen und, simultan, die Wiederverwendung über organisatorische Grenzen hinweg, was nach der Betrachtung von Conway's Law (s. S. 85) sehr schwierig ist, da die Software ein Abbild der Ablauf- und Kommunikationsstruktur der jeweiligen Organisation darstellt.

3. Top-Down-Entwicklung – Erfahrungen aus der Anwendung von Top-Down-Strategien reichen in den Anfang von CASE-Tools zurück, wirklich massive Einsparungen konnten bisher noch nicht nachgewiesen werden.

4. Technologieneutralität – Die Technologieneutralität führt zu einer einfacheren Portierbarkeit und damit zu einer günstigeren Wiederverwendung, allerdings dürfte der Effekt eher minimal sein.

Die wirklichen Kostentreiber hinter der heutigen Softwareentwicklung sind die Userinterfaces und die überbordende Erwartungshaltung der Anwender. Diese Treiber aber werden nicht wirklich durch die Serviceorientierung adressiert.

---

[4] Ausnahmen für diese Beobachtung sind im Bereich der „Infrastruktur" zu finden, so z.B. GUI-Klassenbibliotheken oder Application Server, aber auch ganze Programmiersprachen wie Java oder .NET.

Service Oriented Software besitzt eine inhärente Unsicherheit, da sie verteilt und dynamisch zusammengestellt ist, beides liefert abweichendes Verhalten und mögliche Fehlerquellen. Die Vermischung von unterschiedlichen Granularitätsebenen verschärft diese Situation noch zusätzlich.

8.1 Evolution und Komplexität

Wie jedes System, entwickeln sich Services und die aus den Services entstandenen SOS stets weiter. Dabei unterliegen Software und Services durchaus unterschiedlichen Gesetzmäßigkeiten. Eine Software befindet sich immer in einem definierten Zustand; d.h. implizit, dass jede Software einen Lebenszyklus durchlebt. Dieser Lebenszyklus ist die definierte zeitliche Abfolge von Zuständen. Das Lebenszyklusmodell als Ganzes zeigt die möglichen Zustände auf, welche die Summe aller Softwaresysteme annehmen können; insofern ist der Lebenszyklus ein generisches, idealtypisches Modell der Veränderung von Software.

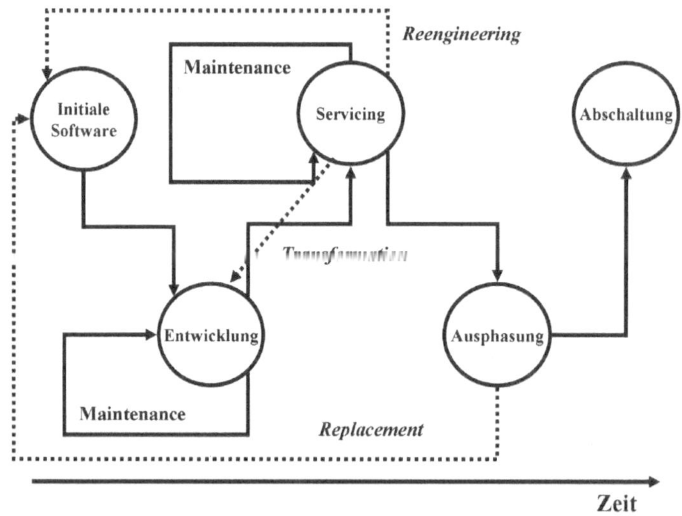

Abb. 8.1: Der Lebenszyklus von Software

Grundlage des Lebenszyklusmodells der Software ist die Beobachtung, dass jede Veränderung der Software einen Übergang von einem Zustand der Software in einen anderen Zustand darstellt:

$$\hat{O}(t, t_0)|\psi(t_0)\rangle \rightarrow |\psi(t)\rangle, \tag{8.1}$$

wobei der zeitliche Unterschied $\delta t = |t - t_0|$ hinreichend klein sein sollte. Wenn die beiden Zustände $|\psi(t_0)\rangle$ und $|\psi(t)\rangle$ sehr nahe beieinander liegen,

Tabelle 8.1: Die unterschiedlichen Softwareparadigmen

Eigenschaft	Serviceorientierung	Objektorientierung	strukturierte Programmierung
Methodik	Entwicklung durch Identifizierung lose gekoppelter Services, welche zu einer SOS zusammengefasst werden. (Legoprinzip)	Entwicklung durch Identifizierung eng gekoppelter Klassen mit einer hierarchischen Architektur, die auf der Vererbung beruht.	Entwicklung durch Identifizierung von Gruppen von fachlichen Funktionen, die Zustände im System verändern oder Funktionen aufrufen.
Abstraktion und Kooperation	Entwicklung verteilt: Applicationbuilder, Servicebroker, Serviceprovider. Applicationbuilder verstehen Softwarelogik und Domäne, Provider verstehen Programmierung.	Entwicklung durch einzelnes Team. Entwickler müssen programmieren und Domänenkenntnisse besitzen.	Entwicklung durch einzelnes Team. Entwickler müssen programmieren und Domänenkenntnisse besitzen.
Wiederverwendung	Zweistufig: Wiederverwendung von Services und Code in der Implementierung	Wiederverwendung von Code durch Vererbung und Klassenbibliotheken, seltener durch Laufzeitbibliotheken.	Wiederverwendung von Code mit Copy&Paste, seltener durch Laufzeitbibliotheken.
Dynamic Binding, Rekomposition	Serviceaufruf wird zur Laufzeit dynamisch gebunden. Services können auch erst zur Laufzeit entdeckt werden.	Assoziation zwischen Name und Methode zur Laufzeit, die Methode muss in ausführbaren Code gelinkt sein.	Statische Koppelung zwischen Name und statischem Code.
Maintenance	Service und SOS werden unabhängig voneinander verändert.	Softwareveränderung in Form von Releases und Patches durch Verteilung von Upgrades.	Softwareveränderung in Form von Releases und Patches durch Verteilung von Upgrades.

so gehören beide zum gleichen Zustand des Lebenszyklusmodells. Ein solches Vorgehen lässt aber die Vergleichbarkeit unterschiedlicher Softwaresysteme als sehr fragwürdig erscheinen. Aus diesem Grund werden die möglichen Zustände nicht nach internen, quantifizierbaren Eigenschaften der Software eingeteilt, sondern nach äußeren, qualitativen Eigenschaften. Die Zustände werden üblicherweise nach der jeweiligen Form der Entwicklung klassifiziert; dies zu einem gewissen Grad willkürlich, es hat sich aber in der Praxis ein hohes Maß an Übereinstimmung über alle Softwaresysteme hinweg gezeigt. Diese Form der Einteilung ermöglicht es, eine system- und organisationsübergreifende Vergleichbarkeit sicherzustellen. Relativ klar wird das Lebenszyklusmodell (s. Abb. 8.1), wenn es als ein Stufenmodell betrachtet wird, das sich zunächst nur entlang der Zeitachse bewegen kann. Die so entstehenden Stufen sind, in chronologischer Reihenfolge:

1. Initiale Software,
2. Entwicklung,
3. Servicing,
4. Ausphasung,
5. Abschaltung.

Obwohl die Zustände Entwicklung und Servicing meistens länger andauern als die initiale Phase, gibt es auch Ausnahmen; bei sehr komplexen Systemen kann sich die Umgebung so rapide verändern, dass die Software schon sehr schnell nach der Einführung obsolet geworden ist.

- Initialer Software-Zustand – Die initiale Software bezeichnet den Anfangszustand, den die Software hat, wenn sie zum ersten Mal in Betrieb genommen wird. Die initiale Software besitzt schon die Architektur der Software, welche während des gesamten Lebenszyklus erhalten bleiben wird.
- Entwicklung – Das Ziel der Entwicklungsstufe ist es, sich an die stetig verändernden Benutzeranforderungen sowie die Veränderungen der Umwelt anzupassen und Defekte aus der initialen Stufe zu beheben. In der Entwicklungsstufe werden das zunehmend gesammelte Wissen der Endanwender über die Software und das Wissen der Softwareentwickler über die Domäne zu treibenden Kräften, um die Software selbst zu verändern.
- Servicingzustand – Ist das Ende der Entwicklungsstufe erreicht, so tritt die Stufe des Servicing ein. In der Servicingstufe finden zwar auch noch Veränderungen statt, diese lassen aber die Software im Kern unverändert. Typischerweise spricht man in dieser Phase bei Veränderungen von „Patches" und „Bugfixes".
- Ausphasungszustand – Während der Ausphasung werden keine „Patches" mehr geliefert, wie noch im Zustand des Servicing; damit unterliegt die Software keinerlei Maintenance mehr. Eine längerfristige Benutzung der Software in dieser Phase durch die Endbenutzer führt zu einer Anhäufung von „Work-Arounds". Auf Grund der Tatsache, dass die Software sich nicht mehr verändert, werden Teile in ihr semantisch reinterpretiert und anders benutzt, als ursprünglich intendiert. Mit der Einführung eines „Work-Arounds" verändert der Endanwender unbewusst das System, dadurch wird der „Work-Around" zu einer Quasifunktionalität[5] des Systems.
- Abschaltungszustand – Die Abschaltung der Software ist der finale, meist irreversible, Schritt. Die Software wird entfernt und steht nicht mehr zur Verfügung.

---

[5] Dies kann so weit gehen, dass offensichtliche Fehler zu Features werden.

Obwohl das Lebenszyklusmodell in dieser Form ursprünglich für Applikationen formuliert wurde, lässt es sich auch auf einzelne Services übertragen. Dieses Lebenszyklusmodell führt dazu, dass die ersten beiden Phasen stark komprimiert werden und die dritte (Servicingphase) die längste sein sollte, da das Ziel der Services eine hohe Stabilität ist. Aus Sicht eines autopoieschen Systems (s. Abschn. 11.7) durchläuft ein Service nur zwei Phasen, Bootstrapping (die Erstinstallation) und Evolution, durch permanente Veränderung seiner Struktur mit dem Versuch ihn zu optimieren.

Neben den einzelnen Phasen ist es wichtig, sich die Evolution von Software und speziell von Services vor Augen zu führen. Die sogenannten „Softwareevolutionsgesetze" gehen auf *Lehman* zurück. Die sieben Gesetze der Softwareevolution zeigen auf, welche Größen der Software (Services und Applikationen, eventuell mit einer unterschiedlichen Skala) sich wie, mit zunehmendem Lebensalter, ändern:

- **Kontinuierliche Veränderung** –
  I. Software, die genutzt wird, muss sich kontinuierlich anpassen, ansonsten wird sie sehr schnell nicht mehr nutzbar sein.
  Bei der Software wird der Veränderungsdruck durch die Differenz zwischen den Anforderungen der Domäne und damit implizit den Anforderungen der Organisation und den implementierten Eigenschaften der Software ausgelöst. Je größer diese Differenz, desto höher ist der Druck, die Software zu verändern. Ein Teil des Veränderungsdrucks wird durch die Software selbst produziert: Jede neue Installation oder Version der Software ändert durch ihren Einsatz die Domäne ab und erzeugt damit implizit eine Differenz zwischen der Anforderung der Domäne und der Software selbst. Dieser Druck ist wichtig, damit sich Software überhaupt entwickelt. Fehlt dieser Druck, indem beispielsweise die Software „eingefroren" wird, so wird die Software rapide obsolet. Dieses Gesetz resultiert daraus, dass Veränderungen der Domäne die einmal zu einem früheren Zeitpunkt getroffenen Annahmen ungültig machen. Da ein einzelner Service wenigeren fachlichen Veränderungen als eine vollständige Applikation ausgesetzt ist, gilt dieses Gesetz genauso für Services, hier sollte das Gesetz sich allerdings auf eine längere Zeitskala beziehen. Auch eine SOS muss sich, auf Grund der Veränderung der Domäne verändern.
- **Wachsende Komplexität** –
  II. Die Komplexität einer Software wächst stetig an, außer es wird Arbeit investiert, um diese Komplexität zu reduzieren.[6]
  Die wachsende Komplexität resultiert aus der stetig steigenden Zahl von Änderungen an der Software. Durch die Gesetze *I* und *VII* bedingt, müssen permanent Veränderungen an der Software vorgenommen werden, mit der Konsequenz, dass jede einzelne Änderung zu einer Erhöhung der Komplexität führt, da es immer eine nicht verschwindende Wahrscheinlichkeit

---

[6] Diese Beobachtung entspricht dem zweiten Gesetz der Thermodynamik: Die Entropie eines geschlossenen Systems ist streng monoton wachsend.

für inkompatible und unstrukturierte Änderungen gibt. Mit zunehmender Komplexität wird es immer schwerer, die einmal erreichte Komplexität auf dem Anfangsniveau zu halten. Die Änderung der Komplexität, sprich das Komplexitätswachstum einer SOS beim Hinzufügen eines neuen Services, ist infinitesimal gegeben durch:

$$\mathrm{d}\phi = \mathcal{K}(\phi), \tag{8.2}$$

wobei ϕ ein gegebenes Komplexitätsmaß ist. Hierbei ist $\mathrm{d}\phi$ der Komplexitätszuwachs und $\mathcal{K}$ eine nichtverschwindende Funktion der Komplexität. Für kleine Systeme ergibt sich im Grenzfall: $\lim_{\phi \to 0} \mathcal{K}(\phi) = k_0 > 0$, so dass sich für kleine ϕ die Änderung des Komplexitätsmaßes zu $\mathrm{d}\phi \approx k_0$ ergibt. Auf der anderen Seite kann gezeigt werden, dass das Funktional $\mathcal{K}$ sich für große ϕ wie ein Potenzgesetz verhalten muss, d.h. $\mathcal{K}(\phi \gg 1) \sim \phi^{\nu}$, mit einer nichtnegativen Konstanten ν. Das Lehmansche Gesetz besagt nun, dass die Zahl der Quellmodule eines Softwarepakets einer einfachen Differentialgleichung genügt:

$$\frac{\partial \vartheta}{\partial t} = c_1 \vartheta + \frac{c_2}{\vartheta^2}. \tag{8.3}$$

Diese Differentialgleichung korreliert die Zahl der Quellmodule ϑ mit der Zeit. Näherungsweise lässt sich die Differentialgleichung durch

$$\lim_{t \to 0} \vartheta \approx \sqrt[3]{3c_2 t} \quad \text{und} \quad \lim_{t \to \infty} \vartheta \approx \mathrm{e}^{c_1 t} \tag{8.4}$$

lösen, was auch als das Turski-Lehmansche Wachstumsmodell bekannt ist. Dieses Wachstumsmodell lässt sich auch auf Services übertragen, da Services wie jede Software aus Quellmodulen ϑ aufgebaut sind. Alternativ zu Gl. 8.3 kann für SOS-Systeme das Wachstum durch die Services für große Zeiträume ($t \to \infty$) angenähert werden durch:

$$\frac{\partial n_{\mathrm{Services}}}{\partial t} = \frac{\partial}{\partial t} \sum_{i \in \mathrm{Services}} \vartheta_i = \sum_{i \in \mathrm{Services}} \left(c_{1,i} \vartheta_i + \frac{c_{2,i}}{\vartheta_i^2} \right) \approx \alpha n_{\mathrm{Services}}. \tag{8.5}$$

Hierbei wächst die Zahl der Services in einer SOA exponentiell an. Da jede Änderung eine Steigerung der Entropie zur Folge hat und eine Änderung sich in erster Näherung in einem proportionalen Wechsel der Entropie niederschlägt, lässt sich die Entropieänderung (s. Gl. 8.2) durch $\Delta S \sim S$ beschreiben. Die Folge ist, dass sich für die Entropie in erster Näherung eine Differentialgleichung der Form $\partial S / \partial t = \alpha S$ ergibt. Die Auswirkungen dieser einfachen Entropieentwicklung sind drastisch. Jeder noch so kleine Unterschied bei der Startentropie zum Zeitpunkt t_0 resultiert in einem noch größeren Unterschied in der Entropie zum Zeitpunkt $t_1 > t_0$. Zunächst könnte man meinen, dass eine SOS nicht vom Komplexitätswachstum betroffen ist, da sie durchaus vollständig desintegriert und wieder neu aufgebaut werden kann. Dies ist zwar theoretisch möglich, in der

Praxis wird sich jedoch eine SOS nur inkrementell verändern, mit der Folge, dass sie auch dem Komplexitätswachstum unterliegt. Selbst wenn eine neue Version explizit rekreiert wird, so wird das Wissen über Ausnahmesituationen in diese neue Version tradiert, welche dadurch komplexer wird.

- **Selbstregulierung** –

  III. Die Evolution von Software ist selbstregulierend mit Produkt- und Prozessmetriken, welche nahe an einer Normalverteilung liegen.

Eine große Zahl dieser Mechanismen wirken auf die Software als Treiber oder als stabilisierende Kräfte. Da die Zahl dieser einzelnen Kräfte relativ hoch ist, kann die Entwicklung der Software als ein Subsystem betrachtet werden, welches in ein großes System eingebettet ist. Dieses Gesamtsystem übt nun durch eine große Zahl von quasi unabhängigen Entscheidungen einen Druck auf das System aus, welcher einer Normalverteilung ähnlich ist. Wenn dieser Druck eine Zeit lang auf die Entwicklung und damit implizit auf die Software angewandt wird, ist die Eigendynamik so stark, dass sich das Subsystem ein Equilibrium sucht. Das Gesetz der Selbstregulierung ist eine Aussage über die Wirkung von Organisationen auf Software und unabhängig von der gewählten Architektur.

- **Erhaltung der organisatorischen Stabilität** –

  IV. Die mittlere effektive Aktivitätsrate, welche für eine evolvierende Software angewandt wird, bleibt während der Lebensdauer der Software konstant.

Die tatsächlichen Kostentreiber in Unternehmen sind meistens externer Natur: Verfügbarkeit von qualifiziertem Personal und Ähnliches. Auf der anderen Seite ist ein großer Teil des Aufwands durch das Gesetz *III* vorgegeben: Um die Trägheit des Equilibriumszustands zu überwinden, ist sehr viel Aufwand notwendig. Die Folge dieser hohen Trägheit ist eine quasi konstante effektive Aufwandsrate. Auch dieses Gesetz wird durch die Serviceorientierung nicht grundsätzlich verändert.

- **Erhaltung der Ähnlichkeit** –

  V. Die Inhalte von aufeinander folgenden Releases innerhalb einer Software sind statistisch konstant.

Einer der Faktoren bei der Veränderung von Software ist das Wissen aller Beteiligten über die Zielsetzung hinter der Software. Die Entwicklung tendiert dazu, in jeder der einzelnen Versionen besonders viel an neuer Funktionalität unterzubringen, denn es möchte einen „Mehrwert" suggerieren. Die entgegengesetzte Kraft ist die Notwendigkeit, dass alle Beteiligten die große Menge auch verstehen und umsetzen müssen. Der Fortschritt und die Dauer sind auch beeinflusst durch die Menge an Information, welche gewonnen werden muss. Das Verhältnis zwischen Informationsmenge und Aufwand zur Gewinnung der Information ist nicht linear, sondern der Aufwand erhöht sich ab einer gewissen Größenordnung so drastisch, dass von diesem Moment an die Gesamtmenge an zu gewinnender Information unüberwindbar erscheint. Die Folge dieser beiden wirkenden Kräfte ist eine statistische Konstanz bezüglich der Inhaltsmenge pro Release.

- **Wachstum** –

  VI. Die funktionalen Inhalte einer Software müssen stetig anwachsen, um der Endbenutzererwartung auf Dauer gerecht zu werden.

  Wenn eine neue Software eingeführt wird, existiert immer eine Differenz zwischen der implementierten Funktionalität und der tatsächlich gewünschten. Mit zunehmender Dauer wird der Ruf nach der Implementierung dieser fehlenden Funktionalität stärker, was über die Feedbackmechanismen zur Erweiterung der vorhandenen Funktionalität führt. Mathematisch gesehen gilt: $dV/dt = \mathcal{M}(t)$, wobei V das Volumen in einer geeigneten Form misst und $\mathcal{M}(t)$ eine positive, monoton steigende Funktion der Zeit ist. Das Volumen der Software ergibt sich dann als das Integral $V(t) = \int_0^t \mathcal{M}(\tau)\,d\tau$ mit der Eigenschaft: $V(t > t_0) \geq V(t_0)$.

- **Nachlassende Qualität** –

  VII. Die Qualität der Software wird als nachlassend empfunden, solange keine massiven Anstrengungen zur Adaption vorgenommen werden.

  Eine Software kann nie alle Anforderungen exakt treffen, dafür ist die Zahl der Anforderungen zu groß. Da die reale Welt sich permanent verändert, steigt die Unschärfe zwischen der möglichen Gesamtmenge von Anforderungen an, während die Zahl der implementierten Anforderungen auf Grund der Systemgrenzen praktisch konstant bleibt. Die Unschärfe wächst also! Der Endbenutzer empfindet die so anwachsende Unschärfe als einen Verlust an Qualität. Je größer diese Unschärfe wird, desto schwieriger ist es für den Endbenutzer, das Verhalten der Software erwartungskonform vorauszusagen.

Eine aus Services aufgebaute SOS unterscheidet sich nicht von der Evolutionsentwicklung „normaler" Software. Einziger Unterschied ist hier, dass der kleinste Baustein einer SOS der Service ist. Zwar hängen die Evolutionsgesetze nicht von der Granularität der Softwarebestandteile ab, aber die Geschwindigkeiten einzelner Gesetze können sehr wohl durch die Serviceorientierung beeinflusst werden. Da sich jede Software allein schon durch die organisatorischen und umwelttechnischen Randbedingungen verändert, so verändert sich auch die SOS. Mit diesem Hintergrundwissen muss die Designmaxime für Service Oriented Software lauten (s. S. 271):

Das Design von Services muss so sein, dass diese langfristig stabil bleiben und das Design der Applikation muss so sein, dass es auf permanente Veränderungen eingestellt ist.

Diese Maxime ist sinnvoll, da in aller Regel der Geschäftsprozess eine viel größere Flexibilität verlangt, als die Informationen, die durch ihn manipuliert werden. Prozesse sind unterschiedlichen Meinungen und Moden durch den menschlichen Benutzer ausgesetzt, wie auch massiv durch Marktgegebenheiten beeinflusst. Daher müsste das Design so sein, dass zukünftige Veränderungen antizipiert werden. Dies ist aber nicht immer möglich, das Beste was man erreichen kann, ist es, für Erweiterbarkeit einer aktuellen Lösung um zukünftige Forderungen zu sorgen. Der Einsatz von Workflowsystemen und Prozessengines ist ein Schritt in diese Richtung.

In einem großen System bestehend aus viele SOS-Applikationen wird sich die Zahl der Services auf Dauer nach dem Turski-Lehmanschen Wachstumsmodell (Gl. 8.5) verhalten, d.h. am Anfang werden wenige Services entstehen, deren Anzahl dann aber stetig anwächst und im Grenzfall $t \mapsto \infty$ gegen

$$n_{\text{Services}} \sim e^{\alpha t} \tag{8.6}$$

geht. Die Zahl der Services wächst exponentiell an. Das Komplexitätswachstum jedoch wird in einem großen System nicht durch die Zahl der Services bestimmt sein, sondern durch die mögliche Zahl der Verknüpfungen zwischen den einzelnen Services:

$$n_{\text{Interaktionen}} \sim \mathcal{O}(n_{\text{Services}}^2) \tag{8.7}$$

Aus den beiden Gleichungen 8.6 und 8.7 folgt, dass das Gesamtsystem ein exponentielles Komplexitätswachstum verzeichnet:

$$\mathcal{K} \sim e^{\gamma t}. \tag{8.8}$$

Serviceorientierte Systeme haben somit dieselben Probleme wie andere Softwaresysteme in Form eines exponentiellen Komplexitätswachstums. Vermutlich wird das Komplexitätsproblem bei einem SOS-System sogar drastischer sein als bei einer Legacysoftware. Bei der Legacysoftware erzwingt das siloartige Verhalten, dass sich die Komplexität faktisch additiv verhält[7]:

$$\mathcal{K}_{\text{gesamt}} \approx \sum_{i \in \text{Legacysoftware}} \mathcal{K}_i,$$

mit der Folge, dass die Entropien sich in etwa addieren:

$$S_{\text{gesamt}} \approx \sum_{i \in \text{Legacysoftware}} S_i.$$

Durch die Einführung der Services werden jedoch die Silos aufgebrochen und damit die vorher gekapselte Komplexität externalisiert, was dazu führt, dass die entsprechende Komplexität stärker als additiv wächst:

$$\mathcal{K}_{\text{gesamt}} \approx \sum_{i \in \text{Service}} \mathcal{K}_i + \sum_{i,j} \mathcal{K}(i,j) + \sum_{i,j,k} \mathcal{K}(i,j,k) + \dots,$$

und die Entropie stärker als linear skaliert:

---

[7] Im Sinne der Vielfältigkeit (s. Anhang. A.4.1).

$$S_{\text{gesamt}} = \sum_{i \in \text{Service}} S_i + S_{\text{Interaktion}} \gg \sum_{i \in \text{Service}} S_i. \qquad (8.9)$$

Je kleiner die einzelnen Services sind und je größer ihre Anzahl, desto stärker dominiert die Interaktionsentropie, so dass im Grenzfall $n_{\text{Service}} \mapsto \infty$ der Zustand $S_{\text{gesamt}} \approx S_{\text{Interaktion}}$ erreicht wird.

Serviceorientierte Systeme gehen damit das Risiko ein, sehr viel schneller einen Komplexitätstod zu sterben als traditionelle Software. Ab einem gewissen Grad an Komplexität wird das Gesamtsystem nach dem Ashby-Conant-Theorem (s. Abschn. 11.3) nicht mehr steuerbar und degradiert damit zu einem unbeherrschbaren System (s. Abschn. 11.8), da die Vielfältigkeit nach Gl. A.6 und Gl. 8.9 durch

$$V \geq S_{\text{gesamt}} \gg \sum_{i \in \text{Service}} S_i$$

sehr groß wird.

8.2 Vorgehensmodelle

Die klassische Entwicklung eines Softwaresystems besteht darin, ein Geschäftsmodell (bestehend aus Geschäftsprozessarchitektur und Informationsarchitektur für die Geschäftsobjekte) zu entwickeln[8] und aus diesem Geschäftsmodell ein Implementierungsmodell (bestehend aus Applikations- und Technologiearchitektur) abzuleiten, theoretisch mit einer direkten Korrespondenz zwischen dem Geschäftsmodell und dem Implementierungsmodell. In der Praxis findet dies selten so statt, da es für beide Modelle keine gemeinsame Ontologie oder eine Form der gemeinsamen objektiven Bewertung gibt, mit der Folge, dass beide Modelle entkoppeln. Aus Sicht der Serviceorientierung ist dieses Phänomen leicht erklärbar: Geschäftsmodelle sind interfacezentriert, während die Implementierungsmodelle implementierungszentriert sind. Beide Sichten müssen notwendigerweise auseinanderdriften, außer sie werden durch permanente Anstrengung aneinander ausgerichtet (Realignment).[9]

Das Paradigma der Serviceorientierung fügt zwischen Geschäftsmodell und Implementierungsmodell ein Servicemodell ein, welches die Mittlerrolle zwischen diesen beiden wahrnimmt (s. Abb. 8.3). Das zusätzliche Servicemodell nimmt dabei wichtige Aufgaben wahr:

- Das Servicemodell modelliert die Semantik, die für die Services notwendig ist, meist in Form einer Ontologie oder Taxonomie.
- Das Servicemodell beinhaltet die SLAs, in denen der Leistungsumfang eines Services festgelegt ist. Ein Service kann durchaus mehrere SLAs haben. Außerdem können die Erwartungshaltungen auf der Geschäftsseite in

---

[8] Wenn überhaupt...

[9] Die hierzu notwendigen Anstrengungen haben innerhalb der IT eine lange Tradition.

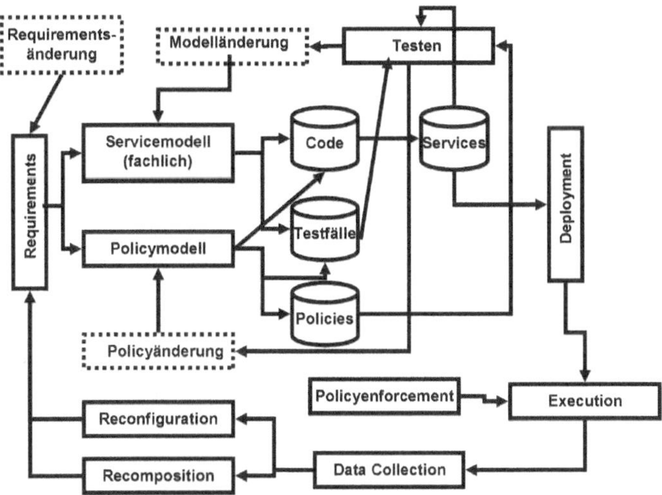

Abb. 8.2: Ein Entwicklungsmodell für Services

Tabelle 8.2: Die Zielsetzungen und Designprinzipien der Consumer von Services

Ziel	Designprinzip
Reduktion des Aufwands für die Einführung neuer Services	präzise Spezifikation, standardisierte Services
Einsatz alternativer Services	Abstraktion der Services von der Implementierung, standardisierte Services

Übereinklang mit den Fähigkeiten auf der Implementierungsseite gebracht werden.

- Das Servicemodell zwingt aktiv zur Zerlegung aller Prozesse in Services und umgekehrt zum Aufbau von Services aus bestehenden Implementierungen.

Den unterschiedlichen Modellen kommen im Rahmen eines serviceorientierten Vorgehens verschiedene Aufgaben zu (s. Tab. 8.4), wobei neben der Geschäftsprozessmodellierung auch die Erwartungen und Fähigkeiten von Services formuliert werden. Beim Aufbau des Servicemodells muss eine Abbildung zwischen den Services, den Messages, Interfaces und Objekten auf der Serviceebene und dem Geschäftsmodell stattfinden, sowie eine ähnliche Abbildung in das Implementierungsmodell vorgenommen werden.

Die meisten vorgeschlagenen Methodiken für die Entwicklung von Services sind den Entwicklungsmethodiken für objektorientierte oder komponentenbasierte Systeme entlehnt und weisen in der Regel einen Top-Down-Charakter auf (s. Abb. 8.4). Der hier „übliche" Ablauf ist von der Geschäftsstrategie aus zu starten und Geschäftsprozesse als auch die Geschäftsobjekte abzuleiten. Aus diesen Domäninformationen werden Use-Cases und Datenobjekte

Tabelle 8.3: Die Zielsetzungen und Designprinzipien der Provider von Services

Ziel	Designprinzip
Reduktion der Anforderung von neuen Consumern für zusätzliche Features	Grobgranulare abstrakte Services, welche eine breite Funktionalität erfüllen
Komposition neuer Services aus bestehenden Services	Feingranulare generalisierte Services, die auf verschiedene Arten komponiert werden können.
Reduktion der Aufwände für Änderungen in bestehenden Services	Abstraktion der Services von der Implementierung
Zurverfügungstellung der Services in neuem und unvorhergesehenem Kontext	Generalisierung von Services
Services für einen großen Markt an Consumern	Grobgranulare und generalisierte Services

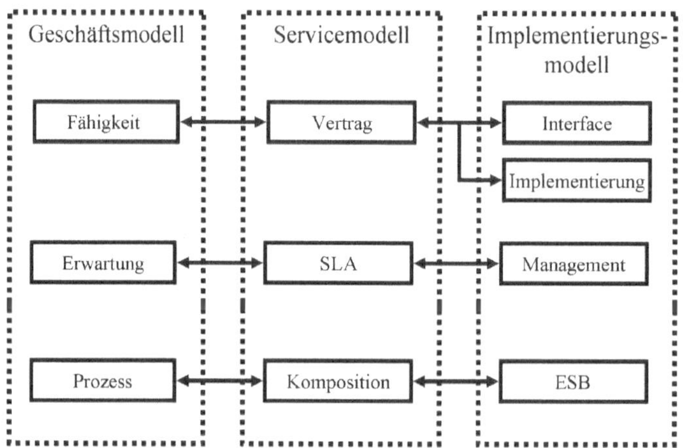

Abb. 8.3: Die drei Modelle der Serviceorientierung

abgeleitet, welche anschließend in Services übergeführt werden. Dieses Vorgehen ist völlig analog zu Verfahren wie RUP[10]. Ein Großteil der Erfahrungen aus der „klassischen" Softwareentwicklung wird in diesen Vorgehensweisen nahtlos auf die Serviceentwicklung (inkl. der Vorgehensmodelle) übertragen. Solche Top-Down-Vorgehensweisen fangen meist bei der Identifikation eines Businesselements an, diese finden sich als Elemente von Prozessen und Ressourcen wieder. Ein Businesselement kann drei unterschiedliche Ausprägungen annehmen:

---

[10] Rational Unified Process

Tabelle 8.4: Serviceorientierte Artefakte in den drei Modellen

Artefakt	Geschäftsmodell	Servicemodell	Implementierungs-modell
Grenzen	eindeutig abgegrenzte fachliche Fähigkeiten	extern nutzbare Interfaces	explizites Interface (Serviceendpunkt)
Autonomie	Fähigkeit zum Out- und Insourcing	Interoperable lose gekoppelte Services	Unabhängigkeit von der Implementation
Vertrag	Prozess- und Aktivitätenmodell	ESB, Kompositionen, Interfaces	Interfaces, Kompositions-implementierungen
Policy	Governance, SLAs, Erwartungen	extern nutzbare SLAs	Servicelevel-management, Implementierungen, ESB

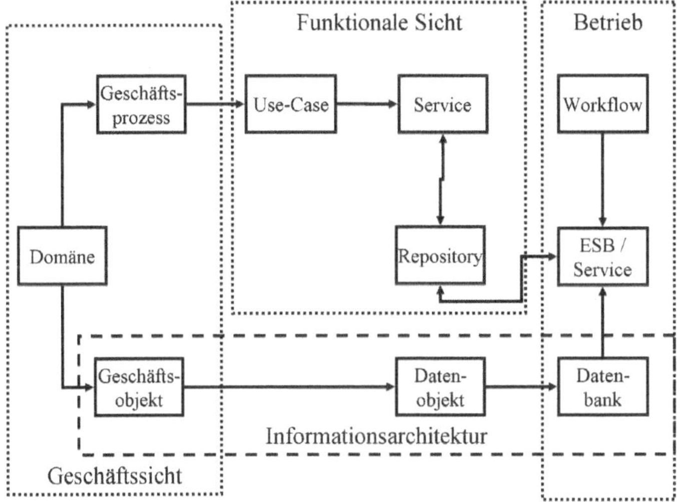

Abb. 8.4: Der typische Top-Down-Ansatz zur Entwicklung von Services

- Ressource Business Element – Dieses Element kapselt eine Reihe von wichtigen Ressourcen für die Domäne. Innerhalb dieser Ressourcen finden sich die Geschäftsobjekte wieder.
- Service Business Element – Ein solches Element besteht aus einer Anzahl von zusammenhängenden fachlichen Services, welche die Organisation anbietet und die durch einen Geschäftsprozess implementiert werden. Diese Elemente sind typische Kandidaten für eine IT-gestützte Implementierung.
- Delivery Business Element – Das Delivery Business Element ist eine Menge an zusammenhängenden Services, die von einer Suborganisation geliefert werden, ansonsten sind sie analog den Service Business Elementen.

Die so gefundenen Services werden als manuelle oder IT-gestützte Tätigkeit implementiert. Aus den Service Business Elementen werden meist die Prozessdefinitionen abgeleitet, während die Delivery Business Elemente als Gruppierungskriterium für entstehende Applikationen dienen. Somit kann sichergestellt werden, dass die SOS auch den entsprechenden Zielgruppen dienen, obwohl sie aus diversen Services aufgebaut sein können. Aus den Ressource Elementen entstehen meist Anforderungen an die Informationsarchitektur bzw. an eventuelle Datenbanken.

Die meisten traditionellen Vorgehensmodelle (speziell RUP und V-Modell, bzw. alle daraus entlehnten) sind implizit providerorientiert, d.h. der Fokus in diesen Vorgehensweisen liegt auf der Implementierung und nicht auf der fachlichen Adäquatheit des Services. Diese Vorgehensmodelle entkoppeln sehr früh die Wünsche der Domäne an die Software und damit an den einzelnen Service, um sich auf die Implementierung zu konzentrieren. Diese Modelle sind für die Serviceorientierung problematisch, da diese die Services aus der Consumerperspektive definiert und nicht aus Sicht des Providers! Einzige sinnvolle Alternative sind z.Z. die agilen Verfahren, darunter speziell e**X**treme **P**rograming (XP), welche den Consumer kontinuierlich in den Entwicklungsprozess einbinden. Hier kann der Consumer auch starken Einfluss auf die Struktur des Serviceinterfaces sowie die QoS nehmen.

8.3 Bricolage

Ein besonderes Vorgehensmodell, welches beim Aufbau von SOS aus Services gut funktioniert, ist die Bricolage[11]. Unter der Bezeichnung Bricolage versteht man die Nutzung von vorhandenem Material, um daraus durch neue Verknüpfungen ein neues System zu schaffen. Der Bricoleur schafft kontinuierlich Neues aus dem Vorhandenen. Diese Vorgehensweise ist ideal in einer Umgebung, in der schon eine gewisse Menge an Services vorhanden ist, aus diesen werden neue gewonnen, ohne dass die bestehenden von Grund auf neu implementiert werden. Eines der Kernelemente der Bricolage ist neben der Zusammensetzung von Neuem aus Bestehendem die nichtvorhergesehene Verwendung des vorhandenen Materials in einer neuen Art und Weise. Insofern löst der Bricoleur bestehende Services aus ihrem Nutzungskontext und fügt sie in neue Kontexte ein. Eine solche Neuverwendung ist jedoch nur dann möglich, wenn der Service sich auf neue Kontexte einstellen kann und in ihnen weiter funktioniert (s. Kap. 12). Bricolage ist eine explizite Bottom-Up-Vorgehensweise.

Die übliche Tätigkeit des Bricoleurs ist es, zunächst praktische Experimente mit den Services durchzuführen und das Ergebnis dann durch Überlegung

---

[11] Aus dem Französischen bedeutet in etwa Bastelei und wurde vom Soziologen *Lévi-Strauss* für das Vorgehen nach dem Motto: „Nehmen und verknüpfen, was da ist…" als Bezeichnung eingeführt.

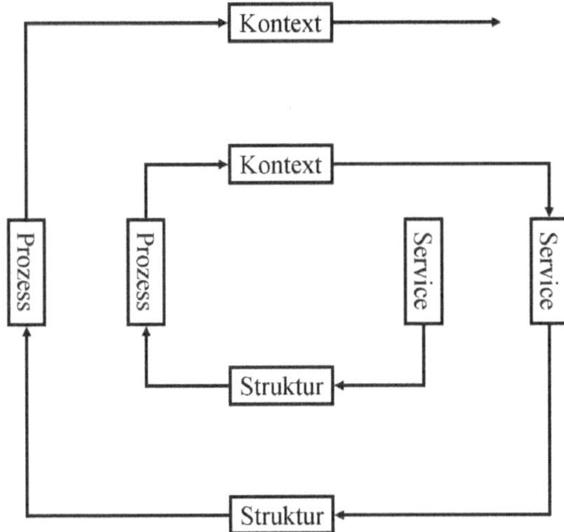

Abb. 8.5: Der Iterationsprozess der Bricolage

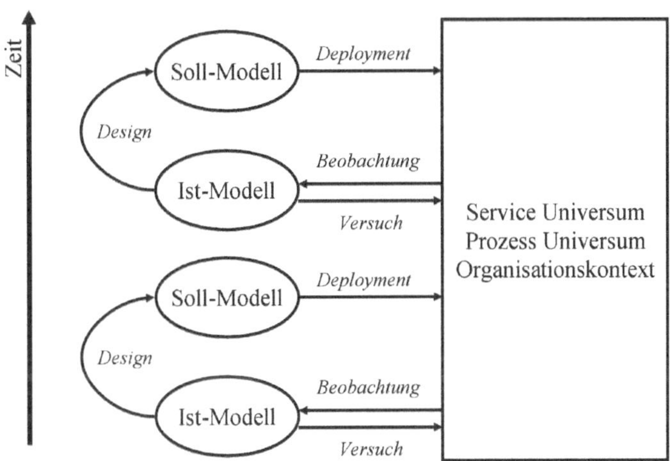

Abb. 8.6: Die Wechselwirkung der Bricolage mit der Umwelt

zusätzlich zu verfeinern und an neue Gegebenheiten anzupassen. Dabei wird dem Ergebnis eine gewisse Wahrscheinlichkeit gestattet, d.h. es steht nicht ab initio fest, ob überhaupt etwas Sinnvolles aus der Bricolage entsteht. Umgekehrt betrachtet gibt es aber auch eine Wahrscheinlichkeit, dass etwas völlig Neues durch die Bricolage hervorgerufen wird. Der Bricoleur benutzt nur das, was ihm zur Verfügung steht, da er nichts anderes hat. Insofern ist Bricolage eine Neuverknüpfung bekannter Services, um daraus neue Nutzung oder neue Services zu kreieren. Ein solcher Ansatz ist empfehlenswert, wenn das Serviceportfolio eine gewisse Größe und Stabilität gewonnen hat.

Aus systemtheoretischer Sicht ist Bricolage der Versuch, durch Beobachtung von Veränderungen im System (hervorgerufen durch den Bricoleur) die spezifische Emergenz des Systems zu erkennen, zu verstehen und zu beschleunigen. Typisch für einen Bricolageprozess ist ein iteratives Vorgehen (s. Abb. 8.5), so dass aus Services neue Strukturen und Prozesse aufgebaut werden, welche wiederum neue Kontexte und Services schaffen.

Genau wie der Bricoleur ist auch der Anwender einem endlichen Universum aus Services ausgesetzt, aber im Gegensatz zum Designer, welcher seine Umgebung aktiv abändern kann, fehlen dem Anwender die Mittel und Wege, die ihm zur Verfügung stehenden Services zu verändern. Der Anwender kann durch neue Arrangements und durch semantische Reinterpretation bestehender Services auch eine Bricolage an Systemen vornehmen und damit neue Nutzungen erschließen. Empirische Studien zeigen, dass in großen Systemen die Mehrheit der vorgenommenen Anpassungen auf Anwenderinitiativen zurückgeht. Bricolage ist oft das Ergebnis menschlicher Kreativität, Menschen nutzen Systeme anders, als ursprünglich gedacht oder antizipiert wurde. Manchmal entstehen dabei völlig neue Systeme, wie z.B. das SABRE-System.

Eine andere positive Eigenschaft der Bricolage ist, dass sie sehr schnell Ergebnisse produziert, dies ist in komplexen Systemen eine besonders positive Eigenschaft, da in einem komplexen System die schnellere Iteration meist besser ist als die präzisere Iteration.[12] Insofern ist eine große Anzahl von Iterationen in kurzer Zeit zu bevorzugen, außerdem unterstützen kurze Iterationszeiten in der Regel die wahrnehmbare Agilität.

8.4 Language-Action Perspektive

Ein anderer consumerorientierter Zugang zum SOSE ist die **L**anguage-**A**ction **P**erspektive (LAP). Einer der Grundzüge der LAP ist die Annahme, dass ein Großteil der Arbeit in heutigen Organisationen durch Sprache geschieht. Sprache, welche Kommunikation, Koordination und Interaktion ermöglicht. Folglich kann ein Softwaresystem eine Organisation dann effektiv unterstützen, wenn es der Kommunikation in dieser Organisation folgt. Die LAP basiert auf der Kommunikationstheorie, welche Kommunikation und Information aus dem Blickwinkel der sozialen Interaktion betrachtet, mit Wurzeln in der Hermeneutik, der Wissenssoziologie und der Sprachakttheorie. Aus dem Blickwinkel der LAP ist Kommunikation primär Aktion und Interpretation mit Hilfe einer Sprache, welche auf der Intersubjektivität zwischen Sender und Empfänger basiert.

In der „traditionellen" Betrachtungsweise sind Softwaresysteme objektiv, sie „spiegeln Realität wider" und jeder Benutzer hat seine eigene Sicht auf die

---

[12] Auch bekannt als *Boyd's Law*.

Gesamtsicht, die seine Realität als Teil einer hypothetischen Gesamtrealität widerspiegelt. Aus Sicht der LAP kontextualisiert sich Information in einer Gemeinschaft aus Interpreten. Der Benutzer der Software ist ein Teilnehmer dieser Gemeinschaft der Interpretation. LAP-Modelle wurden bisher in der Softwareentwicklung eingesetzt, um e-Commerce besser zu verstehen. Dieselbe Technik lässt sich auch auf Services anwenden (s. Tab. 8.5):

Tabelle 8.5: Die Abbildung zwischen LAP und Services

Pattern	**Services**	**Protokoll**	**Kommentar**
Sprachakt	Conversational Layer Protokoll	BPEL, WS-CDL, SOAP, HTTP, TCP/IP	Eine sprachaktbasierte Nachricht ist eine einseitige Interaktion zwischen Parteien. Services enthalten mehr als nur Sprachakte, da sie auch als Dialog verstanden werden können. Allerdings ist eine Einseitigkeit vorteilhaft für eine Zustandslosigkeit. Außerdem ist eine Form des Protokolls notwendig, um Messages zu übermitteln.
Transaktion	Conversational Layer	WS-Tx*, XAML, WSCI	Eine Transaktion ist eine Interaktion zweier Parteien, daher ist sie auf dem Conversational Layer angesiedelt.
Workflow	Process Description Layer	WSDL, OWL-S	Ein Workflow ist eine Sequenz von aufeinander bezogenen Transaktionen, die ein Ziel erreichen wollen. Dieser Begriff lässt sich auf die Prozessbeschreibung abbilden.
Kontrakt	Service-discovery	UDDI	Ein Kontrakt im Sinne der LAP beschreibt ein Service Level Agreement mit den fachlichen und nichtfunktionalen Eigenschaften eines Services.
Szenario	semantische Services	semantische Services	Ein Szenario beschreibt die Wechselwirkung zwischen verschiedenen Kontrakten oder Services. Eine solche Konstellation ist z.Z. nur im Rahmen semantischer Services oder einer Ontologie möglich.

- Sprachakt – Ein Sprachakt repräsentiert einen Teil der Interaktion zwischen zwei Parteien intra- oder interorganisatorisch. Folglich findet sich der Sprachakt in der Komposition als auch der Syntax wieder, da dort die Interaktion zwischen Provider und Consumer repräsentiert ist.

- Transaktion[13] – Zwei oder mehr Sprachakte bilden eine Transaktion. Eine Transaktion zeigt eine Interaktion zwischen den Parteien an und wird auf die Komposition abgebildet.
- Workflow – Eine Menge von miteinander verwobenen Transaktionen bildet einen Workflow. Dies findet sich als Prozessbeschreibung bei den Services wieder.
- Kontrakt – Ein Kontrakt repräsentiert die Verpflichtungen und Rechte zwischen den Parteien. Kontrakte werden während der Verhandlungsphase der Parteien erstellt, insofern ähnelt dies der Servicediscovery und dem dazugehörigen SLA.
- Szenario – Ein Szenario beschreibt die Interaktion zwischen mehreren Kontrakten. Ein solches Konstrukt ist in der Serviceorientierung per se nicht vorgesehen. Theoretisch gesehen lässt sich ein Szenario auch als ein komplexer Service oder als eine besondere Form des semantischen Services auffassen.

8.5 SOS-Zyklus

Der Aufbau einer SOS unterscheidet sich grundlegend von der Konstruktion einer „traditionellen" Applikation, da diese fast vollständig durchprogrammiert wird. Im Gegensatz dazu ähnelt die Entwicklung einer SOS mehr dem Einrichten eines Workflowsystems. Da die Services schon vorhanden sind, ist der primäre Fokus bei der Konstruktion der SOS der Prozess und die Benutzerinteraktion im Prozess. Wie kann ein solcher Konstruktionsprozess für eine SOS im Rahmen der Serviceorientierung aussehen? Der Konstruktionsprozess durchläuft mehrere Schritte:

- Discovery – Der erste Schritt in einem Konstruktionsprozess für eine SOS ist die Auffindung oder Entdeckung von relevanten Services. Da jede SOS einen gewissen Geschäftsprozess der betreffenden Organisation unterstützen muss, kann die Menge an zu betrachtenden Services auf eine Untermenge eingeschränkt werden. Die „besten" Services werden dann in den nächsten Schritten selektiert und anschließend verwendet. Unter der Annahme, dass der entsprechende Geschäftsprozess schon in einzelne Aktivitäten zerlegt wurde, können für die einzelnen Aktivitäten die entsprechenden Services gesucht werden. Damit eine flexible SOS gebaut werden kann, muss zwischen jeder Aktivität und jedem Service eine Abbildung in Form eines Servicemodells existieren. Wenn die Suche nicht erfolgreich war, müssen andere Wege gefunden werden: Entweder der Geschäftsprozess muss sich adaptieren, d.h. entsprechend verändert werden, oder der entsprechende Service wird neu implementiert. Folglich ist eine Vorbedingung für das Suchen eine detaillierte Beschreibung der vorhandenen

---

[13] Dies ist eine Transaktion im LAP-Sinne, nicht zu verwechseln mit technischen Transaktionen von Datenbanken oder TP-Monitoren.

Services. Diese Problemstellung macht, speziell im interorganisatorischen und kommerziellen Servicebereich, die Existenz von Taxonomien und Ontologien unabdingbar, ansonsten sind die Services nicht mehr auffindbar.

- Selektion – Bei der Selektion wird entschieden, welcher der möglichen Services in die SOS integriert wird. Damit eine solche Entscheidung fundiert getroffen werden kann, müssen die Charakteristika, welche im vorhergehenden Discovery-Schritt gefunden wurden, verglichen werden. Neben den funktionalen Eigenschaften sind für eine erfolgreiche Selektion auch die nichtfunktionalen Eigenschaften zu betrachten (s. Abschn. 3.2.2).

- Rating – Beim Bewerten des Services, wird ein Ranking, basierend auf dem gegebenen SLA und dem aktuellen und früheren Laufzeitverhalten des jeweiligen Services und vergleichbarer Services, aufgestellt. Dieses Ranking kann wiederum genommen werden, um entsprechende Selektionskriterien oder Designentwürfe für die SOS vorzunehmen.

- Assembling – Nach der Selektion des Services muss er für die Integration in die SOS vorbereitet werden. Alternativ kann dieser Schritt auch darin bestehen, die SOS auf einen „neuen" Service vorzubereiten.

- Ausführung – Nach der Konstruktion einer SOS ist die Kontrolle der SOS und der Services zur Laufzeit die Hauptaufgabe des Applikationsmanagements.

- Monitoring – Die QoS-Parameter der Services müssen zur Laufzeit der SOS genau beobachtet werden. Ein Teil dieser Information wird zur Kontrolle oder Erstellung der Kontierung genutzt.

- Kontierung – Die Kontierung[14] stellt eine (dem jeweiligen SLA oder internen Schlüsseln angelehnte) Verrechung der erbrachten Serviceleistung dar.

- Desintegration – Die Auflösung der SOS wird am Ende ihrer Lebensdauer durchgeführt (s. Abschn. 8.1). Dies beendet aber nicht die Existenz der in der SOS enthaltenen Services, denn diese sollten in anderen Kontexten wieder Verwendung finden.

Die hier aufgezeigten Schritte zeigen einen Konstruktionsablauf für eine Version einer SOS auf. Im Gegensatz zu traditionellen Applikationen, welche mehr oder minder spontan aufgebaut werden und sich langfristig adaptieren müssen (Maintenance) um sich zu verändern, entsteht eine SOS aus Services und zerfällt auch wieder, wenn die nächste SOS-Version ansteht. Im Serviceorientierungsparadigma ist nicht die Applikation der stabile Teil der Software, sondern der einzelne Service, mit der Folge, dass die Applikation schneller obsolet wird als heute. Aus Sicht der Softwareevolution stellt die Abfolge der SOS-Versionen die eigentliche Chronologie der Entwicklung dar. Diese Vorgehensweise in der Evolution führt zu einem sprunghaften Anstieg an Komplexität und Entropie in der SOS-Applikation, da viele Änderungen nicht inkrementell, sondern disruptiv sind.

---

[14] Auch als Billing oder Accounting bezeichnet.

8.6 Organisationsübergreifende Komposition

Für die Koordination von zusammengesetzten Services oder Applikationen können Ablaufschemata in Form von Workflowprozessen und zu deren Ausführung entsprechende Workflowengines genutzt werden, welche die Abfolge der einzelnen Services und den Datenfluss zwischen diesen Services regeln. Für die Nutzung von Workflowsprachen zusammen mit dem Prinzip der Serviceorientierung bieten sich vor allem solche Sprachen an, die zum Zweck der Servicekomposition entwickelt wurden. Sprachen wie die BPEL (s. Abschn. 9.7) erlauben die Definition einfacher individueller Interaktionsprozesse auf syntaktischer Ebene und abstrahieren damit von bestimmten Aspekten des Anwendungskontexts. Trotz dieser Limitierungen können sie aber dennoch als Basis zur Umsetzung komplexerer Servicemodelle genutzt werden.

Die Probleme auf Prozessebene gehen dabei weit über die Problemstellungen auf der Serviceebene hinaus. Es tauchen spezielle Integrationsprobleme auf, wenn Prozesse die Grenzen einer Organisation überwinden und mit Prozessen aus anderen Organisationen verknüpft werden. Eine der Anforderungen ist die Änderbarkeit lokaler Prozessteile, ohne den gesamten organisationsübergreifenden Prozess zu beeinträchtigen, nur so kann eine effiziente Integration von Prozessen verschiedener Organisationen gewährleistet werden.

Traditionelle Workflowmanagementsysteme sind nicht in der Lage organisationsübergreifende Prozesse auszuführen. Die Implementierung solcher Prozesse erfordert daher eine Erweiterung der konventionellen Workflowsysteme. Ein organisationsübergreifender Prozess besteht aus einer Anzahl organisationsinterner, privater Prozesse sowie aus zwischen ihnen liegenden öffentlichen Prozessen, sogenannte Geschäfts- oder B2B-Protokolle, welche diese privaten Prozesse miteinander verbinden. Der Vorteil ist, dass die lokalen Prozessteile in beliebigen, heterogenen Umgebungen vorliegen können und unabhängig von Partnerprozessen und Gesamtprozess jederzeit lokal änderbar sind, solange die nach außen bereitgestellten Services und die entsprechenden Interfaces von diesen Änderungen unberührt bleiben. Mittels der öffentlichen Prozesse wird dann ein einheitliches Interface für den Messageaustausch zwischen den lokalen, privaten Prozessen definiert, die von allen Teilnehmern umgesetzt werden muss. Dadurch können globale Prozesse aus beliebig vielen lokalen Prozessen komponiert werden, ohne die Autonomie einzelner Teilnehmer zu beeinträchtigen. Außerdem ist es dadurch möglich, einzelne Teilnehmer, die bestimmte Rollen eines übergreifenden Services ausfüllen, je nach Bedarf durch andere zu ersetzen, sofern diese eine vergleichbare Funktionalität und Kompatibilität mit dem verwendeten Geschäftsprotokoll aufweisen. Hierdurch ist die Modellierung von flexiblen Geschäftsbeziehungen möglich, die häufig wechselnde Geschäftspartner vorsehen. Bei einer solchen Strategie bleibt stets zu klären, welche Organisation die jeweilige Kontrolle über die globalen, öffentlichen Prozesse übernimmt und wie die Koppelung von Interaktionsprozessen im Detail funktioniert.

8.7 Reengineering

Die heutige Softwarelandschaft in Organisationen enthält eine Vielzahl von Legacysoftwaresystemen, welche nicht serviceorientiert sind oder sich nur bedingt dazu eignen. In diesem Umfeld stellt sich die Frage: Wie können solche Legacysoftwaresysteme umgebaut werden, so dass sie zu einem Serviceorientierungsparadigma passen?

Ein solches Reengineering kann nur schrittweise vonstatten gehen, da ein vollständiger Ersatz eines Legacysystems sehr risikoreich ist. Die chronologische Reihenfolge ist:

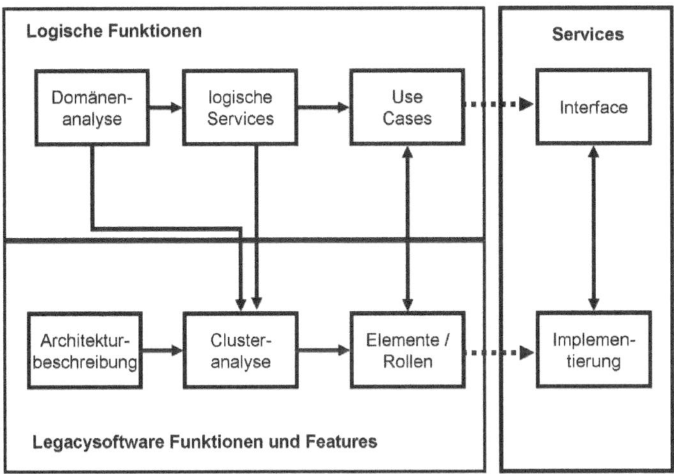

Abb. 8.7: Serviceidentifikation in Legacysoftwaresystemen

- Legacysystemevaluation – Das bestehende System muss bewertet werden. Speziell Legacysysteme haben die Problematik einer sehr engen Bindung zwischen Geschäftsprozessabwicklung in der Organisation auf der einen Seite und der Software auf der anderen, so, dass das eine nicht ohne dass andere verändert werden kann. Im Rahmen der Evaluierung muss betrachtet werden, ob sich ein Reengineering überhaupt lohnt.
- Architectural Recovery – Ziel dieses Schrittes ist es, Design- und Architekturinformationen über das System zu beschaffen. Hierzu existieren diverse Techniken, die in aller Regel vom Typ und der ursprünglichen Implementierungstechnologie des Legacysoftwaresystems abhängen.
- Serviceidentifikation – Da ein Service als eine Abstraktion, welche einem Consumer eine Funktionalität eines Providers zur Verfügung stellt, betrachtet werden kann, müssen beide eine kohärente Sicht auf diese Funk-

tionalität haben. Dieser Schritt ist sehr kritisch für den Erfolg des gesamten Reengineerings. Bevor tatsächliche Funktionalität analysiert werden kann, ist es nötig, die Rollen Provider und Consumer eindeutig zu identifizieren. Beide Rollen können mehrfach und durchaus widersprüchlich auftauchen, aber erst durch ein klare Trennung, wer Provider und wer Consumer ist und was beide Rollen benötigen und geben können, lassen sich Services überhaupt identifizieren. Die eigentliche Identifikation geschieht in drei Schritten(s. Abb. 8.7):

- Serviceidentifikation in der Domäne – Das Ziel der Domänanalyse ist es, die Anforderungen bezüglich Services innerhalb der Domäne zu identifizieren. Dies sollte unabhängig vom Legacysoftwaresystem geschehen, da diese nur eine mögliche und meist auch unvollständige Implementierung darstellt.
- Serviceidentifikation im Legacysoftwaresystem – Die Services innerhalb des Legacysoftwaresystems werden durch die beschriebene Architektur isoliert und sind als Features zugänglich. Eine Gruppierung in technisch und logisch zusammenhängende Cluster ermöglicht es, größere Gruppen zu identifizieren, welche dann eine Idee über Services und ihre Interfaces liefern.
- Verknüpfung der beiden Sichten – In diesem Schritt werden die logischen Servicekonstrukte mit den tatsächlich implementierten verknüpft.
• Servicepaketierung – Die vorgefundenen Services werden gruppiert, um dadurch die Migration zu erleichtern. Diese softwaretechnische Gruppierung, auch Paketierung genannt, hat zwei treibende Kräfte. Zum einen die Struktur und Architektur des Legacysoftwaresystems und zum anderen den Zwang, ein sinnvolles (aus fachlicher Sicht) Paket an Services zu liefern. Der Prozess des Paketierens durchläuft mehrere Schritte:
- Legacycoderefinement – Das Ziel hinter dem Coderefinement ist es, eine besser Modularisierung, geringere Komplexität und einfachere Externalisierung interner Interfaces[15] zu erreichen.
- Implementierung neuer Funktionen – Im Rahmen des logischen Modells lassen sich oft Defizite des bestehenden Systems aufzeigen.
- Beschreibung der Serviceinterfaces.
- Integration in den Transportmechanismus.
- Bau von Konnektoren.
- Servicekomplexitätsreduktion – Nach den ersten Schritten entstehen oft Services, welche starke Abhängigkeiten untereinander haben, quasi ein Spiegelbild der Legacysoftwareabhängigkeiten, nun in Form von Services. Diese müssen entkoppelt und neu gebündelt werden.
• Servicepublikation und -choreographie.

Einer der zentralen Punkte des Reengineerings ist die Featureanalyse, schließlich müssen ja die relevanten Eigenschaften der Services aus dem bestehen-

---

[15] Dadurch lassen sie sich besser als Services nutzen.

den System abgeleitet werden. Ein Service sollte so granular wie möglich sein, dafür müssen alle Features zunächst identifiziert werden. Die gebündelten Features ergeben die Services. Ein weiterer Schritt nach dem Auffinden und Zuordnen von Services ist die Featurelokation, da die Featureimplementierungen in der jeweiligen Legacysoftware gefunden werden müssen. Dies hat mehrere Aspekte, zum einen können die Features redundant vorhanden sein, was eine eigenständige Problematik bildet und zum anderen kann der Featureschnitt so sein, dass es architektonisch sehr schwer ist hieraus Services zu bauen. In der Praxis wird man daher oft einen Mittelweg zwischen dem fachlichen Optimum und dem Implementierungsoptimum wählen.

8.8 Ähnlichkeit

Es können in den schon implementierten Services große Redundanzen vorliegen. In einer voll entwickelten SOA existiert immer eine große Anzahl von Services. Diese Services können ihre jeweilige Rolle als Consumer und Provider austauschen. Dies impliziert einen relativ großen Aufrufbaum, welcher entsteht, wenn alle Services explizit oder implizit im Rahmen einer Aktivität als Teil eines Geschäftsprozesses aufgerufen werden. Ein großes System aus Services kann und wird in aller Regel eine Menge an redundanten oder teilredundanten Services besitzen.

Die Redundanzen lassen sich an Hand von Ähnlichkeitsmetriken (s. auch Anhang A.6) identifizieren. Wenn die Menge aller Graphen, die möglich sind, angegeben wird, sei dies konstruktiv oder auch durch eine Beobachtung des Systems während einer hinreichend langen Laufzeit, so ergibt sich ein Graph, bei dem die Services die Knoten und die Aufrufe die Kanten bilden. Es ist nicht notwendig, einen „gemeinsamen" Graphen über alle Services zu bilden, in den meisten Fällen sollte ein hinreichend großer Graph ausreichen. Sei l_{ij} der kürzeste Weg zwischen zwei Knoten, definiert als die kleinste Anzahl von Kanten zwischen diesen beiden Knoten, so ist $l_{ij}^{(k)}$ der kürzeste Weg zwischen zwei Knoten, welcher nicht den Knoten k enthält. Dann ergibt sich für die Ähnlichkeit zweier Services als „Eltern":

$$\mathcal{S}_{ij}^{(P)} = \sum_{x \in \text{Eltern}} \frac{1}{2^{l_{xi}^{(j)}} + 2^{l_{xj}^{(i)}}} \tag{8.10}$$

und ihre Ähnlichkeit als „Kinder":

$$\mathcal{S}_{ij}^{(C)} = \sum_{x \in \text{Kinder}} \frac{1}{2^{l_{xi}^{(j)}} + 2^{l_{xj}^{(i)}}}. \tag{8.11}$$

Je größer die Zahl der gemeinsamen Kinder $\mathcal{S}_{ij}^{(C)}$, desto wahrscheinlicher ist es, dass die beiden Services i und j redundant sind. Das Maß $\mathcal{S}_{ij}^{(P)}$ gibt an, ob sich vielleicht die Services i und j zu einem gemeinsamen zusammenfassen lassen, da sie ähnliche Eltern besitzen.

8.9 Entwicklungsstrategien

Für die Entwicklung von Services gibt es aus dem Blickwinkel des SOSEs drei Basisstrategien:

- Top-Down – Diese Strategie startet bei den Anforderungen der fachlichen Domäne und dem Geschäftsprozessmodell und wird oft als Domändekomposition bezeichnet, da die Domäne in fachliche Funktionsgebiete und Subsysteme zerlegt wird. Innerhalb der Serviceorientierung stellt bei diesem Ansatz das Geschäftsprozessmodell die Blaupause für die Identifikation der Services dar. Die Services werden dann von den Providern gebaut und den Consumern genutzt. Eine solche Vorgehensweise führt meist zu einem höheren Grad an Interoperabilität als die Bottom-Up-Strategie, da zunächst die Spezifika der Implementierungssprache nicht genutzt werden. Umgekehrt betrachtet kann diese Strategie auch nur genutzt werden, wenn das System auf der „grünen Wiese" gebaut wird.[16] Im Rahmen dieser Vorgehensweise existieren unter anderem folgende drei Aktivitäten:
  - Bau von neuen Services – Hier ist das Problem, die kleinsten Einheiten der Services zu finden, welche in diversen Kontexten wiederverwendet werden können.[17] Diese werden dann zu höheren Services aggregiert.
  - Verwendung bestehender Services – Für die Wiederverwendung, auch in anderen Kontexten, ist es nötig, die Services zuerst zu finden.
  - Kauf neuer Services – Der Kauf neuer Services beinhaltet alle typischen Probleme des Einsatzes von COTS-Software.[18]
- Bottom-Up – Eine solche Strategie entspringt der technischen Basis, welche vorhanden sein muss, und arbeitet sich subsequent weiter nach oben zu den Anforderungen und den Geschäftsprozessmodellen vor. Hier werden die Services aus der Wiederverwendung bestehender Legacysysteme aufgebaut. In einer solchen Form der Entwicklung werden APIs, Transaktionen und Programminterfaces analysiert, um damit ein System aufzubauen. Zwei Aktivitäten treten dabei in den Vordergrund:
  - Aufbau eines Servicelayers,
  - Refaktoring bestehender Software.
  Im ersten Fall bleibt die Implementierung des bestehenden Systems faktisch konstant, das System erhält nur Serviceinterfaces[19], im zweiten Fall bleibt das Verhalten der Software unverändert, aber die interne Struktur

---

[16] Eine Annahme, die bei der großen Anzahl der heute existenten Legacysysteme die große Ausnahme bildet.

[17] Dies ist kein einfaches Problem, zieht man das Conwaysche Gesetz mit in Betracht (s. S. 85), so bilden sich oft Strukturen und damit auch Services nach der Organisationsstruktur der Entwicklungsabteilung aus.

[18] Ob tatsächlich ein großer kommerzieller Markt für Services als SOSE-Bausteine entsteht ist zweifelhaft. Die historische Parallele der erhofften CORBA-Objekt-Märkte fand auch nie statt.

[19] SOA durch Wrapping.

wird serviceorientiert. Eine solche Vorgehensweise lässt sich am Besten metrikbasiert (s. Anhang A) vollziehen, da sie sonst sehr schnell außer Kontrolle geraten kann.

- Meet-In-The-Middle – Die Meet-In-The-Middle ist die Strategie, welche in der Praxis am häufigsten anzutreffen ist, aber gleichzeitig die am wenigsten erforschte.

8.10 Taxonomien

Taxonomien sind Klassifizierungsschemata, um Services einzuteilen. Diese werden durch die Provider erstellt und mit Informationen über die Services gefüllt. Die so entstehenden Taxonomien dienen als Bindeglied zwischen Menschen und den beteiligten IT-Systemen. Die Taxonomien sind hierarchisch organisiert, da sie die großen Komplexitäten des Geschäftslebens abbilden. Analog zu den biologischen Taxonomien bilden sich meist mehrere Taxonomien parallel aus. Idealerweise sind diese orthogonal zueinander. Die unterschiedlichen Taxonomien können nach den verschiedenen Aspekten des Serviceverhaltens klassifiziert sein, mit der Folge, dass die Services sich mehrfach an unterschiedlichen Stellen registrieren lassen müssen, um ein hohes Maß an Aufrufbarkeit zu erreichen. Zwar wird auf Dauer eine gewisse Konvergenz der Taxonomien entstehen, aber da sich die Services selbst relativ rasch ändern dürften, existiert in der Taxonomie und damit in der Registry eine permanente Fluktuation.

Taxonomien sind nur dann sinnvoll verwendbar, wenn sie von Menschen verwaltet und aufgesetzt werden, um den semantischen Kontext der Services reflektieren zu können. Jede entstehende Kategorie muss die Semantik ihrer enthaltenen Services definieren und jeder Service der Kategorie muss dieselbe Semantik implementieren. Eine solche semantische Beschreibung muss für einen Menschen verständlich und gleichzeitig für einen Parser syntaktisch interpretierbar sein. Die einzelnen Kategorien müssen ein einfaches oder multiples Vererbungsschema besitzen, welches wiederum ein Spiegelbild der Geschäftswelt ist. Die darin enthaltenen Services gehören in der Regel zu mehreren Kategorien.

Eine der einfachsten Taxonomien ist die Schaffung von Servicedomänen. Hierbei werden mehrere Services zu einer Art logischem Service zusammengefasst, so dass sich die Semantik und die Menge von Services innerhalb einer Servicedomäne in Grenzen halten. Ein solches Clustering ist der Versuch, die Komplexität durch eine Zerlegung in (meist disjunkte) Domänen auf ein geringeres Niveau zu transportieren.

Auf Dauer werden neben den reinen Interfacedaten für die Services auch nichtfunktionale Anforderungen wichtig werden, wie z.B. Verfügbarkeit und Authentisierung. Der zunehmende Marktdruck auf die Provider wird zu einer andauernden Fluktuation bei den Services führen, mit dem Ergebnis, dass einzelne Services obsolet werden. Z.Z. ist noch unklar, wie auf obsolete Services zu reagieren ist, außerdem ist diese Information kein Bestandteil der heutigen UDDI-Definition (s. Abschn. 9.5).

Mit zunehmender Anzahl von Services werden sich Servicebroker etablieren, welche die Vermittlerfunktion zwischen Provider und Requestor wahrnehmen. Die einzelnen Servicebroker können untereinander nur an Hand ihrer implementierten Taxonomien konkurrieren. Es könnten sogar Metaservicebroker entstehen. Vermutlich wird das Geschäftsmodell der Servicebroker analog dem Modell von Yahoo funktionieren, d.h. die Provider bezahlen die Servicebroker für ihre Services. Hier wird die Entwicklung ähnlich der der Suchmaschinen verlaufen, d.h. auf Dauer wird die gesammelte Information des Servicebrokers über Consumerverhalten einen großen Teil seines Kapitals bilden. Um lästige Konkurrenz auszuschalten, werden erfolgreiche Servicebroker das Kopieren ihrer Taxonomien verhindern und, als Maßnahme, Fusionen mit anderen Servicebrokern anstreben.

8.11 Ontologie

Bei der Ausführung von Services kann eine Reihe von Problemen auftreten, schließlich ist der „Aufrufer" meist selbst ein Service, welcher seinerseits eine Menge an syntaktischen und semantischen Annahmen über den aufzurufenden Service macht. Umgekehrt machen selbstverständlich die aufgerufenen Services jede Menge von Annahmen über den Aufrufer. Zwischen dem Aufrufer und den Aufgerufenen kann es im Rahmen der Kommunikation zu Differenzen kommen.[20] Die entstehenden Differenzen lassen sich als Konflikte klassifizieren:

- Technischer Konflikt – Heterogene Hardware und Betriebssysteme.
- Syntaktischer Konflikt – Unterschiedliche Repräsentation von Daten oder Funktionen, abweichende Protokolle.
- Struktureller Konflikt – Heterogene Modellrepräsentationen.
- Semantischer Konflikt – Unterschiedliche Bedeutungen derselben Ausdrücke.

Für die Lösung von technischen und syntaktischen Konflikten existiert eine lange Tradition in der IT, speziell mit dem Einsatz von hardware- und applikationsneutralen Protokollen wie XML und HTTP lassen sich diese Konflikte in den Griff bekommen. Im Gegensatz dazu sind die strukturellen und semantischen Konflikte viel schwieriger. Durch die Mechanismen der öffentlichen und standardisierten Übertragungs- und Ausführungsprotokolle, welche die Konflikte auf technischer und syntaktischer Ebene gut unter Kontrolle bringen, treten die Probleme auf struktureller und semantischer Ebene stärker in

---

[20] Diese Differenzen sind teilweise die Folge der losen Koppelung. Bei einer starren Koppelung werden viele der technischen und syntaktischen Konflikte schon durch den Compiler oder Linker entdeckt und können während der Designphase behoben werden.

den Vordergrund. Ist beides gelöst, so spricht man von semantischer Interoperabilität. Damit eine semantische Interoperabilität in einer heterogenen Umgebung[21] erreicht werden kann, muss die Bedeutung systemübergreifend ähnlich sein. Die möglichen semantischen Konflikte lassen sich näher klassifizieren:

- Namensraumkonflikte entstehen entweder in Form von Synonymen oder Homonymen[22].
- Domänenkonflikte entstehen, wenn verschiedene Referenzsysteme für die Werte[23] benutzt werden.
- Strukturkonflikte werden erzeugt, wenn unterschiedliche Darstellungsformen[24] unterschiedliche Daten nutzen, um das gleiche Konzept zu beschreiben.
- Metadatenkonflikte entstehen, wenn die Konzepte in dem einen System als ein bestimmter Typ repräsentiert und in dem anderen System völlig unterschiedlich erscheinen.

In der Vergangenheit, im Rahmen der „klassischen" Softwareentwicklung, wurden diese Konflikte entweder ignoriert[25] oder zum Designzeitpunkt der Software gelöst. Diverse Strategien wurden für die Konfliktlösung entwickelt:

- Datenbankschemadesign mit Replikation in verteilten Datenbanken,
- Adaptoren, welche die Interoperabilität sicherstellen,
- Einsatz von XML,
- manuelle Tätigkeiten.

Alle diese Lösungsszenarien versagen jedoch in einer dynamischen Umgebung oder, wenn das Design nicht mehr direkt zugänglich ist, wie beim Zukauf von Software oder Services. An dieser Stelle sind Ontologien hilfreich.

Die Ontologien werden genutzt, um die Semantik einer Informationsquelle zu beschreiben und damit den Inhalt explizit zu machen, mit der Folge,

---

[21] Heterogen im Sinne der Semantik nicht in technischem Sinne, so z.B. unterschiedliche Domänen, Sprachen oder Kulturen.

[22] Kulturübergreifend können Homonyme verschärft auftreten: Die Buchstabenfolge *Gift* hat im Englischen eine völlig andere Bedeutung als im Deutschen

[23] Vor allen Dingen, wenn Währungen und unterschiedliche Maßeinheiten genutzt werden. Die Notlandung eines kanadischen Passagierflugzeugs war auf den Unterschied von Pounds und kg beim Betanken zurückzuführen. Der Mars Climate Orbiter zerschellte am 23. September 1999. Grund: Das Steuerungssystem benutzte metrische Daten, die Bremsraketen lieferten ihre Werte im amerikanischen Gallon-Foot-Pound-System.

[24] Bilanzen nach der deutschen Gesetzgebung (HGB) und nach der amerikanischen Norm (IAS bzw. US-GAAP) haben unterschiedliche Struktur und bewerten bestimmte Konten und Buchungen unterschiedlich.

[25] Domänenkonflikt – Darstellung von Geldbeträgen als Mark oder als Euro – löste bei der Euroeinführung eine riesige Welle an Softwareupdates aus, da dieses Problem zum Designzeitpunkt der meisten Buchhaltungssysteme nicht berücksichtigt wurde.

dass semantische Äquivalenzen zwischen unterschiedlichen Konzepten entdeckt werden können.[26] Eine Ontologie[27] definiert sich zu:

Eine Ontologie ist eine explizite Spezifikation einer Konzeptionalisierung einer abstrakten und vereinfachten Weltsicht, welche die Elemente eines bestimmten Bereichs und deren Relationen beschreibt. Das Vokabular einer Ontologie ist die Menge aller Bezeichner, die den Objekten und Relationen zugeordnet sind, die sich auf Basis der Ontologie beschreiben lassen.

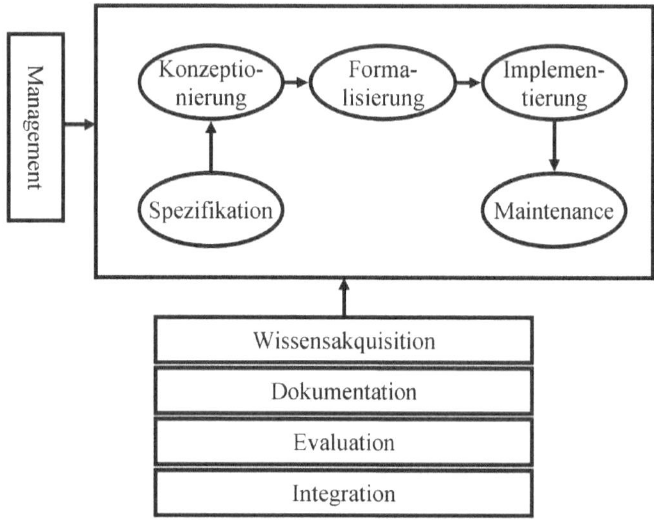

Abb. 8.8: Der Lebenszyklus einer Ontologie

Alle Objekte und die Relationen zwischen ihnen, die sich auf Basis einer Ontologie beschreiben lassen, finden ihre Entsprechung im Vokabular in Form von Bezeichnern. Dies ermöglicht die Beschreibung einer Ontologie durch die

---

[26] Eine bekannte und allgemein zugängliche Ontologie ist die **Universal Business Language (UBL)**

[27] Aus dem Bestreben der Philosophen, die Welt zu ordnen, entstand der Begriff der Ontologie. Aus dem Griechischen τo $o\nu$ (das Seiende) und $\lambda o \gamma o \varsigma$ (Lehre). Das allgemeinste Seiende wird als Entität bezeichnet. In der Philosophie unterscheidet man, historisch bedingt, eine Reihe von Ontologien:

- Materialismus - Materie ist das Fundament alles Seienden. Es gibt überhaupt kein Ideelles, nichts Unkörperliches (Karl Marx).
- Idealismus - Unkörperliche und gestaltlose, außerhalb von Raum und Zeit bestehende Elemente bilden die Grundlage alles Existierenden (Platon).
- Mischformen - Diese gehen davon aus, dass es faktisch unmöglich ist, ideelle und materielle Seinskomponenten zu trennen.

Definition einer Menge von Termen. Die Definitionen ordnen den Bezeichnern der Elemente umgangssprachliche Texte zu, welche die Bedeutung dieser Namen beschreiben, und sie bilden Axiome, welche die Interpretation solcher Terme eingrenzen. Dazu können z.B. Definitions- und Wertebereiche, Einordnung in Hierarchien, Vererbung von Klasseneigenschaften an Instanzen und so weiter gehören. Die Beschreibung einer Ontologie erfolgt unabhängig von der internen Wissensrepräsentation und Struktur konkreter Systeme. Für Systeme, Programme und auch menschliche Benutzer sind Ontologien ein Mittel, um sich über die Bedeutungen von Objekten und Relationen zu einigen, auf deren Basis sie miteinander interagieren. Dabei ist es weder notwendig, dass die beteiligten Benutzer ihre eigene Weltsicht auf dieselbe Weise repräsentieren, noch dass sich diese in Umfang und Mächtigkeit entsprechen. Je nach Art und Umfang der Interaktion kann eine Verpflichtung der Beteiligten zu einer begrenzten gemeinsamen Ontologie genügen. Eine Ontologie beginnt immer

Tabelle 8.6: Vergleich zwischen Ontologie und Datenmodell

Ontologie Datenmodell	Relationale Datenbank
Ontologie	Relationales Datenbankschema
Konzept	Relation
Konzept	Relationales Schema
Wissensbasis	Union aller Relationen einer Datenbank
Konzept	Name der Relation
Eigenschaft	Attributsname
Domäne	Name des relationalen Schemas
Konzeptinstanz	Relationentupel
Eigenschaftsinstanz	Wert des Tupels

Tabelle 8.7: Charakteristika von Ontologien und Datenmodellen

Charakteristik	Ontologie	Datenmodell
Datentypen	möglich	zwingend
Struktur	✓	✓
lexikalischer Layer	✓	–
semantische Axiome	✓	–
Modell	Objektorientierung, eigenschaftszentriert, Logik	relational, hierarchisch, Entity Relationship
Sprache	OWL, DAML, RDFS	SQL, XML-Schema, DTD
Abfragesprache	RDF Query, RQL	SQL, CODAYSL, XQuery
modularer Aufbau	sehr oft	oft
Abhängigkeiten	sehr oft	selten

mit einer speziellen Sicht auf eine Domäne des betreffenden Wissensgebiets. Typische Beispiele für solche Ontologien sind:

- Naturwissenschaftliche Ontologien: Elementarteilchen als Teil der Physik und Motorik des menschlichen Körpers als Teil der Biomechanik.
- Informatik: Definition und Manipulation von Daten als Teil der Informatik, Softwarearchitekturen, Algorithmen und Protokolle.
- Wirtschaft: Geschäftsstrategien, Finanzen, Buchhaltung, Marketing und Konzernbilanzierung.

Diese Sichten werden typischerweise von vielen Anwendern in der jeweiligen Domäne geteilt. Eine Ontologie enthält neben den grundlegenden Theorien und Axiomen der Domäne auch eine Angabe über den Sprachgebrauch und „wie Dinge funktionieren“. Eine Ontologie ist eine Formalisierung dieser domänspezifischen Sichten. Jede Ontologie identifiziert die interessanten Objekte einer Domäne und ordnet ihnen Symbole[28], die diese deklarativ repräsentieren, zu. Diese Menge an Objekten wird innerhalb der Ontologie zum Universum des Diskurses, in dem sie die Begrifflichkeit der Kommunikation bestimmen.

Es gibt eine Reihe von Kriterien für Ontologien:

- Ontologien müssen eine klare und effektive Kommunikation erlauben.[29]
- Alle Objekte in einer Ontologie müssen eindeutig definiert und widerspruchsfrei sein.
- Die Ontologie muss kohärent sein, d.h. es muss möglich sein, konsistente Schlussfolgerungen abzuleiten.
- Eine Ontologie muss erweiterbar sein, um neue Erkenntnisse der Domäne aufnehmen zu können.
- Ihr Sprachgebrauch sollte präzis aber so wenig wie möglich vom alltäglichen Sprachgebrauch[30] abweichen.[31]

Die Ontologien dienen aber auch dazu, bereits bestehende Wissensbestände zusammenzufügen. Der Unterschied einer Ontologie gegenüber einer Taxonomie ist, dass die Ontologie ein Netzwerk von Informationen mit logischen Relationen darstellt, während die Taxonomie eine einfache Hierarchie bildet. Die Ontologien sind in einem System, welches aus einer Vielzahl von Services besteht, unumgänglich, da eine Auswahl ohne semantisches Wissen und das Wissen über eventuelle Relationen der Begriffe und Services zueinander ohne eine Ontologie faktisch nicht möglich ist. Ontologien sind nicht einfach statisch

---

[28] In der Physik der Elementarteilchen e^- für Elektronen, e^+ für Positronen und γ für Photonen.

[29] Sonst ließe sich auf ihnen kein Diskurs aufbauen.

[30] Dies erleichtert die Benutzung durch den Menschen, erschwert aber die Maschinenverwendbarkeit einer Ontologie. Die Alltagssprache ist inhärent mehrdeutig und unpräzise.

[31] Der Erfolg der Naturwissenschaften ist auf deren präzise Definitionen und Sprachwahl zurückzuführen.

oder entstehen spontan, sondern sind das Ergebnis einer langanhaltenden Wissensakquisition und verändern sich dabei permanent. Der Lebenszyklus einer Ontologie (s. Abb. 8.8) besteht aus mehreren Phasen:

- Managementphase – Mit Planung, Kontrolle und Qualitätssicherung.
- Entwicklungsphase – Mit den Abschnitten:
  - Spezifikation – Zu diesem Zeitpunkt wird das Ziel der Ontologie festgelegt, was eigentlich beschrieben werden soll und in welcher Domäne die Ontologie angesiedelt ist.
  - Konzeptionalisierung – Die in der Ontologie enthaltenen Schlüsselkonzepte der Domäne und deren Relationen werden beschrieben.
  - Formalisierung – Die Konzepte werden in ein formales und computerlesbares Format transformiert.
  - Implementierung – Umsetzung in eine Ontologiesprache.
  - Maintenance – Anpassung der vorhandenen Ontologie.
- Supportphase – Mit den typischen Aktivitäten:
  - Wissensakquisition – Durch Domänexperten oder Dokumente wird zusätzliches Wissen über die Domäne gewonnen bzw. aktualisiert.
  - Dokumentation – Alle ausgeführten Aktivitäten werden dokumentiert.
  - Evaluierung – Die Nutzbarkeit der Ontologie wird bewertet.
  - Integration – Andere Ontologien werden integriert.

Der Erstellungsprozess einer Ontologie ist mit zwei grundlegenden Problemen behaftet: Zum einen wird die Wahrnehmung der Welt durch individuelle, sozial vorgeprägte Vorstellungen und Prägungen des Beobachters gefiltert und interpretiert, so dass unsere Wahrnehmung[32] nicht zwingend mit der Beschaffenheit der Welt übereinstimmen muss.[33] Zum anderen erfolgt die Kommunikation dieser Wahrnehmung zwangsläufig mit sprachlichen Mitteln. Sprache unterliegt kulturellen und sozialen Einflüssen und kann eine Verfälschung zur Folge haben.[34] Aus diesem Grund spiegelt eine Ontologie nicht wirklich die Realität wieder, sondern immer die spezielle Sichtweise des Ontologiekonstrukteurs. Dementsprechend kann eine Ontologie nicht einfach als gemeingültig angesehen werden, sondern bedarf immer einer aktiven Zustimmung der Benutzer, das Ontological Commitment. Folglich ist eine Ontologie auch nur für eine bestimmte Gruppe gültig, wobei sich diese Gruppe aus den Benutzern mit einem gemeinsamen Ontological Commitment ergibt. Daher kann es pro Gruppe nur eine Ontologie geben[35], aber durchaus mehrere Ontologien, die von verschiedenen, disjunkten Gruppen genutzt werden.

---

[32] Unsere Wahrnehmung erzeugt erst die Wirklichkeit.

[33] Das andropomorphe Prinzip der Kosmologie geht sogar soweit zu postulieren, dass das Universum nur dann existent ist, wenn es einen Beobachter (im Sinne eines denkenden Wesens) gibt.

[34] Wir denken in unserer Sprache. Nach einer andropologischen Theorie ist die Menschwerdung erst durch die Sprache überhaupt möglich geworden.

[35] Diese Gruppe hat dann auch stets übereinstimmende Definitionen.

Der Aufbau einer Ontologie ist ein aufwändiger Prozess, der nicht nur ausreichendes Fachwissen über den zu beschreibenden Bereich erfordert, sondern auch hinreichende Expertise im Bereich der Modellierung. Grundsätzlich existieren zwei Vorgehensweisen für den Aufbau von Ontologien: der induktive und der deduktive Ansatz. Im Falle der Induktion wird eine Ontologie durch die Wiederverwendung und Verknüpfung schon bestehender Ontologien genutzt. Diese Vorgehensweise ist auch unter dem Begriff der Ontologieintegration[36] bekannt. Bei der deduktiven Vorgehensweise hingegen werden Konzepte und Regeln postuliert und sukzessive verfeinert.

8.12 OWL-S

Die **W**eb **O**ntology **L**anguage for **W**eb **S**ervices (OWL-S) ist hervorgegangen aus DAML-S[37,38] und hat als Zielstellung die semantische Beschreibung von Webservices, um die Lücke zwischen der herkömmlichen Infrastruktur der Webservices und dem semantischen Web zu schließen. OWL-S ist der bekannteste Vertreter für die Umsetzung semantischer Webservices, Anwendungsbereiche für OWL-S sind automatisierte Such- und Auswahlmöglichkeiten, Aufruf, Zusammenarbeit, Komposition und Laufzeitüberwachung von Webservices. OWL-S ist keine WSDL-Erweiterung, sondern eine komplementäre Entwicklung (s. Abb. 8.9). OWL-S ist durch eine Metaontologie strukturiert in:

- *ServiceProfile* – Das Profil des Services wird durch die *ServiceProfile* beschrieben. Typische Anforderungen:
  - menschenlesbare Beschreibung des Services,
  - funktionale Attribute und funktionale Beschreibungen, Vorbedingungen, Eingabedaten und Ausgabedaten des Services, Ergebnisse, Serviceklassifikation, Produkte,
  - nichtfunktionale Eigenschaften: *qualityRating*, *serviceParameter*, *serviceCategory*,
  - abstrakte Charakterisierung des Services,
  - Beschreibung des Services,
  - Beschreibung des Providers.
- *ServiceModel* –
  - Analyse der Tauglichkeit, der automatischen Komposition oder der automatischen Kontrolle von Services,
  - Beschreibung der Serviceimplementierung,
  - automatischer Aufruf von Webservices.
- *ServiceGrounding* –
  - Beschreibung des Serviceaufrufs,

---

[36] Merging
[37] **DARPA A**gent **M**arkup **L**anguage for **S**ervices
[38] **D**efense **A**dvanced **R**esearch **P**rojects **A**gency (DARPA)

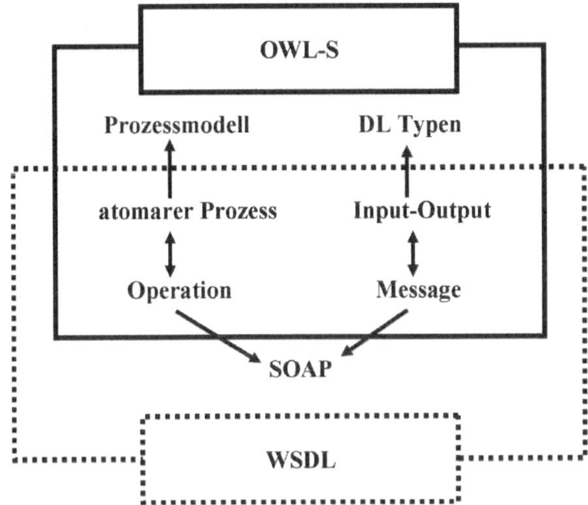

Abb. 8.9: Das WSDL-Grounding des OWL-S

- abstrakte Messages werden durch Informationen wie Ein- und Ausgaben von Prozessen im Prozessmodell spezifiziert,
- Nutzung von WSDL für die Messagestruktur und die physische Bindung,
- Protokolle, Adressen und Abbildung der abstrakten Messagetypen auf konkrete Datenformate.

Webservices werden in WSDL als eine Menge von *ports* definiert, die im Wesentlichen aus Netzwerkadressen mit zugehörigen Protokollen und Datentypspezifikationen bestehen. Zu jedem *port* gehört ein *porttype*, der den Messageaustausch beschreibt (*operations*), an dem der *port* beteiligt ist. OWL-S hingegen unterstützt eine erweiterte semantische Beschreibung von Webservices über Kommunikationsinterfaces hinaus. Die Grounding-Ontologie von OWL-S unterstützt die gemeinsame Nutzung von OWL-S und WSDL. Unter Grounding wird die Abbildung zwischen der Ontologie als semantische Beschreibung und der WSDL-Definition eines Services als syntaktische Beschreibung verstanden. Prozesse werden dabei als abstrakte Servicespezifikationen betrachtet und enthalten keine Aussagen zu den Details der Kommunikation. Diese werden nach wie vor durch WSDL beschrieben. Außerdem wird die Grounding-Ontologie genutzt, um die Abbildung von bestimmten OWL-S-Ontologie-Elementen auf gewählte Elemente der WSDL-Spezifikation vorzunehmen.

Durch OWL-S lässt sich ein Webservice wesentlich detaillierter beschreiben, als mit WSDL. An Hand der zusätzlichen Abbildung auf bestimmte Begriffe aus den Ontologien ist es möglich, nicht nur funktionale Eigenschaften, sondern auch Fähigkeiten von Services semantisch eindeutig zu beschreiben.

Tabelle 8.8: Einige OWL-Konstrukte und ihre mathematischen Entsprechungen

OWL-S	Mathematik	Bedeutung
intersectionOf	$A \cap B$	Schnittmenge
unionOf	$A \cup B$	Vereinigungsmenge
complementOf	$\neg A$	Negation
oneOf	$x \in \{a, b, c\}$	Element von
allValuesFrom	$\forall R.\mathcal{C}$	hat alle Werte aus $\mathcal{C}$
someValueFrom	$\exists R.\mathcal{C}$	hat Wert aus Menge $\mathcal{C}$
minCardinality	$\geq_n$	Mindestkardinalität
maxCardinality	$\leq_n$	Maximalkardinalität
Cardinality	$\equiv_n$	exakte Kardinalität
subClassOf	$A \sqsubseteq B$	Konzept A subsumiert Konzept B
equivalentClass	$A \equiv B$	Konzept A äquivalent Konzept B
subPropertyOf	$a \sqsubseteq b$	Eigenschaft a subsumiert b
sameAs	$\{a\} \equiv \{b\}$	a identisch zu b
inverseOf	$a \equiv b^{-1}$	Eigenschaft a invers zu b
TransitiveProperty	$(x, y) \in A \wedge (y, z) \in A \rightarrow (x, z) \in A$	Transitivität
SymmetricProperty	$(x, y) \in A \rightarrow (y, x) \in A$	Symmetrie

Aber OWL-S alleine löst nicht das Problem des Auffindens des Webservices, da
weder ein eigener Suchalgorithmus noch Protokolle festgelegt sind, auf deren
Grundlage eine Suche zu erfolgen hat. Es wird lediglich definiert, wie Services
zu beschreiben sind. Eine Kombination von OWL-S mit den vorhandenen
Standards und geeigneten Algorithmen kann aber die Grundlage bilden für
einen leistungsfähigeren Auffindungsprozess und für den dynamischen Aufruf
von Webservices.

8.13 WSMO

Die **W**eb **S**ervice **M**odeling **O**ntology (WSMO) ist neben OWL-S ein anderer
Versuch Ontologien zugänglich zu machen. Das Ziel von WSMO ist es, Verfahren bereitzustellen, mit denen die semantische Servicenutzung automatisiert
werden kann. Dazu wird eine geeignete Beschreibung von Services in allen
Aspekten angestrebt, welche auch die Integrationsproblematik berücksichtigt.
Das konzeptionelle Modell von WSMO ist ein Metamodell, in welchem die
wichtigsten Komponenten zur Automatisierung der Servicenutzung festgehalten sind:

- Alle WSMO-Beschreibungen sind ontologiebasiert. Sie stützen sich auf das
  gemeinsame Verständnis der Anwender und die formale Semantik der zugrunde liegenden Sprache.
- WSMO-Beschreibungen werden strikt voneinander entkoppelt. Sie werden
  unabhängig von ihrer Verwendung erstellt.

- Trotz der Heterogenität bei der Beschreibung von Ressourcen soll eine Kommunikation zwischen allen Teilnehmern möglich sein, was durch explizite Mediation durch den ESB erreicht wird.
- Angebotene und benötigte Services unterscheiden sich grundlegend, was durch getrennte ontologische Rollen zum Ausdruck gebracht wird.
- Vorrangiges Ziel von WSMO ist die Versorgung von Teilnehmern mit Services, welche anschließend verwendet werden, um bestimmte Operationen durchführen zu können.

Das hieraus entwickelte konzeptionelle Modell von WSMO ist als Metamodell spezifiziert. Es basiert auf vier Hauptelementen:

- WSMO-Element – Stellt die abstrakte Oberklasse aller vier Hauptelemente dar. Jedes Hauptelement kann durch einen Satz nichtfunktionaler Attribute beschrieben sein. Jedes Hauptelement kann zu seiner Beschreibung Ontologien importieren. Die sprachliche Grundlage zur Erfassung der WSMO-Hauptelemente ist offen.
- Ontologien – Ontologien liefern ein formal spezifiziertes Vokabular, das von allen anderen Komponenten verwendet wird. Die Ontologien der einzelnen Teilnehmer können unabhängig voneinander entwickelt und durch Import gegenseitig verwendet werden. Ontologien in WSMO bestehen aus Konzepten, Attributen, Funktionen, Relationen, Instanzen sowie Axiomen in Form logischer Ausdrücke.
- Ziele – WSMO sieht anders als OWL-S eine explizite Trennung der Beschreibung von angebotenen und benötigten Services vor. Für benötigte Services wird ein zielorientierter Ansatz verfolgt, bei dem der Wunsch des Consumers als Ziel formuliert wird, unabhängig davon, wie dieses durch einen konkreten Service ausgeführt werden könnte. Aufgabe der Ausführungsumgebung ist es dann, dieses Ziel durch Nutzung eines oder mehrerer Services zu erfüllen. Bei den Zielen werden zwei Arten von Forderungen unterschieden: In den Nachbedingungen ist erfasst, wie der Informationsraum nach einer Servicenutzung aussehen soll, in den Effekten ist erfasst, welche Zustände in der realen Welt erfüllt sein sollen.
- Mediatoren – Bei der Nutzung von Webservices kann es zwischen Komponenten, die interagieren müssen, zu Heterogenität auf Daten-, Protokoll- und Prozessebene kommen, insbesondere dann, wenn die Interaktionen in einer offenen Umgebung stattfinden. Mit dem Hauptelement der Mediatoren besteht in WSMO ein Konzept, um explizit mit solchen Ungleichheiten umgehen zu können. Mediatoren dienen als Konnektoren zwischen den einzelnen Komponenten, die zunächst nicht zueinander passende Elemente so miteinander verbinden, dass die Heterogenität beherrschbar wird.

8.14 WSDL-S

Die Sprache WSDL-S stellt eine andere Möglichkeit zur semantischen Beschreibung von Services dar. Es handelt sich dabei um einen eher pragmatischen Ansatz, existierende WSDL-Beschreibungen (s. Abschn. 9.4) semantisch anzureichern, in dem die in ihnen verwendeten Operationen und Konzepte durch Verweise auf eine externe Ontologie mit Semantik versehen werden. Die Art der benutzten Ontologie ist dabei bewusst offen gelassen, um eine hohe Flexibilität und Praxistauglichkeit zu erreichen. In diesem Sinne stellt WSDL-S keinen wirklich eigenständigen Ansatz dar, da nur vorhandene Sprachen kombiniert werden. Bei der Entwicklung von WSDL-S standen folgende Prinzipien im Vordergrund:

- Verwendung existierender Standards.
- Die Festlegung der Semantik unabhängig von bestimmten Ontologiesprachen, um ein hohes Maß an Flexibilität zu erreichen und existierende Ontologien wiederverwenden zu können.
- Verknüpfung der WSDL-Konzepte mit den Konzepten der Ontologie.

Der größte Vorteil des WSMO-Ansatzes gegenüber OWL-S ist seine Einfachheit und die große Akzeptanz der grundlegenden Sprache WSDL. In WSDL-S werden eine Reihe neuer Elemente definiert, die in gewöhnliche WSDL-Beschreibungen integriert werden können, um so die Semantik der Beschreibung zu erfassen:

- *modelReference* – Die direkte Abbildung von WSDL-Konzepten auf Konzepte der Ontologie. Möglich sind diese Referenzen für die WSDL-Elemente *operation*, *input* und *output*.
- *schemaMapping* – Die komplexeren Transformationen zwischen dem Datenmodell des Webservices und dem Schema der Ontologie.
- *precondition* und *effect* – Bilden zusätzliche Elemente zur Erfassung von Vor- und Nachbedingungen eines Services.
- *category* – Dient der taxonomischen Einordnung des Services.

8.15 Ausbildung

Eines der Probleme, welches schon im Rahmen der CASE[39]-Tool-Blütezeit[40] auftauchte, war das Phänomen, dass es zu viele Programmierer und zu wenige Softwareingenieure gab und noch heute gibt. Die Konzentration auf die Fähigkeit, Code zu schreiben oder Algorithmen zu implementieren ist zwar notwendig, jedoch ist die Zahl derer, die in der Lage sind, ein komplexes System zu verstehen und es zu steuern oder zu antizipieren und entwerfen deutlich geringer als die Zahl derer, die in der Lage sind, einen Bubblesort zu programmieren.

---

[39] **C**omputer **A**ided **S**oftware **E**ngineering
[40] In den neunziger Jahren

Tabelle 8.9: Die unterschiedlichen Didaktiken (s. Tab. 8.1)

Eigenschaft	Serviceorientierung	Objektorientierung	strukturierte Programmierung
Zielsetzung	Architektur und Fähigkeit, große SOS aus Services zusammenzusetzen.	Programmkonstrukte, Frameworknutzung, Bau kleiner Module.	Programmkonstrukte, Bau kleiner Module.
Philosophie	Top-Down: Beginnend mit dem large-scale Programing hin zu dem small-scale Programing.	Bottom-Up: Vom small-scale zum large-scale Programing.	Bottom-Up: Fast nur small-scale Programing.
Fokus	Mensch-Maschine Interaktion, Systemintegration, Architektur.	Fokus auf Hard- und Software-Interfaces, Programmierung, einfache Wiederverwendung.	Fokus auf Hard- und Software-Interfaces, Programmiertechniken.
Inhalte	Softwarearchitektur, Komposition, Wiederverwendung SOS, und Services	Syntax der Programmiersprache, Programmierkonstrukte, Patterns	Syntax der Programmiersprache, Programmierkonstrukte
Reihenfolge	Top-Down: Architektur, SOC	Bottom-Up: Prozedurale Sprachen, OO-Sprachen, Architektur	Bottom-Up: Prozedurale Sprachen, Konstrukte

Die Einführung des Serviceorientierungsparadigmas wird diese Situation noch einmal verschärfen, da das Paradigma explizit die Trennung zwischen Interface[41] und Implementierung[42] fordert. Die meisten heutigen Ausbildungspläne sehen jedoch vor, dass die Studenten[43] zuerst eine Programmiersprache lernen, bevor sie in der „Kunst" des Softwareengineerings unterrichtet werden. Durch die explizite Trennung beider Aufgaben innerhalb des Serviceorientierungsparadigmas ist es jetzt möglich, Softwareingenieure auszubilden, welche nur rudimentäre Programmierkenntnisse[44] besitzen müssen. Ein Bricoleur (s. Abschn. 8.3) programmiert nicht, er „bastelt".

Die Erstellung von Software im Rahmen eines SOSEs erfordert durchaus unterschiedliche Fähigkeiten, je nach der Rolle innerhalb des SOSE-Prozesses:

---

[41] Systemengineering

[42] Programmierung

[43] Der Begriff Student wird in diesem Buch generisch für jede Form des Auszubildenden oder (hoffentlich) Wissbegierigen benutzt.

[44] Ähnlich den heutigen Anwendern von Excelspreadsheets.

- Serviceprovider – Die Provider eines Services nutzen die traditionellen Programmiersprachen. Alle erstellten Komponenten werden mit Standardinterfaces versehen und als Services zur Verfügung gestellt.
- Servicebroker – Der Servicebroker übernimmt mehr administrative Aufgaben, sehr ähnlich heutigen Datenbankadministratoren, indem er die Services registriert, verwaltet und den Applicationbuildern zur Verfügung stellt.
- Applicationbuilder – Anstelle der „traditionellen" Technik, eine Applikation bottom-up zu bauen, nutzt der Applicationbuilder vorhandene Services, um diese zu einem SOS zusammenzufassen und damit einen Mehrwert zu schaffen. Applicationbuilder müssen daher ein gutes Verständnis für Softwarearchitektur und der jeweiligen Fachdomäne besitzen. Mit zunehmender Anzahl vorhandener Services empfiehlt sich Bricolage (s. Abschn. 8.3) als Vorgehensmodell.

Innerhalb der traditionellen Programmierung lernen die Studenten die Syntax der Programmiersprache und die Semantik bekannter Konstrukte, dabei wird dieses Wissen durch den Bau kleinerer Applikationen eingeübt. Diese Bottom-Up-Technik ist sehr verbreitet und zieht sich durch alle bisherigen Paradigmen (s. Tab. 8.9). Ganz im Gegensatz steht hierzu das Serviceorientierungsparadigma. Es verlangt nach einer Top-Down-Methodik, die Studenten müssen dabei lernen, wie ein Repository aus wiederverwendbaren Services aussieht und wie es eingesetzt wird, um Probleme zu lösen. Aus diesen vorhandenen Services müssen sie dann die SOS-Applikation bauen. Zunächst wird dabei die SOS im Sinne einer Architektur entworfen und anschließend nach den passenden Services gesucht. Softwareevolution auf diesem Niveau geschieht durch Rekonfiguration oder Austausch von Services bzw. Veränderung des Modells und nicht durch Veränderung von Sourcecode.

9

Service Oriented Computing

> *And put on fear and cast yourself in wonder,*
> *To see the strange impatience of the heavens:*
> *But if you would consider the true cause*
> *Why all these fires, why all these gliding ghosts,*
> *Why birds and beasts from quality and kind,*
> *Why old men fool and children calculate,*
> *Why all these things change from their ordinance*
> *Their natures and preformed faculties*
> *To monstrous quality, why, you shall find*
> *That heaven hath infused them with these spirits,*
> *To make them instruments of fear and warning*
> *Unto some monstrous state.*
>
> Julius Caesar
> William Shakespeare
> 1564 – 1616

Die Geschichte der Softwareentwicklung ist geprägt von einer Abfolge von Paradigmen. Diese Paradigmen stellen für die Softwareentwickler regelrechte Glaubensgrundsätze dar und werden durch ihren postulativen Charakter kaum noch angezweifelt.[1] In gewisser Weise ähneln diese Paradigmen den Foucaultschen Epistemen[2], wie diese Episteme geben die Paradigmen ganze Lösungsmengen vor oder schließen ganze Lösungsräume aus. Am einfachsten fällt es „alte" Paradigmen zu beurteilen und – mit allen Vor- und Nachteilen gegenüber dem aktuell herrschenden – zu vergleichen.

Die Historie der Softwareentwicklung ist aus heutiger Perspektive betrachtet auch eine Abfolge der zunehmenden Abstraktion. Beginnend mit festverdrahteten Computern über Maschinencode, der als binäre Sequenz eingegeben wurde, war Assembler der erste Schritt in Richtung Abstraktion und symbolischer Darstellung. Zwar war Assembler primär als mnemotechnische Abkürzung für den Maschinencode gedacht, er entwickelte jedoch in den Köpfen der Softwareentwickler rasch ein Eigenleben. Einige Zeit später ent-

---

[1] Die Auseinandersetzungen zwischen den Anhängern unterschiedlicher Paradigmen lassen sich durchaus mit Diskussionen zwischen religiösen Fanatikern vergleichen.

[2] Epistemologie, die Erkenntnistheorie, aus dem Griechischen von $\epsilon\pi\iota\sigma\tau\eta\mu\eta$ (Wissenschaft) und $\lambda o\gamma o\varsigma$ (Lehre).

standen Sprachen wie FORTRAN[3] und COBOL[4], welche eine Formelübersetzung im eigentlichen Sinne ermöglichten. Mit den weiterführenden Sprachen wie Smalltalk, C++, Java oder C#, wurden Elemente der Vererbung in die Programmiersprachen aufgenommen. Parallel dazu führte die Objektorientierung mit der nachfolgenden Periode der komponentenbasierten Software zur Maxime der Wiederverwendung in der Software. Aber das Ziel war nicht eine Wiederverwendung von Sourcecode (im Sinne von Klassenbibliotheken), sondern der Wiederverwendung von Modellen. Heute ist die Zielrichtung, ganze Geschäftsprozesse im Sinne eines Modells zu verändern und vollständige Serviceimplementierungen im Sinne einer Komponente unverändert an diversen Stellen in einer oder mehreren Organisationen einzusetzen.

Ein Teil der traditionellen Softwareentwicklung besteht darin, dass ein Businessanalyst die Anforderungen der Fachdomäne interpretiert und diese in ein Modell, genannt Spezifikation, umwandelt. Diese Spezifikation wird mit Hilfe einer Programmiersprache in ein ausführbares Programm umgewandelt. Diverse Abwandlungen und Spezialisierungen dieses Grundgedankens zeigen sich in einer Abfolge von Softwareentwicklungsparadigmen. Jeder Paradigmenwechsel stellt dabei auch eine radikale Abkehr des Blickwinkels auf ein Problem dar.

Die Umsetzung des Paradigmas der Serviceorientierung für die Softwareentwicklung wird als das **Service Oriented Computing (SOC) Paradigma** bezeichnet, mit der zentralen Frage: Auf welche Art und Weise können Services gebaut werden? Welche Prozesse, Methoden und Algorithmen sind hierfür notwendig und welche Limitierungen existieren?

Das SOC baut auf den Konzepten der objektorientierten sowie der komponentenbasierten Programmierung auf und kann als der nächste logische Evolutionsschritt dieser Technologien angesehen werden. Die Konstruktion von Systemen findet hier auf einer höheren Abstraktionsebene statt, während Eigenschaften wie Modularität, Austauschbarkeit und Kapselung erhalten bleiben. Ein Service ist ein selbstbeschreibendes, plattformunabhängiges Element, das eine Geschäftsfunktionalität repräsentiert. Eine solche Funktionalität kann dabei beliebig komplex sein und von simplen Anfragen bis hin zu komplizierten Geschäftsprozessen reichen. Jeder Service kann aus beliebig vielen Services aufgebaut sein und selbst wiederum als Service für weitere Services dienen.

In offenen Umgebungen wie dem Internet sind die beteiligten Services autonom und heterogen und die Systemkonfiguration ist dynamischen Änderungen unterworfen. Die Autonomie in offenen Umgebungen hat zwei Aspekte: Zum einen, dass die Services des Systems nur ihrer eigenen Kontrolle unterliegen, da es keine zentrale Kontrollinstanz gibt. So kann z.B. die Verfügbarkeit von Services eines Providers nicht gewährleistet werden, denn dieser könnte seine Services jederzeit vom Netz nehmen, deshalb spielen die SLAs in offenen Umgebungen eine große Rolle und müssen auch bei der Entwicklung besonde-

---

[3] **Fo**rmula **Trans**lation
[4] **C**ommon **B**usiness **O**riented **L**anguage

Tabelle 9.1: Eine SOC-Entwicklung im Vergleich zur Objektorientierung

Eigenschaft	Objektorientierung	Serviceorientierung
Aufgaben und Verantwortlichkeiten	Einzelne Softwareentwickler sind verantwortlich für die Konstruktion des Gesamtsystems und der Komponenten	Drei Rollen: Provider, Broker, Applicationbuilder bauen zusammen das Gesamtsystem
Wissen	Softwareentwickler müssen sowohl die Geschäftslogik als auch Programmiersprache verstehen	Applicationbuilder braucht die Geschäftslogik, Provider die Programmiersprache
Interfaces	interne Standards	offene Standards
Zusammenarbeit	interne Kollaboration	offene Kooperation und Wettbewerb
Verifikation, Falsifikation	i.d.R. unabhängige Testgruppe	kooperativ zwischen allen Beteiligten
Testfallerzeugung	Spezifikation und Code	Spezifikation
Testüberdeckung	strukturell und funktional	Spezifikation und Nutzung
Integration	statische Konfiguration und Linking	dynamische Konfiguration und Binding
Profiling	statisch und zentralisiert	dynamisch und verteilt

re Beachtung finden. Zum anderen existiert auch die technische Autonomie: Die Implementierung eines Services unterliegt allein dem Provider und kann beliebig geändert werden, solange der Service nach außen hin das vereinbarte Interface erfüllt. Autonomie sollte als eine Fähigkeit eines Service verstanden werden und kann unterschiedliche Kategorien annehmen:

- Autonomielosigkeit – Der Service bekommt gesagt, was er ausführen soll und versucht dies auch stets auszuführen, die Implementierung eines Algorithmus (Funktionsbibliotheken) ist ein typisches Beispiel für Autonomielosigkeit. Der größte Teil der heutigen Software fällt in diese Kategorie.

- Prozessautonomie – Der Service kann über die Art und Weise der Ausführung selbst entscheiden. Die Trennung von Interface und Implementierung ermöglicht die Prozessautonomie.

- Zielzustandsautonomie – Es wird nur das Ziel vorgegeben, welches der Service selbständig erreicht. Ein Teil der heutigen Expertensysteme fällt in diese Kategorie. Bei einem Service werden nur die Zielwerte der Attribute vorgegeben und dieser versucht selbständig, diese Zielwerte zu erreichen.[5]

- Intentionsautonomie – Der Service hat die Freiheit darüber zu entscheiden, ob er das Ziel überhaupt erreichen will. VSS (s. Abschn. 12.1) haben diese Freiheit.

- Rahmenautonomie – Der Service hat keinerlei Beschränkungen, er kann sogar Policies und Governanceregeln verletzen, um etwas zu erreichen.

---

[5] Etwa bei einem Navigationssystem.

Computerviren zeigen solche Charakteristika. Die Rahmenautonomie ist für Services jedoch meist nicht erstrebenswert.

Für offene Systeme bedeutet Heterogenität, dass den verschiedenen Services eines Gesamtsystems unterschiedliche Technologien zugrunde liegen können, welche per se nicht miteinander kombiniert sind. Anstatt alle Services in einer weltweit einheitlichen Sprache neu zu entwickeln[6], was ohnehin gar nicht durchführbar und auch nicht wünschenswert wäre, kann das Problem der Heterogenität zwischen den Services durch die Einführung möglichst einfacher und einheitlicher Kommunikationsprotokolle gelöst werden.

Die mit Autonomie und Heterogenität einhergehenden Probleme lassen sich überwinden, wenn die Services folgende Kriterien erfüllen:

- Technische Neutralität – Ein Service muss mittels standardisierter Technologien aufrufbar sein. XML-Protokolle erfüllen diese Forderung.
- Lose Koppelung – Ein Service darf auf Consumerseite kein Wissen über interne Strukturen oder Konventionen verlangen.
- Ortstransparenz – Die Informationen über Definition und Ort von Services müssen in einer Registry vorgehalten und dadurch einer Vielzahl von Consumern verfügbar gemacht werden.

Wenn Services diese Voraussetzungen erfüllen, können sie theoretisch zu beliebigen neuen Services komponiert werden. Organisationen können ihre Kompetenzen somit programmatisch über das Internet anbieten, wodurch eine verteilte Serviceinfrastruktur entsteht. Durch Delegierung ist es dabei möglich, Teilfunktionalitäten an andere Organisationen weiterzugeben, ohne dass dies einem Service von außen anzusehen wäre. Das Serviceorientierungsparadigma impliziert auch ein Verhalten für den einzelnen Service. Dieser muss in der Lage sein, autonom zu reagieren und sich auf unsichere, dynamische und heterogene Umgebungen einstellen. Neben der Fähigkeit autonom zu sein, müssen Services gleichermaßen flexibel mit anderen Services und anderen Umgebungen agieren können.

Das SOC baut auf den Erfahrungen im Bereich der verteilten Systeme auf. Beginnend mit Client/Server wurde über CORBA und RPC immer mehr Wissen im Bereich der Softwareentwicklung für verteilte Systeme angehäuft. Die häufigsten Fehlanahmen im Bereich verteilter Systeme lassen sich nahtlos auf das SOC übertragen:

- Die Verbindung ist zuverlässig.
- Latenzzeit ist vernachlässigbar.
- Unendliche Bandbreite.
- Die Verbindung ist sicher.
- Die Topologie ändert sich nie.
- Es gibt nur einen zentralen Administrator.
- Transportkosten sind vernachlässigbar.

---

[6] Eine der Ideen hinter Java.

- Die Verbindung ist homogen.

Die Latenzzeit ist ein offensichtlicher Unterschied zwischen einem lokalen und einem verteilten Aufruf eines Services. Jedes verteilte System wird Performanzprobleme haben, wenn die Latenz nicht schon zum Designzeitpunkt berücksichtigt wird. Das Versagen oder die Unerreichbarkeit von einzelnen Teilen ist typisch für reale Systeme und potenziert sich noch im Fall von ULS-Systemen (s. Kap. 10). Alle diese Fehlannahmen werden implizit gemacht und resultieren in einem inperfomanten Design eines Services.

9.1 Standards

Sehr eng mit der Idee des SOCs ist auch der Glaube verbunden, dass der Einsatz eines Standards die meisten Probleme in der Softwareentwicklung lösen würde. Im Rahmen des SOCs sind mittlerweile diverse und zum Teil widersprüchliche Standards entstanden, nicht nur in Form von isolierten Standards wie z.B. WSDL oder SOAP, sondern auch ganze Gruppen wie die WS*-Standards-Familie. Das eine solche Vielfalt entsteht, hat kommerzielle wie auch soziale Ursachen. Die einzelne Organisation ist mit dem Dilemma konfrontiert sich einen Standard zu wählen der Sicherheit verspricht und gleichzeitig das Risiko einzugehen, dass dieser Standard verschwinden kann.

Standards sind insofern verlockend, als dass sie in Konfliktfällen Legitimität und Neutralität suggerieren, außerdem scheinen sie auf „magische" Weise Interoperabilität zu erzeugen. Technologische Standards sind mittlerweile nicht mehr nur die Domäne der Ingenieure und Softwareentwickler und werden nicht nach der Frage des „Besten" Standards entschieden, sondern sie sind zu einem lukrativen und sehr profitablen Geschäft geworden. Insofern stellen Standards strategische Werkzeuge von Organisationen dar, welche mit ihrer Hilfe Wettbewerbsvorteile und eine gewisse Marktkontrolle erlangen wollen. Inkompatibilitäten entstehen nicht durch das Fehlen von technischer Expertise, sondern auf Grund der Eigennützigkeit[7,8] der Organisationen.

Alle technologischen Standards[9] beinhalten ein Paradoxon:

Standards befähigen und engen zur selben Zeit ein.

Die technologischen Standards zwingen eine Organisation in eine bestimmte Richtung, in dem ihre Existenz die Menge an möglichen Lösungen zu einem

---

[7] Dies ist nicht nur auf Organisationen mit dem Ziel der Profitabilität beschränkt, auch andere Organisationen agieren sehr eigennützig.

[8] Microsoft DOS konnte über lange Jahre keine Macintosh-Dateien lesen. Begründet wurde dies mit dem Hinweis, dass Dateiformat sei inkompatibel. Interessanterweise konnten Besitzer eines Macs ohne Probleme DOS-formatierte Dateien lesen.

[9] Diese Eigenart haben auch Standards allgemeiner Natur wie: Frameworks, Formalismen und Vorgehensmodelle.

gegebenen Problem einengt und damit die gesamte Organisation auf technologische Bahnen zwingt. Auf der anderen Seite befähigen technologische Standards auch Organisationen in dem sie ihnen funktionale Fähigkeiten geben, welche auf Grund der Interoperabilität mit anderen Organisationen produziert werden. Aber was geschieht, wenn der Standard noch nicht sicher ist, oder es mehrere konkurrierende Standards gibt? In solchen Fällen präjudizieren vergangene Entscheidungen zukünftige Ereignisse, indem die Ökonomie der einmal getroffenen Auswahl den gesamten Prozess dominiert.[10] Die heutigen Standards im Bereich der Services zeigen genau diese Charakteristika: Konkurrierende und zum Teil unvollständige Standards (s. Tab. 9.2).

Tabelle 9.2: Die konkurrierenden Standards im Serviceumfeld

Technologie	Standards	Erklärung
sichere Übermittlung	ebXML, WS-RM, RosettaNet	Aufbau einer garantierten und verlässlichen Übermittlung von Daten.
Authentisierung	WS-Security, PKI, Kerberos, Passport	Bestimmung der Identität eines Consumers.
Autorisierung	SAML, XACML, LDAP, Active-Directory	Zuordnung von Rechten an einen Consumer.
Transportverschlüsselung	SSL, S/MIME, TLS, VPN	Verschlüsselung der Übertragung bei öffentlichen Netzwerken.
Messageverschlüsselung	XML-SIG, X.509, pgp	Verschlüsselung einzelner Messages.
Orchestrierung und Choreographie	WSCL, WSCI, BPML, ebXML, DPOO, XAML, XLANG, BPEL, RN-PIP	Spezifikation des Zusammenwirkens zwischen Services und Geschäftsprozessen.

Wenn es jedoch unsicher ist, welches der in Zukunft dominante Standard sein wird, wie kann dann eine Organisation mit diesem Problem umgehen? Für eine Umgebung mit unsicheren Standards existieren drei Basisstrategien:

- Abhängigkeitsüberbrückung – Diese Strategie basiert auf der Existenz von „Bridges", welche Informationen von einem Protokoll in ein anderes Protokoll abbilden. Besonders bekannt sind solche Mechanismen im Umfeld von Integrations- aber auch Migrationsprojekten. Im Allgemeinen werden die Kosten für eine solche Überbrückung durch die Zahl der unterschiedlichen technischen Systeme beeinflusst. Moderne EAI-Systeme und einige ESB-Implementierungen sind praktische Umsetzungen einer solchen Überbrückungsstrategie.

---

[10] Nur so lässt sich die Dominanz der Intel-8086-Architektur, der DOS-Kompatibilität in Windows und die Dominanz des VHS-Standards für Videokassetten erklären.

- Minimierung der Abhängigkeiten – Eine Minimierung der Abhängigkeit kann durch drei unterschiedliche Vorgehensweisen (auch additiv kombinierbar) erreicht werden:
  - Modulares Design – Modularisierung ist der Versuch, eine möglichst kleine Oberfläche (Größe des Interfaces) bei einem möglichst großen Volumen (der eigentliche Service) zu erreichen. Durch eine kleine Oberfläche können die Auswirkungen auf das „Innere" minimiert werden.
  - Implementierungsabstraktion – Die Abstraktion von der konkreten Nutzung des Standards in der Implementierung wird meist durch ein Factory- oder Adapter-Pattern unterstützt. In dieser Methodik können Implementierungen direkt ausgetauscht werden, da alle Operationen nur auf einem abstrakten Interface durchgeführt werden.
  - Pufferung durch Produkte – Der Einsatz kommerzieller oder Open-Source-Frameworks mit eigenständigen Adapter- und Wrapperklassen ermöglicht oft eine Loslösung von konkreten Protokollen.
- Maximale Adaption[11] – Dies ist der Versuch, sich so schnell wie möglich auf einen geänderten Standard einzustellen. Änderungen geschehen im Sinne eines Schichtenmodells auf der nächst höheren Ebene des Protokolls. Mögliche Methodiken für diese Strategie sind:
  - Intelligente Kontrolle – In dieser Methodik wird sich darauf verlassen, stets die neuste Version des Standards implementieren zu können.[12]
  - Architekturkonformität – Die Konformität der Architektur mit Standards impliziert eine leichtere Austauschbarkeit ganzer Schichten.

Eine der Annahmen hinter der Idee der standardisierten Interfaces ist, dass Services, welche die selbe Information oder den selben Typ von Service zur Verfügung stellen, das selbe Interface nutzen. Diese Annahme erlaubt es eine Servicenutzung zu programmieren, ohne dass der Service vorhanden sein muss. Erst zum konkreten Ausführungszeitpunkt muss dieser existieren. Oberflächlich betrachtet erscheint dies zunächst ein sinnvoller Weg zu sein, mit dem Problem der diversen heterogenen Services umzugehen. Die Zusicherung des Interfaces impliziert, dass Provider und Consumer mit der selben Menge an Informationen in einem spezifischen Format arbeiten. Dies hat in der Vergangenheit sehr gut im Bereich von plug&play Hardware[13] und Softwarebibliotheken[14] funktioniert, aber es limitiert die Diversifikation und Verbreitung von Services.

Die Standardinterfaces können die Innovation dadurch behindern, dass sie die möglichen Operationen einschränken, die ein Service nach außen gibt. So können sich zum Beispiel Serviceprovider, welche neue Wege haben Opera-

---

[11] Die Strategie, sich stets das neuste Update eines Softwareherstellers zu installieren, ist eine Ausprägung der maximalen Adaption.

[12] Windowsbesitzer sind es gewohnt, die Änderungen des „Windows"-Standards als Teile von Servicepacks oder „neuen" Betriebssystemversionen zu laden.

[13] Im Windowsumfeld oft auch als plug&pray bezeichnet.

[14] z.B. **Microsoft Foundation Class** (MFC) oder RogueWave.

tionen zur Verfügung zu stellen, nicht von anderen differenzieren, welche das gleiche Interface anbieten.[15] Ein anderes Problem ist das der hochspezialisierten Interfaces, diese dürften nur von sehr wenigen Providern angeboten werden, mit der Folge, dass die meisten Serviceprovider solche einzigartigen Interfaces erzeugen werden, um ihren einzigartigen Kontext sicherzustellen. Die wirkliche Zielrichtung ist jedoch, eine Inkompatibilität mit anderen Providern zu erzeugen, um somit ein Monopol zu erreichen.[16] Vielfältigkeit ist die Natur jeder Domäne und dies sollte man, jenseits des Rufs nach einer Standardisierung, auch akzeptieren.

9.2 XML

Die Nutzung von XML, der e**X**tensible **M**arkup **L**anguage, hat sich in den letzten Jahren auf einen großen Teil der gesamten Softwareindustrie ausgedehnt. XML ist heute der De-facto-Standard für den Datenaustausch im Internet. XML bildet eine textbasierte Metasprache, dabei wird XML üblicherweise genutzt, um neue „Protokolle" zu definieren und die Daten in strukturierter Form zu übermitteln. Im Gegensatz zu HTML wird XML zur Beschreibung von Daten und HTML meistens zur Beschreibung von Darstellungen genutzt.

Das Protokoll XML erlaubt es, Daten in Elementen oder Attributen – beide können benannt werden, um eine Semantik zu vermitteln – zu speichern. Die Elemente der XML werden durch sogenannte *begin-* und *end-*Tags und den möglichen Inhalten dieser Tags charakterisiert. Dieser Inhalt kann aus Daten oder aus anderen Elementen bestehen, durch diese Form der Schachtelung bildet ein XML-Dokument immer einen Baum ab. Ein einfaches XML-Dokument sieht wie folgt aus[17]:

```
<?xml version=''1.0''?>
   <nachricht>
       <to> Sam </to>
       <from> Rick </from>
       <header> piano request </header>
       <body> Play it again, Sam! </body>
   </nachricht>
```

Dieses XML-Dokument kann nun verarbeitet, transformiert, überprüft, gespeichert oder weitergeleitet werden. Die Struktur des XML-Dokuments kann durch eine XSLT, e**X**tended **S**tyle Sheet **L**anguage **T**ransformation, umgewandelt werden, dabei können Elemente verschwinden oder neue Elemente hinzugefügt werden. Bei der Überprüfung wird zunächst verifiziert, dass das

---

[15] Eine explizite Nutzung von QoS (s. Abschn. 5.6) könnte hier eine Unterscheidung treffen.

[16] Das selbe Vorgehen konnte im CORBA-Umfeld in den neunziger Jahren beobachtet werden (s. Abschn. 6.3.2).

[17] Der Satz: „*Play it again, Sam!*", wird in *Casablanca* nie ausgesprochen!

XML-Dokument bezüglich der XML-Syntax korrekt und vollständig ist, so z.B., dass es für jedes $< tag >$ ein $< /tag >$ gibt. Zusätzlich dazu kann ein DTD-, **D**ata-**T**ype-**D**efinition-, oder ein XML-Schema genutzt werden, um damit explizit Namensräume und Datentypen überprüfen zu können. Beide Verfahren stellen ein Typschema für XML-Elemente dar. Das zu obigem Beispiel gehörende DTD könnte lauten:

```
<!ELEMENT nachricht(to, from, header, body)>
<!ELEMENT to(#PCDATA)>
<!ELEMENT from(#PCDATA)>
<!ELEMENT header(#PCDATA)>
<!ELEMENT body(#PCDATA)>
```

Ein analoges XML-Schema wiederum hätte etwa folgendes Aussehen:

```
<?xml version=''1.0''?>
<xs:schema
        xmlns:xs=''http://www.w3.org/2001/XMLSchema''
        targetNamespace=''http://www.w3schools.com''
        xmlns=''http://www.w3schools.com''
        elementFormDefault=''qualified''>
    <xs:element name=''nachricht''>
    <xs:complexType>
        <xs:sequence>
        <xs:element name=''to'' type=''xs:string''/>
        <xs:element name=''from'' type=''xs:string''/>
        <xs:element name=''header'' type=''xs:string''/>
        <xs:element name=''body'' type=''xs:string''/>
        </xs:sequence>
    </xs:complexType>
    </xs:element>
</xs:schema>
```

Anhand des DTD oder des XML-Schemas kann nun überprüft werden, ob das XML-Dokument der Struktur und den Datentypen der jeweiligen Definition genügt. Die XML-Schemata sind aber in ihrem Aufbau mächtiger als die DTDs und haben sich heute de facto durchgesetzt.

9.3 SOAP

Das **S**imple **O**bject **A**ccess **P**rotocol (SOAP) ist ein einfaches Protokoll für den Austausch von Informationen in einer dezentralisierten, verteilten Softwareumgebung. Das SOAP-Protokoll basiert auf XML und wurde vom W3C-Konsortium verabschiedet.

Damit die Interoperabilität sichergestellt werden kann, ist für die Integration ein Protokoll nötig, welches Implementierungsdetails und Plattformabhängigkeiten negieren kann. Das z.Z. einfachste Protokoll für Integration

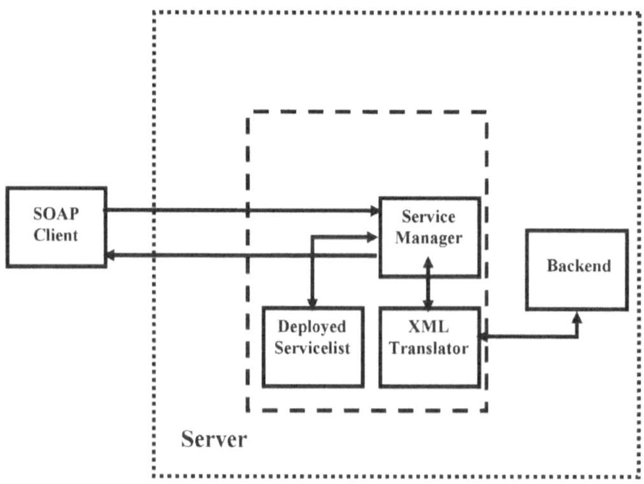

Abb. 9.1: Kommunikation mit SOAP

und Interoperabilität ist SOAP. In der Kommunikation braucht jeder Teilnehmer nur eine Seite des SOAP-Channels, welcher die Verbindung aufrechterhält, zu implementieren. Eine typische SOAP-Kommunikation besteht aus den Teilen (s. Abb. 9.1):

- SOAP-Client – Der SOAP-Client ist eine Applikation, welche in der Lage ist, einen SOAP-Request an einen SOAP-Server mittels HTTP zu senden. Der SOAP-Request ist eine mögliche Form der Messages, die andere Form, der SOAP-Response, wird vom SOAP-Server zurückgesandt.
- SOAP-Server – Der SOAP-Server ist auch eine Applikation, welche in der Lage ist, auf einen Request zu reagieren. Auf den ursprünglichen Request schickt der Server den SOAP-Response. Der SOAP-Server braucht drei verschiedene Teile:
  - Service-Manager – Der Service-Manager ist verantwortlich für das Management der Services gegen die Requests. Er liest den Request und ermittelt, ob der Service bei ihm vorhanden ist. Hierzu wird die Deployed Service-List benötigt. Falls der Service vom Server tatsächlich zur Verfügung gestellt wird, nutzt der Server den XML-Translator, um die Message für die konkrete Applikation zugänglich zu machen. Die Antwort des Services wird wiederum vom XML-Translator gekapselt und im Rahmen einer SOAP-Response dem Client als XML-Dokument übermittelt.
  - Deployed Service-List – Diese Liste enthält die momentanen Services, die zur Verfügung stehen.
  - XML-Translator.

Obwohl dieses Protokoll relativ einfach erscheint, ist es gerade die Einfachheit, welche SOAP so erfolgreich macht. Das SOAP-Protokoll hat noch eine zweite interessante Eigenschaft, es lässt sich auch asynchron, so z.B. über E-Mail nutzen. Die Eigenschaft des SOAP-Protokolls, zustandslos zu sein, hat zur Konsequenz, dass es einfach zu verwenden und schnell zu implementieren ist. Das weitverbreitete Vorurteil, dass zustandslose Services besser skalieren als zustandsbehaftete Services, ist, wenn überhaupt, nur für sehr einfache Services gültig. Services wie Timeserver oder ähnlich gelagerte, welche memoryresident ohne Plattenzugriff oder Transaktionen auskommen, sind skalierbar. Bei allen anderen, und das sind im Allgemeinen alle geschäftsrelevanten Vorgänge, spielen komplexe Algorithmen oder Datenbankzugriffe eine Rolle, so dass die vorgebliche Zustandslosigkeit der SOAP-Implementierung irrelevant geworden und die Skalierbarkeit aufgehoben ist. Auf Dauer ist ein zustandsloses Protokoll sehr unpraktisch, da wichtige Elemente wie Transaktionsverhalten oder Parallelität nur sehr schwierig in einem zustandslosen Protokoll implementiert werden können.

9.4 WSDL

Die **W**eb **S**ervices **D**efinition **L**anguage (WSDL) ist eine Spezifikation für netzwerkbasierte XML-Services. Die Sprache WSDL sieht auf den ersten Blick komplex aus, ist aber konzeptionell betrachtet einfach, insofern kann heute WSDL direkt[18] aus vorhandenem Sourcecode generiert werden. WSDL ist ein notwendiger Bestandteil für die Infrastruktur von Webservices. Sie ermöglicht es, Providern ihre eigenen Services unabhängig vom darunterliegenden Protokoll zu beschreiben. De facto handelt es sich immer um SOAP als Protokoll. WSDL ist eines der Schlüsselelemente für UDDI, da ohne eine klare Interfacesprache die Webservices nicht sinnvoll zu publizieren sind. WSDL benutzt XML, um seine Definitionen des Services an potentielle Consumer zu übertragen. Neben dem Namen der Datentypen wird auch der Portname, der logische Port des Servers, an den Consumer übertragen. Die einzelnen Definitionsmöglichkeiten sind:

- *types* – Eine Erweiterung der Standarddatentypen um eigene Typen ist hier möglich. Auf Grund der Erweiterungsfähigkeit von WSDL ist es auch durchaus möglich, ein anderes Typen-Definitions-System, wie z.B. die CORBA Interface Definition Language (IDL) zu benutzen. Dazu wird dann einfach ein anderes Element in dem *types*-Element erzeugt.
- *message* – Die abstrakte Definition der zu übermittelnden Daten, welche auch komplexe oder hierarchische Strukturen enthalten kann. Innerhalb

---

[18] So verlockend diese Fähigkeit diverser Werkzeuge auch ist, Serviceinterfaces aus vorhandenem Code zu generieren, in aller Regel sind die daraus abgeleiteten „Services" keine „echten" Services im Sinne einer sinnvollen fachlich getriebenen Zerlegung.

des *definitions*-Elements befinden sich mehrere *message*-Elemente. Jedes *message*-Element hat ein *name*-Attribut, das der Message einen eindeutigen Namen verleiht. Ein *message*-Element besteht aus einem oder mehreren *part*-Elementen, die wiederum mit einer bestimmten Typdefinition verknüpft sind. Für die Verknüpfung mit einer Typdefinition stehen die Attribute *element* oder *type* zur Verfügung.

- *portType* – Die Liste der abstrakten Operationen nach Input- und Output-Messages getrennt. Die *portType*-Elemente, es können ein oder mehrere Elemente sein, bekommen durch ihr Attribut *name* jeweils einen eindeutigen Namen verliehen. Jedes *portType*-Element definiert eine Menge von benannten Operationen. Abhängig von der Art der Operation befindet sich innerhalb eines *operation*-Elements ein *input*- oder ein *output*-Element. Die Operationsarten können in folgende Kategorien eingeteilt werden:
  - one-way – Der asynchrone Aufruf des Services. One-way kann nur eine Eingabe empfangen und sendet keine Antwort.
  - notification – Asynchron mit Antwort.
  - request-response – Empfangen, dann Senden einer Message.
  - solicit-response – Senden, dann Empfangen einer Message.

  Bei den beiden asynchronen Aufruftypen werden keine Exceptions produziert. Das *input*- und das *output*-Element legen das abstrakte Messageformat für ein- und ausgehende Messages fest. Dies geschieht, indem sie mit einem bereits definierten *message*-Element verknüpft werden.
- *binding* – Das *binding*-Element definiert Messageformat und Protokolldetails für Operationen und Messages, die durch ein *portType*-Element identifiziert werden. Es können beliebig viele dieser *binding*-Elemente für ein bestimmtes *portType*-Element existieren. Damit ist es möglich, ein und dieselbe Operation über verschiedene Protokolle anzubieten. Jedes der Elemente wird durch ein *name*-Attribut benannt. Das zu verbindende *portType*-Element wird durch das *type*-Attribut festgelegt.
- *port* – Die Adresse für das *binding*-Element.
- *service* – Beinhaltet die Menge der *port*-Elemente.
- *import* – Um XML-Definitionen zu importieren.

Eine der Grundlagen von WSDL ist der Einsatz von Namespacekonstrukten in XML. Da WSDL in der Lage sein muss, verschiedenste Webservices abbilden zu können, müssen Homonyme innerhalb des jeweiligen Kontextes sauber aufgelöst werden. Damit die WSDL-Dokumente innerhalb einer UDDI-Registry einfacher zu finden sind, werden diese Dokumente in zwei Klassen eingeteilt:

- Serviceinterfaces – Das Serviceinterface enthält die Elemente:*types*, *import*, *message*, *portType* und *binding*. Hierbei wird das *import*-Element genutzt, um andere Serviceinterfaces zu importieren.
- Service Implementations – Das Implementationsdokument enthält nur die Elemente: *import* und *service*, wobei *service* Informationen über Port und Bindings enthält, inklusive der jeweiligen URL.

9.5 UDDI

Die **U**niversal **D**escription, **D**iscovery and **I**ntegration (UDDI) versucht die Interoperabilität und Verfügbarkeit von Webservices zu verstärken. UDDI adressiert das Problem: Wie werden Webservices im Internet gefunden und genutzt? Hierbei kann das Interface des jeweiligen Webservices durchaus sehr unterschiedlich aussehen. Auf Grund des dynamischen Charakters von UDDI werden Webservices für alle, zum jeweiligen erwünschten Zeitpunkt, zur Verfügung gestellt. Außerdem ermöglicht UDDI die Vergleichbarkeit, z.B. in Bezug auf Preis und Leistungsfähigkeit, konkurrierender Webservices.

Wenn eine Organisation Webservices als Provider veröffentlichen will, muss sie diese zuerst beschreiben, damit die Interessenten sich informieren können, was angeboten wird und was man über diese Webservices erreichen kann. UDDI unterscheidet drei verschiedene Klassen von Informationen:

- White Pages – Diese umfassen Informationen über den Serviceprovider. Dazu zählen Angaben über das Unternehmen, wie der Firmenname, die Adresse, die Telefonnummer und Daten über die Kontaktperson innerhalb des Unternehmens.

- Yellow Pages – Diese ermöglichen die Suche innerhalb der im UDDI Registry abgelegten Daten. Hier findet eine Kategorisierung der Serviceprovider und des Services statt, wobei eine vorgegebene Taxonomie verwendet wird, die aber durch den Serviceprovider beliebig verfeinert werden kann.

- Green Pages – Umfassen den technischen Datenbestand, der innerhalb der Registry gespeichert wird. Daher werden hier Spezifikationsdokumente oder Referenzen auf diese als auch die Verbindungsendpunkte der einzelnen Webservices abgelegt, über die der Serviceconsumer den Service aktivieren kann. Die Spezifikationsdokumente selbst sind in der Regel in WSDL verfasst.

Die Veröffentlichung von Webservices kann entweder statisch oder dynamisch erfolgen. Das UDDI basiert inhaltlich auf SOAP und XML. Dabei baut UDDI auf einer Netzwerktransportschicht und einer SOAP-basierten XML-Messageschicht auf. Die Nutzung von WSDL als Interfacedefinitionssprache für die einzelnen Webservices, welche mit Hilfe von UDDI publiziert werden, ermöglicht einen hohen Grad an Austauschbarkeit.

Das UDDI ist eine Registry, welche die zugänglichen Definitionen von Unternehmen und deren Webservices besitzt. Außerdem sind branchenspezifische Informationen in Form einer Taxonomie enthalten. Das zusätzliche Business Identification System macht die Auffindung der einzelnen Unternehmen leichter. UDDI gibt ein Programmiermodell und Schema für die Kommunikation mit der Registry vor. Alle APIs in der UDDI-Spezifikation sind in XML definiert, welche in einem SOAP-Envelope eingebettet sind und als Basistransportschicht HTTP nutzen.

Alle Funktionalitäten der UDDI-Registry sind in den UDDI-Application Programing Interfaces gekapselt. Diese sind standardisiert und legen die Namen und die Rückgabewerte der zu realisierenden Funktionen fest, die Realisierungsdetails sind anhängig von der Technik der UDDI-Registry.

UDDI-Knoten sind Webservices, die mindestens eine der folgenden APIs unterstützen:

- UDDI Inquiry,
- UDDI Publication,
- UDDI Security,
- UDDI Custody Transfer,
- UDDI Subscription,
- UDDI Replication.

Ein UDDI-Knoten gehört genau zu einer UDDI-Registry. Eine UDDI-Registry besteht aus einem oder mehreren UDDI-Knoten, die Knoten innerhalb von einer UDDI-Registry verwalten zusammen eine Menge von UDDI-Daten. Eine UDDI-Registry kann sowohl zu öffentlichen als auch privaten Zwecken eingesetzt werden. Private UDDI-Registries werden in Organisationen eingesetzt, wenn die zu entwickelnden Softwaresysteme auf Module verteilt sind und als Services gestaltet werden. Diese privaten UDDI-Registries erleichtern dabei die Suche nach bestimmten Modulen oder Funktionen und das Zusammenpacken von einzelnen Modulen. Diese Art des Softwaresystems kann man als „poor mans SOA" bezeichnen.

Bevor die Registry von einzelnen Providern programmatisch beschickt werden kann, muss sie mit branchenspezifischen technischen Modellen, den sogenannten *tModels*, bestückt werden. Die *tModels* enthalten die branchenspezifische Semantik der Datenelemente und bilden jeweils eine Taxonomie. Wenn die *tModels* vorhanden sind, kann ein Provider seine Organisation und die Webservices, welche er anbietet, innerhalb eines technischen Modells registrieren. Jeder Webservice erhält einen **Unique Universal Id**entifier (UUID), der während der gesamten Lebenszeit des Webservices konstant bleibt.[19] Andere Organisationen, die Serviceconsumer, durchsuchen nun die Registry nach bestimmten gewünschten Webservices. Jeder UDDI-Webservice-Eintrag enthält Informationen über:

- Technische Modelle, denen der Webservice zugeordnet ist.
- Den jeweiligen Provider mit seinen Merkmalen.
- Die Services des jeweiligen Providers, die nach verschiedenen Taxonomien zugeordnet werden können.
- Die Webservicebindings, die Frage danach, wie der Webservice genutzt werden kann, d.h. die technische Spezifikation zum Aufruf und Nutzung des Webservices inklusive der URL, die anzusteuern ist.

Die vier wichtigsten Datenstrukturen in der UDDI sind:

- *businessEntity* – Die *businessEntity* ist die oberste Datenstruktur, sie umfasst die Informationen über die Organisation in normaler Sprache, welche

---

[19] Allerdings macht der UUID nur im Kontext der jeweiligen Registry Sinn.

die Webservices veröffentlicht. Die Informationen fallen unter die White Pages. Diese beinhalten den Namen der Organisation, eine Beschreibung, Adresse und weitere Kontaktinformationen wie Telefon, eMail oder URLs. Jedes *businessEntity*-Objekt erhält eine eindeutige ID, den *businessKey*. Damit werden verschiedene Services an eine Organisation gebunden. Zusätzlich zu den oben genannten, normalen Identifikatoren kann ein *businessEntity*-Objekt weitere Elemente zur Identifikation haben.

- *businessService* – Der *businessService* repräsentiert einen logischen Service aus den Yellow Pages, welche eine *businessEntity* anbietet. Die Informationen zum *businessService* beinhalten den Namen des Services, eine Beschreibung und eine Liste von *bindingTemplates* sowie die ID des entsprechenden *businessEntities* zwecks Zuordnung zu dem Provider.

- *bindingTemplates* – Teile der *businessService*-Objekte, sie beinhalten die technische Beschreibung eines Webservices, dessen Parameter und Einstellungen, z.B. die Informationen, wo und wie man einen bestimmten Webservice aufrufen kann. Ein *bindingTemplate* gehört genau zu einem *businessService*, ein *businessService* darf aber mehrere *bindingTemplates* besitzen. Die Bindings sind nicht auf HTTP-basierte Services beschränkt, sondern unterstützen auch eMail-, Fax-, FTP- und telefonbasierte Services oder eine URL und werden durch die referenzierten *tModels* näher spezifiziert. Diese Informationen zusammen mit den *tModels* bilden die Green Pages.

- *tModel* – Das *tModel* ist die Kernkomponente im UDDI. Die *tModels* sind prinzipiell unabhängig von einer Organisation, obwohl sie von ihnen veröffentlicht werden. Diese Spezifikationen enthalten hauptsächlich die Details, wie man mit einem bestimmten Webservice kommuniziert. Die *tModels* können neben den Kommunikationsdetails auf jegliche externe Spezifikationen und auf sich selbst verweisen. Zweck der Trennung von *bindingTemplate* und *tModel* ist die einmalige Definition und Veröffentlichung eines *tModel*-Serviceinterfaces, die dann von vielen Services über deren *bindingTemplates* referenziert wird. Ein *tModel* dient folgenden Zwecken:

  - technische Signatur – Spezifikationen, die vor der Implementierung vorhanden sind, können das *tModel* definieren. Nachdem ein *tModel* definiert und veröffentlicht wurde, kann es von irgendeinem Webservice referenziert werden, dies bedeutet, dass dieser Webservice verträglich mit der Spezifikation ist, welche das *tModel* repräsentiert. Das Attribut *tModelKey* des *tModels* wird auch Fingerprint genannt.

  - definiert Value Sets – Ein *tModel* repräsentiert eine Menge von Werten, mit denen eine UDDI-Entity identifiziert oder kategorisiert wird. Im Knoten *tModel* gibt es das Attribut *overviewDoc*. Dies ist eine Referenz, die auf eine externe Datei verweist, meist eine WSDL-Datei. Da UDDI keine Implementierungsform vorgibt, kann *overviewDoc* aber beliebige Dokumente referenzieren.

9.6 WSIL

Neben dem zentralisierten Ansatz zum Auffinden von Webservices mit UDDI lassen sich mit Hilfe der **W**eb **S**ervices **I**nspection **L**anguage (WSIL) Referenzen auf Webservicebeschreibungen auch in die Websites von Unternehmen einbinden. So ist es möglich, ohne den Umweg über eine UDDI-Registry, direkt bei einer Organisation nach angebotenen Webservices anzufragen. WSIL definiert ein auf XML basierendes Format für Dokumente, die Referenzen auf die von einer Organisation angebotenen Webservices enthalten. Daneben werden Regeln definiert, wie die für die Inspektion relevanten Informationen zugänglich gemacht werden können. WSIL-Dokumente beinhalten also Referenzen auf existierende Webservicebeschreibungen, die an bestimmten, im WSIL-Standard definierten Punkten oder durch Referenzen in anderen Dokumenten zugänglich gemacht werden. Folgendes Beispiel zeigt ein WSIL-Dokument mit Referenzen auf zwei Webservices. Der erste Service bietet Zugriff auf Aktienkurse und besitzt zwei Beschreibungen und das WS-Inspection Dokument enthält außerdem eine Referenz auf ein weiteres Dokument.

```xml
<?xml version="1.0" ?>
<inspection
xmlns=http://schemas.xmlsoap.org/ws/2001/10/inspection/
xmlns:
wu="http://.../inspection/uddi/">
<service>
<abstract>A stock quote service</abstract>
<description
referencedNamespace=http://schemas.xmlsoap.org/wsdl/
location="http://example.com/stockquote.wsdl" />
<description referencedNamespace="urn:uddi-org:api">
<wu:serviceDescription
location="http://www.example.com/uddi/inquiryapi">
<wu:serviceKey>
4FA28580-5C39-11D5-9FCF-BB3200333F79</wu:serviceKey>
</wu:serviceDescription></description></service>
<service>
<description
referencedNamespace=http://schemas.xmlsoap.org/wsdl/
location="ftp://.../calculator.wsdl" />
</service>
<link referencedNamespace=
"http://.../inspection/"
location="http://example.com/moreservices.wsil" />
</inspection>
```

Die WSIL-Spezifikation erlaubt es, bei einer Organisation gezielt nach den
von ihm angebotenen Webservices suchen zu können, ohne den Umweg über
eine UDDI-Registry gehen zu müssen.

9.7 BPEL

Neben den Protokollen zum Auffinden und Aufrufen von Services müssen die
Services auch in Prozesse eingebunden werden. Dazu ist es sinnvoll, sich die
Geschäftsprozesse zu betrachten. Damit ein Protokoll für die unterschiedlichsten Geschäftsprozesse auch einsetzbar ist, müssen diese zunächst standardisiert werden. Dabei ist es wichtig eine ausreichende Menge von Konstruk-
ten in den Geschäftsprozessen zu finden, die durch das Protokoll abgebildet
werden können.[20] Es gibt zwei zentrale Punkte, welche die Standardisierung
von Geschäftsprozessen erst ermöglichen: Portabilität und Interoperabilität.
Beides sicherzustellen ist eine der Aufgaben der **B**usiness **P**rocess **E**xecution
Language for Webservices (BPEL).[21,22,23]

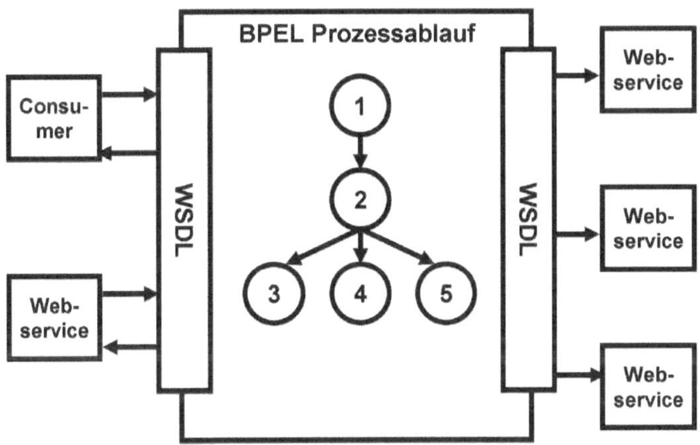

Abb. 9.2: Allgemeines BPEL-Schema

---

[20] Manuelle Tätigkeiten, die oft Teil von Geschäftsprozessen sind, weisen eine sehr
hohe Vielfältigkeit und Variabilität aus.

[21] Daher wird BPEL auch scherzhaft als das PDF der Geschäftsprozesse bezeichnet.

[22] Auch als BPEL4WS abgekürzt.

[23] Neuerdings auch WS-BPEL genannt, um sich in die WS*-Standardfamilie einordnen zu können.

Die Komposition von Webservices verlangt die Fähigkeit, einen Satz von Interaktionen zwischen der Komposition und den dabei beteiligten Webservices formulieren und unterstützen zu können. BPEL ist eine imperative Programmiersprache für die Beschreibung von Geschäftsvorgängen, an denen mehrere Webservices beteiligt sind. Sie hat eine XML-Notation und setzt als Grundlage WSDL-Beschreibungen ein. Dadurch kann sie ohne technische Umwege unmittelbar auf die WSDL-Informationen über Messagetypen oder andere Webservices zugreifen. Zudem stellt BPEL den beschriebenen Prozess selbst als regulären Webservice bereit. Neue Prozesse werden durch das Aufrufen speziell ausgezeichneter Webserviceoperationen des Prozesses instanziiert.

BPEL beschreibt das Verhalten eines Webservices und die Interaktion zwischen dem Webservice und den anderen Webservices. Sie ist als eine XML-basierte Sprache aus Microsofts XLANG und IBM's Webservice Flow Language hervorgegangen und basiert auf der statischen Interfacebeschreibung eines Webservices mit WSDL. BPEL ergänzt diese um die Verhaltensbeschreibung des Webservices. Die Beschreibung sämtlicher Partner des betrachteten Webservice wird auf die Beschreibung ihrer Interfaces reduziert. BPEL unterscheidet zwischen der Spezifikation von ausführbaren Prozessen und den abstrakteren Geschäftsprotokollen. Beide Spezifikationsformen haben eine gemeinsame Schnittmenge von Sprachelementen, die den Grossteil von BPEL ausmacht. Die Syntax wird je nach Zielsetzung weiter spezifiziert. Ausführbare Prozesse benötigen oft zusätzliche Informationen, wie z.B. genaue Endpunktadressen der beteiligten Webservices. Jede BPEL-Beschreibung hat den Grundaufbau:

```
<process name ="ProcessName">
<partnerLinks >.. </partnerLinks >
<variables >.. </variables >
<correlationSets >..</correlationSets >
<faultHandlers >.. </faultHandlers >
<compensationHandler>.. </compensationHandler>
<eventHandlers>..</eventHandlers>
activity </process>
```

In BPEL besteht ein Dokument aus einem *process*-Element, welches mit dem *name*-Attribut den zu spezifizierenden Geschäftsvorgang benennt. Bis auf eine Aktivität sind alle Kindelemente optional. BPEL unterscheidet zwischen sogenannten Basisaktivitäten und strukturellen Aktivitäten. Basisaktivitäten sind atomare Operationen, die elementare Effekte, wie die Kommunikation mit anderen Services bereitstellen. Ihre XML-Elemente sind: *receive, reply, invoke, assign, throw, terminate, wait, empty, scope* und *compensate*. Strukturelle Aktivitäten beschreiben die Ablaufreihenfolgen und Ablaufbedingungen ihrer gekapselten Elemente, welche Basisaktivitäten oder weitere strukturelle Aktivitäten sein können. Erst sie erlauben die Komposition von Basisaktivitäten. Strukturelle Aktivitäten sind in BPEL die Elemente: *sequence, switch, while, pick* und *flow*. Die globale Umgebung beinhaltet alle Elemente des Wurzelelements *process*. Teilbereiche mit lokalen Namespaces lassen sich mit dem *scope*-Element bilden. Das *scope*-Element kann, bis auf das *partnerLinks*-Element, alle Elemente enthalten, die das *process*-Element enthalten darf. Insbesondere lassen sich so Variablen lokal deklarieren oder das Exceptionhandling auf bestimmte Bereiche einschränken. Semantisch entspricht dies Bereichen, die in imperativen Programmiersprachen durch Klammersetzung entstehen. Die Arten von Beziehungen werden als Typen definiert, die mehrmals instanziiert werden können. Die Kommunikation ist dabei oft bidirektional, d.h. Services greifen auf entfernte Services zu und stellen gleichzeitig eigene Funktionen bereit.

partnerLinkType-Elemente erzeugen Kommunikationstypen, indem sie den beteiligten *portTypes* Rollennamen zuweisen. Handelt es sich um eine einseitige Kommunikationsbeziehung, so reicht die Angabe einer Rolle. Rufen sich die Instanzen gegenseitig auf, so dass beidseitige Anforderungen an die *portTypes* bestehen, werden zwei Rollen spezifiziert. Die tatsächlichen Instanzen dieser Typen sind die *partnerLinks*. Deren Attribute weisen den in der Kommunikationsbeschreibung deklarierten Rollen tatsächliche Webservices zu.

In ausführbaren Prozessen müssen zudem konkrete Endpunkte den Rollen in *partnerLinks* zugewiesen werden. Dieser Aspekt ist nicht Teil von BPEL und bleibt der einzelnen BPEL-Implementation überlassen. Webservices können im Laufe eines Geschäftsprozesses auch unterschiedliche Rollen annehmen. Das *partner*-Element erlaubt eine Zusammenfassung aller *partnerLinks*, an der ein Service beteiligt ist. Das *invoke*-Element dient zum Aufrufen von Operationen, die durch andere Webservices bereitgestellt werden. Durch die Angabe des *partnerLinks*, *portType* und der Operation wird die aufzurufende entfernte Operation referenziert. Eventuelle Argumente und Rückgaben werden über die Variablenattribute angegeben, welche nur Messagetypen haben dürfen.

Da der Prozess selbst auch ein regulärer Webservice ist, können nicht nur entfernte Services genutzt, sondern auch eigene Operationen angeboten werden. Eingehende Servicerequests sind die einzige Möglichkeit, einen neuen BPEL-Prozess zu instanziieren. *Receive* ist eine blockierende Eingangsoperation, d.h. der Programmablauf fährt erst dann fort, wenn ein Request an den Service erfolgt ist, der dann den Effekt der Operation definieren kann. Ist das *createInstance*-Attribut gesetzt, so wird bei Aufruf der Operation eine neue Instanz des Prozesses an dieser Stelle des Programmablaufs erzeugt. Ist die zu definierende Operation eine synchrone Operation, so erwartet der aufrufende Service die Rückgabe eines Wertes[24]. Dazu dient das *reply*-Element, welches semantisch analog zur *return*-Anweisung aus klassischen Programmiersprachen Rückgaben zurückliefert. Erst mit *reply* werden synchrone Operationen abgeschlossen.

In klassischen Programmiersprachen ist die sequentielle Abarbeitung die elementarste Ablaufreihenfolge. In verteilten Systemen wird Parallelität wich-

---

[24] ...oder Signalisierung einer Ausnahme.

tig, da die Zuverlässigkeit und Latenzzeit einzelner Aktionen nicht bekannt ist und daher das parallele Ausführen nicht gegenseitig bedingender Aktionen in höherer Effizienz resultieren kann. BPEL stellt beide Ablaufarten als elementare Konstrukte bereit. Das *sequence*-Element erlaubt eine Zusammenfassung von Aktivitäten, die sequentiell abgearbeitet werden. Eine Aktivität wird erst dann ausgeführt, wenn all ihre vorhergehenden Aktivitäten abgearbeitet wurden. Das *flow*-Element ermöglicht die nebenläufige Ausführung ihrer gekapselten Aktivitäten. Zudem können zusätzliche Synchronisationsbedingungen zwischen nebenläufigen Aktivitäten definiert werden. Das *link*-Element deklariert dazu *link*-Namen, die als Vorbedingung anderer Aktivitäten genutzt werden können. *Links* entsprechen semantischen Korrelationen, welche Abhängigkeiten zwischen eigentlich parallelen und daher unabhängigen Aktionen spezifizieren. Soll eine Aktion A einer Aktion B, in einem nebenläufigen Umfeld, zwingend vorhergehen, so ist sie die Quelle eines solchen *links* und kapselt das *source*-Element, wobei das *linkName*-Attribut den statisch und typisierten *linkName* angibt. Analog wird Aktion B, mittels des *target*-Elements, als das Ziel dieses *links* spezifiziert. Aktivitäten, die ein *target*-Element innehat, müssen solange mit der Ausführung warten, bis die Aktivität, in deren Element das gleichnamige *source*-Element ist, ausgeführt wurde.

Eine Aktivität kann auch das Ziel mehrerer Operationen sein. Das *joinCondition*-Attribut gibt dann einen Ausdruck an, der die Relation der eingehenden Richtungen angibt. Wird keine Bedingung definiert, so reicht standardmäßig die Erfüllung einer einzelnen Operation zum Ausführen der Aktivität. Durch die Nutzung der Operation *getLinkStatus*, mit dem der Zustand eingehender Operationen abgefragt werden kann, können auch komplexere Bedingungsausdrücke realisiert werden.

In lang anhaltenden Vorgängen zwischen verschiedenen Services müssen sitzungsrelevante Zustände gehalten werden können. Dies kann mit Hilfe von Variablen erfolgen. Eigenschaften erlauben den Zugriff auf interne Teile von Messages. Korrelationsmengen fassen Identifikationseigenschaften zusammen. Da BPEL eine strenge statische Typsicherheit besitzt, müssen Variablen vor der ersten Benutzung deklariert werden. Dies geschieht über das *variable*-Element, welches als erlaubte Daten WSDL-Messagetypen, XML-Primitives oder XML-Schema-Elemente annehmen kann. Die Eigenschaften erlauben den Zugriff auf interne Inhalte von Messages und werden über ein *property*-Element als Eigenschaft eines bestimmten Typs deklariert.

Da die Services meistens von mehreren Consumern genutzt werden, müssen sich diese eindeutig identifizieren lassen, um Messages den korrekten Sitzungen zuordnen zu können. Üblicherweise benutzt man dafür zusätzliche Aufrufargumente. Diese speziellen Messageinhalte sollen, nachdem sie initialisiert wurden, für alle weiteren Kommunikationen mit einem Service die eindeutige Zuweisung der Message zu einer Sitzung ermöglichen.

Unter Korrelationsmengen versteht BPEL Mengen von Eigenschaften, die Identifikationsmerkmale von Messages bilden. Sie werden einmalig in Folge einer Aufrufrückgabe oder direkten Zuweisung initialisiert und dann für eine Reihe von Kommunikationen als Identifikation verwendet. Eine Menge von Eigenschaften wird als Liste angegeben und durch das *correlationSet*-Element als neuer Typ bezeichnet. Das *correlationSets*-Element kapselt alle *correlationSet*-Elemente.

```
<correlationSets>
<correlationSet name="userid"
properties="username, userpw"/>
</correlationSets>
```

Diese typisierten Korrelationsmengen werden in Verbindung mit Kommunikationsaktivitäten verwendet. Diese sind *invoke, receive, reply*, sowie *onMessage* bei *pick* und dem Eventhandling. Alle diese Operationen können das Element *correlations* kapseln, welches die Korrelationsmengen angibt.

Besonders in verteilten Systemen ist die Gefahr erhöht, dass Operationen nicht korrekt abzulaufen. Exceptions werden über spezielle Rückgabekonstrukte gemeldet und in einem alternativen Programmablauf von passend deklarierten Exceptionhandler abgearbeitet. Tritt eine Exception auf, so kann ein Abbruch des ganzen Prozesses die Konsequenz sein. Nicht nur die fehlgeschlagene Aktion muss behandelt, sondern eventuell auch die Ergebnisse früherer erfolgreicher Operationen rückgängig gemacht werden. Da die Auswirkungen eines BPEL Geschäftsprozesses sich auch über die Verantwortlichkeiten entfernter Services erstrecken können, ist dies aufwändig. BPEL bietet ein spezielles Konstrukt für Rücknahmevorgänge, den *compensationHandler*. Die sogenannten Faults sind typisierte Fehlerfälle, welche durch den Mechanismus zur Fehlerbehandlung bearbeitet werden. Ergänzende Informationen können über den eigentlichen Rückgabewert angegeben werden. Mittels des *compensationHandler*-Elements lassen sich Rückläufe definieren. Häufig beinhaltet dies den Aufruf von speziell bereitgestellten Rücknahmeoperationen an den entfernten Webservices.

Rückläufe werden über das *compensate*-Element initiiert, welches nur innerhalb von Kompensations- oder Fehlerbehandlungen erscheinen darf. Kompensationsbehandlungen können dabei nur für komplett erfolgreich abgearbeitete Umgebungen aufgerufen werden. Dies sorgt für eine strikte Trennung der Zuständigkeiten von Kompensations- und Fehlerbehandlungen. Wird für eine Umgebung keine Kompensationsbehandlung definiert, so werden *compensation*-Aufrufe einfach an die höher einschließenden Umgebungen weitergeleitet.

Events sind spezielle eingehende Operationsaufrufe oder abgelaufene Zeitlimits. Sie werden bei Eintreten unmittelbar und unabhängig vom weiter regulär ablaufenden Prozess behandelt. Meist dienen sie der Realisierung von, zur Laufzeit des Geschäftsvorgangs verfügbaren, Abbruchoperationen.

```
<eventHandlers>
<onMessage partnerLink ="buying"
portType ="shopPT" operation ="cancel">
<terminate /></onMessage></eventHandlers>
```

Das *switch*-Element erlaubt eine Fallunterscheidung, bei dem der Programmablauf bearbeitet wird, dessen Fallbedingung erfüllt wird. Optional kann mittels *otherwise* auch ein alternativer Ablauf definiert werden, der zur Geltung kommt, wenn keiner der gegebenen Fälle eingetreten ist. Semantisch entspricht das *switch*-Element der klassischen switch-Anweisung aus imperativen Sprachen. Das *pick*-Element erlaubt deshalb die Kombination einer *switch* und *receive*-Semantik. Die Attribute der *onMessage*-Elemente sind analog zu dem des *receive*-Elements und ermöglichen das Warten auf den ersten Aufruf einer der eingehenden Operationen. Das *wait*-Element blockiert den Programmablauf für eine beliebige Zeitdauer. Das *terminate*-Element beendet die Instanz eines Geschäftsprozesses, alle laufenden Aktivitäten werden abgebrochen. Diese Operation steht nur den ausführbaren Geschäftsprozessen zur Verfügung. Das *empty*-Element ist eine leere Aktivität, die keinerlei Effekte oder Rückgaben hat.

In seiner Gesamtheit ermöglicht BPEL es, Webservices zu neuen, größeren Webservices zusammenzufassen, dabei werden folgende Funktionalitäten genutzt:

- flexible Integration,
- Choreographie als Webservice,
- multiple Kompositionspatterns,
- Unterstützung des Lifecycles.

Dem durch BPEL-Prozesse definierten Webservice liegt ein Lebenszyklusmodell auf Basis von Instanzen zu Grunde. Consumer eines solchen Services interagieren also immer mit einer spezifischen Instanz des Prozesses. Anders als in traditionellen verteilten Objektsystemen werden Prozessinstanzen in BPEL implizit erzeugt, sobald Messages für eine vorher noch nicht erzeugte Prozessinstanz ankommen. Eine Instanz wird gelöscht, wenn der Kontrollfluss die abschließende Aktivität des Prozesses erreicht oder wenn der Kontrollfluss innerhalb der Instanz eine Aktivität erreicht, welche die Prozessinstanz als Aktion des Prozesses explizit terminiert. Dieser Mechanismus ist eine Konsequenz aus dem Umstand, dass Webservices nur lose Koppelungen untereinander aufweisen sollten.

Ein laufender Geschäftsprozess ist in BPEL stets eine Instanz des Prozessmodells. Das bedeutet, dass jede Prozessinstanz mindestens eine eindeutige ID benötigt, damit ankommende Messages an die korrekte Instanz weitergeleitet werden können. Hierfür wird ein flexibler Mechanismus benutzt, welcher eine Menge von IDs zur Kennzeichnung einer Prozessinstanz unterstützt. Die Schlüsselfelder für die Instanzidentifikation werden in den Applikationskontext, der während des Prozesses ausgetauschten Messages, eingebettet. Daraus resultiert ein vom Binding unabhängiges Korrelationsschema. Falls keine passende Instanz vorhanden ist, während eine Message für eine startbare Aktivität des Prozesses vorliegt, so wird automatisch eine neue Instanz erzeugt und mit den in der Message enthaltenen Schlüsseldaten assoziiert. Falls die passende Prozessinstanz bereits existiert, wird die Message direkt an diese weitergeleitet und keine weitere Instanz erzeugt. Dieser Vorgang wird Messagekorrelation genannt. Von den benötigten Informationen zur Selektierung der passenden Prozessinstanz wird durch die Korrelationsmengen abstrahiert. Diese beinhalten typisierte Eigenschaften, welche die relevanten Datenobjekte in einer von der Message unabhängigen Weise beschreiben. Durch sie sind Kombinationen von Schlüsselfeldern zur Instanzidentifikation möglich. Die Eigenschaftspseudonyme beschreiben, wie Eigenschaften in verschiedenen Messagetypen lokalisiert werden können. Durch Initialisierung einer Korrelationsmenge in den *invoke*-Aktivitäten können Token an Partner des Prozesses ausgegeben werden. Dies ermöglicht eine spätere Identifikation der passenden Prozessinstanz in nachfolgenden Kommunikationsschritten.

Allerdings hat BPEL auch einige Schwierigkeiten, da die Aktivitäten innerhalb eines BPEL-Prozesses faktisch in einer Sequenz ablaufen. Dies macht es recht schwer, innerhalb des Prozesses rückwärts zu navigieren, was bei komplexen Geschäftsprozessen durchaus üblich ist. Außerdem fehlt eine gute Einbindung der Eventorientierung, eine solche muss aber möglich sein, sonst degradiert ein ESB (s. Abschn. 6.3) rasch zu einem reinen EAI-Werkzeug.

9.8 WSCI

Neben BPEL kann auch die Sprache **W**eb **S**ervice **C**horeography **I**nterface (WSCI) die Interaktion zwischen Webservices beschreiben. WSCI baut auf der WSDL auf und ergänzt diese um die Verhaltensbeschreibung des Webservices. Es wird im WSCI der Kontrollfluss aller beteiligten Webservices betrachtet. Zu dem sichtbaren Verhalten von Webservices gehören auch temporale und logische Abhängigkeiten zwischen den ein- und ausgehenden Messages. Die Reihenfolge der Messages und deren Zusammenhang wird ebenso mit einbezogen, wie das Exceptionhandling und das Transaktionsmanagement. Der grundlegende Aufbau von WSCI ähnelt dem von BPEL. Eine komplette Übersicht aller partizipierenden Webservices wird durch das Element *model* geliefert. In *model* werden alle beteiligten Webservices referenziert und ihre Operationen miteinander verknüpft. Die Verhaltensspezifikation jedes einzelnen Webservices ist im Element *interface* enthalten. Ein *interface* kann mehrere Prozesse enthalten, mit der Folge, dass in einem Webservice gleichzeitig mehrere Prozessinstanzen existieren können, die mit verschiedenen, parallel ablaufenden Prozessinstanzen kommunizieren. In WSCI wird nicht beschrieben, welche Prozessinstanz zuerst ausgeführt werden soll. Es wird lediglich zwischen Prozessen, die durch den Erhalt einer Message gestartet werden und Prozessen, die ohne einen Startevent von außen ablaufen können, unterschieden. WSCI gibt also nicht zwangsläufig eine konkret auszuführende Prozessinstanz vor, sondern beschreibt eine Menge von ausführbaren Prozessen.

Ebenso wie in BPEL gibt es in WSCI atomare Aktivitäten zur Kommunikation (*action*) und Elemente, die nichts ausführen (*empty*), Zeit vergehen lassen (*delay*) oder eine Ausnahme erzeugen (*fault*). Eine komplexe Aktivität ermöglicht die parallele oder sequentielle Ausführung der enthaltenen Aktivitäten *all* und *sequence*, sowie die Auswahl von Aktivitäten an Hand von Bedingungen oder eintretenden Ereignissen (*switch* und *choice*) oder definiert Schleifen (*while* oder *until*). Sie bietet ebenfalls die Möglichkeit, die enthaltenen Aktivitäten für jedes Element einer bestimmten Menge jeweils einmal auszuführen (*foreach*). Ein Gültigkeitsbereich in WSCI heißt *context*, einem Namespace vergleichbar. Mehrere *contexts* sind in einem *process* enthalten, von denen wiederum mehrere in einem *interface* zusammengefasst werden können. Ebenso wie BPEL definiert WSCI Konstrukte für Fehlerbearbeitung und Transaktionsmanagement.

- Basisaktivität – Das *action* Element definiert die grundlegenden Anfrage- und Antwortmessages. Jede Aktivität definiert dabei eine WSDL-Operation und die damit verbundene Rolle des jeweiligen Teilnehmers. Ein externer Service kann mittels des *call* Elements eingebunden werden.
- Strukturierte Aktivität – Ermöglicht verschiedene Formen von Aktivitäten, einschließlich der sequenziellen und parallelen Prozessausführung, sowie bedingte Schleifen. Zusätzlich führt WSCI die Aktivität *all* ein, welche verwendet wird, um die Ausführung von Aktionen ohne eine bestimmte Reihenfolge zu definieren.

Ein einfaches WSCI-Beispiel ist:

```
<process name="EliminateOrder" instantiation="message">
<sequence>
<action name="ReceiveOrder" role="Agent"
operation="tns:Order"></action>
<action name="Confirm" role="Agent" operation="tns:Confirm">
<correlate correlation="tns:orderd"/>
<call process="tns: EliminateOrder"/>
</action></sequence></process>
```

Der Prozess EliminateOrder ist eine Anordnung von den sequentiellen Aktivitäten ReceiveOrder und Confirm. Jede Aktivität wird durch das Schlüsselattribut *operation* auf einen WSDL *portType* abgebildet. Das Element *correlation* erzeugt eine Wechselbeziehung zwischen den beiden Aktionen.

Der Kontrollfluss wird in WSCI durch die *complex activities* definiert und als Choreographie bezeichnet. Es stehen insgesamt acht Elemente zur Verfügung, um die Reihenfolge, die Häufigkeit und die Konditionen der Ausführung zu beschreiben. Die von der Choreographie betroffenen Aktivitäten eines Kontexts werden dabei als *activity set* bezeichnet. Einfachstes Element zur Definition eines Ablaufs ist die Aktivität *all*, welche das spezifizierte *activity set* ein einziges Mal in beliebiger Reihenfolge ausführen lässt. Hingegen verlangt die strukturierte Aktivität *sequence* eine obligatorische Ausführung des *activity set* in der angegebenen Reihenfolge.

Das WSCI-Element *switch* stellt eine Auswahl zwischen mehreren *activity sets* dar, von denen eines durch eine Bedingung selektiert wird. Die dazugehörigen *case*-Elemente enthalten dabei die jeweils auszuwertenden Bedingungen und die auszuführenden Aktivitäten. Eine ereignisbasierte Auswahl zwischen mehreren möglichen *activity sets* wird durch *choice* getroffen. Auf Basis von Events wird ein bestimmter Ablauf ausgewählt und genau einmal in der angegebenen Sequenz ausgeführt. Ein Ereignis kann eine eingehende Message *onMessage*, das Eintreten eines Timeouts *onTimeout* oder das Auftreten eines Fehlers *onFault* sein. Relevant ist dabei für die Auswahl das nur jeweils erste eintreffende Ereignis. Iterationen können in WSCI durch drei verschiedene Konstrukte modelliert werden. Das Element *foreach* bestimmt eine konkrete Anzahl von Durchläufen für ein *activity set*. Mittels der *until*-Aktivität wird ein *activity set* mindestens einmal und danach wiederholt ausgeführt, bis eine Abbruchbedingung eintritt. Die *while*-Aktivität operiert gleichermaßen, nur dass die Bedingung zu Beginn der Iteration ausgewertet wird. Alle iterativen *activity sets* werden in der angegebenen Reihenfolge ausgeführt. Weitere Aktivitäten, die nicht direkt dem Kontrollfluss dienen, aber als Hilfsaktivitäten zur Formulierung spezieller Applikationsfälle eingesetzt werden können, sind die Elemente *delay*, *empty* und *fault*. Die *delay*-Aktivität spezifiziert eine bestimmte Wartezeit, die *empty*-Aktivität hat keinen ausführbaren Inhalt und die *fault*-Aktivität löst einen Fehler aus, der von einem entsprechenden Exceptionhandler aufgefangen und verarbeitet werden kann. Subprozesse werden in WSCI innerhalb von atomaren Aktivitäten aufgerufen. Dazu steht die *call*-Aktivität zur Verfügung, die einen Subprozess aufruft und wartet, bis dieser beendet ist und die *spawn*-Aktivität, die sofort nach Aufruf des Subprozesses beendet wird und somit den Subprozess parallel oder sequentiell zum Elternprozess ablaufen lässt. Für durch die *spawn*-Aktivität aufgerufenen Subprozesse existiert zusätzlich eine optionale *join*-Aktivität, welche auf die Beendigung der im selben Kontext ausgelösten Subprozesse wartet.

Kontextelemente, die Aktivitäten enthalten, welche entweder nur gemeinsam oder gar nicht ausgeführt werden dürfen, werden durch eine Transaction-Definition gekennzeichnet. Diese enthält den Namen der Transaktion, den Typ der Transaktion *atomic* oder *open*, ein *retries*-Attribut, welches spezifiziert, ob die Transaktion wiederholt ausgeführt werden kann, und ein *compensation*-Element mit den Aktivitäten zur Rückabwicklung der Transaktion im Fehlerfall. Zum expliziten Aufruf einer Kompensationsaktivität wird die Aktivität *compensate* verwendet.

```
<transaction name="killBill" type="atomic" retries ="0">
<compensation>
<action name = "NotifyOfCancellation" role="Assassin"
operation ="AssassinToHomeBase/NotifyOfCancellation"/>
</compensation></transaction>
```

Die Modellierung der Choreographie, der Transaktionen und der auszutauschenden Messages wird vor Instanziierung der Prozesse zur Designzeit abgeschlossen. Um jedoch die Identität des konkreten teilnehmenden Services zur Laufzeit auswählen und festlegen zu können, definiert WSCI das Konzept der dynamic Participation. Ziel der dynamic Participation ist es, die Identifikation von Webservices ebenfalls über die Definition von Messages zu regeln, so dass Messages ausgetauscht werden können, um die zur Kommunikation erforderlichen konkreten Serviceparameter, wie zum Beispiel die Portadresse, zu ermitteln. Die Konstrukte *locate* und *locator* übernehmen diese Aufgabe in WSCI. Das *locate*-Element stellt eine Erweiterung des *action*-Elements dar und identifiziert den Service, der die Message der Action empfangen und so die anstehende Aufgabe ausführen soll. Dazu kann es eine Reihe von Properties, die Kriterien zum Auffinden eines geeigneten Services spezifizieren, und eine Referenz auf ein *locator*-Element enthalten. Letztere enthält den Namen des Mechanismus, der für die Auswahl des konkreten Services verantwortlich ist. Es ist entweder die Angabe von Properties oder die Angabe eines *locator*-Elements erforderlich. Werden beide Attribute angegeben, kann ein spezifizierter *locator* den Service auf Basis der definierten Properties identifizieren. WSCI definiert jedoch keine Mechanismen, um geeignete Services auf Basis zur Laufzeit vorliegender Kriterien auszuwählen oder aufzufinden. Dazu verweist die WSCI-Spezifikation auf ergänzende Implementationen, wie zum Beispiel UDDI (s. Abschn. 9.5).

9.9 BPML

Hinter der **B**usiness **P**rocess **M**odeling **L**anguage (BPML) steht die BPMI.org, eine Non-Profit-Organisation. Dabei werden neben der reinen Ausführung eines Geschäftsprozesses in BPML weitere Aspekte berücksichtigt. Dazu gehören das Design durch Domänexperten, für die mit der **B**usiness **P**rocess **M**odeling **N**otation (BPMN) eine UML-basierte, grafische Beschreibungssprache entwickelt wurde und die Installation, Steuerung und Optimierung des beschriebenen Geschäftsprozesses mit Hilfe der **B**usiness **P**rocess **Q**uery **L**anguage (BQPL). BPML definiert ein formales Modell, um abstrakte und ausführbare Geschäftsprozesse zu beschreiben.[25,26] Die BPML Spezifikation baut auf folgenden anderen Spezifikationen auf: XML, XML-Namespaces, XML-Schema und XPath. Außerdem ist die Unterstützung zum Import und Referenzieren von Servicedefinitionen in WSDL ein normativer Teil der BPML-Spezifikation. Das Grundelement in BPML ist *activity*. Dabei wird zwischen einfachen (worunter auch der Messageaustausch mit anderen Webservices fällt) und komplexen Aktivitäten (die Kontrollstrukturen ergeben) unterschieden. Die komplexen Aktivitäten ermöglichen:

---

[25] Im Vergleich mit BPEL (s. Abschn. 9.7) ist BPML die mächtigere Sprache mit der Fähigkeit, auch komplexe, geschachtelte Prozesse und komplexe kompensierte Transaktionen zu beherrschen.

[26] BPML hat eine erstaunliche Ähnlichkeit mit BPEL. Zum einen haben sich die Erfinder des BPEL die BPML genau angesehen und zum anderen basiert BPML auf XLANG, dem π-Kalkül und WSFL. Aus XLANG und WSFL ist, umgekehrt gesehen, aber auch BPEL entstanden.

- Parallelisierung – *all,*
- Auswahl, basierend auf einem Ausdruck *switch* oder einem Ereignis *choice,*
- Serialisierung – *sequence, foreach,*
- Schleifen – *until* und *while.*

Komplexe Aktivitäten, die eine Exception produzieren, können diesen Ausnahmezustand mit einer *compensation* beseitigen. Dabei wird ein *compensation process* als Kindprozess des betroffenen, fehlerbehafteten Prozesses gestartet mit dem Ziel, dessen Auswirkungen rückgängig zu machen.

9.10 WS-CDL

Die **W**eb **S**ervices **C**horeography **D**escription **L**anguage (WS-CDL) betrachtet die Interaktion von Services mit deren Consumern. Jeder Consumer eines Webservices ist ein Client dieses Services. Diese Consumer können ihrerseits andere Webservices, Applikationen oder Menschen sein. Transaktionen zwischen Webservices und deren Consumern müssen zur Laufzeit klar definiert sein und können aus verschiedenen Interaktionen bestehen, deren Zusammensetzung eine vollständige Transaktion ergibt. WS-CDL enthält eine Reihe von Elementen, um die Choreographie von Webservices einfacher zu gestalten:

- *package* – Ein *package* bündelt eine Reihe von WS-CDL Typdefinitionen und stellt den jeweiligen Namespace für die Definitionen zur Verfügung. In einem solchen *package* muss mindestens eine Choreographie definiert werden. Es können auch Typdefinitionen aus anderen *packages* eingebunden werden.
- *roleType* – In *roleType* werden Rollen für Geschäftsprozesse definiert. Ein *roleType* zählt die verschiedenen Verhaltensweisen eines Beteiligten auf, der in Zusammenarbeit mit anderen Beteiligten auftritt.
- *relationshipType* – Ein *relationshipType* legt die Beziehungen zwischen jeweils zwei *roleTypes* fest, die für eine Zusammenarbeit notwendig sind. Außerdem kann das Verhalten der einzelnen *roleTypes* in einer solchen Beziehung definiert werden. Wird dies unterlassen, so werden automatisch alle Verhaltensweisen eines *roleTypes* akzeptiert.
- *participantType* – Ein *participantType* identifiziert alle *roleTypes*, die logisch zusammengehören und gemeinsam implementiert werden sollten. Im Hinblick auf das beobachtbare Verhalten bilden die *roleTypes* eine Einheit.
- *channelType* – Realisiert das Interface, über das Informationen während der Zusammenarbeit zwischen den Beteiligten ausgetauscht werden. Der *channelType* legt fest, wo, wie und welche Informationen verarbeitet werden und welcher *roleType* das Ziel des Informationsflusses ist.

- *informationType* – Die *informationTypes* beschreiben die Art der Information, die in einer Choreographie benutzt werden. Dadurch wird vermieden, dass die Datentypen direkt referenziert werden.[27]
- *variableDefinitions* und *variable* – Variablen speichern Informationen über sichtbare Objekte in einer Zusammenarbeit, man kann drei Typen unterscheiden:
  - Information Exchange Capturing Variables – werden als Resultat eines Informationsaustauschs befüllt.
  - State Capturing Variables – sind Zustandsvariablen, die das Ergebnis eines Informationsaustauschs speichern.
  - Channel Capturing Variables – enthalten Informationen bezüglich einer URL, die das Ziel einer Message darstellt.
- *token* – Diese stellen bestimmte Teile einer Variablen dar, die zur Nutzung durch eine Choreographie notwendig sind. So kann eine Variable „Beleg" sämtliche Beleginformationen wie Datum, Rechnung, Positionen enthalten und ein *token* Preis nur den Gesamtpreis.
- *tokenLocator* – Dieser definiert den Bereich, in dem ein *token* zu finden ist und stellt einen Abfragemechanismus dar.
- *choreography* – Die *choreography* ist das Herzstück von WS-CDL. *choreography* regelt den Messageaustausch zwischen allen interagierenden Beteiligten sowie die einzelnen Aktivitäten, welche diese zu tätigen haben.
- *interaction* – Bildet die Basis einer Choreographie. Das Ergebnis einer solchen *interaction* sind ausgetauschte Informationen sowie eine mögliche Synchronisierung des Austauschs. Mehrere *interactions* werden kombiniert, um eine Choreographie zu schaffen, welche dann in verschiedenen Geschäftsumfeldern genutzt werden kann.
- *workunit* – Beschreibt Bedingungen, die notwendig sind, um den Fortschritt in einer Choreographie zu gewährleisten. Die *workunits* stellen auch die Konsistenz der Zusammenarbeit von Geschäftspartnern sicher. Es können Variablen geschützt werden, so dass sie nur unter bestimmten Voraussetzungen zugänglich sind. Applikationen können durch *workunits* in Verbindung mit *exceptionBlock*s aus fehlerhaften Zuständen wiederhergestellt werden oder durch *finalizerBlock*s Aktionen ausgeführt werden, wenn eine Choreographie bereits abgeschlossen ist.
- *exceptionBlock* und *exception* – In *exceptionBlock*s werden die Ausnahmesituationen abgehandelt, die durch Exceptions in Interaktionen ausgelöst werden. Eine *exception* kann aktiv ausgelöst werden, wenn bestimmte Bedingungen erfüllt werden müssen oder sie werden durch Constraints, wie etwa Zeitüberschreitung, automatisch aktiviert.
- *finalizerBlock* und *finalizer* – Nach der erfolgreichen Beendigung einer Choreographie kann es nötig sein, weitere Aktionen durchzuführen, um Ergebnisse der vollendeten Aktivitäten zu bestätigen, rückgängig zu machen

---

[27] Dies ist dem Duo Informationtype und Datatype aus der strukturierten Analyse entlehnt.

oder zu ändern. Für diese Änderungen können *finalizerBlock*s definiert werden, die nach Beenden einer Choreographie aufgerufen werden. Mit *finalize* können bereits geschlossene Choreographien zu einem definierten Ende gebracht werden, indem direkt *finalizerBlock*s aktiviert werden.

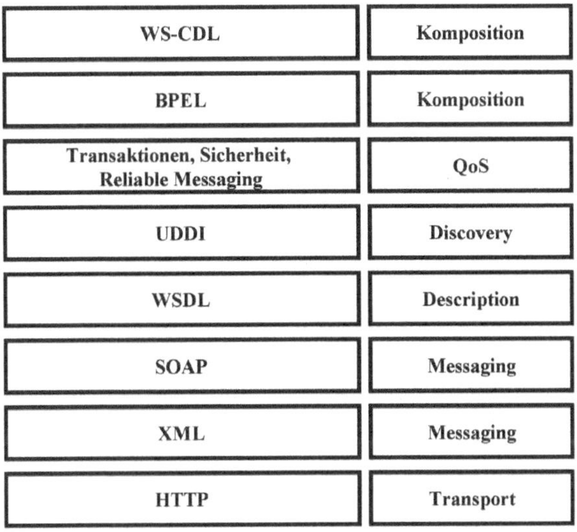

WS-CDL	Komposition
BPEL	Komposition
Transaktionen, Sicherheit, Reliable Messaging	QoS
UDDI	Discovery
WSDL	Description
SOAP	Messaging
XML	Messaging
HTTP	Transport

Abb. 9.3: Der Webservicestack mit WS-CDL an der Spitze

Es gibt aber drei Aspekte, die sich außerhalb des Scopes von WS-CDL befinden:

- Qualitäten – Transaktionen, Sicherheit, Zuverlässigkeit, Erreichbarkeit und andere Qualitäten sind zwar mehr oder weniger eng verbunden mit der Webservice Choreography, aber es ist nicht Ziel von WS-CDL, entsprechende Mechanismen zur Unterstützung zu definieren.
- Mappings – Webservices sind aus Interfaces zu Applikationen zusammengesetzt, diese können wiederum in verschiedenen Programmiersprachen implementiert sein. WS-CDL definiert keine entsprechenden Mappings von WS-CDL in eine klassische Programmiersprache.
- Graphische Repräsentation – Ein wichtiger Aspekt der Modellierung von Choreographien ist die graphische Repräsentation. WS-CDL hat keine graphische Notation, was die Einführung von Werkzeugen schwer macht.

Das Fehlen einer graphischen Notation ist ein Hauptschwachpunkt, denn ohne eine klar definierte Grundlage für eine graphische Repräsentation ist das Bereitstellen von benutzerfreundlichen und intuitiv bedienbaren Werkzeugen praktisch unmöglich, da sich die Funktionalität in aller Regel auf eine erweiterte Text- und XML-Verarbeitung beschränken muss.

Auf Grund der unterschiedlichen Sichtweisen und der unterschiedlichen Ausrichtung sind die Einsatzgebiete und die Applikation von WS-CDL und BPEL unterschiedlich. Der merklichste Unterschied zwischen WS-CDL und BPEL liegt darin, dass in WS-CDL alle Beteiligten an der Choreographie gleichberechtigt sind, während bei BPEL eine prozesszentrische Betrachtung aus Sicht eines Kooperationspartners vorliegt. BPEL eignet sich zur Bottom-Up-Modellierung. Sind bereits Webservices vorhanden und soll ein neuer Geschäftsprozess aus diesen bestehenden Services modelliert werden, dann ist BPEL die erste Wahl. Jeder Partner kann für sich dann auch ein lauffähiges Modell erstellen und einsetzen. Auch die Modellierung des Ablaufs eines einzelnen Webservices, welcher in einer WSDL-Beschreibung vorliegt und der keine Interaktionen mit anderen Partnern hat, lässt sich so umsetzen. Ganz anders stellt sich das Einsatzgebiet von WS-CDL dar. Diese Sprache eignet sich vornehmlich zur Top-Down-Modellierung. Sind noch keine fertigen Webservices vorhanden, so können von vornherein die Interfaces formalisiert werden und Kommunikationsprobleme ausgeräumt werden. Auf Basis dieser formalen Beschreibungen in WS-CDL lassen sich dann in der Sprache der Wahl (de facto BPEL) die Webservices und die Interaktionen umsetzen. Schwieriger ist die Modellierung eines Geschäftsprozesses in WS-CDL, wenn bereits vorhandene Webservices mit bestehenden Interaktionen modelliert werden sollen. Ganz unmöglich ist die Modellierung eines einzelnen Webservices, da die Sprache nicht ablauffähig ist und auch keine Sprachkonstrukte für interne Modellierung von Webservices enthält.

9.11 Semantische Services

Der Aufbau von Prozessen in „regulären" Services ist ein Vorläufer für den Aufbau von Prozessen auf Grund von semantischen Services. Die semantischen Services gehen über eine rein syntaktische Beschreibung des Interfaces hinaus, da der Service für seine Auffindung mit zusätzlicher fachlicher Information über die Bedeutung des Services angereichert wird. Ein solcher semantischer Service ist ein Triplett aus Angaben:

$$\mathbb{S}_{\text{semantisch}} = \left\{ \left(\bigcup \mathbb{S}_{\text{SLA}}\right), \left(\bigcup \mathbb{O}_{\text{semantisch}}\right), \left(\bigcup \mathbb{S}_{\text{Policies}}\right) \right\},$$

hierbei wird der semantische Service $\mathbb{S}_{\text{semantisch}}$ durch die Summe der SLAs, $\bigcup \mathbb{S}_{\text{SLA}}$, die Summe der semantischen Operationen $\bigcup \mathbb{O}_{\text{semantisch}}$ und die Menge an unterstützten Policies $\bigcup \mathbb{S}_{\text{Policies}}$ beschrieben. Eine solche Beschreibung geht über die einfachen WSDL-Interfaces hinaus und ermöglicht es, den Service aus semantischer Sicht heraus zu finden und dadurch einsetzen zu können. Zur tatsächlichen Einordnung von semantischen Services ist es in der Regel notwendig, die semantisch beschriebenen Operationen durch Verweise auf eine Ontologie (s. Abschn. 8.11) oder Taxonomie (s. Abschn. 8.10) näher zu erläutern. Ohne diese Einordnung in domänenspezifische Informationshaushalte degradiert die Idee des semantischen Services zu einer Art „abstrakten"

WSDL-Sprache. Eine besondere Form der semantischen Services sind die semantischen Webservices (s. Abb. 9.4). Auf Grund der Historie sind die semantischen Webservices eine Mixtur aus Webservices und dem semantischen Web, ein Ansatz der versucht, das WWW durch Bedeutungen zu ergänzen und damit mächtiger zu gestalten.

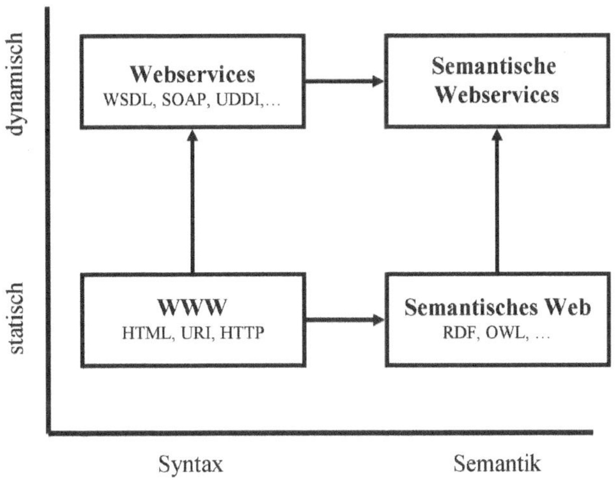

Abb. 9.4: Die Entwicklungen bei den semantischen Webservices

Die semantischen Operationen werden üblicherweise in zwei Klassen eingeteilt:

- Funktionssemantik – Es wird die Bedeutung der ausgeführten Funktion und anderer Funktionen dokumentiert (Was bedeutet *Jahresabschluss* in einer Finanzbuchhaltung im Gegensatz zu `public void close (int year);`?).
- Datensemantik – Die Daten werden nicht nur durch ihre Typen beschrieben, sondern durch die Bedeutung der Daten und ihrer jeweiligen Zusammenhänge (Was ist ein *Jahr* im Gegensatz zu `int year;`?).

Bei der Beschreibung der SLAs nimmt man in der Regel eine Beschreibung der Bedeutung der QoS-Eigenschaften vor (Was heißt es, wenn das komplette Jahr transaktionsgesichert verarbeitet wird im Gegensatz zu `TX=true;`?). Die Auswirkungen der Policies beziehen sich bei den semantischen Webservices auf die Darstellung der Ausführungssemantik (z.B. Der Jahresabschluss erfolgt nur dann, wenn alle Buchungen abgeschlossen sind und blockiert das System bis zu seiner Beendigung).

Die semantischen Services lösen sich komplett vom Prozessgedanken und ihren jeweiligen Kontexten heraus. Da man trotzdem aus den semantischen

Services Prozesse zur Abwicklung von Aufgaben aufbauen muss, ist es notwendig, einen abstrakten Prozess zu definieren. Ein abstrakter Prozess stellt einen Prozess dar, welcher schon die Kontroll- und Datenelemente enthält, aber die konkrete Ausprägung der genutzten Services findet erst zum Ausführungszeitpunkt statt. Der Vorteil dieses Vorgehens ist, dass die Komplexität des Kontroll- und Datenflusses manuell kontrolliert werden kann und die Auswahl des entsprechenden semantischen Service sich automatisieren lässt. Diese Strategie ist dann sinnvoll, wenn sich Ausführungskosten und Zwangsbedingungen oder Kontexte ändern, aber der Kontrollfluss selbst relativ stabil ist.

Um einen abstrakten Prozess im Rahmen von semantischen Services zu erzeugen, können alle Konstrukte des BPEL (s. Abschn. 9.7) genutzt werden. Der einzige Unterschied besteht darin, dass semantische Templates anstelle von Services genutzt werden. Die Templates ermöglichen es, diese später (zur Laufzeit) durch „echte" semantische Services zu ersetzen. Diese Templates dienen als „Vorstufe" zu den eigentlichen Services. Das Ziel der semantischen Services ist es, die Automatisierung im Umgang mit Services in den Bereichen Servicediscovery, Servicenutzung und Servicekomposition deutlich zu erhöhen und damit billiger Software bauen zu können.

9.12 RosettaNet

Das RosettaNet[28] steht für eine offene Standardisierung interorganisatorischer Prozesse. Die RosettaNet Standards gliedern sich in folgende Kerngebiete:

- Geschäftsprozesse – RosettaNet ist auf die Koordination von verteilten Geschäftsprozessen zwischen Geschäftspartnern ausgerichtet. Das Konzept der RosettaNet **P**artner **I**nterfaces **P**rocesses (PIP) definiert entsprechende Protokolle. In jedem PIP werden Rollen, Geschäftsdokumente, Begriffe und die Orchestrierung der Messages definiert.
- Datenformate – Jede Organisation arbeitet mit unterschiedlichen Begriffen in ihrer Geschäftstätigkeit. Damit eine eindeutige Kommunikation mehrerer Organisationen möglich ist, müssen diese Begriffsbarrieren überwunden werden, in dem alle aufkommenden Begriffe und Definitionen global spezifiziert werden. RosettaNet bietet zwei Arten von Verzeichnissen:
  - **R**osettaNet **B**usiness **D**ictionary (RNBD)– Hier werden die Begriffe bestimmt, die in den grundlegenden Aktivitäten der Geschäftsprozesse benutzt werden.

---

[28] Der Name geht zurück auf den Stein von Rosetta. Der Stein von Rosetta stammt aus dem Jahre 196 v.Chr. Er enthält einen eingemeißelten Gesetzestext in drei Sprachen (Hieroglyphen, Demotisch und Griechisch). Dadurch, dass der Stein dreimal denselben relativ langen Text enthält und die griechische Version gut lesbar ist, war er der Schlüssel zur Entzifferung der ägyptischen Schriften. Jean-François Champollion gelang 1822 an Hand des Steines die Entzifferung der demotischen Schrift und damit die Entschlüsselung der Hieroglyphen.

- **R**osetta**N**et **T**echnical **D**ictionary (RNTD) – Hier werden gebräuchliche Ausdrücke definiert, um Produkte und Services zu beschreiben.
- Messagingservices – Um einen definierten PIP auszuführen, stellt RosettaNet dem Anwender das **R**osetta**N**et **I**mplementation **F**ramework (RNIF) als Middleware zur Verfügung. Im RNIF wird die Unterstützung für die zu versendenden Messages spezifiziert. RosettaNet unterscheidet zwischen zwei Messagetypen:
  - Business Action Messages enthalten Nutzdaten und werden in den PIP spezifiziert.
  - Business Signal Messages quittieren automatisch den Erhalt einer Business Action Message.

  Da der Ursprung von RosettaNet vor den derzeitigen Webservicestandards liegt, verwendet RosettaNet in der ursprünglichen Form nicht SOAP zum Messagetransport.

Die RosettaNet PIP-Spezifikation beschreibt, wie die Zusammenarbeit der Geschäftspartner in den öffentlichen Prozessen koordiniert wird. Um eine Kommunikation zu ermöglichen, enthält jeder PIP ein RNTD, welches die auszutauschenden Komponenten innerhalb des Prozesses erklärt und ein auf den einzelnen PIP bezogenes RNBD, welches die Geschäftsmodalitäten klärt. In RosettaNet wählt man einen Top-Down-Ansatz in vier Schritten, um ein jeweiliges PIP aus einem schon bestehenden Geschäftsprozess zu kreieren:

1. Im ersten Schritt wird ein Modell erstellt, wie der Geschäftsprozess zwischen den Geschäftspartnern abläuft.
2. Im zweiten Schritt wird ein Reengineering des erstellten Modells durchgeführt.
3. Im dritten Schritt wird ein sogenanntes PIP-Blueprint-Document generiert, in dem gemäß der Definition eines Geschäftsprozesses beschrieben wird, auf welche Art und Weise die Rollen der teilnehmenden Geschäftspartner in dem Geschäftsprozess wahrgenommen werden.
4. Im letzten Schritt wird ein PIP-Protokoll erstellt, welches aufzeigt, wie die Kommunikation zu realisieren ist.

Ein vollständiger PIP wird in einem RosettaNet PIP-Specification-Package gespeichert. Ein PIP-Specification-Package ist ein Archiv, welches drei Dokumenttypen enthält: Die PIP-Spezifikation, die Hilfen und Richtlinien für definierte Messagetypen und die Messagestruktur und Inhalte in Form eines XML-DTD.

Jede RosettaNet Spezifikation besteht aus drei Hauptpunkten:

- **B**usiness **O**perational **V**iew (BOV) – In dieser Sicht[29] wird der eigentliche Geschäftsprozess mit seiner konkreten Zielsetzung definiert. In einem Flussdiagramm wird außerdem der Kontrollfluss mit seinen Zuständen zwischen den involvierten Geschäftspartnern modelliert; gemäß der Blueprintdokumentation werden außerdem Rollen, Rollentypen und Interaktionen

---

[29] auch Action Layer genannt.

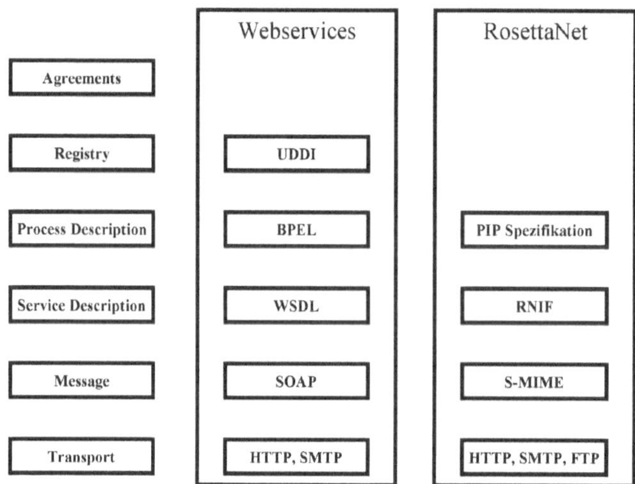

Abb. 9.5: RosettaNet versus Webservices

zwischen den Rollen festgelegt. Es existieren drei definierte Rollentypen in RosettaNet:

- Organizational - Die Rolle wird von einer Organisation eingenommen.
- Employee - Die Rolle wird von einem Angestellten der Organisation angenommen.
- Functional - Die Rolle kann von Organisation oder von einem Angestellten angenommen werden.

- **F**unctional **S**ervice **V**iew (FSV) – Der Functional Service View[30] ist abgeleitet vom BOV und definiert die Koordinationsprotokolle zwischen den teilnehmenden Komponenten.
- **I**mplementation **F**ramework **V**iew (IFV) – Die Implementation Framework View[31] spezifiziert die Messageformate und Anforderungen an die Kommunikation.

Es stellt sich die Frage, ob eine Konkurrenz zwischen den verschiedenen Webservicespezifikationen und RosettaNet besteht (s. Abb. 9.5). Da das PIP-Konzept lediglich öffentliche Geschäftsprozesse unterstützt, keine Sprachkonzepte zur Implementierung zur Verfügung stellt und seinen technologischen Unterbau auf Grund seiner Historie nicht auf aktuelle Standards wie WSDL und SOAP aufbaut, gibt es keine Konkurrenz zwischen RosettaNet und anderen Standards wie WSDL oder SOAP. Allerdings beinhaltet und fördert die Philosophie von RosettaNet die Möglichkeit, neue Standards für Geschäftsprozesse zu entwickeln.

---

[30] Transaction Layer genannt.
[31] Service Layer genannt.

9.13 ebXML

Das Protokoll ebXML geht weit darüber hinaus, nur ein Format für den Austausch von Geschäftsmessages zu definieren, ebXML stellt folgende Konzepte zur Verfügung:

- Einen Mechanismus, mit dem Geschäftsprozesse und das damit verbundene Informationsmodell beschrieben werden können.
- Einen Mechanismus, mit dem Geschäftsprozesse in einer Registry hinterlegt und durch andere Consumer wiederverwendet werden können.
- Die Möglichkeit, Informationen über Teilnehmer in eine Registry abzulegen. Diese Informationen sind: der unterstützte Geschäftsprozess, Daten über Interfaces, Geschäftsmessagetypen und technische Konfigurationsdaten über Transportprotokolle und Sicherheitsparameter.
- Ein Mechanismus, mit dem eine Vereinbarung über eine Geschäftsbeziehung beschrieben werden kann und diese aus den Daten, die über Teilnehmer in der Registry gespeichert wurden, abgeleitet werden kann (**C**ollaboration **P**rotocol **A**greements, CPA).
- Ein Messagingservice, der den Messageaustausch sicher und zuverlässig ermöglicht.
- Ein Mechanismus, den Messagingservice entsprechend der Vereinbarungen des CPAs zu konfigurieren.

Dabei werden die entstehenden Beschreibungen und Messages in XML kodiert. Der ebXML-Standard enthält Angaben über:

- Geschäftsprozesse,
- technische Architektur,
- Kernkomponenten,
- Transport/Routing und Paketierung,
- Registry und Repository,
- Geschäftspartner,
- Proof of Concept.

Der ebXML-Messagingservice definiert, wie man Messages „verpackt" um ebXML-konform versandt zu werden. Dabei definiert dieser Standard nicht, wie die Messages selbst zu formatieren, sondern nur, mit welchen Headern diese Messages zu versehen sind. Daher können über den Messagingservice auch nicht-XML-Daten versandt werden. Der Standard wurde mit Blick auf Erweiterbarkeit, Möglichkeit der Persistenz von Messages, Sicherheit und Zuverlässigkeit des Messageprotokolls entworfen. Der ebXML-Messagingservice ist de facto eine Erweiterung des SOAP-Protokolls. Eine ebXML-Message besteht aus einem oder mehreren MIME[32]-Containern, mit den Eigenschaften:

- Es existiert genau ein sogenannter Header-Container, der eine SOAP-Message enthält. Diese SOAP-Message erklärt auch alle Konfigurationen.

---

[32] Multipurpose Internet Mail Extensions

- Es kann mehrere Payload-Container geben, die serviceabhängigige Messages enthalten. Diese müssen nicht in XML kodiert werden.

Die SOAP-Message selbst ist in Header und Body aufgeteilt. Dabei werden im Header-Element die ebXML-spezifischen Headerinformationen hinzugefügt; im Body werden Kontrollinformationen sowie Informationen (Referenzen) zu den in den Payload-Containern enthaltenen Messages gegeben. Mit dem ebXML-Messagingservice werden die folgenden Möglichkeiten implementiert:

- Eindeutige Identifikation der Message,
- Absender- und Empfängerangaben,
- Angabe von Routinginformationen,
- Signatur der Message zur Identifikation des Absenders und Sicherstellung der Unversehrtheit,
- Empfangsbestätigung,
- Fehlerbenachrichtigung.

ebXML basiert auf einer geschäftsprozessorientierten Sichtweise. Dabei beschreibt ein Geschäftsprozess detailliert, wie und wann ein Geschäftsteilnehmer bestimmte Rollen einnimmt, welche Verbindungen es zu anderen Geschäftsteilnehmern gibt und welche Verantwortlichkeiten in diesem Zusammenhang auf den einzelnen Geschäftsteilnehmern lasten. Dabei geht es darum, den Interaktionsfluss zwischen den Geschäftsteilnehmern zu beschreiben. Die im Rahmen der Interaktion ausgetauschten Geschäftsdokumente können aus Komponenten der ebXML Core Library, welche die Core Components enthält, zusammengesetzt sein. Fertig beschriebene Geschäftsprozesse werden im ebXML-Repository für potenzielle Geschäftspartner abgelegt.

Die Struktur von Geschäftstransaktionen wird mit einem Dokumentenfluss assoziiert. Geschäftstransaktionen ihrerseits werden wieder durch eine Choreographie in ihrer Abfolge gesteuert. Die Choreographie wird durch eine sogenannte Collaboration zusammengefasst und von den Geschäftspartnern als solche referenziert. Zwei oder mehr Geschäftspartner nehmen über Rollen an einer Collaboration teil. Die Rollen tauschen im Rahmen von Geschäftstransaktionen Informationen aus. Dabei besteht jede Geschäftstransaktion aus vordefinierten Dokumentenflüssen. Die Reihenfolge, in der Geschäftstransaktionen abzuarbeiten sind, wird durch Choreographien definiert.

- Business Collaboration – Eine Collaboration ist eine Menge von Geschäftstransaktionen und bildet dadurch einen organisationsübergreifenden Prozess ab. Jeder Geschäftspartner nimmt mindestens eine Rolle in einer Collaboration ein. Es gibt zwei Arten von Collaborations:
  - Binary Collaborations zwischen genau zwei Geschäftspartnern, bestehend aus einer Menge von Geschäftsaktivitäten. Eine Geschäftsaktivität kann dabei entweder ein Geschäftsprozess sein (in diesem Sinne ist die Aktivität atomar) oder eine andere Binary Collaboration.

- Multiparty Collaborations mit mehr als zwei Geschäftspartnern. Multiparty Collaborations werden aus Binary Collaborations „zusammengesetzt".

- Geschäftstransaktion – Eine Geschäftstransaktion ist atomar in dem Sinn, dass sie nicht mehr in weitere „Geschäftstransaktionen" unterteilt werden kann und wird zwischen zwei Partnern in gegensätzlichen Rollen ausgeführt. Im Allgemeinen sind diese Rollen als anfordernde und antwortende Rolle zu charakterisieren. Ein weiteres Merkmal von Geschäftstransaktionen ist, dass sie auch im Transaktionssinn atomar sind – sie können nur als Ganzes entweder erfolgreich sein oder fehlschlagen.

- Dokumentenfluss – Ein Dokumentenfluss ist die Realisierung einer Transaktion in Form von Dokumenten, welche die Geschäftspartner untereinander austauschen. Dabei gibt es immer ein Request-Dokument und optional, falls eine Antwort notwendig ist, auch ein Response-Dokument. Die Dokumente selbst werden über die ebXML Core Components definiert.

- Choreographie – Die Choreographie definiert die Reihenfolge von Geschäftstransaktionen innerhalb einer Binary Collaboration. Im Rahmen der Choreographie ist es nicht nur möglich, eine reine sequentielle Reihenfolge festzulegen, sondern auch bedingte Zustandsübergänge.

9.14 ebBPSS

Das **ebXML B**usiness **P**rocess **S**pecification **S**chema (ebBPSS) ist ein Schema für die Festlegung von Geschäftsprozessen. Dieses ist Teil des semantischen Rahmens von ebXML (s. Abschn. 9.13). Ziel von ebBPSS ist es, die Modellierung von Geschäftsprozessen mit der Spezifikation von eBusiness Softwarekomponenten zu verknüpfen, so dass Organisationen ihre Geschäftsprozesse auf eine einheitliche und konsistente Art und Weise definieren können und eine organisationsübergreifende Zusammenarbeit möglich wird. Dazu nutzt das ebBPSS die ebXML-Dokumenttypen CPP (**C**ollaboration **P**rotocol **P**rofile) und CPA (**C**ollaboration **P**rotocol **A**greement), welche die Eigenschaften der ebXML-Partner und ihre konkreten Kooperationsvereinbarungen beschreiben. Eine organisationsinterne Repräsentation von Abläufen wird dabei nicht unterstützt. Eine ebBPSS-Definition enthält die Festlegung und die Choreographie von Geschäftstransaktionen.

Es handelt sich bei ebBPSS um eine hierarchisch strukturierte Definitionssprache. Die Wurzel eines ebBPSS-Dokumentes ist das *ProcessSpecification*-Element. Hier werden global verwendete *BusinessDocuments*, *Binary* und *MultiPartyCollaborations* sowie *BusinessTransactions* deklariert. Eine erweiterte Strukturierung der Elemente erfolgt durch die Bildung von *Packages*. Die *Packages* definieren einen Namensraum und stellen Behälter für zusammengehörige Beschreibungen und wiederverwendbare Elemente wie *Collaborations* und *Transactions* dar. Mit zusätzlichen Includeanweisungen können zudem weitere externe Beschreibungen in die Definition eingebunden werden.

```
<ProcessSpecification name="Example"
version="1.1" uuid="[1234567890]"
<BusinessDocument name="Catalog Request"/>
<BusinessDocument name="Catalog"/>
...
<Package name="Ordering">
<MultiPartyCollaboration name="DropShip">
 ... </MultiPartyCollaboration>
<BinaryCollaboration name="FirmOrder">
 ... </BinaryCollaboration>
<BusinessTransaction name="Catalog Request">
 ... </BusinessTransaction>
<BusinessTransaction name="Create Order">
 ... </BusinessTransaction>
...
</Package></ProcessSpecification>
```

Der Datenfluss wird in ebBPSS nicht modelliert, sondern wird durch das Senden und Empfangen der Dokumente durch die Business Partner festgelegt. Der Anfragevorgang wird mit dem Element *RequestingBusinessActivity* abgebildet. Dieses definiert genau einen *DocumentEnvelope*, in dem das Geschäftsdokument sowie optionale Zusatzdokumente versandt werden. Die *RespondingBusinessActivity* kann als Antwort hingegen mehrere *DocumentEnvelopes* definieren.

```
<BusinessTransaction name="Notify of advanceshipment">
<RequestingBusinessActivity name="">
<DocumentEnvelope BusinessDocument name="ASN"/>
</RequestingBusinessActivity>
<RespondingBusinessActivity name=""
</RespondingBusinessActivity></BusinessTransaction>
```

Die Durchführung einer Transaktion wird durch die in der *Collaboration* spezifizierten Rollenverteilung bestimmt. Dabei beginnt der initiierende Teilnehmer immer mit einem Request und übergibt die Kontrolle an den angesprochenen Geschäftspartner. Dieser führt seine entsprechende Aktivität aus und schickt gegebenenfalls eine Antwort. Der Abschluss einer Transaktion kann dabei bei beiden Partnern erfolgreich sein oder bei einem von beiden misslingen. Exceptions treten unter anderem bei der Überschreitung von Timeouts oder bei nicht parameterkonformen Antworten oder Übertragungsproblemen auf. In diesem Fall müssen die Transaktionen auf beiden Seiten zurückgesetzt werden. Transaktionen können nicht geschachtelt werden und es existieren keine Konstrukte, um Kompensationsaktivitäten zu definieren. Das Transaktionsmodell von ebBPSS ist auf lang andauernde Geschäftstransaktionen ausgerichtet und stellt hierfür zusätzlich eine Reihe von QoS-Attributen bereit, die neben der Choreographie von Aktivitäten die Rahmenbedingungen der geschäftlichen Zusammenarbeit behandeln. Zum einen kann eine Transaktion mit dem Attribut *isLegallyBinding* gekennzeichnet werden, um zu spezifizieren, ob durch die Zusammenarbeit zweier Parteien ein rechtlich bindender Vertrag zustande kommt. Sicherheitsaspekte in Bezug auf Benutzer werden durch die Konstrukte *isNonRepudiationRequired* und *isAuthorizationRequired* berücksichtigt. Mit *isNonRepudiationRequired* werden Partner angewiesen, die ausgetauschten Dokumente für eine spätere Einsichtnahme zu speichern, um das nachträgliche Abstreiten von erfolgten Geschäftshandlungen zu erschweren. Durch *isAuthorizationRequired* wird die Identität von Geschäftspartnern überprüft. Mittels *isConfidential* wird eine Verschlüsselung des Dokumentes angefordert, *isTamperProof* vermeidet versehentliche oder bösartige Manipulationen am Dokument, etwa durch Bereitstellung einer Checksumme, und mit *isAuthenticated* weist der Absender auf eine beigefügte digitale Signatur zu seiner Identifikation als Urheber des Dokuments hin. Der Parameter *isGuaranteedDeliveryRequired* gibt an, dass die Zustellung von Dokumenten in jedem Fall garantiert sein muss, zum Beispiel dadurch, dass Übertragungskanäle von einer dritten Partei überwacht werden.

9.15 Servicemodellierung

Die Modellierung von Services durchläuft, wie die Modellierung jeder Form von Software die Phasen Analyse, Design und Implementierung und diese in aller Regel mehrmals. Im Gegensatz zum Wasserfallmodell sind bei der Serviceorientierung Zyklen notwendig, um überhaupt sinnvoll zu modellieren. Der Unterschied zu den zyklischen Modellen wie RUP liegt darin, dass die Zykluszeiten in der Serviceentwicklung deutlich kürzer sind als in der „klassischen" Software. Am Besten eignen sich agile Verfahren wie eXtreme Programing oder Scrum für den Bau von Services. Die dort gewonnenen Erfahrungen mit dem Bau von Komponentensoftware können nahtlos auf den Bau von Services übertragen werden.

Neben den Prozessen und Services bzw. deren Komposition müssen auch die Messages und die Events sowie die ausgetauschten Informationen modelliert und als Typen implementiert werden. An dieser Stelle spielen Ontologien eine große Rolle, da sie die funktionale Information der Interfaces mit den statischen Informationen der Messages, Events und Informationsstrukturen verknüpfen können.

Das Design von Services wird durch unterschiedliche Anforderungen getrieben, besonders wichtig ist es dabei zu beachten, dass ein Service nur dann als „gut designed" gelten kann, wenn er wiederverwendbar ist. Die Basisfragen im Servicedesign sind:

- Welcher Service wird für den Geschäftsprozess gebraucht?
- Wie wird dieser Service gebaut?

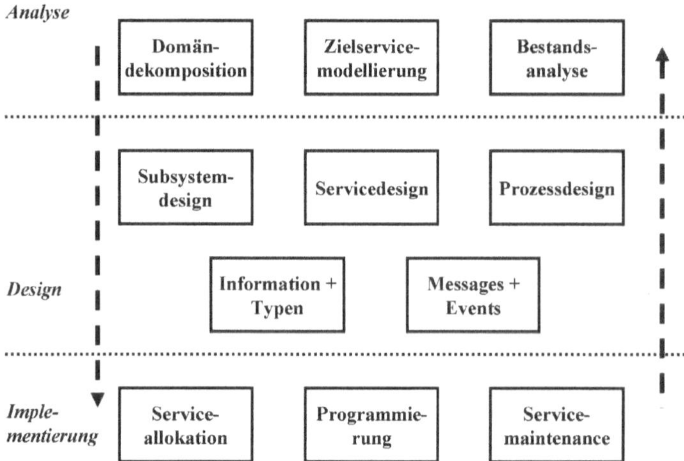

Abb. 9.6: Die Servicemodellierung verläuft zyklisch in den Phasen Analyse, Design und Implementierung

Die Antwort auf die erste Frage liefert die Serviceanalyse und die Antwort auf die zweite das Servicedesign. Die Serviceanalyse muss die vollständige Domäne betrachten, in der der entsprechende Geschäftsprozess angesiedelt ist. Einige Schlüsseleigenschaften unterscheiden die Serviceanalyse von traditionellen Verfahren:

- Services werden in multiplen SOS wiederverwendet. Ziel der Analyse ist es nicht, eine einzelne Applikation zu bauen, sondern den Service so zu konzipieren, dass er in diversen potentiellen SOS Wiederverwendung findet.
- Die Domäne muss in ihre organisatorischen und funktionalen Aspekte zerlegt werden, um die entsprechenden Prozesse zu identifizieren. Die so entstehenden Subdomänen werden modelliert und durch Services repräsentiert. Simultan ist aber auch eine Repräsentation in Form von Objekten notwendig, da sonst eine Implementierung der Services nicht möglich ist.[33]
- Der Service muss so strukturiert werden, dass er agil einsetzbar ist.
- Nichtfunktionale Eigenschaften der Services bilden einen wichtigen Aspekt der Serviceorientierung, diese müssen schon während der Analyse formuliert und berücksichtigt werden.

Eine der Basisfragen hinter der Serviceanalyse ist: Wie wird eine guter Abstraktionsgrad für Services erreicht, wenn nur das Geschäftsprozessmodell und die abstrakten Businessrequirements bekannt sind? Auf die Services ange-

---

[33] Auf dieser Ebene der Zerlegung könnte jede Methodik, auch Structured Analysis, eingesetzt werden.

wandt bedeutet dies, das richtige Maß an Granularität für die entsprechenden Kontexte zu finden.

Das hervorstechenste Feature im serviceorientierten Design ist die Trennung zwischen dem Verhalten von Komponenten und persistenten Objekten. Ein gutes Servicedesign hat drei Charakteristika:

- Die im Interface aufgeführten Methoden gehören zu den fachlichen Methoden der Domäne, nicht zu einfachen Datenzugriffen.
- Das Interface wird durch Elemente des Domänenmodells (fachlich) beschrieben.
- Die Services sind zustandslos und unabhängig vom jeweiligen Kontext.

Um Services zu modellieren ist es am einfachsten in Komponenten zu denken. Diese stellen jeweils abgeschlossene Blöcke aus Funktionalitäten dar, welche dem Consumer zur Verfügung gestellt werden. An dieser Stelle wird schon zwischen Interface und zukünftiger Implementierung differenziert. Für einen solchen Service sind drei Aspekte entscheidend:

- Der Kontext, in dem der Service existiert. Ein Service existiert nie in vollständiger Isolation, er erfüllt eine spezifische Rolle in einem Kontext und kommuniziert auch aktiv mit diesem. Services können zusammenwirken und neue Services erzeugen und umgekehrt können Services auch in kleinere Services zerlegt werden. Hierfür ist eine Koordination zwischen den Services mit Hilfe des Kontexts wichtig.
- Der Servicevertrag, der von dem Service zur Verfügung gestellt werden soll. Dieser repräsentiert die Summe an Informationen, die für einen Consumer wichtig sind, ohne dass er die Implementierung kennen muss.
- Die Implementierung des Vertrages in gegebenen Kontexten. Die Implementierung eines Services kann auf beliebige Art und Weise erfolgen.

Ein zunehmend wichtiger Teil des Kontextes ist die Spezifikation und das Design für Events und Kommunikationsmuster. Services werden zwar direkt aufgerufen, die übergreifende Steuerung von Abläufen geschieht jedoch über Events und Kommunikationsmuster. Als steuernde Elemente müssen sie auch spezifiziert werden, um die „einfachen" Services überhaupt einsetzbar zu machen.

9.15.1 Designmaxime

Wie schon im Rahmen des SOSE diskutiert wurde, sollte der Service der stabile (atomare) Teil sein, während die darauf aufgebauten Systeme sich verändern müssen und ein Design sollte dies auch aktiv unterstützen:

Das Design von Services muss so sein, dass diese langfristig stabil bleiben und das Design der Applikation muss so sein, dass es auf permanente Veränderungen eingestellt ist.

Damit die Services dieser Maxime folgen können, sind mehrere Regeln im Servicedesign zu beachten:

- Design zur Erweiterbarkeit – Ein Service muss in der Lage sein, auch ein erweitertes Datenmodell verarbeiten zu können. An dieser Stelle hilft lose Koppelung und late Binding, dadurch kann die Informationsstruktur flexibel und erweiterbar gestaltet werden. Allerdings ist stets eine Interpretation des Metamodells der Daten zu bewerkstelligen.
- Separation von funktionalen und operationalen Aspekten – Die Trennung zwischen fachlichem und ablauftechnischem Teil ist ein wichtiger Aspekt eines guten Servicedesigns und muss direkte Auswirkungen auf das Interface haben. Elemente, die zu dieser Separation beitragen, sind Servicecontainer (s. Abschn. 6.4) und getrennte Kontroller für die Services (s. Abschn. 12.3).
- explizite Systemgrenzen – Services sind per Definition Systeme und müssen daher auch ein Innen und Außen unterscheiden, mit der Folge, dass die Grenze explizit sichtbar werden muss, sonst kann sie nicht erkannt werden. Der Service darf keine Annahmen über etwas jenseits seiner eigenen Grenzen machen, dies schließt die Nutzung von globalen Variablen aus. Das explizite Aufzeigen von Grenzen zeigt auch an, wo im Gesamtsystem implementationsneutrale Interaktionen stattfinden.
- Autonomie – Services müssen sich als autonome Elemente verhalten.[34] Es gibt keine zentrale Autorität über alle Services und es können keinen Annahmen über den „Zwischenraum" zwischen den diversen Servicegrenzen gemacht werden. Die Topologie, in der ein Service existiert, kann und wird sich verändern. Der Service muss davon ausgehen, dass andere Services, mit denen er interagiert, Ausnahmen produzieren oder nicht vorhanden sind, ein Fall der speziell bei ULS-Systemen (s. Kap. 10) besonders häufig auftaucht.

Ansonsten kann die Erfahrung aus dem Bau von Komponentensoftware nahtlos in die Welt der Services übernommen werden.

9.15.2 Identifikation

Eine gute Identifikation und Bestimmung des entsprechenden Services oder Serviceproviders ist ein kritischer erster Schritt im Rahmen des Servicedesigns. In heutigen Organisationen existieren eine Reihe von redundanten Systemen, welche durchaus in der Lage sind, konkurrierende Services zu Verfügung zu stellen. Es gibt mehrere Strategien, sich der Serviceidentifikation zu nähern:

- Servicerationalisierung – Bei der Rationalisierung werden die bestehenden Geschäftsprozesse und die bestehende Implementierung (Applikationen) analysiert. Selten genutzte Services werden durch öfter genutzte Services

---

[34] Diese Autonomie bezieht sich aber nur auf ausgesuchte Aspekte.

ersetzt und so wird die Menge von Services im Gesamtportfolio reduziert. Die Rationalisierung ist Teil der Bestandsanalyse.

- Servicekonsolidierung – Bei der Konsolidierung wird die Vereinigungsmenge aller betrachteten Serviceinstanzen genommen und aus ihr heraus ein neuer Service definiert, welcher alle bisherigen Services ersetzt. Auch die Konsolidierung ist Teil der Bestandsanalyse.
- Domändekomposition – Der klassische Top-Down-Entwicklungsprozess, bei dem der Entwurf des Geschäftsprozesses genutzt wird, um aus diesem die notwendigen Services abzuleiten. Hier lassen sich sogar klassische Methoden wie strukturierte Analyse einsetzen.
- Zielservicemodellierung – Diese Strategie stellt eine Zwischenform zwischen der Bestandsanalyse und der Domändekomposition dar. Hier werden Services nicht an Prozesse, sondern an Ziele oder Metriken gebunden. Ein großer Teil der Monitoringservices in der Infrastruktur entstehen auf diese Weise.

Die Wahl der Strategie ergibt sich üblicherweise aus der Ausgangssituation und der konkreten Problemstellung.

9.15.3 Lokalisation

Oft ist es schwer, einen Service fachlich zu lokalisieren. Dies kann zwei Ursachen haben: Zum einen Redundanz in der Form, dass der Service in mehreren fachlichen Gebieten ähnlich auftaucht und zum anderen, dass er sich nicht klar formulieren lässt. Im zweiten Fall empfiehlt es sich mit Abstraktionen und Generalisierungen zu arbeiten, um den Service näher zu bestimmen. Der erste Fall lässt sich durch die Identifikation einer Schlüsseldomäne, in der der Service angesiedelt ist, lösen. Lässt sich eine solche Schlüsseldomäne nicht finden, so handelt es sich in der Regel um einen technischen Service, der fachdomänenübergreifend zur Infrastruktur gehört.

9.15.4 Domänenbildung

Die übliche Art Domänen zu bilden ist es, größere Cluster mit enger Kohärenz im Netz der Fachobjekte zu identifizieren und diese Cluster dann zu Domänen zu erklären. Im Rahmen der Serviceorientierung folgt die Domänenbildung den Ontologien (s. Abschn. 8.11). Eine Ontologie bildet hierbei eine Superdomäne und jede in ihr enthaltene Subontologie bildet eine oder mehrere eigenständige Domänen. Die so gefundenen Domänen können genutzt werden um die Services zu klassifizieren. Ein Serviceinterface sollte vollständig in einer Subontologie liegen. Problematisch sind Services wenn deren Interfaces mehr als eine Subontologie überstreichen, diese sollten entweder zerlegt – um dann exakt in einer Subdomäne zu liegen – oder aber so generalisiert werden, dass sie in der eigentlichen Ontologie angesiedelt werden können.

9.15.5 Abstraktion

Das Prinzip der Abstraktion wird bei Services üblicherweise genutzt, um sicher zustellen, dass der Service unabhängig von einer spezifischen Implementation und anderen Details (Kontexte, QoS, Plattformen) ist. Eines der Prinzipien des Servicedesigns ist es, darauf zu fokussieren, was der Service macht, nicht wie er es ausführt. Im Unterschied zur Objektorientierung, welche Abstraktion primär aus dem Blickwinkel des Information Hidings betrachtet, ist das Ziel bei der Serviceorientierung, alle plattform- und implementierungsspezifischen Details aus dem Interface des Services zu entfernen. Zu den implementierungs-spezifischen Details zählen unter anderem:

- Referenzen auf andere Services.
- Verhalten, welches durch die Implementierung erzwungen wird und welches unwichtig für den Consumer ist, so z.B. Wartezeiten, Nummernkreise oder Kürzel.
- Datentypen, die plattformspezisch sind (`COBOL PIC S9(3)`).
- Plattform- oder implementierungsspezifische Ausnahmen.

Per Definition darf ein Service in seinem Interface keine implementierungs-spezifischen Details enthalten.

9.15.6 Generalisierung

Das Ziel hinter der Generalisierung ist es, die Anwendbarkeit eines Services aus einem spezifischen Kontext heraus zu lösen und damit mehr Consumer oder neue Verwendungen in bisher noch nicht antizipierten Kontexten zu finden. Typischerweise werden dabei folgende Schritte vorgenommen:

- Separation der allgemeinen Daten und Verhaltensmustern von den spe-zifischen Teilen, so dass der generalisierte Teil des Services allgemeiner einsetzbar ist.
- Ausdehnung bisheriger Daten und Verhaltensmuster auf neue Kontexte, um dadurch neue Consumergruppen zu erschließen.

Die beiden Schritte erscheinen auf den ersten Blick widersprüchlich, sie stellen aber zwei unterschiedliche Stufen beim Design von Services dar. Zuerst werden bestehende Services in feinere Services (bzgl. der Granularität) zerlegt und aus diesen neue, gröbere Services gebaut. Ein Maß für die Generalisierung ist die Anzahl von unterschiedlichen Services, die in einem Geschäftsprozess genutzt werden und im Falle einer fachlichen Veränderung angepasst werden müssen. Der Nachteil einer Generalisierung ist das Auftauchen sehr grobgranularer Interfaces, welche durchaus ein Performanzproblem hervorrufen können.

9.15.7 Granularität

Die fachliche Granularität eines Services ist ein Maß dafür, wie viel Fachlogik ein Service beinhaltet, je gröber die Granularität, desto mehr Fachlogik wird im Service gekapselt. Im Gegensatz dazu gibt die Interfacegranularität nur an, wie groß der Ausschnitt des Objektmodells ist, welches durch den Service bearbeitet wird. Üblicherweise ist eine grobe Granularität besser, da weniger Services entstehen und die Fachlichkeit konzentrierter auftaucht. Allerdings haben grobgranulare Services den Nachteil, dass bei ihnen die Änderungswahrscheinlichkeit ansteigt und dass sie im Allgemeinen zu einer hochgradigen Spezialisierung tendieren, was die Wiederverwendung deutlich erschwert.

Tabelle 9.3: Grobgranulare Interfaces

Vorteil	**Probleme&Risiken**
Alle Daten in einem einzigen Aufruf.	Komplexe Daten und -strukturen. Große Messages. erhöhte Komplexität durch die Behandlung multipler Ausnahmen in einem Servicerequest.
Zustandsinformationen können explizit Bestandteil des Aufrufs werden.	Übermittlung der Zustände kann zum falschen Zustand führen. Daten, die beim letzten Aufruf gültig waren, sind beim nächsten ungültig. Bei jedem Aufruf müssen die Daten neu validiert werden.
Selbstbeschreibende Daten sind möglich. Der komplette Kontext kann übertragen werden.	Services werden nur für ganz spezifische Szenarien gebaut und sind nicht wiederverwendbar.

Die verschiedenen Sichten der Abstraktion und der Granularität unterscheiden sich darin, dass eine Granularität sich stets auf eine Ebene der Abstraktion bezieht (immer auf das Abstraktionsniveau des jeweiligen Servicelayers). Innerhalb eines objektorientierten Systems wird die einzelne Softwareeinheit durch Klassen von Objekten geprägt: modelliert, entworfen und implementiert durch die Anwendung der Prinzipien der Objektorientierung. Innerhalb einer komponentenbasierten Architektur bilden die Komponenten die Ebene der Granularität, obwohl eine Komponente auch eine einzelne Klasse (im Sinne der Objektorientierung) sein kann, bilden in aller Regel mehrere Klassen eine Komponente aus. Folglich sind komponentenbasierte Architekturen (so z.B. DCOM) grobgranularer als objektorientierte (so z.B. CORBA). Die Serviceorientierung besitzt eine abweichende Granularität, da diese den Service als die elementare Einheit betrachtet. Theoretisch gesehen kann ein Service auch eine ganze Applikation umfassen. Da Services beliebig gewählt werden können, rangiert ihre Größe von sehr groß (vollständige Applikationen) bis hin zu sehr klein (einzelne Methode eines Objekts). Die Granularität eines Services kann von einem Ende des Spektrums bis zum anderen variieren. Für den Fall einer sehr feinen Granularität degeneriert eine serviceorientierte Entwicklung zu einem objektorientierten Design und im Rahmen einer sehr groben Granularität wird die Siloarchitektur der Legacysysteme erreicht, welche als Folge der Anwendung der Structured Analysis und Design gesehen werden kann. Die Granularität eines Services muss, damit man sich von traditionellen Methodiken unterscheiden kann, zwischen diesen beiden Extremen liegen.

Tabelle 9.4: Feingranulare Interfaces

Vorteil	Probleme&Risiken
Kleine Messages enthalten einfache Daten.	Möglicherweise entsteht ein Übertragungszustand, der zu zusätzlicher Komplexität führt. Wiederherstellung bei fehlerhafter Übertragung muss implementiert werden. (Checkpoint/Restart bzw. Kompensation)
Individuelle Services können zu größeren komponiert werden.	Der Consumer muss die exakte Aufrufsequenz der Services verstehen.
Erhöhte Laufzeitflexibilität. Einzelne Services werden nur bei Bedarf angesprochen.	Komplexe Beschreibung im Sinne von Prä- und Postkonditionen. Individuelle Services haben keinen eigenen Kontext. Performanzprobleme durch die vielen Aufrufe.

Eine andere Betrachtungsweise ergibt sich, wenn Services nicht aus den fachlichen Gesichtspunkten abgeleitet werden, sondern auf Grund des vorhandenen Systems implementiert sind. Dann lassen sich meist nur sehr grobgranulare Services oder sehr feingranulare (im Sinne von reinen CRUD-Services[35]) finden.

9.15.8 Statische Aspekte

Ein zu entwerfender Service hat eine Reihe von statischen Aspekten. Servicebeschreibungssprachen wie z.B. WSDL, BPEL, WSCI, BPML oder BPSS machen einen Service zugänglich, in dem sie die Interaktionen des Services mit seiner Umgebung beschreiben. Die möglichen Interaktionen, die beschrieben werden, spiegeln die Kommunikationsmechanismen der darunterliegenden Transportschicht wider. Die dabei zu beschreibenden Aspekte sind in der Regel protokollabhängig.

9.15.9 Interface

Ein Interface eines Services muss so beschrieben werden, dass es jenseits der offensichtlichen Signatur gut erlernbar ist. Die Signatur einer Operation besteht aus dem Namen und der exakten Abfolge von Datentypen in einem Aufruf, z.B. `void foobar(int,long,int)`. Die Beschreibung von Interfaces hat innerhalb der Softwareentwicklung eine vergleichsweise lange Tradition, es haben sich folgende Bestandteile als nützlich herauskristallisiert:

---

[35] s. S. 138

I Identität des Interfaces – Einen Namen und eine Versionsnummer einem Service zu geben bedeutet, dass er damit in einem bestimmten Kontext eindeutig in einer bestimmten Version identifizierbar ist. Eine eindeutige Identifikation ist wichtig, wenn mehrere Implementierungen desselben Interfaces oder verschiedene Interfaces des gleichen Services für unterschiedliche Benutzergruppen vorhanden sind. Diese Identität wird üblicherweise in den Registries und Repositories als Schlüsselelement genutzt.

II Ressourcen – Hierunter werden alle Operationen verstanden, die das Interface zur Verfügung stellt. Eine Beschreibung dieser Ressource sollte so sein, dass der Softwareentwickler die gewünschte Operation zielsicher und schnell finden kann. Für jede Ressource sollte beschrieben werden:

II-a Syntax – Die Signatur muss die Identität der Ressource als auch die logischen Datentypen der Argumente enthalten.

II-b Semantik – Eine Beschreibung darüber, was bei der Benutzung aus Sicht des Consumers passiert und inwieweit die Nutzung eingeschränkt ist. Typische Beispiele sind: Veränderungen von Daten, Events[36], die ausgelöst und Messages, die von der Ressource gesandt werden. Es werden Informationen darüber benötigt, ob andere Ressourcen desselben Interfaces nach Aufruf unterschiedlich reagieren oder ob die Operation ein spezifisches Ausführungsverhalten zeigt. Die Semantik der Operation ist in Bezug auf das automatisierte Auffinden und Nutzen von Services der wichtigste Punkt. Die Semantik ist in allen Phasen von der Entdeckung über die Integration bis hin zur Ausführung entscheidend.

II-c Restriktionen – Ähnlich einer Vorbedingung für die Operation spiegeln die Restriktionen Annahmen über die Umgebung als auch den aktuellen Consumer, bzw. dessen Historie, wider. Typischerweise werden auch Seiteneffekte oder Ausnahmen aufgeführt.

III Lokal definierte Datentypen – Es wird festgelegt wie Variablen, Konstanten und Literale der Datentypen, welche im Interface definiert wurden, deklariert werden. Innerhalb eines Servicekontexts können Datentypen entweder als Konstrukte aus den traditionellen Programmiersprachen oder als XML-Dokumente verstanden werden.

IV Exceptionhandling – Die Exceptions, die von dem Provider an den Consumer weitergegeben werden, sollten typisiert aufgeführt und das Verhalten erläutert werden.

V Variabilität – Hierunter werden Details der möglichen Einstellungen des Interfaces festgehalten. Die möglichen Ausprägungen der Parameter[37] sollten erläutert werden. In vielen Fällen wird die Semantik explizit über Parameter gesteuert, daher sollte eine Referenz auf die Semantik vorhanden sein.

---

[36] Dazu zählen auch Fehler.

[37] Ein Parameter steuert das Verhalten des Interfaces, während eine Variable nur einen übergebenen Wert darstellt.

VI Quality of Service (s. Abschn. 5.6).

VII Vorbedingungen der Interfaceelemente – Die Vorbedingungen für das Interface als Ganzes, sowie für die einzelnen Elemente des Interfaces stellen ein wichtiges Betrachtungselement in der Verwendung des Services dar.

VIII Sinn und Zweck – Die Motivation für das Design, die Limitierungen sowie Kompromisse und Alternativen sollten hier erläutert werden. Für die Nutzung ist dieser Punkt nicht wirklich wichtig, wohl aber für Design und Maintenance eines großen Systems.

IX Nutzungshandbuch – Im Nutzungshandbuch werden die Interaktion oder typische Nutzungsszenarien für das gesamte Interface dargestellt. Diese Information wird benutzt, um die korrekte Abfolge von Aufrufen sicherzustellen.

Tabelle 9.5: Interfaces in den unterschiedlichen Sprachen

Eigenschaft	WSDL	OWL-S	CORBA
Identität	✓	✓	✓
Syntax	✓	✓	✓
Semantik	–	(✓)	–
Restriktionen	–	✓	(✓)
Lokale Datentypen	(✓)	(✓)	–
Ausnahmebehandlung	–	–	✓
Variabilität	–	–	–
QoS	–	✓	–
Vorbedingungen	(✓)	(✓)	(✓)
Sinn und Zweck	–	–	–
Handbuch	–	✓	–

Diese Klassifikation eines Serviceinterfaces sollte von den entsprechenden Beschreibungssprachen unterstützt werden. Der Vergleich diverser Interfacesprachen zeigt (s. Tab. 9.5), dass alle sehr viel weniger Information liefern, als wirklich notwendig ist. Die heutigen Sprachen reichen daher, speziell für eine mobile und heterogene Umgebung, überhaupt nicht aus.

9.16 Wiederverwendung

Wiederverwendung ist technisch schon sehr lange möglich, die Objektorientierung als auch die Komponentenbauweise haben die Wiederverwendung stets als ihr hervorstechenstes Merkmal bezeichnet, trotzdem hat de facto fast nie Wiederverwendung stattgefunden. Warum? Die Softwareentwickler haben nie wirklich Aufwand in die Ermöglichung der Wiederverwendung gesteckt! Die Anstrengung zu bestimmen, was eine vorhandene Software leistet und wie sie eingesetzt werden kann, ist aus der subjektiven Sicht des Einzelnen deutlich größer als die Energie, die notwendig ist, es einfach selbst zu bauen.[38] Typischerweise unterschätzen Softwareentwickler stets die Größe einer völlig neuen[39] Aufgabe und tendieren dazu, sich selbst gleichzeitig zu überschätzen[40], dies führt oft zu einer großen Unterschätzung des nötigen Aufwands. Diese psychologische Barriere hat zur geringen Wiederverwendung in großen Systemen beigetragen.

Aus Sicht der heute implementierten Systeme dient die Serviceorientierung primär zur Wiederverwendung bestehender Applikationen. Dies wird sich nicht in der Zukunft fortsetzen, da neue Systeme a priori aus Services ohne den Umweg über Applikationen entwickelt werden müssen. Nur so besitzen sie die notwendige Granularität und Stabilität, um langfristig auch einsatzfähig zu bleiben.

Auf Services lässt sich das Prinzip des Softwaredarwinismus anwenden. Das Phänomen des Softwaredarwinismus ist der Evolutionstheorie entlehnt. Wird die gesamte Software einer Organisation als ein Pool von potentiell wiederverwendbaren Services betrachtet, so lassen sich Betrachtungsweisen ähnlich den Evolutionsbetrachtungen von *Darwin* anstellen. Die Softwareentwickler müssen sich aus diesem Pool von Services einige zur Wiederverwendung aussuchen und andere dabei vernachlässigen. Ein so wiederverwendeter Service kann sich selbst, dadurch dass er aktiv genutzt wird, „weitervererben" und damit seine Chancen auf zukünftige Wiederverwendung erhöhen. Die Folge dieses Softwaredarwinismus ist, dass Services, welche der Softwareentwickler nicht attraktiv findet, nicht genutzt werden und in der Versenkung verschwinden. Zu den treibenden Kräften hinter dem Darwinismus gehören:

- Verfügbarkeit – Ist ein Service nicht verfügbar, so wird er nie genutzt werden. Genutzte Services haben stets eine höhere Verfügbarkeit, weil sie offensichtlich vorhanden sind. Die mentale Verfügbarkeit, bzw. die häufige Verwendung eines Services erhöht die Chancen, den Service wiederzufinden und damit auch die Chancen des Services, sich weiter im Gedächtnis zu erhalten, außerdem bedarf es einer Anstrengung, aktive Services aus ihrem Kontext zu entfernen.
- Verständlichkeit – Ist ein Service unverständlich, so wird er auch nicht verwendet werden. Insofern ist Verständlichkeit eine treibende Kraft zur Wiederverwendung im Softwaredarwinismus.

Im Umkehrschluss aus dieser darwinistischen Betrachtung muss Wiederverwendung explizit den Softwaredarwinismus in Betracht ziehen. Die Services müssen so entwickelt werden, dass Softwareentwickler sie wiederverwenden

---

[38] Forciert wird diese Annahme durch die modernen integrierten Entwicklungsumgebungen.

[39] Bei bekannten Aufgaben sind erfahrene Entwickler gegenüber Neulingen im Vorteil. Bei völlig neuen Aufgaben schätzen beide gleich falsch.

[40] Ein Verhaltensmuster ähnlich den Autofahrern: Nach einer Umfrage zählen sich 80% der schwedischen Autofahrer zu dem Drittel der besten Autofahrer.

wollen. Daher müssen wiederverwendbare Services so konzipiert sein, dass sie sofort und ohne Veränderung einsetzbar sind. Werden bei der Softwareentwicklung bestehende Serviceimplementierungen wiederverwendet, so gibt es zwei Ansätze des grundsätzlichen Vorgehens:

- Development with Reuse – Einem Design der Softwarearchitektur folgt eine genaue Spezifikation der zur Entwicklung benötigten Services. Dann wird nach passenden Serviceimplementierungen gesucht, die, eventuell nach einiger Anpassung, ins System integriert werden.
- Reuse-driven Development – Hier wird die Spezifikation des zu entwickelnden Systems und das Design der Architektur bereits von den vorhandenen und wiederverwendbaren Services beeinflusst. Verglichen mit „Development with reuse" kann ein höherer Grad der Wiederverwendung erzielt werden.

Wenn das Softwaredesign auf bereits bestehenden Services basiert, dann folgt es eher dem Bottom-Up als dem Top-Down-Prinzip. Die bestehenden Services werden solange komponiert, bis weitere Komposition keine zusätzliche Übersicht schaffen würde. Mit dem Grad der Abstraktion eines wiederverwendeten Services nimmt das Maß an eingespartem Entwicklungsaufwand zu, jedoch nimmt die Häufigkeit der Wiederverwendung ab.[41] Grundvoraussetzung für eine effiziente Wiederverwendung sind Services, welche in Bezug auf Allgemeingültigkeit, Qualität, Dokumentation und Zuverlässigkeit hohen Ansprüchen genügen. Der Einstieg in die Wiederverwendung setzt eine Managemententscheidung voraus, denn bis die entwickelten Services wirklich wiederverwendbar sind, müssen sie mehrmals (4-5 mal) genutzt werden, erst dann beginnen sich die Investitionen in die Wiederverwendung auszuzahlen.[42]

Der Grad der Wiederverwendung in den Organisationen lässt sich analog zum CMMI-Modell in 5 Stufen einteilen:

I Ad hoc, Wiederverwendung, unorganisiert, vom einzelnen Softwareentwickler abhängig. Die Wiederverwendung auf Stufe I findet unsystematisch, unkontrolliert und undokumentiert statt. Meist wird Software kopiert und an die gegebenen Anforderungen angepasst. Der Grad der Wiederverwendung ist gering und mit dem Aufwand verbunden, bei einer notwendigen Änderung der Ursprungskopie diese Änderung an den (nicht bekannten) Kopien mehrfach wiederholen zu müssen.

II Wiederverwendung existierender Services. Durch die Dokumentation der vorhandenen Services und Verwalten der Serviceveränderungen, dem gezielten Zukauf von Services und Einführung der Serviceorientierung wird die Möglichkeit der Wiederverwendung verbessert. Da Services selten in

---

[41] So sind z.B. Klassen unter relativ hohem Aufwand häufig wiederzuverwenden, vorgefertigte Applikationen ersparen sehr viel Entwicklungsaufwand, treffen jedoch nur selten die gewünschten Anforderungen.

[42] Eine Erfahrung aus der Objektorientierung.

der Form vorhanden sind, wie sie in einem anderen Kontext benötigt werden, ist der Grad der Wiederverwendung noch gering und der Anpassungsaufwand übersteigt oft den Nutzen.

III Es wird gezielt für die Wiederverwendung entwickelt. Services werden schon beim Entwurf gezielt auf Wiederverwendbarkeit entwickelt. Darüber hinaus wird die Wiederverwendung durch eine geeignete Infrastruktur der Entwicklungsumgebung im Entwicklungsprozess unterstützt (SIM, s. Abschn. 6.5). Das Servicerepository wird stark applikations- und abteilungsorientiert genutzt.

IV Verwendung von Domänenmodellen, die wiederverwendeten Services erreichen ein sehr hohes Abstraktionsniveau, der Grad der Wiederverwendung wird gemessen. Übergreifende fachliche Modelle sichern die systematische Wiederverwendung von Services. Durch die analytische Durchdringung der Domänen wird eine Voraussetzung für effektive Wiederverwendung von eigenen oder gekauften Services geschaffen. Durch das fachliche Modell und Frameworks für die Entwicklung von Services konzentriert sich die Entwicklung auf fachliche Services und deren Komposition. Grundlage bildet eine auf Wiederverwendung basierende, über alle Domänen hinweg vereinheitlichte Entwicklungsumgebung mit den dafür notwendigen Verfahren, Methoden und Tools.

V Organisationsweite Ausrichtung auf Wiederverwendung. Während Stufe IV alle technischen Maßnahmen für eine systematische Wiederverwendung bietet, kommt in Stufe V die noch fehlende organisatorische und strategische Ausrichtung hinzu. Die Organisationen in dieser Stufe verstehen sich als Systemintegrator, bei dem fremd- oder eigenentwickelte Services verbunden werden. Dies erfordert auch die Einbeziehung der Fachabteilungen, die schon bei der Bedarfsanalyse durch die Ausrichtung ihrer Anforderungen an vorhandene Leistungen der Services (ähnlich wie bei der Einführung einer COTS[43]-Software) deren Wiederverwendung ermöglichen. Das Leitbild ist auf Wiederverwendung ausgerichtet. In diesem Stadium versteht sich ein Großteil der Softwareentwickler als Applicationbuilder auf Basis möglichst existierender Services.

9.17 Servicemaintenance

Die Maintenance von Services, speziell von Webservices, ist anders als die Maintenance von traditioneller Software. Die treibenden Kräfte in traditioneller Software sind Defekte und Technologieveränderungen. Im Gegensatz dazu leben Services in einer geänderten Welt, hier sind Systemgrenzen auf Dauer nicht mehr rigide, da die Services auf dem Markt eingekauft werden können. Folglich werden Services erst zu dem Zeitpunkt ihrer Ausführung eingebunden mit der Folge, dass folgende Kriterien plötzlich ausschlaggebende Größen werden:

---

[43] Comercial of the Shelf

- bester Service,
- billigster Service,
- schnellster Service,
- aktuellster Service.

Aus diesem Blickwinkel heraus stellt sich Maintenance für die nutzenden Organisationen weniger als eine Frage der Pflege von Software, denn als eine Reaktion auf Marktgegebenheiten dar. Zwar müssen die Lieferanten auch ihre Services einer Maintenance unterziehen, nur merken die Benutzer dies nicht. Das so entstehende Modell ist nicht vergleichbar mit dem Einsatz und den Folgen von COTS-Software, da bei den Services die Austauschbarkeit sehr viel besser, schneller und auch kurzfristiger bewerkstelligt werden kann.

9.18 Servicekomposition

Die Komposition neuer Services aus „kleineren" Services kann auf zwei Arten geschehen, zum einen statisch und zum anderen dynamisch. Die statische Komposition entspricht in etwa der „klassischen" Programmiertätigkeit nur mit dem Unterschied, dass keine Unterprogramme oder Bibliotheken aufgerufen werden, sondern Services.

Während des Lebenszyklusses eines komponierten Services kann die Entscheidung über die Nutzung von Teilservices zu unterschiedlichen Zeitpunkten stattfinden:

- Registrationszeitpunkt – Bevor überhaupt eine Servicekomposition definiert werden kann, müssen die existenten Services in einer Registry klassifiziert sein. Die Art und Weise, wie individuelle Services dort abgelegt sind, beeinflusst stark die Komposition.
- Kompositionszeitpunkt – Während der Definition eines komponierten Services nimmt der Softwareentwickler eine Entscheidung über die zu verwendenden Services vor. Zu diesem Zeitpunkt ist es möglich, eine statische Bindung an den zu nutzenden Service festzulegen. Diese Form der festen Bindung limitiert jedoch indirekt die Wiederverwendbarkeit des komponierten Services, da dieser nun neu „designed" werden muss. Alternativ dazu ist es möglich, Randbedingungen (so die QoS-Bedingungen oder strukturellen Eigenschaften des Interfaces) für zukünftige Serviceselektionen festzulegen.
- Compilezeitpunkt – Bevor ein komponierter Service ausgeführt wird, muss er meistens kompiliert werden, um eine höhere Performanz zu erhalten. Wenn der Compiler[44] in der Lage ist, auf Metadaten der genutzten Services mittels SIM (s. Abschn. 6.5) zuzugreifen, dann kann der Compiler diese Information zusammen mit vorgegebenen Policies nutzen, um den komponierten Service zu erzeugen. Dies ist ein mögliches Einsatzgebiet für einen

---

[44] Oft ist dies nicht der wirkliche Compiler, sondern ein Präcompiler. Diese sind jedoch so gut eingebettet, dass dies nicht direkt merklich (außer im Fehlerfall oder im Protokoll) ist.

Matchingprozess. Der Nachteil ist, dass der Service zum Ausführungszeitpunkt nicht vorhanden sein muss.

- Deploymentzeitpunkt – Während des Deployments in der Ausführungsumgebung[45] gibt es für den Softwareentwickler die Möglichkeit, die nutzbaren Services zu beeinflussen. Zu diesem Zeitpunkt hat der Softwareentwickler die Rolle eines Systemintegrators und ermöglicht es, dass verschiedene Instanzen des gleichen komponierten Services je nach Ausführungsumgebung andere Services nutzen.[46]
- Startzeitpunkt – Die Bindung kann auch erst zu Beginn einer Ausführung ausgewertet werden. Eine solche Strategie wird oft während des Testens von komponierten Services eingesetzt.
- Ausführungszeitpunkt – Das „klassische" dynamische Binding. Hierbei wird die Entscheidung, welcher Service zu nutzen ist, auf den letztmöglichen Zeitpunkt verschoben. Allerdings muss die Umgebung auch dazu in der Lage sein.
- Ausnahmezeitpunkt – Eine Abart des Ausführungszeitpunkts. Für den Fall, dass der gewünschte Service zum Ausführungszeitpunkt nicht gefunden werden kann, ist es möglich, einen alternativen Service zu benutzen.

Bei der dynamischen Komposition ist die Situation schwieriger, hier sind die Services zum Designzeitpunkt nicht bekannt, dafür existiert aber eine Vorstellung darüber, welche Anforderungen an den Service zu stellen sind. Die gefundenen Services müssen in diesem Ansatz mit den Vorstellungen über die gewünschten Eigenschaften verglichen werden: Das Matching.

Beim Matchingprozess werden die Eigenschaften des Providers mit den Anforderungen des Consumers verglichen und der „beste" angebotene Service wird gewählt. Das Matching hängt von zwei Voraussetzungen ab:

- Die Services der Provider müssen bekannt gemacht worden sein.
- Es muss eine Beschreibung der Consumeranforderungen vorhanden sein.

Wenn beide Vorbedingungen gegeben sind, dann lässt sich ein Matching in zwei logischen Schritten vollziehen. Zuerst wird nach einem semantisch gewünschten Service gesucht und in der gefunden Menge nach der geeigneten Implementierung. Bei einem einzusetzenden Service muss nicht unbedingt der gesamte Service exakt passen, es reicht auch aus, wenn nur Fragmente des Services in semantischer wie struktureller Hinsicht adäquat sind.

Eine Komposition von Services kann auf verschiedenen Ebenen ablaufen, von der technischen über die semantische Ebene bis hin zur Geschäftsprozessebene. Da eine Komposition von Services auf der Geschäftsprozessebene stets eine Komposition auf den anderen Ebenen voraussetzt, ist es sinnvoll, ein Kompositionsmodell durch mehrere Ebenen aufgebaut zu modellieren (s.

---

[45] z.B. im ESB, s. Abschn. 6.3.

[46] Ein solche Technik ist heute bei der Einführung von COTS-Software unter Verwendung bestehender Datenbanken schon üblich.

Tabelle 9.6: Das Kompositionsmodell mit seinen fünf Ebenen, symmetrisch (s), horizontal (h), vertikal (v), hybrid (y).

Kompositionsebene	Bedeutung	Gebiet	Attribut	s	h	v	y
Geschäftsprozess	Zuverlässigkeit	Kompositservice	Exakt				✓
			Lose Koppelung				✓
			Stark				✓
qualitativ	Operation	Laufzeit	Antwortzeit			✓	
			Zuverlässigkeit			✓	
			Verfügbarkeit			✓	
		geschäftlich	Kosten			✓	
			Reputation			✓	
			Regulation			✓	
		Sicherheit	Verschlüsselung	✓		✓	
			Authentifikation	✓		✓	
			Vertrauenswürdig			✓	
dynamisch	Semantik	Verhalten	Exakt	✓		✓	
			Plugin			✓	
			exakter Postmatch	✓		✓	
			Plugin Prematch		✓		
			Plugin Postmatch			✓	
statisch	Semantik	Operation	Erreichbarkeit	✓		✓	
			Typus		✓	✓	
			Kategorie		✓	✓	
			Zweck		✓	✓	
		Message	Messagetyp	✓		✓	
			Datentyp	✓	✓	✓	
			Rolle	✓	✓	✓	
			Sprache	✓	✓	✓	
			Einheit	✓	✓	✓	
syntaktisch	Syntax	Operation	Modus		✓	✓	
			Binding	✓	✓	✓	
		Message	Parameterzahl	✓	✓	✓	

Tab. 9.6). Es existieren drei Basismechanismen, unabhängig von der betrachteten Ebene, um Services zu komponieren (s. Abb. 9.7):

- Horizontal – Das horizontale Komponieren entspricht einer „Supply Chain". Die Services werden nacheinander aufgerufen und jeder nachfolgende Service nutzt den Output des vorhergehenden Services.[47]
- Vertikal – Das vertikale Komponieren entspricht dem „Subcontracting", ein Service nutzt intern andere Services, um seine Aufgaben zu erledigen.[48]

---

[47] Unter Unix ist dies als Piping bekannt.
[48] Dies entspricht in traditionellen Programmiersprachen einem direkten Call.

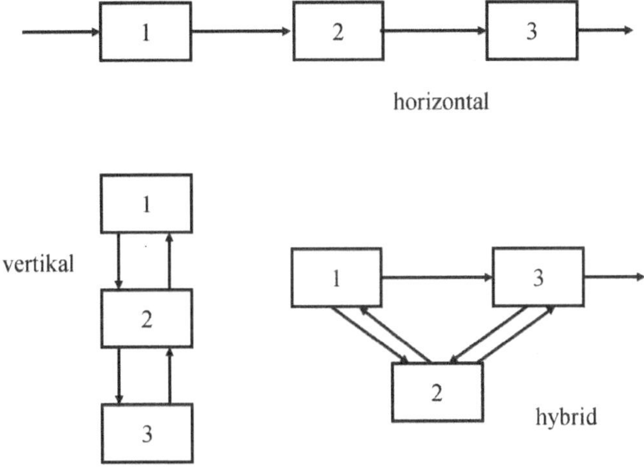

Abb. 9.7: Die drei Kompositionstypen: horizontal, vertikal und hybrid

- Hybrid – Im hybriden Fall werden vertikale und horizontale Mechanismen gemeinsam eingesetzt.

Mit Hilfe von Tab. 9.6 lässt sich ein Grad $\mathfrak{D}$ für Komponierbarkeit durch folgende Formel angeben:

$$\mathfrak{D}(S_i, S_j) = \sum_{p=0}^{4} \alpha_p \left(\sum_{q=0}^{q_{max}} w_{pq} \mathfrak{F}(S_i, S_j) \right). \tag{9.1}$$

Hierbei läuft p über die Ebenen und q über die Attribute. Die Gewichte w_{ij} und α_i können je nach Aufgabenstellung gewählt werden. Die Funktion $\mathfrak{F}$ gibt an, ob das gewählte Kriterium erfüllt ist oder nicht. Anhand der Gl.9.1 lässt sich ein Grad für die Verknüpfbarkeit zweier Services automatisiert ermitteln. Falls eine automatische Komposition tatsächlich eingesetzt wird, empfiehlt es sich, Schwellenwerte für $\mathfrak{D}$ festzulegen.

Eine andere Art, die Komposition von Services zu beschreiben ist, die Kompositionsmethodik zu betrachten. Die Zusammensetzung zu einem neuen Service durchläuft mehrere Schritte: von der Entdeckung über das „Matchmaking" und der Verknüpfung von Kontroll- und Datenflüssen bis hin zum Einsatz. Die Methodiken lassen sich nach dem unterschiedlichen Automatisierungsgrad klassifizieren:

- Manuell – Die heute vorherrschende Methodik ist die manuelle Komposition. Meist wird mit einer Prozessbeschreibung begonnen, die der Softwareentwickler (Serviceintegrator) einsetzt, um nach nutzbaren Services zu suchen. Hierzu werden die Spezifikationen der Services herangezogen. Diese und die zusätzlichen nichtfunktionalen Anforderungen werden vom Softwareentwickler interpretiert und anschließend die „Besten" ausgewählt. Die so gefundenen Services werden nach der Prozessspezifikation geordnet und ihre jeweiligen In- und Outputdatenflüsse als auch Kontrollflüsse miteinander verknüpft. Diese einzelnen Tätigkeiten werden wiederholt ausgeführt, bis ein zufriedenstellendes Ergebnis[49] vorliegt. Mit dieser Methodik kann nur bedingt auf Fehlersituationen reagiert werden. Ein solcher Kompositservice ist in aller Regel während der Laufzeit nicht flexibel, sondern statisch. Dies ist besonders problematisch, wenn ein einzelner Subservice ausfällt und damit den ganzen Kompositservice nicht verfügbar macht.

- Halbautomatisch – Beim halbautomatischen Verfahren werden dem Softwareentwickler mit Hilfe eines Repositories Vorschläge gemacht (SIM-Funktionalität, s. Abschn. 6.5). Solche können entweder semantisch über Ontologien oder syntaktisch über Taxonomien oder einfaches Stringmatching der Interfaces erfolgen. Die Verfahren schränken zunächst den Suchraum für den Softwareentwickler ein. Genau wie der manuelle Prozess werden Entscheidungen zum Designzeitpunkt getroffen. Einziger Unterschied gegenüber dem manuellen Prozess ist, dass durch eine Werkzeugunterstützung die Veränderung und Erstellung der Kompositservices durch den kleineren Suchraum schneller vonstatten geht.

- Automatisch – Bei der automatischen Methodik werden die notwendigen Services ohne menschliche Eingriffe gefunden und miteinander verknüpft. Diese kann so rasch geschehen, dass es möglich ist, dies in besonderen Fällen auch zur Laufzeit geschehen zu lassen. In der Regel wird man automatisch auf Ausnahmen zur Laufzeit reagieren und damit die Komposition anstoßen.[50] Solche Verfahren sind heute noch nicht ausgereift. Ein vielversprechender Kandidat ist die KI-Planung (**K**ünstliche **I**ntelligenz), da Planung als eine Problemlösung unter Zwangsbedingungen mit einem eingeschränkten Wissen verstanden werden kann. In der KI-Planung werden üblicherweise das Ziel und die Menge an Bausteinen vorgegeben, mit denen das KI-System die Lösung oder auch alternative Lösungen findet.

Ein häufig übersehener Aspekt bei der Komposition von Services ist, dass bei der hierarchischen Komposition die Sichtbarkeit der Services eine wichtige Rolle spielt. Die heutigen Kompositionsmodelle beschränken die Sichtbarkeit meist implizit auf die „Elternservices" und die „Kindservices". Eine solche Sichtbarkeit ist bei komplexen Geschäftsprozessen zu wenig, da im Falle der Kompensation (Rückabwicklung) oft vorhergehende Aktionen berücksichtigt werden müssen. Diese Form der Sichtbarkeit in der Hierarchie sollte nicht als Durchbrechung der Trennung von Interface und Implementierung verstanden werden, sondern aus Gründen der Praktikabilität ist es oft wichtig, alle im-

---

[49] ...oder der Entwickler aufgibt...

[50] In der heutigen Software wird im Fehlerfall manchmal ein Debugger angestoßen, dies ist eine Vorstufe für die automatische Komposition zur Laufzeitausnahme.

und expliziten Abhängigkeiten zu kennen. Eine solche Fähigkeit sollte direkt von der SOP (s. Kap. 6) im Rahmen des SIM (s. Abschn. 6.5) zur Verfügung gestellt werden.

9.19 Serviceinteroperabilität

Interoperabilität ist eine Beziehung zwischen zwei Services, bei der die beiden Services in der Lage sind, spezifische Informationen gemeinsam zu nutzen und auf Basis dieser Informationen mit einer gemeinsamen operationellen Semantik zu agieren. Die Interoperabilität wird bei der Entwicklung der meisten Softwaresysteme schon zu einem frühen Zeitpunkt angestrebt. Typischerweise wird sie durch eine Middleware[51]- oder entsprechende Plattformkomponente[52] zur Laufzeit unterstützt. Die Interoperabilität spielt sich auf verschiedenen Ebenen quasi aufsteigend ab (s. Abb. 9.8). Interoperabilität ist eine der zentralen Forderungen an einen Service, da nur durch diese die langfristige Verwendung innerhalb einer Organisation dauerhaft sichergestellt werden kann. Interoperabilität innerhalb einer Organisation ist schon lange bekannt und wird meist (fälschlicherweise) mit dem Begriff EAI belegt, mit dem Unterschied, dass im Rahmen von EAI die Interoperabilität ex post versucht wird, während bei Services diese ex ante notwendig ist. Insofern hat die Interoperabilität eines Services die gleiche Wichtigkeit wie dessen fachliche Funktionalität, während bei der EAI die Interoperabilität mehr schlecht als recht nachträglich versucht wird.

- Plattform – Normierte Verfahren zum Marshaling und Unmarshaling[53] sowie einheitliche Verfahren zum dynamischen Binding und zur Ausnahmebehandlung ermöglichen es, dass heutige Systeme kaum noch Probleme mit der Interoperabilität auf Plattformebene haben. Eine zusätzliche Verbesserung ist durch den Einsatz von XML ermöglicht worden. Innerhalb von Organisationen kann die Plattforminteroperabilität durch einen ESB (s. Abschn. 6.3) sichergestellt werden.
- Programmiersprache – Auf Sprachenebene kann die Interoperabilität durch spezielle Interfacesprachen sichergestellt werden. Die bekannteste ist hier IDL[54] von CORBA.
- Service – Auf der Serviceebene kann bei der Interoperabilität zwischen vier Gebieten unterschieden werden:
  - Signaturebene,
  - Protokollebene,
  - Semantikebene,
  - Kontextebene.

---

[51] CORBA, MOM, ESB
[52] Java oder auch COBOL Runtime.
[53] Das Verpacken und Entpacken von Messages.
[54] Interface Definition Language, s. Tab. 9.5.

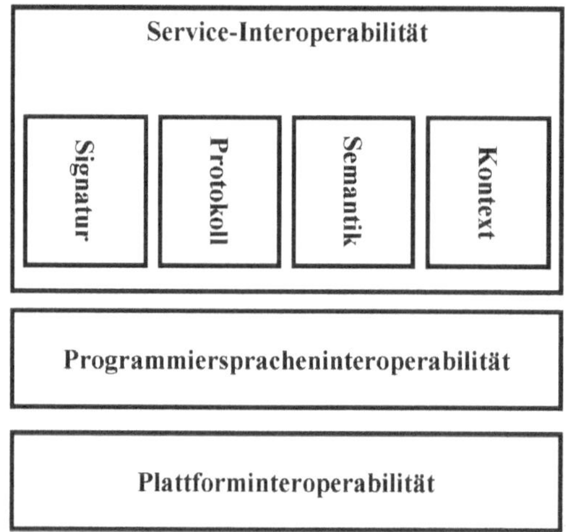

Abb. 9.8: Die Ebenen der Interoperabilität

Wann ist ein Service eigentlich interoperabel? Es gibt zwei Merkmale, dies zu beurteilen: Zum einen die Kompatibilität und zum anderen die Ersetzbarkeit. Zwei Services gelten als kompatibel, wenn sie die Fähigkeit haben korrekt zusammenzuarbeiten, d.h. alle zwischen diesen beiden Services ausgetauschten Messages werden verstanden. Insofern handelt es sich bei der Kompatibilität um eine symmetrische Relation. Damit eine Kompatibilität zwischen zwei Services möglich ist, müssen beide Services auf allen Ebenen kompatibel sein, mit der Folge, dass beide Services innerhalb einer Ebene ein gemeinsames „Verständnis" haben. Für dieses gemeinsame Verständnis sind notwendig:

- Signatur – Beide Services müssen eine korrespondierende Signatur besitzen. Dies stellt die Kompatibilität auf dem syntaktischen Gebiet sicher. Der Consumer muss alle von ihm genutzten Interfaces des Providers syntaktisch verstehen.
- Protokoll – Auf der Protokollebene bedeutet Kompatibilität, dass ein gemeinsames Verständnis über die Menge aller gültigen Zustandsübergänge vorhanden ist.
- Semantik – Beide Services müssen der, in der Kommunikation verwendeten, Syntax die gleiche Bedeutung beimessen, d.h. deren Semantik kennen und identisch interpretieren.
- Kontext – Wenn beide Services ein identisches Verständnis über die internen und externen Einflussfaktoren besitzen, sind beide in Bezug auf den Kontext kompatibel.

Die Interoperabilität in Form der Kompatibilität auf Protokollebene ist dann gegeben, wenn alle Restriktionen bezüglich des Ablaufs der Serviceinteraktion beachtet werden. Auf der Semantikebene ist die Kompatibilität gegeben, wenn das Verhalten eines Services mit dem Verhalten übereinstimmt, welches die anderen Beteiligten von diesem Service erwarten. Dies betrifft primär die Erwartungshaltung des Consumers gegenüber der Serviceimplementierung. Meist überprüft der Provider Präkonditionen und der Consumer entsprechende Postkonditionen, um die Kompatibilität auf Semantikebene sicherzustellen. Auf der Ebene des Kontexts sind zwei Services kompatibel, wenn sie das gleiche Verständnis bezüglich der ausgeführten Interaktion in ihrer Umgebung haben.

Die Ersetzbarkeit ist im Gegensatz zur Kompatibilität keine symmetrische Relation zweier Services. Wenn ein Service durch einen anderen ersetzt werden kann, dann muss der andere Service nicht a priori äquivalent sein. Genauer betrachtet ist ein Service $\mathfrak{A}$ ersetzbar durch einen Service $\mathfrak{B}$, wenn er folgende Kriterien erfüllt:

- Signatur – Es muss eine vollständige und eindeutige Abbildung der Signatur von $\mathfrak{A}$ auf $\mathfrak{B}$ möglich sein, $\mathfrak{B}$ kann mächtiger als $\mathfrak{A}$ sein.

- Protokoll – Es muss eine vollständige und eindeutige Abbildung der möglichen Zustände von $\mathfrak{A}$ auf $\mathfrak{B}$ möglich sein, $\mathfrak{B}$ kann größer als $\mathfrak{A}$ sein.

- Semantik – Wenn die Semantik von $\mathfrak{A}$ in $\mathfrak{B}$ enthalten ist und alle Prä- und Postkonditionen vollständig und eindeutig abbildbar sind, dann ist der Service $\mathfrak{A}$ durch $\mathfrak{B}$ semantisch ersetzbar.

- Kontext – Es muss eine vollständige und eindeutige Abbildung der externen Einflüsse des Services $\mathfrak{A}$ auf die externen Einflüsse des Services $\mathfrak{B}$ existieren.

Die Interoperabilität auf Signaturebene ist durch den Bezug der Interfacedefinitionen beider Services gegeben, da diese Definitionen das gemeinsame syntaktische Verständnis zwischen Consumer und Provider darstellen. Eine direkte Ersetzbarkeit ist dann gegeben, wenn der Ersatzservice mindestens die Menge an Methoden und die darin verwendeten In- und Outputparameter besitzt, welche der zu ersetzende Service anbietet.[55] Die Ersetzbarkeit auf Protokollebene erfordert die Überprüfung, ob die Reihenfolge der Ein- und Ausgabe sowie der Aufrufzeitpunkt beider Services konsistent zueinander sind. Theoretisch gesehen ist ein Service zustandslos, folglich kann er jederzeit aufgerufen werden, in der Praxis sind zustandslose Services eher selten anzutreffen, insofern spielt die Reihenfolge und der aktuelle Zustand eine wichtige Rolle. Eine Möglichkeit, die Ersetzbarkeit auf semantischer Ebene zu beurteilen, ist das Behavioural Subtyping. Beim Behavioural Subtyping wird das Verhalten zweier Services auf eine Vererbungsbeziehung zwischen beiden zurückgeführt:[56] Wenn das Verhalten einer Instanz einer abgeleiteten Klasse (Service $\mathfrak{B}$) konsistent mit dem Verhalten einer Instanz der Superklasse (Service $\mathfrak{A}$)

---

[55] Für einen Service mit WSDL-Beschreibung müssten für die Ersetzbarkeit die Elemente *types*, *message* und *portType* zusammen passen.

[56] In gewisser Weise geschieht hier ein Rückgriff auf bekannte Verfahren aus der Objektorientierung.

ist, dann ist $\mathfrak{A}$ durch $\mathfrak{B}$ ersetzbar. Die kontextuelle Ersetzbarkeit eines Services $\mathfrak{A}$ durch einen Service $\mathfrak{B}$ bezüglich eines dritten Services $\mathfrak{C}$ ist gegeben, wenn $\mathfrak{B}$ in jedem relevanten Aspekt bezüglich der Interaktion zwischen $\mathfrak{C}$ und $\mathfrak{A}$ kontextuell konsistent ist. Konsistent werden zwei Interaktionen genannt, wenn ihre relevanten Aspekte aufeinander abbildbar sind.

Die semantische Interoperabilität ähnelt sehr stark dem Problem des Verstehens von Sprache zwischen einzelnen Menschen. Zwar gibt es jahrhundertealte Forschungen auf diesem Gebiet, jedoch ist man immer noch sehr skeptisch darüber, ob Menschen sich wirklich vollständig[57] verstehen. Angewandt auf das Problem der semantischen Interoperabilität bedeutet dies, dass es keine eindeutige Interpretation einer Servicespezifikation gibt und folglich der Automatisierung Grenzen gesetzt sind, da eine gemeinsame „natürliche" und sichere semantische Basis fehlt. Das Serviceinterface wird vom Consumer, dem Provider oder dem Softwareentwickler in Form der Implementierung unterschiedlich interpretiert und daher mit Semantik gefüllt. Eine solche gemeinsame Basis kann durch eine gemeinsame Ontologie geschaffen werden.

Neben der rein inhaltlichen (syntaktisch und semantisch) Interoperabilität zweier Services müssen auch die QoS miteinander verglichen werden, da auch diese Information ein, zumindest aus Sicht des Consumers, wichtiges Merkmal sein kann. Speziell in großen heterogenen Umgebungen sind die QoS nicht immer a priori identisch für jeden Provider. Einer der Gründe für eine Differenz der QoS liegt in der Vorgehensweise der Softwareentwickler auf Providerseite begründet: Interfaces (syntaktisch und semantisch) werden direkt oder indirekt zum Designzeitpunkt fixiert, während die QoS im laufenden Betrieb an eine sehr spezifische Umgebung angepasst werden. Diese providerzentrische Sicht erschwert die Interoperabilität auf der Consumer- und Brokerseite.

9.20 Transaktionen

Ein großer Teil der Prozesse in der Geschäftswelt ist transaktionsorientiert angelegt, daher müssen auch die Services in der Lage sein, Transaktionen zu unterstützen. Im Rahmen von SOC sind die dafür eingesetzten Protokolle von primärem Interesse.

9.20.1 XAML

Die **T**ransaction[58] **A**uthority **M**arkup **L**anguage (XAML) ist ein Standard, der eine Reihe von XML-Messageformaten und Interaktionsmodellen definiert, welche im Rahmen von Webservices bei den Interaktionen zwischen Consumern und Providern eingesetzt werden können. Dadurch ist es möglich, die

---

[57] Diese Verständnislücke ist nicht nur kulturell bedingt, sondern scheint auch zwischen den Geschlechtern in einem Kulturkreis zu existieren.

[58] Transaction wird of als Tx abgekürzt, daher der Buchstabe X im Akronym.

bekannten Transaktionsoperationen Commit, Cancel, Retry und Undo zu realisieren. Eines der Ziele von XAML ist die Nutzung von TP-Monitoren, um die Transaktionalität bei Webservices zu ermöglichen, was für „echte" fachliche Webservices sehr wichtig ist. Hierdurch werden Aufrufern von Services Transaction-IDs zugewiesen, worauf die Transakionsoperationen verwendet werden können. Die Gewährleistung der Transaktionalität kann nach dem XAML-Prinzip in drei Phasen vorgenommen werden:

- In Phase 1 wird ein Webservice mit der Frage kontaktiert, ob ein bestimmter Service verfügbar ist. Ist dieser Service verfügbar, wird eine Erfolgsmeldung an den Consumer gesendet.
- Möchte der Consumer den verfügbaren Service nutzen, so wird in Phase 2 eine SessionID (Transaktionskennung) an den Consumer geschickt, wodurch der Consumer einen Sessionhandler des aufgerufenen Webservice zur Verfügung hat. Mit dem Sessionhandler können Daten abgerufen werden.
- Hat der Consumer seine benötigten Informationen erhalten, so kann in Phase 3 die Transaktion mit den Transaktionsoperationen Commit oder Rollback abgeschlossen werden.

Bei der Spezifikation von XAML wurde viel Wert darauf gelegt, Interfaces und Protokolle so zu gestalten, dass sie sowohl zusammen mit existierenden Techniken wie z.B. SOAP als auch zusammen mit den Webservices verwendet werden können.

9.20.2 WS-Transaction-Familie

Die Spezifikationen der WS-Transaction-Familie setzen den klassischen Transaktionsbegriff um. Dabei stellt WS-Coordination ein erweiterbares Rahmenwerk bereit, das als Basis für den Ablauf von Protokollen dient. Neue Protokolle können über eine Art Plugin-Mechanismus in WS-Coordination eingebracht werden. Aktuell existieren nur die Protokolle WS-AtomicTransaction und WS-BusinessActivity. WS-AtomicTransaction ist die Umsetzung des 2Phase-Commitprotokolls, das um eine zusätzliche Phase erweitert wurde, um auch mit Ressourcenmanagern umgehen zu können, die flüchtige Ressourcen verwalten. Für lang andauernde Transaktionen beschreibt WS-BusinessActivity die Zustandsübergänge von einzelnen Aktivitäten im Hinblick auf Kompensation und Fehlerbehandlung. In der Praxis ist WS-BusinessActivity im Gegensatz zu WS-AtomicTransaction jedoch kaum von Bedeutung. Zur Realisierung von transaktionalen Webservices müssen nicht zwingend diese Spezifikationen zum Einsatz kommen. Häufig werden transaktionale Webservices auch über eine messagebasierte Middleware in Kombination mit stratifizierten Transaktionen realisiert.

Das Protokoll WS-Coordination stellt ein erweiterbares Rahmenwerk bereit, welches als Basis für den Ablauf von Protokollen dient. Eine *Activity* beschreibt einen Ablaufplan, welcher über mehrere Systeme verteilt sein kann. Für die *Activity* wird durch das Koordinationsprotokoll sichergestellt, dass es zu konsistenten verteilten Zustandsübergängen kommt. Hierbei handelt es sich um ein allgemeines Konzept, das nicht nur auf Transaktionen beschränkt ist. Die heute existenten Protokolle sind WS-AtomicTransaction und WS-BusinessActivity, welche auch als *CoordinationTypes* bezeichnet werden. Die wesentlichen Elemente von WS-Coordination sind der *CoordinationService* und der *CoordinationContext*.

Die Steuerung mehrerer Teilnehmer wird durch einen Orchestrator realisiert. Dieser findet in dem *CoordinationService*, der aus verschiedenen Webservices aufgebaut ist, seine technische Entsprechung:

- *ActivationService* – Möchte ein Prozess eine neue Aktivität beginnen, so wendet er sich an diesen Service. Dieser erstellt dann einen sogenannten *CoordinationContext* und übergibt ihn an den Prozess.
- *RegistrationService* – Ein Webservice wendet sich an diesen Service, wenn er über Änderungen bzw. Zustandsübergänge in der Aktivität informiert werden möchte.
- *CoordinationProtocol* Services – Diese Services sind protokollspezifisch. Jeder *CoordinationType* kann mehrere *CoordinationProtocol*s enthalten. Jede Phase des Protokolls kann als eigenes Protokoll aufgefasst werden, für das eigene Webservices benötigt werden.

Der *CoordinationContext*, der wichtige Informationen – die für den Ablauf einer Transaktion benötigt werden – enthält, wird von dem *ActivationService* im Rahmen der *CreateCoordinationContext*-Operation erstellt. Alle Teilnehmer einer Aktivität erhalten über die SOAP-Header einer SOAP-Message Zugriff auf den *CoordinationContext*.

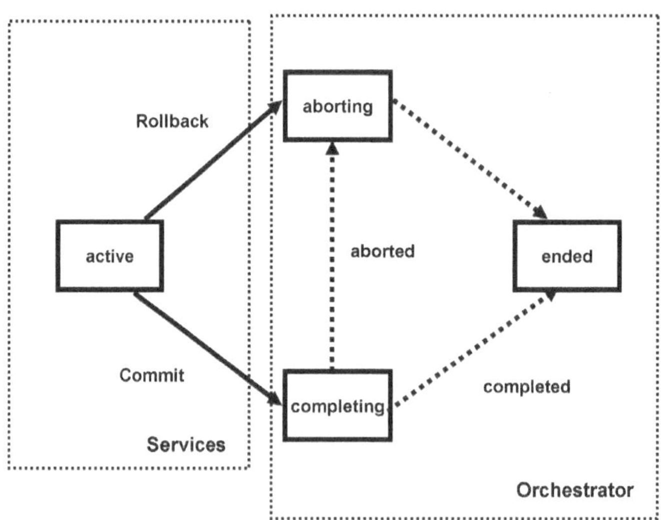

Abb. 9.9: Das Completionprotokoll in der WS-AtomicTransaction

Die WS-AtomicTransaction-Spezifikation beschreibt, wie sich die Transaktionskonzepte – etwa das 2Phase-Commit – auf Webservices übertragen lassen. Diese Spezifikation führt einen neuen *CoordinationType* ein: Den Typ WS-AtomicTransaction, dem insgesamt drei verschiedene Protokolle untergeordnet sind. Nachdem eine Aktivität von dem Initiator gestartet wurde, gibt es mehrere Möglichkeiten, wie diese fortgeführt werden kann. Die Transaktion wird abgeschlossen, indem der Orchestrator über ein Interface, welches von den protokollspezifischen Services implementiert wird, ein Commit oder ein Rollback erhält. Der Orchestrator benachrichtigt dann alle Teilnehmer, die an dem Zustandsübergang - in diesem Fall dem Erfolg (Commited) bzw. Misserfolg (Aborted) der Transaktion – interessiert waren. Die Spezifikation trifft keine Aussagen darüber, welche und wie viele Teilnehmer sich für das Completion Protocol registrieren können und wie in diesem Falle mit untergeordneten Orchestratoren zu verfahren ist.

WS-BusinessActivity baut ebenfalls auf WS-Coordination auf. Dazu führt es den neuen *CoordinationType* der *BusinessActivity* ein. Anders als bei WS-AtomicTransaction sind die *BusinessActivities* für lang laufende Prozesse gedacht, welche keine Sperren über die gesamte Dauer des Prozesses halten können. Der Zweck dieser Spezifikation ist es, einzelne Aktivitäten, welche in unterschiedlichen technischen Systemen implementiert werden, interoperabel zu machen. Bislang war dies nicht möglich, da die technischen Hürden oft hoch waren. WS-BusinessActivity definiert ein Protokoll für eine *BusinessActivity*, das die einzelnen Zustandsübergänge im Hinblick auf Kompensation und Fehlerbehandlung definiert. Eine *BusinessActivity* ist aus mehreren *BusinessTasks* zusammengesetzt, welche auch als Scopes bezeichnet werden. Die verschiedenen Scopes sind wiederum hierarchisch gegliedert, wodurch Schachtelungen beliebiger Tiefe möglich sind. Aufgabe der Applikation ist es nun, die Ausführungsreihenfolge der Scopes derart zu bestimmen, dass die gesamte Aktivität zum Erfolgt führt. Kommt es z.B. bei der Ausführung eines Scopes zu einem Fehler, so kann die Applikation einen anderen Scope bestimmen, der möglicherweise die gesamte *BusinessActivity* doch noch zum Erfolg führt. Die Fehlerbehandlung im Sinne eines Exceptionhandlers wird von der Applikation realisiert und ist nicht Bestandteil von WS-BusinessActivity. Es wird Applikationslogik in die Koordination mit einbezogen, der Zustand der Applikation kann daher Auswirkungen auf die Koordination der verschiedenen Scopes haben. Die enge Koppelung von Orchestrator und Applikation legt eine Implementierung in einem einzigen Service nahe. Anders als bei WS-AtomicTransaction ist in WS-BusinessActivity kein konkretes Orchestratorverhalten beschrieben. Erst durch die Erweiterung des Protokolls, welches durch WS-BusinessActivity explizit vorgesehen ist, erhält man ein Protokoll, das tatsächlich implementierbar werden kann.

Selbst wenn einzelne Services transaktional sind, muss es auch die Möglichkeit geben, diese Fähigkeit auf die nutzenden Kompositservices zu übertragen. Damit ein Kompositservice sinnvoll nutzbar ist, muss es auf der Kompositionsebene zu einer kompositionalen Atomizität als auch Durability kommen.

Die Atomizität kann nur dann erreicht werden, wenn die beteiligten Services ihre Autonomie im Rahmen der Service Level Agreements einschränken lassen (ein Konstrukt, welches der Basisidee des Services zuwiderläuft). Die einzige Möglichkeit diesem Dilemma zu entgehen ist es, auf der Kompositionsebene die Anforderungen an die transaktionale Sicherheit zu mindern, in dem eine Kompensationsstrategie eingesetzt wird (s. Abschn. 7.3). Solche Kompensationsstrategien können mehrfach ineinander geschachtelt werden, setzen allerdings voraus, dass der einzelne Service in der Lage ist, eine entsprechende fachliche Kompensation durchzuführen.

9.21 π-Kalkül

Die meisten heutigen Systeme haben als Basisidee einen zustandsbehafteten Workflow.[59] In einem solchen Umfeld spiegelt der softwaregestützte Ablauf einen Verwaltungsprozess wider, strukturelle Veränderungen sind sehr selten und werden in einer vorweg antizipierten Adaption berücksichtigt. Solche Applikationen sind zu starr und zu inflexibel, um auf rasche Veränderungen zu reagieren. Mittlerweile steht die Flexibilität und nicht mehr die rigide Ablaufkontrolle bei Software im Vordergrund. Eine rigide Ablaufkontrolle führt die Idee des SOEs (s. Kap. 4) ad absurdum. In neuen Systemen dürfen Abläufe nicht durch Zustandsänderungen ausgelöst und verfolgt werden, sondern durch Events. Diese Events werden produziert und konsumiert durch Aktivitäten, welche keine statischen Verbindungen zu anderen Aktivitäten haben, sondern nur weitere Events absetzen und so das Gesamtsystem steuern. Events werden als Vorbedingungen genommen, um Aktivitäten auszulösen und ein Ergebnis zu produzieren. In einer solchen Architektur existiert keine zentrale Kontrollinstanz, welche alles steuert, vielmehr erlaubt die lose Koppelung mittels der Events auch In- und Outsourcing von Aktivitäten. Außerdem ermöglicht die Ereignissteuerung eine flexible Integration von Aktivitäten in andere Aktivitäten.[60]

Traditionelle Integration braucht eine Kontrollinstanz[61], welche den Überblick über alle Teile besitzt. Messagebasierte Systeme hingegen haben keinen Bedarf an dieser künstlichen Kontrollschicht. Innerhalb von messagebasierten Systemen haben die einzelnen Teile nur noch Vor- und Nachbedingungen und führen eine Transformation des Inputs auf den Output durch. Neben dem In- und Output existiert eine einzelne Aktivität oder ein Service in einem definierten Kontext. Die Veränderung des Kontexts ist eine Eigenschaft, die alle offenen Systeme haben, da hier nicht vorausbestimmbar ist, welcher Kontext für die Ausführung einer Aktivität oder eines Services gerade der aktuelle ist.

---

[59] Verarbeitungschritte erfolgen fast immer sequentiell und jede „passierte" Station verändert ein Attribut; diese Veränderung wird vom Folgeschritt ausgewertet.

[60] Dies erklärt das große Interesse an Choreographie.

[61] Orchestrator

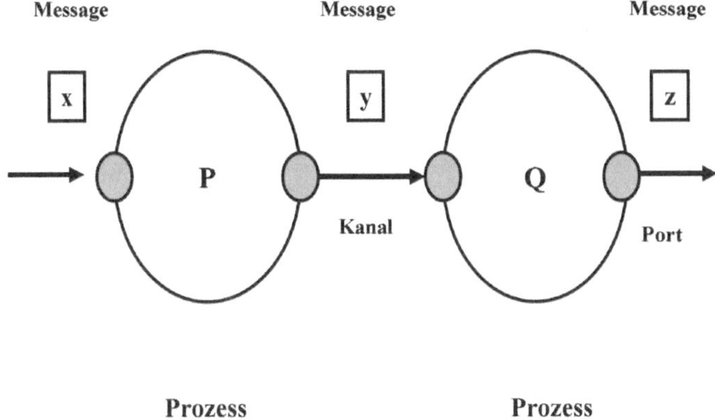

Abb. 9.10: Flussdiagramm des π-Kalküls

Historisch gesehen waren zuerst sequentielle Systeme mit vordefinierten Statusübergängen die Grundlage der meisten heutigen Applikationen und Workflowsysteme, solche sequentielle Systeme werden mathematisch durch das λ-Kalkül beschrieben. Systeme mit Parallelität und Verteilung oder mit mobilen Services benötigen eine gegenüber dem λ-Kalkül erweiterte mathematischen Grundlage: Das π-Kalkül. Eine detaillierte mathematische Beschreibung der Grundlagen des π-Kalküls befindet sich in Anhang B.

Sequentielle Systeme können formal durch das λ-Kalkül beschrieben werden. Dieses Kalkül kann Rekursionen und Aufrufe nach dem einfachen EVA-Prinzip[62] beschreiben. Eine typische Repräsentation für sequentielle Systeme sind die Flussdiagramme oder Sequenzdiagramme der UML. Auf tieferer Ebene lassen sich viele Programmiersprachen durch den λ-Kalkül beschreiben. Parallele Systeme lassen sich nicht mehr so einfach durch Flussdiagramme beschreiben, hier sind andere Mechanismen notwendig, so z.B. Petrinetze. Diese haben jedoch den Nachteil, dass sie statisch sind und damit müssten alle möglichen Zustände und Events vorab bekannt sein, um sie in einem Petrinetz darstellen zu können. Speziell beim Auftreten multipler Instanzen des gleichen Services tun sich Petrinetze schwer. Um die Limitierungen der Petrinetze zu überwinden, wurden Theorien für mobile Systeme entwickelt. Mobile Systeme sind notwendigerweise immer auch parallel. Das für mobile Systeme entwickelte π-Kalkül repräsentiert Mobilität durch die Beschreibung der Bewegung von Verknüpfungen in einem abstrakten Raum von verknüpften Prozessen.[63] Das π-Kalkül benutzt das Konzept von wertbeschränkten

---

[62] **E**ingabe **V**erarbeitung **A**usgabe (EVA)
[63] Analog zu dynamisch erzeugten Hyperlinks in Hypertexten.

Namen (eine Sammelbezeichnung für Kanäle, Links, usw.) für die Interaktion zwischen parallelen Prozessen. Diese Fähigkeit des π-Kalküls macht es zu einer idealen mathematischen Grundlage für das Service Oriented Computing.

10

Ultra Large Scale Systems

> *Allein die Verschiedenheit in den Gattungen der Elemente trägt zu der Regung der Natur und zur Bildung des Chaos das Vornehmste bei, als wodurch die Ruhe, die bei einer allgemeinen Gleichheit unter den zerstreuten Elementen herrschen würde, gehoben wird und das Chaos in den Punkten der stärker anziehenden Partikeln sich zu bilden anfängt. Die Gattungen dieses Grundstoffes sind ohne Zweifel nach der Unermesslichkeit, welche die Natur an allen Seiten zeigt, unendlich verschieden. Die von grösster spezifischen Dichtigkeit und Anziehungskraft, welche an und für sich weniger Raum einnehmen und auch seltener sind, werden daher bei der gleichen Austeilung in dem Raume der Welt zerstreuter, als die leichteren Arten sein.*
>
> Allgemeine Naturgeschichte und Theorie Des Himmels
> Immanuel Kant
> 1724 – 1804

Softwaresysteme werden immer komplexer und mächtiger, jede Organisation nutzt heute das Internet und diese Nutzung wird sich in Zukunft, speziell durch den Einsatz des Serviceorientierungsparadigmas, noch verstärken. Bei einem „outgesourcten" Service ist es nicht mehr möglich zu sagen, wie weit er in andere Organisationen hineindiffundiert und wo er überall genutzt wird. Schon aus Gründen der Risikokontrolle werden Seiteneffekte und unvorhersehbares Verhalten immer stärker in den Vordergrund rücken. Einige Organisationen haben sehr große Systeme aus diversen Hardwareplattformen mit unzähligen Softwarekomponenten im Einsatz. Systeme wie das Internet oder große Organisationsnetze[1] entwickeln eine Eigendynamik, welche sich sehr stark von kleineren Systemen unterscheidet. Diese Systeme werden als **U**ltra **L**arge **S**cale Systeme (ULS-Systeme) bezeichnet. Allein die Größe eines solchen ULS-Systems verändert alles:

- dezentralisiert als implementiertes System,
- dezentral im Einsatz und in der Entwicklung,

---

[1] z.B. Forschungsnetze, Großkonzerne

- entwickelt und genutzt durch ein große Zahl unterschiedlichster Stakeholder mit durchaus widersprüchlichen Interessen,
- kontinuierliche Evolution des Gesamtsystems,
- sehr heterogen aufgebaut.
- Menschen sind nicht nur Nutzer, sondern auch Teil des Systems.[2]
- Hard- und Softwareausfälle sind nicht die Ausnahme, sondern die Regel geworden.
- Neue Software muss sich permanent in das bestehende ULS-System integrieren, bzw. integriert werden.

Ein Analogon zum Verständnis von ULS-Systemen im Vergleich zu normalen Systemen ist es, über Gebäude, städtische Infrastruktur und Großstädte nachzudenken: Der Entwurf und Bau neuer Hochhäuser oder einer Wasserversorgung entspricht in etwa der heutigen Art, Softwaresysteme zu bauen, Städte hingegen entstehen anders. Auf den ersten Blick scheint es so, als ob eine Stadt nur die Ansammlung von vielen Gebäuden sei, dem ist aber nicht so. Eine Stadt entsteht dadurch, dass viele Individuen zu unterschiedlichen Zeiten lokal arbeiten und als Ergebnis eine Stadt produzieren. Die Form einer Stadt ist nicht im Vorhinein durch eine Spezifikation[3] geregelt[4], eine Stadt entsteht und wandelt sich permanent unter dem Einfluss diverser treibender Kräfte. Noch etwas anderes zeigt die Analogie, für den Entwurf und das Wachstum einer Stadt ist das Wissen über das Design eines Gebäudes relativ unwichtig. Ähnlich ist es in ULS-Systemen, die Fähigkeit, Software zu entwickeln, spielt in einem ULS-System nur eine untergeordnete Rolle.[5] Die ULS-Systeme entwickeln sich ähnlich ökologischen Systemen dadurch, dass sie eine Gemeinschaft von untereinander abhängigen und konkurrierenden Subsystemen in einer komplexen und sich verändernden Umgebung sind. Ein aus Services aufgebautes ULS-System zeigt somit emergente[6] Eigenschaften, welche sich nicht deterministisch aus den Eigenschaften der Services ergeben.

In einem ULS-System wird es Wettbewerb um limitierte Ressourcen wie Bandbreite, Speicherplatz, CPU und ähnlichem geben. Folglich muss es in einem solchen System auch ein Regelwerk geben, um eine effektive Nutzung aller gemeinsamen Ressourcen überhaupt erst zu ermöglichen.[7]

Traditionell verstehen wir die Systementwicklung als technologiezentrierte Tätigkeit, meistens Top-Down, als kontrollierten Prozess der Softwareentwicklung. Im Gegensatz dazu werden Elemente in einem ULS-System stets als eine

---

[2] ULS-Systeme sind somit soziotechnische Systeme, ähnlich Legacysystemen.

[3] Es gibt Ausnahmen (z.B. die Innenstadt von Mannheim), diese Städte entstanden aber nicht evolutionär, sondern in Folge eines katastrophalen Ereignisses (ein Großbrand im Fall von Mannheim).

[4] Speziell schnell wachsende Großstädte werden als alles verschlingender Moloch (**1. Könige 11**,5) gesehen.

[5] Zumindest aus Systemsicht.

[6] s. S. 310

[7] Im Rahmen einer Stadt entspricht dies Baugesetzen, Parkverbotszonen, Halteverbote, Einbahnstraßen,...

Kombination aus Menschen und Software (in manchen Fällen auch Hardware) verstanden. Die meisten heutigen Systeme sind unter der impliziten Annahme entstanden, dass eine einzige Entität das gesamte System kontrollieren kann oder dass alle Teile zumindest ein gemeinsames Ziel verfolgen. ULS-Systeme tendieren im Gegensatz zu einer Art anarchischen Skalierbarkeit, hier müssen Teile in der Lage sein, ganz spontan mit einer hohen Last oder unter fehlerhaften Bedingungen arbeiten zu können.

Das heutige Internet ist eines der Beispiele für ein existierendes ULS-System. Das Internet hat eine deutlich höhere Größe als alle anderen Softwaresysteme, seine Entwicklung und Regelung geschieht dezentral. Selbst der Betrieb ist massiv dezentralisiert. Die am Internet beteiligten Stakeholder sind so divers, dass sie stark widersprüchliche Interessen[8] an der Nutzung als auch Weiterentwicklung des Internets haben, trotzdem wächst das Internet in Größe und Nutzung exponentiell an.

10.1 Charakteristika

Das primäre Charakteristikum eines ULS-Systems ist seine Größe in jeder vorstellbaren Dimension:

- Zahl der beteiligten Computer,
- Anzahl der Nutzer,
- Zahl der verschiedenen Applikationen,
- Gespeicherte Datenmenge,
- Zahl der Verbindungen,
- Zahl der Services.

Ein ULS-System lässt sich nur verstehen, wenn das Konzept der reinen Größe verlassen wird, das Skalierungsverhalten und die Anforderungen an Prozesse und Technologien sind viel wichtiger als die reine Größe. Die Anzahl der Internethosts (s. Abb. 10.1) ist so groß und wächst so schnell, dass jeder zentrale Mechanismus gesprengt wird. Was jedoch unterscheidet jenseits der reinen Größe ein ULS-System von einem mehr traditionellen IT-System? Folgende Merkmale sind typisch für ein ULS-System:

- Operationelle Unabhängigkeit der Elemente – Die Elemente des Systems können auch völlig isoliert eingesetzt werden, was auf die SOS-Systeme aufgrund der Autonomie der einzelnen Services zutrifft.[9]
- Die einzelnen Elemente werden unabhängig voneinander verwaltet – Die Elemente des Systems (die Services) werden unabhängig voneinander beschafft oder entwickelt und auch unabhängig administriert, speziell dann, wenn multiple ESBs vorhanden sind.

---

[8] Angefangen von Fahndungsseiten des FBI, das Elsterprogramm des Bundesfinanzministeriums, diverse Online-Händler bis hin zu Tauschbörsen für Kinderpornographie, Blogs von Rechtsradikalen und Webseiten, die Al Kaida unterstützen.

[9] Unter der Annahme, dass die entsprechende Infrastruktur vorhanden ist.

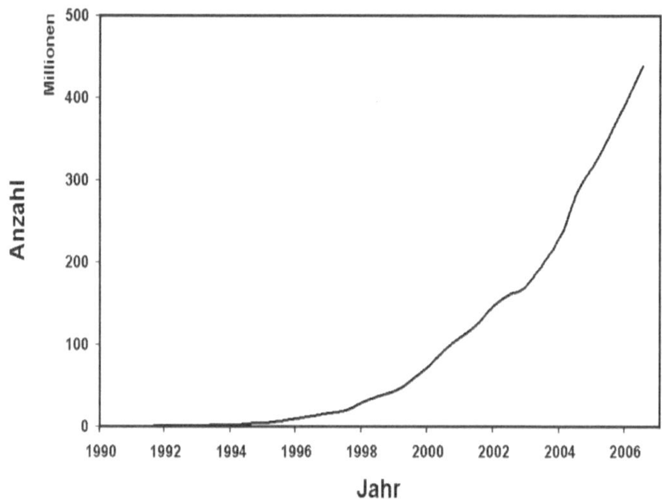

Abb. 10.1: Anzahl der Internethosts

Tabelle 10.1: Eigenschaften eines traditionellen IT-Systems und eines ULS-Systems

Eigenschaft	Traditionelles System	ULS
Governance	singulär dominanter Einfluss	multiple, widersprüchliche Einflüsse
Lebensdauer	festgelegt zum Designzeitpunkt	∞
Informationsfluss	gut verstandener interner Fluss, Quellen und Senken bekannt	wechselnder Informationsfluss, neue Quellen, neue Senken
Größe	lokal	oft global
Grenzen	wohlbestimmt	unbekannt, veränderbar, fluktuierend
Komplexität	optimiert	hochkomplex, nicht optimiert
Elemente	Services, Komponenten	Systeme, Services
Erbauer	eigene Organisation oder COTS	COTS oder fremde Organisationen

- Evolutionäre Entwicklung des Gesamtsystems – Ein ULS-System entsteht nicht spontan, sondern evolutionär und oft auch ungewollt (s. auch Abschn. 11.7).
- Emergentes Verhalten – Das Verhalten des Gesamtsystems ist nicht in einem Einzelteil lokalisiert, es zeigt massive Emergenz.
- Geographische Verteilung – ULS-Systeme sind immer auf größere Gebiete verteilt und ihre Interaktionen dienen primär dem Informationsaustausch.
- Dezentralisierung – Faktisch alle Teile und Funktionen eines ULS-Systems sind dezentral. Die meisten heutigen Modelle für Kontrolle gehen von einer

zentralen Konfliktlösung aus. In einem ULS-System ist dies jedoch auf Grund der Größe und Ausdehnung nicht mehr möglich.

- Widersprüchliche und unbekannte Anforderungen – Das Gesamtsystem entsteht an verschiedenen Stellen mit zum Teil nur lokal bekannten Anforderungen, welche durchaus widersprüchlich sein können. Widersprüchliche Anforderungen sind nicht nur zum Designzeitpunkt vorhanden, sondern entstehen oft auch während des Betriebs, mit der Folge, dass auch (hypothetisch) widerspruchsfreie Systeme auf Dauer widersprüchlich werden.

- Kontinuierliche Evolution – Neue Teile des Systems werden während der Laufzeit integriert, das Gesamtsystem entwickelt sich nicht phasenweise, sondern permanent und kontinuierlich weiter. Es ist nicht mehr möglich, Releases geordnet durchzuführen. Das ULS-System ist permanent im Einsatz und verändert sich auch permanent. Auch in kleineren Systemen mit einer großen Anzahl von Services ist dies zu beobachten.

- Heterogene, inkonsistente und sich verändernde Elemente – Das ULS-System besteht nicht aus ähnlichen Teilen, sondern aus diversen unterschiedlichen Elementen. Konflikte und Fehler tauchen speziell bei der Evolution und entlang von Entwicklungsorganisationen[10] auf.

- Verschwinden der Mensch-Maschinen-Grenze – Menschen werden zu einem integrierten Bestandteil des ULS-Systems.[11,12] Sie werden zu Elementen, welche die Emergenz des ULS-Systems beeinflussen. So impliziert das Benutzerverhalten bestimmte Cachingmechanismen und soziale Interaktionen bestimmen Kommunikationspfade, welche dann besonders effektiv unterstützt werden müssen etc. Der HIC (s. Abschn. 5.10.3) ist offensichtlich eine Auflösung der Mensch-Maschinen-Grenze.

- Das Versagen einzelner Elemente in einem ULS-System ist die Regel und nicht die Ausnahme. Heutige Software wird oft unter dem Motto: „Fehler können und müssen ausgebaut werden" konzipiert. In einem ULS-System ist dies praktisch nicht mehr möglich, da es zu starken Abhängigkeiten zu anderen Systemelementen kommt. Folglich muss Fehlertoleranz eines der Prinzipien für Teile des ULS-Systems sein.

Zwar ähneln ULS-Systeme sogenannten Schwarmsystemen (Ameisen- und Bienenvölker), im Gegensatz zu einem Schwarm ist ein ULS-System in aller Regel durch sehr komplexe Teilsysteme aufgebaut und nicht durch einfache Elemente dominiert. Ein Schwarm ist auf der Ebene des „Individuums" durch wahrscheinlichkeitsgesteuertes Verhalten bestimmt, während ein Element eines ULS-Systems sehr wohl ein völlig deterministisches Verhalten haben kann, außerdem sind Schwärme in aller Regel homogen, wohingegen die Heterogenität geradezu ein Kennzeichen des ULS-Systems ist.

---

[10] *Conway's Law*, s. S. 85.
[11] Vergleichbar mit dem Charlie Chaplin Film *Modern Times*.
[12] HIC, s. S. 123, sind eine Unterordnung des Menschen unter die Maschine.

10.2 Treibende Kräfte

Zunächst ist man geneigt zu glauben, dass man nicht von einem ULS-System tangiert wird: „Das Internet funktioniert ja und die meisten Organisationen sind sowieso viel zu klein". Das von uns das Internet als überall funktionsfähig eingeschätzt wird, liegt an unserer verzerrten Wahrnehmung, denn wenn ein Server eine zeitlang nicht erreichbar ist, suchen wir uns einen anderen Host oder vergessen ihn einfach. Diese Selektion führt zur Illusion der vollständigen Erreichbarkeit. Die Größe der Nichterreichbarkeit lässt sich gut am Überdeckungsgrad[13] des Internets durch Suchmaschinen ablesen. Das exponentielle Wachstum der Anzahl von Hosts macht es faktisch unmöglich, alle neuen Server rechtzeitig zu entdecken.

Jedes Komplexitätswachstum ist exponentiell, d.h. komplexe Systeme werden schneller noch komplexer als einfache Systeme mit der Folge, dass sie mit einfachen Ursache-Wirkungs-Beziehungen nicht mehr zu steuern sind. Das Wachstum der Komplexität kann angenähert werden durch:

$$\Delta \mathcal{K} \sim \mathcal{K} \Delta t,$$

mit der Folge des exponentiellen Wachstums:

$$\mathcal{K}(t) = \mathcal{K}(t_0)e^{\alpha(t-t_0)}. \tag{10.1}$$

Die Eigendynamik des Komplexitätszuwachses macht jede Steuerung zunichte, die nicht in dieselbe Richtung geht wie die Eigendynamik und damit die „natürliche" Bewegung des Systems unterstützt. Die treibenden Kräfte für diese Eigendynamik und das Komplexitätswachstum und damit auch für den Wandel zu einem ULS-System sind:

- SOA – Die hohe Zahl an vorhandenen und zugänglichen Services in einer SOA erhöht die Komplexität drastisch.
- BPO[14] – Das BPO und die Nutzung von Services diverser Provider, speziell im Fall eines SOEs, führt zu stark heterogenen Subsystemen mit der Folge der erhöhten Gesamtkomplexität.
- COTS-Software – Die Nutzung von COTS-Software importiert Fehlerquellen und inkompatible Architekturen.
- Heterogenität in Hard- und Software – Die Heterogenität entsteht zum einen durch die Dezentralisierung, zum anderen aber auch durch die „Geiz-ist-Geil"-Mentalität der Einkaufsabteilungen.
- Geographische und organisatorische Verteilung – Matrix- und Netzwerkorganisationen, speziell virtuelle Enterprises und SOEs, müssen ihren einzelnen Teilen lokale Entscheidungsbefugnisse geben, mit der Folge, dass es zu unabhängigen und widersprüchlichen Entscheidungen und Anforderungen an das Gesamtsystem kommt.

---

[13] ca. 20-40%
[14] **B**usiness **P**rocess **O**utsourcing

Alle diese Faktoren wirken auf heutige Organisationen ein und bewirken auf Dauer eine schleichende Umwandlung der vorhandenen Systeme in ein ULS-System. Das Problem von SOS-Systemen ist, dass bei ihnen die Zahl der Subsysteme (Services) deutlich größer ist, als dies in traditionellen applikationsorientierten Systemen der Fall ist.

10.3 Herausforderungen

In einem ULS-System sind viele Mechanismen, die aus kleineren Systemen bekannt sind, nicht mehr anwendbar. Neue Strategien sind für solche Systeme gefragt und bekanntes Wissen muss in Zweifel gestellt werden.

Wie kann sich ein ULS-System überhaupt gesteuert entwickeln? Eine mögliche Antwort auf diese Frage ist die Veränderung der Einstellung zu hochkomplexen Systemen – solche Systeme sind einfach unbeherrschbar (s. Abschn. 11.8). Auf der anderen Seite zeigt der Umgang mit dem Reengineering von Legacysystemen, dass es durchaus Möglichkeiten gibt, soziotechnische Systeme zu verändern. Gefragt ist jedoch ein Design auf allen Ebenen, welches auch stets die Consumer mit einschließt. Dies hat zur Folge, dass die traditionelle Einstellung, dass man Software programmiert, um den Computer etwas ausführen zu lassen, nicht mehr gültig ist. Diese Einstellung muss ersetzt werden durch ein neues Paradigma, welches alle Formen der Informationsverarbeitung im Gesamtsystem berücksichtigt und explizit nutzt. Besonders wenig ist über die Mechanismen der wettbewerbsfreien sozialen Kollaboration und ihre Auswirkungen auf die Struktur eines Systems bekannt.[15]

Dadurch, dass das Gesamtsystem nicht mehr angehalten werden kann, sind Mechanismen zur kontinuierlichen Evolution während der Laufzeit notwendig. Aber nicht nur das – die Evolution muss über andere Mechanismen als heute gesteuert werden. Auch in einem ULS-System existieren unterschiedliche Anforderungen, so haben infrastrukturelle Services eine andere Stellung als rein applikative, folglich müssen auch unterschiedliche Mechanismen für Entwicklung und Deployment greifen. Speziell die Komposition ist sehr viel komplexer als in der bisher betrachteten SOA (s. Kap. 5), in einem ULS-System kann nicht mehr von Fehlerfreiheit oder Stabilität genutzter Services ausgegangen werden. Auf Grund der permanenten Evolution verändern sich diese laufend, ohne Rücksicht auf die „alten" und indirekten Consumer zu nehmen. Die einzig mögliche Steuerung für „Wohlverhalten von Services" kann nur noch über allgemein gültige Policies oder Incentives für die Services funktionieren. Neue Formen der Entwicklung, z.B. Algorithmic Mechanism Design, bei dem eine Software andere Software entwirft, sind in einem ULS-System möglich, ohne dass z.Z. die Auswirkungen davon klar sind. Bei genauerer Betrachtung

---

[15] Große Systeme können durch einen geldähnlichen Mechanismus gesteuert werden, aber offensichtlich sind echte soziale Systeme in der Lage, sich auch ohne Geld zu steuern.

der Mechanismen zur Einführung neuer Elemente dürfte das Gesamtsystem weniger von Adaption als viel stärker von Assimilation auf der Systemebene geprägt sein.

Eine weitere Frage im ULS-Umfeld ist: Wie kann ein ULS-System gesteuert und beurteilt werden? Welches sind die sinnvollen und messbaren Größen, um eine Aussage über den „Gesundheitszustand" des ULS-Systems zu treffen? Die Steuermechanismen sind Regeln und Policies, aber jede Steuerung versagt, wenn nicht klar ist, was eigentlich zu steuern und zu messen ist (s. Anhang A). Solche Größen können nur noch von statistischer Natur sein, so z.B. die Anzahl der Hosts (s. Abb. 10.1).

Auch auf Seiten der Architektur müssen Konsequenzen aus der Unbeherrschbarkeit eines ULS-Systems gezogen werden. Eine Möglichkeit, den Komplexitätstod zu vermeiden ist es, jedes einzelne Element (Service) des Systems als einen Viable System Service (s. Kap. 12.1) zu implementieren. Ein Viable System Model (VSM) ist rekursiv aufgebaut und wiederholt damit seine eigene Struktur auf jeder Abstraktionsebene des Gesamt- oder Subsystems, damit sind die Voraussetzungen für ein autopoietisches System gegeben. Jede einzelne Instanz eines VSM ist allein überlebensfähig und kann sich selbständig auf eine veränderte Umgebung und damit auch auf Fehler anderer Services oder der Benutzer einstellen. Nur so lässt sich ein ULS-System lebensfähig erhalten. Hinsichtlich der Beherrschbarkeit von IT-Systemen müssen wir uns von aktuellen Ansätzen lösen, wenn es um das Management wirklich großer Systeme geht. Hier müssen Mechanismen aus der Soziologie genutzt werden, da wir ja offensichtlich in der Lage sind, große soziale Systeme langfristig gesehen am Leben zu erhalten.

Systemtheorie

> *As simple ideas are observed to exist in several combinations united together, so the mind has a power to consider several of them united together as one idea; and that not only as they are united in external objects, but as itself has joined them together. Ideas thus made up of several simple ones put together, I call complex;- such as are beauty, gratitude, a man, an army, the universe; which, though complicated of various simple ideas, or complex ideas made up of simple ones, yet are, when the mind pleases, considered each by itself, as one entire thing, and signified by one name.*
>
> An Essay Concerning Human Understanding
> John Locke
> 1632 – 1704.

Jedes System ist stets ein reales Geflecht von wechselseitig abhängigen dynamischen Elementen (Entitäten) und von untereinander in Wechselwirkung stehenden dynamischen Teilen (Relationen) sowie eine Abgrenzung nach außen (Boundary). Was ein System ist, bleibt der Wahl des Beobachters und des Betrachtungsgegenstandes überlassen: Der jeweilige Beobachter definiert das System und seine Grenzen, insofern ist die Systembildung auch immer eine Modellbildung, mit der Folge einer Komplexitätsreduktion für den Betrachter. Die Wahl des Systems wird durch das Ziel, welches durch das System zu erreichen ist, immer beeinflusst. Oder anders formuliert: Die Grenzen zwischen dem System und seiner Umgebung sowie die Attribute des Systems sind Artefakte der Modellbildung und sollten stets kritisch überprüft werden.

Die übergreifende Anwendbarkeit von Erkenntnissen über Abläufe und Koppelungen in Systemen, die isomorph strukturiert sind, ist einer der Grundsätze der Systemtheorie. Damit wir aber in der Lage sind, die Dynamik eines Systems als Ganzes zu erkennen und nicht auf der Ebene des einzelnen Elements „stecken bleiben", ist es notwendig, sich von isolierten Betrachtungen[1] der Art $\mathfrak{A}$ beeinflusst $\mathfrak{B}$ zu lösen. Die wahrnehmbare Welt ist nicht so einfach, als dass sie sich auf wenige Kausalitäten reduzieren lässt. Alle realen Systeme bestehen aus einer Vielzahl von vernetzten Regelkreisen mit diversen Elemen-

---

[1] Eine typische Betrachtungsweise des Taylorismus.

ten. Einen Grundsatz haben alle Systeme: Das systemholistische Prinzip. Es besagt, dass das System als Ganzes arbeitet und sich nicht aus der Summe der Kenntnisse über jedes einzelne Teil ableiten lässt. Eine weitere Eigenschaft ist die Differenzierung: Jedes Teil hat eine spezifische Funktionalität und das Gesamtsystem zeigt neue Formen an. Eine weitere Eigenschaft von Systemen zeigt sich, wenn unterschiedliche Beobachter versuchen, dasselbe System zu beschreiben: Das Komplementärgesetz. Verschiedene Perspektiven auf dasselbe System sind weder völlig unabhängig voneinander noch völlig identisch.[2] Zusammengenommen jedoch zeigen sie mehr Eigenschaften des Systems auf als jede Perspektive allein. Jeder Beobachter nimmt unterschiedliche Aspekte wahr. Diese unterschiedliche Wahrnehmung der verschiedenen Beobachter ist einer der Gründe dafür, dass wir „reale" Systeme als kompliziert und chaotisch empfinden.

Das Dilemma im Umgang mit Komplexität[3] und Chaos lässt sich darauf zurückführen, dass wir darin geschult wurden, einfache logische Schlüsse zu ziehen sowie einfache und naheliegende Ursache-Wirkungs-Beziehungen dinglicher Vorgänge zu definieren. Von den vernetzten Zusammenhängen in unserer realen Welt hingegen haben wir im Rahmen von Ausbildung selten erfahren. Deshalb schrecken wir vor Komplexität und Chaos zurück und konzentrieren uns lieber auf Detailfragen. Die Eigenschaften von Teilen eines Systems lassen sich aber nur im Kontext des jeweiligen Ganzen verstehen, weshalb sich das heute allgemein geforderte Systemdenken nicht auf Bausteine und Strukturen konzentriert, sondern auf Prinzipien und Patterns. Das Systemdenken ist stets gesamtkontextbezogen, und somit das Gegenteil von analytischem Denken.[4,5]

Die Systemtheorie wird eingesetzt, um komplexe Systeme verstehen zu können. In ihren Grundzügen ist sie eine disziplinübergreifende Wissenschaft, welche versucht, die abstrakte Anordnung von Phänomenen unabhängig von ihrer Substanz, Typ, räumlicher oder zeitlicher Ausdehnung der Existenz des jeweiligen Phänomens zu beschreiben. Die Systemtheorie versucht, die ge-

---

[2] Eine ähnliche Situation wie bei den Enterprise Architekturen, wo stets mehrere Sichten (mindestens 4) notwendig sind, um die Architektur einer Organisation zu beschreiben.

[3] In Bezug auf Systeme kann man vereinfachend formulieren: Die Komplexität eines Systems ist die Menge an Informationen, die notwendig ist, um das System eindeutig zu beschreiben.

[4] Für die Naturwissenschaften bedeutete daher die Feststellung, dass die Systeme durch ihre gewohnte lineare Kausalitätsanalyse nicht verstanden werden können, eine gewisse Revolution.

[5] Eine mögliche Ursache für Krisen in großen Konzernen kann mangelndes systemisches Denken sein. Führungskräfte denken primär in betriebswirtschaftlichen Kategorien, sind geschult in Organigrammen und vermeintlicher Rationalität, aber wir leben in einer Welt voll von Emotionen, Geschichten und Beziehungen, welches sich viel besser als komplexes System verstehen lassen, denn als einfache Kausalitätskette.

meinsamen Prinzipien aller komplexen Systeme zu entdecken und diese mathematisch zu formulieren. Einer direkt beobachtbaren Welt kann man sich entweder analytisch oder systemisch nähern. Beide Ansätze sind nicht unbedingt gegensätzlich zueinander, sondern eher komplementär. Der analytische Ansatz versucht, das gegebene System in seine einzelnen Bestandteile zu zerlegen, diese zu isolieren und zu verstehen. Neben den einzelnen, quasi atomaren, Bestandteilen werden bei der analytischen Vorgehensweise auch die direkten Beziehungen der einzelnen Bestandteile untersucht. Durch die Veränderung jeweils eines Parameters zu einem Zeitpunkt wird eine Prognose des Gesamtsystems angestrebt. Ein einfaches Beispiel für die analytische Vorgehensweise ist die kinetische Gastheorie. Wenn die Eigenschaften von Molekülen bekannt sind, diese nur schwach miteinander wechselwirken und die Moleküle in sehr großer Zahl in einem Gas vorkommen, so lassen sich die Gesetze der Statistik auf das Gas anwenden und das Gas lässt sich so beschreiben. Wenn jedoch die Wechselwirkung zwischen den Bestandteilen groß ist, so kann diese überwiegen und völlig neue Charakteristika, jenseits der Eigenschaften der einzelnen Moleküle, produzieren, so in Flüssigkeiten oder Festkörpern. Hier ist nicht mehr das einzelne Molekül entscheidend, sondern nur noch das gemeinsame, systemische Verhalten einer großen Zahl von Molekülen.

Ein System in dieser Betrachtungsweise besteht aus zwei grundlegenden Teilen, aus denen es aufgebaut ist, Elementen und Relationen. Einige dieser Elemente können ihrerseits wiederum eigenständige Systeme sein. Ein Subsystem ist ein identifizierbares und abgrenzbares Element eines Systems, welches seinerseits durch wechselwirkende Elemente aufgebaut ist und somit auch ein System bildet. Die Relation zwischen Subsystemen wird als Interface bezeichnet. Die Terminologie von Systemen überträgt sich nahtlos auf die Subsysteme. Die Analogie zu den Services ist offensichtlich, auch diese bilden Systeme, in denen Subsysteme aus anderen Services (Komposition) enthalten sind. Aus diesem Grund wurde auch die systemtheoretische Definition für Services gewählt (s. S. 18). Die unterschiedlichen Beziehungen und Patterns zwischen den Services entsprechen den verschiedenen Relationen in der Systemtheorie. Die Bildung von Subsystemen ist der Versuch, innerhalb eines Systems auf sehr hoher Ebene analytisch vorzugehen, damit auf dieser abstrakten Ebene ein systemisches Denken überhaupt möglich ist. Faktisch sind alle unsere heutigen Geräte, vom Auto bis zum PC, aus Subsystemen aufgebaut.

Das Problem, ein sinnvolles Subsystem durch die im System vorhandenen Untermengen an Elementen zu definieren, wird durch die Subjektivität[6] des Beobachters verschärft. Neben der Tatsache, dass systemische Eigenschaften keinen Absolutheitsanspruch haben, zeigen sich bei der Zerlegung in Subsysteme die unterschiedlichen Sichten der Beteiligten besonders stark. Von daher ist es günstiger, sich mehrere Zerlegungen nacheinander zu betrachten und an Hand von Auswirkungen das Zerlegungsmodell zu wählen, welches dem Kontext am Besten entspricht.

---

[6] Komplementärgesetz

11.1 Komplexe Systeme

Da die komplexen[7,8] Systeme häufig auf den ersten Blick ein Verhalten aufweisen, das der Intuition ihres Beobachters zuwider läuft, lassen sie sich nicht einfach auf fiktive triviale Systeme reduzieren. Doch sie verhalten sich, bei aufmerksamer Betrachtung, durchaus nachvollziehbar, aber nicht unbedingt deterministisch. Im Kontext von Organisationen als Systemen taucht der Mensch in den verschiedenen Elementen bzw. Subsystemen auf. Im Kontext der Serviceorientierung taucht der einzelne Service als Subsystem auf.

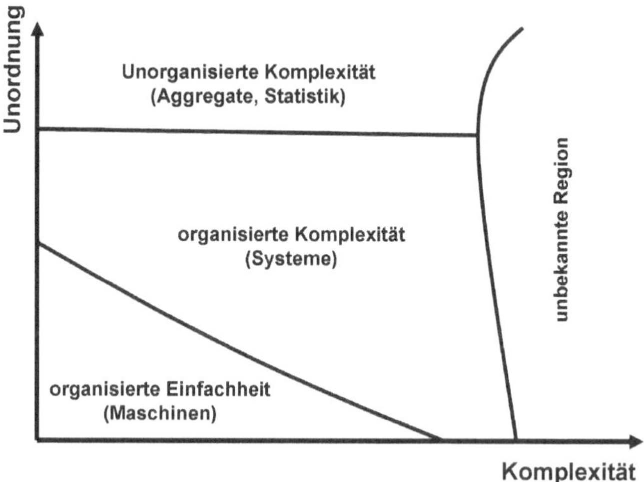

Abb. 11.1: Unterschiedliche Systemtypen

Softwaresysteme und zum größten Teil auch Organisationen besitzen aus systemischer Sicht folgende Charakteristika:

- Sie sind gekennzeichnet durch eine sehr hohe Entropie.
- Kein einzelnes Individuum kann das System komplett verstehen.
- Sie lassen sich nur sehr schwer verändern. Nicht nur Organisationen lassen sich schwer verändern, besonders große Softwaresysteme sind hierdurch gekennzeichnet. Betrachtet man das Softwaresystem zusammen mit der

---

[7] Ursprünglich aus dem Griechischen $\pi\lambda\acute{\epsilon}\kappa\omega$ (Zwirn), wird das Wort ins Lateinische als complexus übernommen. Hier bezeichnet es entweder schwierige rhetorische Argumente (Cicero) oder die Verwicklung von Extremitäten beim Sexualakt (Plautus)...

[8] Nicht zu verwechseln mit künstlicher Komplexität, diese ist das Resultat einer falschen Modellierung.

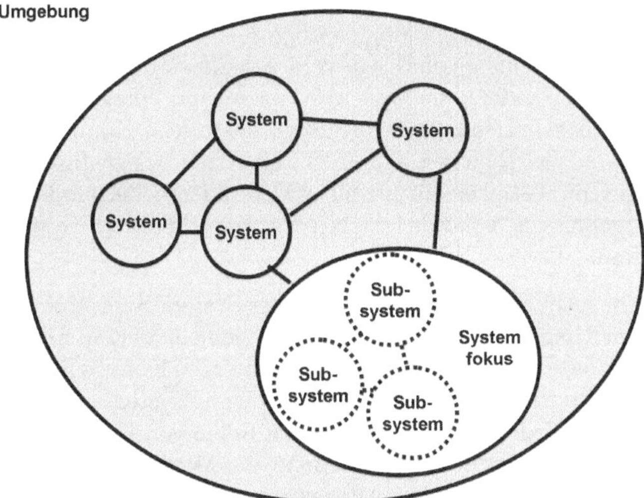

Abb. 11.2: Ein System und seine Umgebung

Organisation als soziotechnologisches Phänomen, dann wird der hohe Widerstand gegen Veränderungen offensichtlich.

- Das System besitzt unbekannte und undokumentierte Teile.[9]

Aus dieser Sicht handelt es sich bei den entstehenden SOS-Systemen um komplexe Systeme, welche nicht auf einer einfachen Parametrisierung oder einer singulären Kausalität beruhen. Der traditionelle Ansatz, diese Probleme anzugehen, beruht darauf, ein Modell des Systems zu entwickeln, welches nur wenige, aber dafür die wichtigsten Aspekte beschreibt, um damit das System als Ganzes zu kontrollieren. Die Einführung von Schichten oder Komponenten fällt in diese Kategorie von Maßnahmen. Die gesamte Idee der Kapselung und des Aufbaus von Interfaces und der Entkoppelung von Interface und Implementierung will die Komplexität auf wenige Größen reduzieren. Historisch gesehen stammt dieser Ansatz aus der Newtonschen Mechanik, wo sich durch diesen Ansatz eine einfache mechanische Maschine beschreiben lässt. Aber alle diese mechanistischen Systeme haben gemeinsam:

- geringe Detailkomplexität – Mit nur wenigen einfachen Teilen.
- wenige Wechselwirkungen zwischen den Teilen – Mit geringer dynamischer Komplexität.
- vorhersagbares Verhalten – Dies kann zwar sehr kompliziert sein, ist aber prinzipiell stets eindeutig vorbestimmt.

---

[9] Theoretisch ist ein SOA-System über ein Repository vollständig definiert, in der Praxis ist dies aber nicht so. Dies zeigen die Legacysysteme, welche theoretisch dokumentiert sind, aber praktisch sehr stark von der vermeintlich korrekten Dokumentation abweichen.

Solche Systeme verhalten sich immer streng kausal und lassen sich recht einfach vorhersagen, da aus dem Wissen über die einzelnen Teile auf das Verhalten des Gesamtsystems geschlossen werden kann.[10] Reale Systeme verhalten sich jedoch völlig anders; sie sind irreversibel und entziehen sich einer einfachen Kausalitätsbeziehung, da hier die dynamische Komplexität, d.h., die Wechselwirkung zwischen den einzelnen Teilen, überwiegt. In manchen Fällen führt die gleiche Tätigkeit zu einem etwas anderen Zeitpunkt zu drastisch anderen Ergebnissen. Charakteristisch für die komplexen Systeme sind die Eigenschaften:

- Offenheit – Alle Systeme sind offen. Jedes System steht in Wechselwirkung mit seiner Umgebung.[11] Von daher lässt sich ein System nur in seinem jeweiligen Kontext verstehen. Der soziotechnische Kontext muss daher auch Bestandteil der Definition eines jeden Softwaresystems sein.
- Flexibilität – Jedes System besitzt eine Reihe von Freiheitsgraden. Unter der Freiheit des Systems versteht man die Möglichkeit, dass das System sich zwischen verschiedenen Alternativen entscheiden kann. Die Flexibilität eines Systems ist umso höher, je mehr Entscheidungsmöglichkeiten es hat.
- Dimensionalität – Alle komplexen Systeme sind mehrdimensional. Die Vorstellung, dass nur ein einziger Parameter ausreicht, um ein System zu steuern, ist ein Relikt der Modellbildung der Naturwissenschaften.
- Emergenz – Emergenz ist das Auftreten von Eigenschaften eines Systems, welche sich nicht aus den Teilen des Systems ableiten lassen. Alle komplexen Systeme zeigen Emergenz. Da die klassischen analytischen Denkschemata das Phänomen der Emergenz nicht erklären können, sind sie auch ungeeignet, das Auftreten von Emergenz vorherzusagen. Es gibt drei Prinzipien, die Voraussetzungen für das Auftreten von Emergenz sind:
  I Wechselwirkung – Die Emergenz entsteht immer durch die Wechselwirkung der Teile.
  II Komplexität – Ohne ein gewisses Mindestmaß an dynamischer Komplexität entsteht keine Emergenz. Umgekehrt formuliert: Starre Systeme zeigen keine Emergenz!
  III Reproduktion – Durch den ständigen Reproduktionsprozess der Systemteile bildet und reproduziert sich Emergenz. Dies ist auch unter dem Begriff Feedback bekannt; Feedback kann dämpfend oder verstärkend wirken.

Das Verhältnis zwischen den Teilen und der Gesamtheit ist iterativ und co-evolutionär, denn Emergenz ist der Prozess, durch den neue Ordnungen aus der Selbstorganisation der Teile entstehen. Eng mit der Emergenz ist die Hierarchie verknüpft. Nach dem Prinzip der Hierarchie können die

---

[10] Schon bei Betriebssystemen ist dies nicht mehr der Fall. Es lässt sich bei einem Multiusersystem nicht exakt vorhersagen, ab welcher Anzahl von Benutzern der Computer nicht mehr in vertretbarer Zeit reagiert (Thrashing).

[11] Mit Ausnahme des Universums, welches nur sich selbst enthält.

Elemente des Systems wiederum als „abgeschlossene" Subsysteme betrachtet werden, welche ihrerseits aus kleineren Elementen aufgebaut sind. Innerhalb einer solchen Zerlegungsstrategie[12] bezeichnet das Auftreten von Emergenz eine Zerlegungsstufe.

Die Emergenz in künstlichen Systemen lässt sich klassifizieren:

- unerwünschte – Bekannter unter dem Begriff Seiteneffekte. Die unerwünschte Emergenz taucht in konzipierten Systemen spontan auf und entwickelt ein Eigenleben, was sich nur mit großem Energieeinsatz korrigieren lässt. In diesen Fällen versuchen Teile des Systems, ihre lokale Entropie zu minimieren, was starke Auswirkungen auf die benachbarten Subsysteme hat. Diese sind oft nicht in der Lage, die entstehende Vielfältigkeit zu verarbeiten.
- zufällige – Entsteht spontan, allerdings wird sie von den Beteiligten nur sehr selten wahrgenommen.
- gewünschte – Geplante Emergenz, welche von den Systemdesignern ab initio vorgesehen wurde.

- Nichtintuitivität – Alle komplexen Systeme sind per se nichtintuitiv. Durch den hohen Grad an Wechselwirkungen lässt sich die Auswirkung einer Veränderung nicht eindeutig vorhersagen. Ursachen und Wirkungen sind oft nicht mehr unterscheidbar, was zu Kausalitätszyklen führt. Allein die Beobachtung eines Systems durch eine Messung führt schon zu einer Veränderung des Systems. Jede Entscheidung verändert das System, mit der Folge, dass dieselbe Entscheidung zu einem späteren Zeitpunkt „falsch" sein kann, da jeder Eingriff ein neues System produziert. Neben der Kausalität zeigen komplexe Systeme einen Hang zur Zeitverzögerung. Oft lassen sich Kausalitäten allein auf Grund der zeitlichen Distanz nicht mehr zuordnen, was die Steuerung immens erschwert.

Tabelle 11.1: Vergleich zwischen analytischem (reduktionalem) und systemischem (holistischem) Vorgehen

analytischer Ansatz	systemischer Ansatz
Fokus auf Teile	Fokus auf das Ganze
lineare Kausalität	zirkuläre Kausalität
$A \mapsto B$	$A \mapsto B \mapsto A$
Kontext irrelevant	Kontext sehr relevant
Eine Wahrheit, ein Optimum	Multiple Wahrheiten und Optima
Von der Umgebung isoliert	Umgebung wichtiger Teil
Probleme werden gelöst	Probleme werden akzeptiert und integriert

---

[12] Moderne Softwareentwicklungsumgebungen erlauben es, die Anforderungen zu spezifizieren und daraus tayloristisch das System aufzubauen, allerdings negieren diese Werkzeuge jede Form der Emergenz und Kreativität.

Ein Weg, die Emergenz in komplexen Systemen zu verstehen, ist es, eine Analogie zu der Idee der Universalität in der Physik zu ziehen. Universalität tritt in der Physik dann ein, wenn das systemweite Verhalten das Verhalten einzelner Teile des Systems unwichtig macht. Genauer gesagt beschreibt Universalität das Verhalten des kritischen Exponenten in einem kontinuierlichen Phasenübergang.[13] Die beobachtbare Größe ρ, hierbei handelt es sich um die für den Übergang relevante physikalische Observable[14], zeigt ein Potenzgesetz[15] in der Temperatur auf:

$$\rho \sim |T - T_0|^\alpha \qquad (11.1)$$

Der Exponent α wird als der kritische Exponent bezeichnet. Interessanterweise ist der kritische Exponent α fast unabhängig von der konkreten Substanz, die betrachtet wird. Wichtiger ist die Art des Übergangs und die Struktur der Substanzen vor und nach dem Phasenübergang. Physikalische Systeme zeigen Universalität, wenn die Wechselwirkungen ihrer Elemente die gleiche räumliche Verteilung[16] und dieselbe Wechselwirkungssymmetrie[17] haben. Wendet man die Idee der Universalität auf Services an, so bedeutet dies:

Wenn die Wechselwirkung der Services die Information limitiert, welche Benutzern zur Verfügung steht bzw. ihre Fähigkeit auf Ereignisse geplant zu reagieren, so wird jede Zusatzinformation eines einzelnen Service über dieses Umgebungsverhalten hinaus keinen Unterschied im Systemverhalten produzieren, mehr noch, diese „Störung" kann die Effizienz des Gesamtsystems limitieren.

Was ein System ist und was seine Grenzen bildet, ist oft nur sehr schwer entscheidbar, aber es gibt eine Größe, die es einfacher macht, ein System und seine Grenzen zu trennen: Die Entropie. Mit Hilfe der Entropie lässt sich ein System, wie folgt, definieren:

Ein System ist eine Kollektion von miteinander verknüpften Elementen, so dass sowohl die Elemente als auch ihre jeweiligen Relationen die lokale Entropie reduzieren.

Aus dieser Definition lässt sich auch der Umgebungsbegriff (s. Abb. 11.2) näher fassen:

Eine Umgebung ist das, was die Wechselwirkung zwischen Systemen vermittelt. Die Gesamtumgebung ist die Summe aller solcher vermittelnden Wechselwirkungen.

---

[13] So das Tauen von Eis, das Frieren von Wasser, das Verschwinden von Magnetismus in Eisen bei der Curietemperatur …

[14] Je nach System: magnetische Suszeptibilität, spezifische Wärme, Kompressionsmodul…

[15] Skalenfreie Netze (s. Abschn. 11.10) zeigen analoge Eigenschaften.

[16] Gittertyp, Gas, oder Flüssigkeit.

[17] Üblicherweise durch eine Hamiltonfunktion des Gesamtsystems beschrieben.

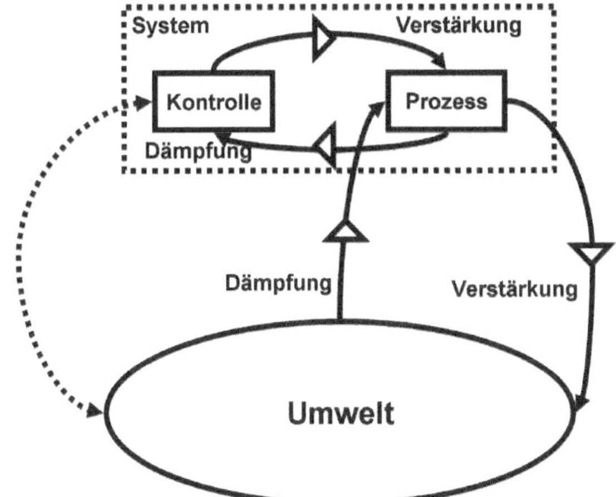

Abb. 11.3: Ein System und seine Umgebung aus Sicht der Vielfältigkeit

Diese Umgebungsdefinition führt sofort zur Festlegung von Gleichgewicht für Systeme:

Ein System befindet sich im Gleichgewicht (Equilibrium), wenn seine Umgebung stabil[18] ist.

Die Beziehung eines Systems zur Umgebung kann auch zur Definition des Sinns einer Organisation – wenn es als System verstanden wird – genutzt werden. Aus systemischer Sicht definiert das Ziel einer Organisation einen ganzen Block der Umgebungskomplexität, welches die Organisation beeinflusst, bearbeitet und mit der sie umgehen können muss, um daraus einen Sinn und eine Identität für sich zu produzieren. Dieser Prozess der Identitätsproduktion wird begleitet von einer eigenen kollektiven Sprachbildung bezüglich der gemeinsamen Interessen und einer Definition der Produkte und Services, welche sie anderen offerieren will. Insofern ist eine Organisation auch eine dynamische Reflektion der Umgebungsvielfältigkeit, die durch die Organisation produziert oder verarbeitet wird.

11.2 Enge Koppelung

In komplexen Systemen kommt es zu einem erhöhten Risiko von Fehlern und Ausfällen. Wenn Fehler das gesamte System zum Erliegen bringen, werden sie Systemfehler genannt.[19] Aber solche Fehler tauchen in der Regel nicht als

---

[18] Diese Stabilität kann dynamischer oder auch statischer Natur sein.
[19] Den Windowsbenutzern als „Blue Screen" bekannt.

Folge der Komplexität auf, sondern sind meist das Resultat des Versuchs, die Komplexität des Systems zu kontrollieren (s. Abschn. 11.8). Das hohe Risiko von Systemfehlern ist auf die unerwartete Wechselwirkung zwischen multiplen Einzelfehlern zurückzuführen, mit der Folge von nichtantizipierten Resultaten.[20] Die übliche Gegenmaßnahme ist es, die einzelnen Elemente enger aneinander zu koppeln (s. Abb. 11.4), mit sehr negativen Resultaten, denn die typische Strategien zur Fehlerminimierung stammen aus Entwicklungsmethoden heraus, welche Emergenz nicht kennen. Die Folge der einsetzenden engeren Koppelung ist eine Erhöhung des Risikos, dass aus einem Fehler multiple Fehler werden, mit dem Ergebnis der Zunahme an Systemfehlern, welche wiederum durch engere Koppelung unter Kontrolle gebracht werden sollen.

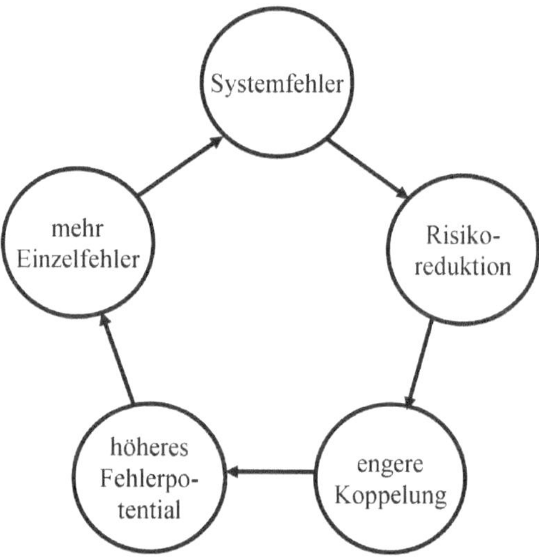

Abb. 11.4: Die Spirale der engen Koppelung

Insofern ist die lose Koppelung der Services eine ideale Voraussetzung für Emergenz als auch Überlebensfähigkeit eines aus Services bestehenden Gesamtsystems. Besonders problematisch in dieser Betrachtungsweise ist der ESB, da er in einem Universum aus Services einen „Single Point of Failure" darstellt. Es muss das Ziel sein, unnötige enge Koppelung zu vermeiden, folgende Strategien führen in diese Richtung:

- Vermeidung falscher Annahmen – Neben der Tatsache, dass bestimmte Annahmen fachlich falsch sind, führen Annahmen, insbesondere die falschen, zu Zwangsbedingungen im System.

---

[20] So bei der Tschernobylkatastrophe.

- Vermeidung unnötiger Requirements – Je generalisierter und einfacher ein Service, desto stabiler ist das Gesamtsystem und desto loser die Koppelung.
- Reduktion hierarchischer Strukturen – Hierarchien, im Gegensatz zu Rekursionen, haben eine sehr starke Koppelung. Für Services bedeutet dies, dass komponierte Services nicht ihre einzelnen Teile kontrollieren, sondern sie nur aufrufen dürfen.
- Traditionelle Optimierungen wirken auf das Gesamtsystem wie Zwangsbedingungen.
- Vermeidung von Pseudopräzision – Je höher die Präzision, desto enger die Koppelung und desto schneller entstehen Fehler. Oft ist eine vorgegebene Präzision nicht wirklich notwendig. Services müssen mit unpräzisen Angaben arbeiten können.
- Verzögerung der Information über die Präzision auf den Zeitpunkt der Ausführung.
- Nutzung asynchroner Mechanismen – Asynchronität führt zu einer loseren Koppelung.
- Kooperation ohne Koordination – Zentrale oder auch föderale Koordinationsmechanismen führen zu engen Koppelungen.

Nur wenn diese Punkte beachtet werden, entsteht aus einem lose gekoppelten System ein emergentes System, daher haben serviceorientierte Systeme ideale Voraussetzungen, Emergenz in großem Maße zu zeigen, wenn sie a priori als lose gekoppelt entwickelt werden.

11.3 Ashby-Conant-Theorem

Ein wichtiger Grundsatz aus der Systemtheorie, der Auswirkungen auf die Systeme hat, ist das Ashby-Conant-Theorem:

Jedes gute[21] Kontrollsystem[22] eines Systems muss ein Modell[23] des Systems sein.

Oder anders formuliert:

Damit ein Kontrollsystem adäquat auf Störungen im zu kontrollierenden System reagieren kann, muss es wissen, welche Aktion es von den verfügbaren auswählen muss.

Das Kontrollsystem eines Systems muss in der Lage sein, die gleiche Menge an Vielfältigkeit (s. Gl. A.4) zu produzieren, wie sie das kontrollierte Sys-

---

[21] Gut bedeutet hierbei zugleich maximal einfach und erfolgreich.

[22] Regulator

[23] ... muss isomorph zum ...

tem hat.[24,25] Eine zentrale Forderung ist die der Stabilität (Homöostasis). Ein Homöostat[26] ist ein sich selbst regulierendes System, das mittels Rückkoppelung innerhalb bestimmter Grenzen in einem stabilen Zustand bleiben kann. Jeder lebende Organismus hat mehrere solcher Homöostate. Das System wird dabei sowohl durch sogenannte innere Variablen definiert, die stabil bleiben sollen, als auch durch die Beziehungen zwischen diesen inneren Variablen beschrieben. Das Ashby-Conant-Theorem lässt sich auch auf gekoppelte Systeme anwenden. Ein gekoppeltes System aus zwei Subsystemen ist dann und nur dann im Gleichgewicht, wenn jedes einzelne Subsystem sich in einem Gleichgewicht befindet, dessen Rahmenbedingungen durch das jeweils andere Subsystem definiert sind. Mit dieser Festlegung von Gleichgewicht kann man auch Homöostasis anders definieren: Kein einzelner Zustand befindet sich im Gleichgewicht, wenn er nicht für alle Beteiligten akzeptabel ist. Ein für alle Beteiligten akzeptabler Zustand ist die Homöostasis.

Die entscheidende Leistung der Homöostasis besteht darin, die Werte der steuernden und wahrnehmbaren Variablen innerhalb von sogenannten „physiologischen Grenzen" zu halten, d.h. entsprechend der Natur des Systems korrigierend einzugreifen, obwohl die Ursache der Störung noch unbekannt ist. Das ist allerdings nur in Bezug auf die Sollgröße eine statische Betrachtung, das Gleichgewicht kann durchaus dynamisch im Sinne eines Fliessgleichgewichtes sein.

Ein weiteres Prinzip der Systemtheorie besagt, dass das Lenkungsproblem nur insoweit gelöst werden kann, als die Vielfältigkeitsbilanz der beteiligten Systeme ausgeglichen ist. Damit ist also die Absorption und Bewältigung von Komplexität abhängig von der Vielfältigkeit der Instanzen und Mechanismen, die diese Absorption steuern. In Verbindung mit dem Ashby-Conant-Theorem, dass der Regulator ein Modell des Systems darstellen muss, welches er steuern soll, ergibt sich, dass das Modell, das zur Steuerung eines Systems vom System gemacht wird, so viel Komplexität aufweisen muss, wie das System selbst. Folglich muss ein Kontrollsystem als Verstärker in das kontrollierte System wirken, damit überhaupt eine solche Vielfältigkeit produziert werden kann,

---

[24] In der Ursprungsform wurde es als: *Only variety can destroy variety* formuliert.

[25] Ashbys Gesetz, bekannt als das „*Law of Requisite Variety*". Neben dem Prinzip der Homöostasis war es Ashby, der sich mit der Frage nach dem Zusammenhang zwischen innerer und äußerer Struktur, zwischen Komplexität der Umwelt und der Komplexität des Systems beschäftigt hat.

[26] Homöostat aus dem griechischen $\omega\mu o\iota o\sigma\tau\alpha\sigma\eta$ (Gleich-Stand). Der Begriff bezeichnet das ständige Bestreben des Organismus, verschiedene physiologische Funktionen (wie Körpertemperatur, Pulsschlag, Blutzuckerspiegel u.a.) einander anzugleichen und diesen Zustand möglichst konstant zu halten. Der Begriff Homöostasis kommt aus der Biologie und bezeichnet das biologische Prinzip, nach dem alle Organismen gegenüber den sich verändernden Lebensbedingungen die Tendenz zeigen, das von ihnen erreichte Fliessgleichgewicht zu erhalten oder wiederherzustellen. Dadurch wird die Anpassung an die Umwelt optimiert, der Kräfteaufwand zur Lebenserhaltung minimiert.

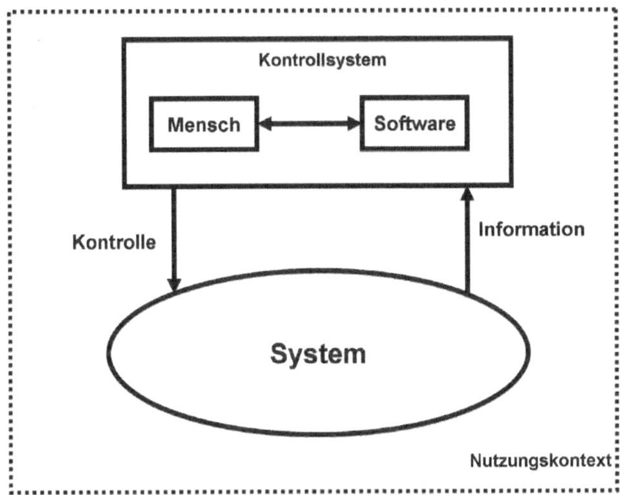

Abb. 11.5: Ein Kontrollsystem

und als Dämpfung, damit die Information aus dem System an andere mit niedriger Vielfältigkeit weitergegeben werden kann. Wenn das Kontrollsystem eine niedrigere Vielfältigkeit hat als das zu kontrollierende System, so wird dieses System nicht mehr kontrollierbar, da nun Zustände existieren, auf die nicht mehr angemessen reagiert werden kann.[27]

Das Konzept der Vielfältigkeit und der Balance der Vielfältigkeit wird häufig missverständlich interpretiert. Die Vielfältigkeit, die der Regulator zum Zweck der Steuerung aufweisen muss, sagt nichts über die tatsächliche Komplexität des Steuerungsmechanismus aus, weil dieser systemisch betrachtet nur zum Zweck der Steuerung und zur Sicherung der Lebensfähigkeit vorhanden ist. Das Modell orientiert sich also immer am Zweck der Steuerung und nicht am Zweck des Systems, der sehr unterschiedlich sein kann.

Wenn ein einzelnes Kontrollsystem jedoch nicht in der Lage ist, alle Signale zu eliminieren, dann muss dieses Kontrollsystem hierarchisch in andere Kontrollsysteme verschachtelt werden. Von daher ist es sinnvoll, weitere Kontrollsysteme so lange rekursiv hinzuzufügen, bis ein gewisses Maß an endlicher Vielfältigkeit erreicht ist. Je niedriger die Fähigkeit zur Dämpfung in einem Kontrollsystem, desto mehr hierarchische Stufen werden benötigt, um eine Informationsüberflutung zu verhindern. Dies wird auch als „Ashbys Hierarchiegesetz[28]" bezeichnet.

---

[27] Aus systemtheoretischer Sicht ist Kreativität eine Form der Vielfältigkeit, welche die Regeln des Kontrollsystems sprengt.

[28] Bekannt als das *„Law of Requisite Hierarchy"*.

11.4 Organisationen

In der Systemtheorie entstehen Organisationen spontan als eine sich selbst generierende Ordnung, ähnlich einem Organismus. Die Theorie der spontanen, selbstgenerierenden Ordnungen besagt, dass das heutige Ergebnis von Kultur und Zivilisation nicht geplant geschaffen wurde. Nicht die menschliche Vernunft hat absichtsvoll soziale Institutionen hervorgebracht, sondern menschliche Vernunft ist das Ergebnis der Evolution sozialer Institutionen.[29]

Die Entstehung zweckrationaler Ordnungen wird im Rahmen des systemischen Paradigmas darauf zurückgeführt, dass der Mensch nicht nur ein von Zielen geleitetes soziales Subjekt ist, sondern dass sein Verhalten von Regeln geleitet wird, die unabhängig von der konkreten Zielsetzung die Art und Weise seines Verhaltens und damit auch des Netzwerkes bestimmen. Die Kenntnis der Verhaltensregeln ist in Bezug auf die Komplexitätsbeherrschung wichtig. Der systemische Ansatz geht aus diesem Grund von Ordnungen aus, in denen die Elemente Regeln befolgen, die sie selbst nicht kennen.[30] Er ermöglicht die Orientierung bei Unbestimmtheit sowie Unberechenbarkeit und lässt die Koordination einer beliebig großen Anzahl von Elementen zu.

Die Systemtheorie sieht als eine der wesentlichen Aufgaben einer Organisation die Lebensfähigkeit der Organisation als System durch die Erhaltung der Komplexitätsdifferenz zwischen System und Umgebung. Eine Auflösung der Grenze zwischen Organisation und Umgebung kommt einer Auflösung der Organisation gleich.[31] Bei der Nutzung von Services stellt sich die Frage, ob diese jenseits der Systemgrenzen sind oder, ob sie eine Art erweiterte Organisation bilden? Durch den Serviceprovider werden die Services praktisch von der Organisation abgeschottet, mit der Folge, dass sich die Organisationsgrenzen verschieben. Durch diese Verschiebung kommt es auch zu einer Veränderung der nun vorherrschenden Umgebungskomplexität. Es sind zwei Fälle möglich:

- Komplexitätsreduktion – Eine Komplexitätsreduktion ist dann gegeben, wenn es vorher eine starke Koppelung an die Umgebung der Organisation gab und der neu entstehende Service zu einer Entkoppelung mit reduzierter Komplexität führt. Durch die in dem Interface zum Service stattfindende Komplexitätsreduktion können auf der einen Seite interne Ressourcen für die Dämpfung von Komplexität eingespart werden[32], auf der ande-

---

[29] Für den konstruktivistischen Teil der Wissenschaft ist es unvorstellbar, dass bei Netzwerken etwas Sinnvolles entstehen kann, ohne dass auf die Planung, Konstruktion und Schaffung gerichtetes menschliches Handeln im Spiel gewesen wäre. Noch unverständlicher als dass zweckrationale Systeme auf selbstorganisatorische Weise entstanden sind, erscheint es, dass diese nur so entstanden sein können, da die Systeme selbst viel zu komplex sind, als dass sie als Ganzes begreifbar und planbar sind.

[30] Policies wirken bei Services identisch.

[31] Deswegen formen und lösen sich virtuelle Enterprises permanent (s. Abschn. 4.3).

[32] Es gibt Serviceprovider, die sich auf Marktrecherchen spezialisiert haben, diese liefern aufbereitetes und stark abstrahiertes Material an den Consumer.

ren Seite können durch die Interfacefilterung auch wichtige Signale der Umgebung „übersehen"[33] werden. Für Nichtkernprozesse ist eine solche Komplexitätsreduktion ungemein interessant.

- Komplexitätssteigerung – Eine solche Erhöhung findet dann statt, wenn ein bisher interner Prozess, der faktisch nur sehr geringfügig mit der Umgebung wechselwirkte (z.B. Archivierung, interne Provider), von einem Serviceprovider durchgeführt wird, dessen Interface eine hohe Komplexität in die Organisation einbringt. Solche Situationen entstehen, wenn einzig der Preis[34] oder die Antwortzeit und nicht die eigentlichen fachlichen Elemente des Services ausschlaggebend sind. Eine Steigerung kann auch dann stattfinden, wenn der Service nicht sauber implementiert oder das Interface zu generisch oder zu speziell ist.

11.5 Rekursionen

Die Relationen zwischen Elementen eines Systems sind zum einen die, die zwischen den Elementen einer Stufe existieren, und zum anderen die Relationen, die zwischen Systemen unterschiedlicher Ordnung auftreten. Der Hierarchieaspekt zeigt auf, dass jedes betrachtete System Bestandteil eines umfassenderen Systems ist.[35] Der Hierarchieaspekt zielt auf den Aufbau von komplexen Systemen aus stabilen Subsystemen, die wiederum aus stabilen Subsystemen bestehen. Diese Subsysteme sollen, wenn möglich, mehrfach verwendbar sein. Zerfällt ein System, so können die stabilen Subsysteme sich wieder zu neuen Systemen formieren, insofern sind Subsysteme autonom.

Rekursion wird im Unterschied zur Hierarchie als Begriff verwendet, wenn nicht der hierarchische Aspekt als Unterordnung im Zentrum steht, sondern der Aspekt der sich wiederholenden Strukturen auf unterschiedlichen Ordnungsebenen hervorgehoben wird. Bei Hierarchien unterscheiden sich die Strukturen (Elemente und ihre Relationen) auf der Ebene $n + 1$ von der auf der Ebene n. Bei der Rekursion hingegen wiederholen sich die Strukturen auf der Ebene $n + 1$, so dass sich strukturell das System n auf der Ebene $n + 1$ wiederfindet. Diese strukturelle Rekursion tritt auch bei den Services auf: Ein Service besteht in der Regel aus anderen Services, welche wiederum aus Services bestehen.

Die Rekursion ist allerdings nicht nur zur Problemlösung, sondern auch zur Modellierung geeignet. Ein Modell ist rekursiv, wenn es sich selbst als Teil enthält oder mit Hilfe von sich selbst definiert ist. Die Systemsicht selbst

---

[33] Wenn der Rechercheprovider nur bestehende, aber nicht zukünftige Entwicklungen betrachtet.

[34] Ein Caterer, der nur ein Sorte Essen pro Tag für die Kantine anbietet, ist zwar günstig, dürfte aber zu Problemen in der nutzenden Organisation führen.

[35] Genauso wie die Einteilung in Subsysteme zu einem gewissen Grad willkürlich ist, so ist auch die Hierarchisierung willkürlich und ein Hilfsmittel zur Kontrolle der Komplexität.

ist schon rekursiv, weil sie ein System als ein aus Subsystemen konstruiertes Ganzes betrachtet, die Subsysteme sind ihrerseits wieder Systeme. Die Rekursivität ist eine besondere Eigenschaft lebensfähiger Systeme (s. Kap. 12), die sich aus den Anforderungen an lebensfähige Systeme ergibt. Das Layering in einer SOA (s. Abschn. 5.1) ist eine Form der Servicerekursion; Services oberer Layer sind aus Services unterer Layer aufgebaut.

11.6 Selbstorganisation

Eine Selbstorganisation liegt immer dann vor, wenn ein System operational geschlossen agiert und deshalb nur die eigene Organisation zur Verfügung hat, um seine Strukturen aufzubauen. Diese Strukturen können vom System wiederverwendet, verändert und vergessen werden. Auf der Mikroebene sind die Subsysteme (Elemente), auf der Makroebene ist das System (das Ganze) angesiedelt. Die Elemente bewirken durch ihr kohärentes Verhalten, dass sich Emergenz zeigt, und umgekehrt dominiert diese Emergenz das weitere Verhalten der Elemente. Beide Wirkungen - die von unten nach oben (Emergenz) wie die von oben nach unten (Dominanz) - sind nicht a priori determinierend. Typisch für selbstorganisierende Systeme sind:

- Der Zustand des Systems besitzt Auswirkungen auf die Elemente.
- Die Elemente des Systems entscheiden selbst, wie sie auf diese Einwirkungen reagieren.

Die Kommunikation zwischen den Elementen eines Systems ist eine Voraussetzung zur Entstehung von Selbstorganisation. Diese ermöglicht erst die Verstärkung der Eigenschaften der Systemteile und die Kombination dieser zum Verhalten des Gesamtsystems. In selbstorganisierenden Systemen ist es deshalb nicht unbedingt notwendig, die Eigenschaften der Einzelteile zu verändern, um das Verhalten des Gesamtsystems zu ändern.

Die Selbstorganisation als Designprinzip ist dann nützlich, wenn das Problem des Information-Bottle-Necks auftritt, welches besagt, dass Reaktionszeiten auf Umweltinformationen, die für eine bestimmte Ebene einer Hierarchie relevant erscheinen, zu lang sind, da die Informationen und die Anweisungen, die aus den Informationen folgen, zu lange brauchen, bis sie an dem Ort der Entscheidung angelangt sind. Entscheidung und Informationen müssen aber zeitnah verarbeitet werden können. Dadurch, dass den Elementen eines Gesamtsystems die Möglichkeit zur autonomen Reaktion auf die Situation gegeben wird, können diese Probleme umgangen werden.

Die Idee der selbstorganisierenden Systeme kann auf die Software ausgeweitet werden, dies bedeutet, dass diese in der Lage ist, sich auf stark verändernde Umgebungen durch die Veränderung der eigenen Struktur anzupassen. Diese Struktur auf der Makroebene resultiert aus unzähligen Wechselwirkungen auf der Serviceebene. Die dort gültigen Regeln sind nur lokal bekannt. In diesem Sinne ist „Struktur" die Eigenschaft eines Systems, die

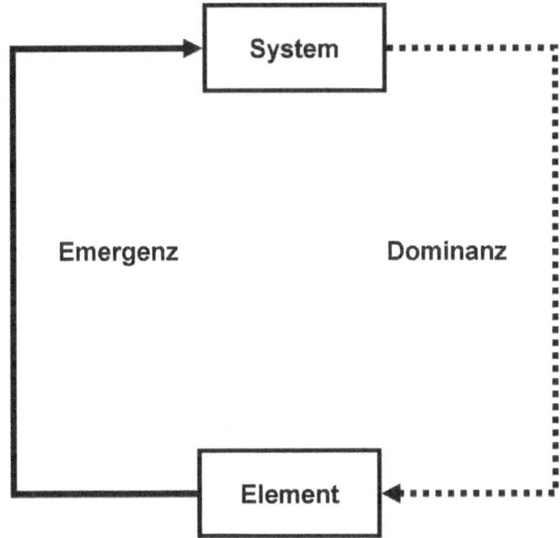

Abb. 11.6: Selbstorganisation

Freiheitsgrade der Elemente einzuschränken. Solche Eigenschaften sind in einem ULS-System wichtig.

Die Beobachtungen, die bei selbstorganisierenden Systemen in der Biologie, Soziologie und Physik festgestellt werden, lassen sich auch auf die Governance (hier speziell SOA-Governance) von IT-Systemen übertragen. Selbstorganisierende Systeme zeigen die interessante Eigenschaft, dass je größer die Störung des Systems ist, desto schneller organisiert es sich neu. Kleine Störungen führen nicht zu einer Reorganisation. Dieses Beobachtung lässt sich dadurch erklären, dass selbstorganisierende Systeme sich durch die starke Wechselwirkung zwischen den Subsystemen auszeichnen, diese starke Wechselwirkung kann zu lokalen Clustern oder aber auch zu globalen Strukturen (welche wir als emergent empfinden) führen. Für die Schaffung der globalen Struktur ist aber das Aufbrechen der lokalen Strukturen notwendig, da diese Cluster auf Dauer die globale Struktur behindern.

Heutige Governanceansätze gehen fast immer von einer zentralen Kontrolle aus, selbst Abwandlungen dieser Strategie in Form von föderaler Governance sind meist Kopien eines zentralistischen Schemas. Ein solches Verfahren ist nicht mehr auf selbstorganisierende Systeme anwendbar, da hier die „Kontrolle" über das ganze System gleichmäßig verteilt ist. In solchen Systemen bilden sich Keimzellen für eine Ordnung heraus, die so attraktiv sind, dass sie ihre Umgebung (innerhalb des Systems) dominieren und ihr damit Struktur geben, somit setzt das Wachstum von Ordnung (Organisation) ein. In solchen Systemen kann das einzelne Subsystem nicht abweichen, der Druck der Nachbarn und die eigene Zielrichtung sind so dominant, dass das Subsystem sich der Ordnung nicht entziehen kann. Die selbstorganisierenden Systeme benötigen für ihre Entstehung und Existenz daher völlig andere Mechanismen als die der heute vorherrschenden zentralistischen hierarchisch orientierten Governance. Auf der anderen Seite haben die selbstorganisierenden Systeme den Vorteil, dass sie sehr robust sind, diese Robustheit äußert sich in der weiterbestehenden Funktionsbereitschaft des Systems unter widrigen Bedingungen. Es ist gerade das Nichtvorhandensein der zentralen Kontrolle, die diese Robustheit erst ermöglicht.

11.7 Autopoiesis

Ein besonderer Fall von selbstorganisierenden Systemen ist die Autopoiesis[36,37], bei der sich ein System selbst erzeugen kann. Lebewesen lassen sich dadurch charakterisieren, dass sie sich beständig produzieren und reproduzieren, sowohl ihre einzelnen Elemente als auch die Organisation der Beziehungen zwischen diesen Elementen und zwar in einem rekursiven Prozess. Sie reproduzieren sich aus ihren eigenen Elementen. Die Theorie autopoietischer Systeme baut im Wesentlichen auf den drei Konzepten der operationalen Geschlossenheit, der strukturellen Koppelung und der daraus hervorgehenden strukturellen Determiniertheit lebender Systeme auf. Nach dem Konzept der Autopoiesis besteht ein System aus selbstproduzierten Elementen und aus nichts anderem:

- Operationale Geschlossenheit – Alle Elemente eines autopoietischen Systems werden im System durch das Netzwerk der Elemente produziert. Daher können autopoietische Systeme geschlossen operieren. Aus der Umwelt wird keine Operation beigesteuert, welche die Reproduktion des Systems unterstützt. Alle Operationen des Systems sind ausschließlich interne Operationen. Alle Informationen, die verarbeitet werden, wurden intern produziert. Dies gilt selbstverständlich nicht für die „klassischen" Input-Output-Operationen. Autopoietische Systeme wie z.B. Zellen nehmen durchaus Energie und Nährstoffe aus ihrer Umgebung auf und geben Stoffe auch wieder ab. Der Grundsatz bezieht sich auf die reproduzierenden und steuernden Operationen.
- Strukturelle Koppelung – Bei der Koppelung zwischen System und Umwelt kann die Struktur der Umwelt in den autopoietischen Einheiten Strukturveränderungen nur auslösen. Die Struktur der Umwelt determiniert diese Veränderungen nicht. Die Interaktionen zwischen System und Umwelt, solange sie rekursiv sind, bilden für einander reziproke Störungen. Das Ergebnis ist bei einer bestehenden Koppelung von System und Umwelt eine Abfolge wechselseitiger Strukturveränderungen und wird strukturelle Koppelung genannt.

---

[36] Autopoiesis kommt aus dem Griechischen von $\alpha \upsilon \tau o \sigma$ (selbst) und $\Pi o \iota \eta \iota \nu$ (erzeugen), bedeutet soviel wie „Selbsterzeugung"

[37] Systeme, die nur als In- und Outputdevices darstellen, werden als allopoietisch bezeichnet.

- Strukturelle Determiniertheit – Die autopoietische Organisation des Systems ist invariant, solange das System existiert. Die jeweils aktuelle Struktur determiniert, in welchen Grenzen sich ein System verändern kann, ohne seine autopoietische Organisation zu verlieren und damit zu sterben. Bei den Interaktionen zwischen dem System und der Umwelt bestimmt nicht die Störung der Umwelt, was mit dem System geschieht, sondern die Struktur des Systems bestimmt, wie es sich, ausgelöst von einer Störung, verändert. Anhand seiner Struktur selektiert das System seine Reaktion auf die Umweltereignisse. Insofern handelt es sich bei den autopoietischen Systemen auch nicht um Homöostate (s. S. 316), da diese nur enge Bereiche von Variablen betrachten und versuchen, diese Variablen auf einen vorgegebenen Wert zu halten, sondern Autopoiesis lässt keine Abstufungen zu. In einem autopoietischen System kann Homöostasis nur dann auftauchen, wenn zur Realisierung der Autopoiesis die Systemvariablen einen gewissen Sollbereich benötigen, der dann über einen Homöostaten kontrolliert wird. Oder anders formuliert: Ein autopoietisches System benötigt mehrere Homöostate, um sich dauerhaft am Leben zu erhalten. Aus diesem Blickwinkel betrachtet kann die Reaktion eines Homöostaten auf Veränderungen der Umwelt auch als Erhaltung der Autopoiesis gesehen werden. Die Summe der potentiellen Veränderungsmöglichkeiten der Struktur eines Systems wird als strukturelle Plastizität bezeichnet. Die strukturelle Plastizität eines Systems ist die wesentliche Voraussetzung für dessen Lernfähigkeit. Die Plastizität bezieht sich im Wesentlichen auf die Qualität der Relationen zwischen den Elementen des Systems, die sich durch die Perturbation ausgelöst ergeben.

Große Systeme, welche aus diversen Services und einer standardisierten Infrastruktur aufgebaut sind, haben die Charakteristika autopoietischer Systeme. Im Rahmen des SIM (s. Abschn. 6.5) kann die Reproduktion direkt beobachtet werden: Services des SIM dienen zum Bau von anderen Services, die wieder Teil des Systems werden, welches wieder durch das SIM beschrieben wird.

11.8 Unbeherrschbarkeit

Reale Systeme werden sehr schnell so komplex (sie produzieren eine solche Vielfältigkeit), dass sie auf Dauer nicht mehr berechenbar sind. Die Vielfältigkeit (s. Gl. A.4) zählt die Zahl der möglichen Zustände in einem System. Eine 20×20-Matrix aus binären Elementen hat schon eine Vielfältigkeit von $V = 2^{400} \approx 10^{120}$, die deutsche Sprache mit 26 Buchstaben hat praktisch unendliche viele Zustände $V \approx \infty$. Grimms Märchen haben etwa 1,5 Millionen Zeichen

$$V(\text{Grimms Märchen}) = 26^{1.5 \times 10^6} \approx 10^{2,1 \times 10^6}.$$

Selbst wenn das ganze Universum ($M \approx 10^{58} kg$) sich nach $E = mc^2$ in Energie verwandeln würde und für jedes Bit nur $kT \ln 2 \approx 2,9 \times 10^{-21} J$ gebraucht würden, so könnten damit nur 10^{89} Messages der Länge von Grimms Märchen erzeugt werden, multipliziert mit der Zahl der Atome im Universum $N \approx 10^{78}$ würde so eine Vielfältigkeit von $V(\text{Universum}) \approx 10^{166}$ erreicht, eine verschwindend kleine Zahl gegenüber der Vielfältigkeit in Grimms Märchen

$$V(\text{Grimms Märchen}) \gg V(\text{Universum}),$$

folglich gerät in realen Systemen die Vielfältigkeit schnell außer Kontrolle.

Der Standardmechanismus, diesem Problem zu begegnen, ist es, die kontrollierbaren Zustände einzuschränken. Eine solche Einschränkung, sei sie bewusst oder durch Hierarchisierung, ist nicht immer möglich. Sehr große Systeme (s. Kap. 10) haben eine so große Vielfältigkeit, dass es keinen Controller nach dem Ashby-Conant-Theorem (s. S. 316) geben kann, der in der Lage ist, das System zu steuern. Solche nicht steuerbaren Systeme werden als unbeherrschbar bezeichnet:

Besitzt ein System eine solche Vielfältigkeit und Komplexität, dass es unvorstellbar ist, dass das Ashby-Conant-Theorem erfüllt werden kann, so ist das System nicht kontrollierbar und wird unbeherrschbar genannt.

Für den Umgang mit einem unbeherrschbaren System gibt es drei mögliche Strategien:

- Reduktion der Komplexität[38],
- Veränderung der Systemstruktur[39],
- Veränderung unserer Einstellung zum System.

Aus systemtheoretischer Sicht ist Kontrolle weder Aktion noch Reaktion, sie ist Interaktion[40] zwischen dem Kontrollsystem und dem System. Unbeherrschbarkeit ist somit das Resultat des Versuchs, ein System zu kontrollieren, welches nach dem Ashby-Conant-Theorem nicht kontrollierbar ist, daher existiert die Unbeherrschbarkeit zwischen dem Kontrollsystem und dem eigentlichen System. Unbeherrschbarkeit liegt in der Interaktion, nicht im System! Diese Unbeherrschbarkeit ist eine der treibenden Kräfte hinter der Entstehung von ULS-Systemen (s. Kap. 10), denn wenn ein System einmal unbeherrschbar ist, so wird es dies auch bleiben. Speziell Systeme, die auf Services basieren, gehen auf Grund der großen Zahl ihrer Elemente das Risiko ein, unbeherrschbar zu werden. Auf der operativen Seite setzt die Unbeherrschbarkeit eines Systems enge Grenzen für die Idee der Governance. In diesem Umfeld kann

---

[38] Es werden weniger Variablen betrachtet, dies ist aber nicht immer möglich.

[39] In aller Regel verliert dadurch das System seine Identität. Eine solche Morphogenese ist nicht unproblematisch (s. Kap. 12).

[40] Die Vorgehensweise der Anonymen Alkoholiker ist ein Beispiel in diese Richtung. Die AA haben erkannt, dass selbstzerstörendes Verhalten in manchen Fällen das Resultat einer versuchten Kontrolle sein kann und dass die Unbeherrschbarkeit eine Folge des Kontrollversuchs ist.

Governance nicht die Kontrolle der Details bedeuten, sondern muss sich auf die Komplexitätsreduktion oder Systemstruktur konzentrieren. Die radikalste Möglichkeit ist jedoch, sich von der Idee der Governance zu verabschieden und allen Nutzern Bricolage zu erlauben und so deren Einstellung zum System zu verändern bzw. das System selbst zu verändern. Eine solche Vorgehensweise kann massive Emergenz hervorrufen, allerdings mit völlig unklarem Ausgang.

11.9 SOA

Ein einfaches Modell für eine SOA aus systemtheoretischer Sicht ist es, jedem einzelnen der Services ein Maß an Vielfältigkeit (s. Anhang A.4.1) zuzuordnen($i \in$ Services):

$$\nu_i = \log m_i, \tag{11.2}$$

mit der Folge, dass bei einer Anzahl N von völlig unabhängigen Services das Gesamtsystem eine Vielfältigkeit V_G erhält:

$$V_G = \sum_{i \in \text{Services}} \nu_i = N\overline{\nu}. \tag{11.3}$$

Unter der Annahme, dass sich in diesem System Gruppen von Services bilden, welche dazu dienen, einen Geschäftsprozess abzuarbeiten, ergibt sich jeweils eine Vielfältigkeit V_D, wenn k Services zu einem Geschäftsprozess koordiniert werden:

$$V_D(k) = n(k)\overline{\nu}. \tag{11.4}$$

Diese Gleichung gilt nur unter der Maßgabe, dass alle Services disjunkt sind, im Fall einer Überlappung der Services ergibt sich durch Berücksichtigung der Kombinatorik:

$$V_D(k) = \sum_{j=0}^{k} (-1)^{k-j+1} \binom{N-j}{k-j} Q(N-j)$$

mit

$$Q(N-j) = \sum_{\text{Subsets}} \dots \sum P(s_1 \dots s_N) \log_2 \sum_{\text{Subsets}} P(s_1 \dots s_N).$$

Die kleinste notwendige Zahl an Services, die hierfür notwendig sind, ist somit:

$$N = \sum kn(k)$$

und die Gesamtvielfältigkeit der minimalen Konfiguration ergibt sich zu:

$$V = \sum V_D(k).$$

Folglich zeigt sich auf der Ebene der Gesamtorganisation die Randbedingung für die Vielfältigkeit:

$$N\overline{\nu} = \sum k V_D(k). \tag{11.5}$$

Wenn die Zahl der Services als Skala für Granularität begriffen wird[41], so zeigt Gl. 11.5 den Trade-Off zwischen der Vielfältigkeit in unterschiedlichen Granularitätsstufen auf. Die Erhöhung der Vielfältigkeit auf der einen Ebene muss kompensiert werden durch die Absenkung auf einer anderen, da die Summe (Gl. 11.5) konstant bleibt. Die Zwangsbedingung (Gl. 11.5) impliziert nun ihrerseits eine besondere Form des „Law of Requisite Variety" (s. S. 316), das „Multiscale Law of Requisite Variety":

Damit ein serviceorientiertes System erfolgreich sein kann, muss sein Koordinierungsmechanismus abhängige und unabhängige Services erlauben, so dass die günstigste Anzahl von Services auf jeder Skalierungsebene erreicht wird.

Welche Auswirkungen hat dies auf den Koordinierungsmechanismus der Services in einer SOA? Wenn ein Service κ (sei es ein Mensch oder eine Software) auf der Ebene l einer hierarchischen Zerlegung angesiedelt ist und dieser Service selbst wieder b Services koordiniert, so muss für die Vielseitigkeit dieses Services gelten:

$$V(\kappa) = V\left(b^{l-1} + 1\right) \tag{11.6}$$

$$= \sum_{k=b^{l-1}+1}^{N} V_D(k) \tag{11.7}$$

$$\approx \overline{\nu} \sum_{k=b^{l-1}+1}^{N} 1, \tag{11.8}$$

oder anders formuliert:

Die Vielfältigkeit, welche die Services erzeugen, muss durch die Vielfältigkeit der Kontrollinstanzen abgedeckt sein.

11.10 Skalenfreie Netzwerke

Lange Zeit war man der Ansicht, dass reale Systeme auf regulären Graphen aufbauen. Aber neuere Forschungen, speziell im Bereich der Soziologie, haben gezeigt, dass die meisten beobachtbaren komplexen Systeme andere Eigenschaften haben. Ob ein gegebener Graph, und damit das gesamte System, nur

---

[41] Schließlich ist die Granularität eines Service willkürlich.

zufällig ist oder eine inhärente Struktur besitzt, kann anhand von zwei verwandten Größen bestimmt werden, dem mittleren Abstand zweier Knoten und dem Clusterkoeffizient bzw. der Wahrscheinlichkeitsverteilung der Kanten.

Ein rein zufälliger Graph, bei dem mit der Wahrscheinlichkeit p eine Kante entsteht, folgt in seiner Wahrscheinlichkeitsverteilung einer Poissonverteilung:

$$P(k) = e^{-pN} \frac{(pN)^k}{k!}, \tag{11.9}$$

hierbei ist N die Gesamtzahl der Knoten und $P(k)$ gibt die Wahrscheinlichkeit an, einen Knoten mit genau k Kanten zu finden. Der mittlere Abstand zwischen zwei Knoten wird definiert durch:

$$\bar{l} = \frac{1}{N^2} \sum_{i,j} \min d(i,j),$$

wobei hier der minimalste Abstand zwischen zwei Endknoten i und j gemessen und dann über alle Endknoten i, j im Graphen gemittelt wird. Der mittlere Abstand in einem rein zufälligen Graphen ergibt sich zu:

$$\bar{l} \approx \frac{\log N}{\log pN}$$

und der Clusterkoeffizient zu:

$$\bar{c} = p.$$

Die bisher untersuchten großen Systeme (s. Tab. 11.2) besitzen interessanterweise nicht eine Poissonverteilung (Gl. 11.9), sondern eine Verteilung der Form:

$$P(k) = Ak^{-\gamma} e^{\frac{k}{k_c}}. \tag{11.10}$$

Die Wahrscheinlichkeit, dass ein gegebener Knoten eine Anzahl von Verknüpfungen k besitzt, ist gegeben durch:

$$P_{\text{Kanten}}(k) \sim \frac{1}{k^\tau}. \tag{11.11}$$

Eine solche Verteilung wird als skalenfreies Netzwerk bezeichnet. Der Ausdruck skalenfrei bezieht sich auf die Tatsache, dass solche Netzwerke der Bedingung:

$$f(\alpha x) = g(\alpha) f(x)$$

genügen. Wenn x auf einer Skala gemessen wird, so kann diese Skala verändert werden, ohne dass sich die Struktur der Funktion ändert. Solche Netzwerke tauchen in unserer Umwelt an diversen Stellen auf. Bei den Services kann die Skala als ein Maß für Granularität betrachtet werden. Die Zahl der Systeme, die eine solche Verteilung haben, rangiert über diverse Domänen(s. Tab. 11.2). Auch für die Beschreibung eines Systems aus Services eignen sich skalenfreie Netzwerke: stellt man sich Services auf einer bestimmten Granularitätsebene

Tabelle 11.2: Exponentialkoeffizient τ in skalenfreien Netzwerken

Netzwerktyp	τ
Erdbeben und Richterskala	2
Hollywoodschauspieler und Filme	2.3
Internet	2.1
Literaturreferenzen	3
Stromnetz	4
E-Mail	1.8
JDK	2.4-2.55
GTK	2.5
Yahoopops	2.7
Linux Kernel	2.85
Mozilla	2.72
XFree86	2.79
Gimp	2.55

als ein Netzwerk von Services vor, so wiederholt sich dieses Netzwerk auf einer feineren Granularitätsebene wieder. Daher liegt es nahe, zur Modellierung von Servicenetzen skalenfreie Netzwerke einzusetzen. Die skalenfreien Netzwerke sind deswegen interessant, weil sie zwei Bedingungen genügen:

- Neue Knoten werden zufällig hinzugefügt. In großen Systemen lässt sich der Zeitpunkt der Freisetzung eines Services faktisch nicht vorhersagen.
- Neue Knoten verbinden sich mit vorhandenen unter Bevorzugung von Knoten mit bereits hohen Verbindungszahlen. Aus Sicht der Services bedeutet dies, es gibt einige Services, die sehr oft von anderen genutzt werden.

Bei allen realen Netzwerken gilt die Skalierungseigenschaft $f(\alpha x) = g(\alpha)f(x)$ nur für nicht zu große Werte der Variablen. Bei großen Werten kommt es zu einem Cutoff, hier verhalten sich die Netzwerke in ihrer Verteilung wie:

$$P(k) \sim k^{-\gamma} f(\frac{k}{k^*}), \tag{11.12}$$

wobei k^* den Cutoff angibt. Dieser Cutoff taucht auf, da ab einer gewissen Anzahl von Kanten ein Knoten „blockiert" wird, bzw. die Kosten für die Addition der Kante zu groß werden. Ein Phänomen, welches sich auf Servicenetzwerke übertragen lässt: Ab einer gewissen Anzahl von Services in einer Komposition wachsen die Kosten für die Hinzufügung eines neuen Services deutlich an, da die zugrundeliegende Komplexität des Kompositservice exponentiell steigt (s. Abschn. 8.1).

Skalenfreie Netzwerke lassen sich auch über einen Kontinuumansatz approximieren. Für einen solchen Kontinuumansatz wird das Wachstum des Node Degrees N_D (s. Anhang A.3) durch eine Differentialgleichung beschrieben:

$$\frac{\partial N_D}{\partial t} = \alpha \frac{N_D}{t}.$$

Interessanter ist es aber, das Wachstum aus Sicht der Knoten und Kanten (Services und ihre Aufrufe) zu betrachten, hier gilt im Kontinuum:

$$\frac{\partial N_{\text{Aufruf}}}{\partial N_{\text{Service}}} = mp + mq \frac{N_{\text{Aufruf}}}{N_{\text{Service}}},$$

dabei verknüpft sich ein neuer Service mit m anderen mit der Wahrscheinlichkeit p und mit der Wahrscheinlichkeit q wird sich mit den Vorgängern des aktuellen Services verknüpft. Dieses Modell kann das Wachstum in Softwaresystemen recht gut modellieren und führt auf Dauer zu einer Bedingung von $mq \approx 1$. In diesem Fall wächst die Zahl der Verknüpfungen mit der Zahl der Services an:

$$N_{\text{Aufruf}}(N_{\text{Service}}) \approx mp N_{\text{Service}} \log N_{\text{Service}}$$

Die Zahl der Verknüpfungen innerhalb des Servicenetzwerks steigt mit $n \log n$ an und trägt damit zum Komplexitätswachstum bei. Wendet man diese Überlegungen auf ein virtuelles Enterprise als Kollektion von Services an, so entwickelt sich der „Wert" des virtuellen Enterprises wie die Zahl seiner möglichen Verbindungen und steigt damit an:

$$\text{Wert} \sim N_{\text{Partner}} \log N_{\text{Partner}}.$$

Diese Gesetzmäßigkeit ist auch als Metcalf's Law bekannt.[42] Metcalf's Law ist dann anwendbar, wenn der Wert mit der Zahl der Verbindungen steigt. Wächst der Wert eines Netzwerks jedoch mit der Zahl der möglichen Teilnehmer, so gilt Reed's Law:

$$\text{Wert} \sim 2^{N_{\text{Partner}}},$$

da dies die Zahl der möglichen Subgraphen in einem Graphen mit N_{Partner} Partnern darstellt.

Die entstehenden skalenfreien Netzwerke haben die Eigenschaft, dass ihre Clusterkoeffizienten (s. Anhang A.3) deutlich größer sind als in einem zufälligen Graphen: $\overline{c}_{\text{SF}} \gg \overline{c}_{\text{Poisson}}$. Aber die Clusterkoeffizienten sind auch eine Funktion der Netzwerkgröße, für skalenfreie Netzwerke gilt:

$$\overline{c} \sim \frac{(\log S)^2}{D},$$

wobei D der Durchmesser des Netzwerks ist. Für große Systeme sinkt der Clusterkoeffizient recht schnell ab, mit der Folge, dass es sich in große Gruppen zerlegt, die in sich eine höheres Clustering haben. Das so entstehende Bild ähnelt in gewisser Weise der Situation, die in Legacysystemen vorherrscht, auch dort gibt es innerhalb bestimmter Silos hohes Clustering, welches außerhalb wieder sehr klein wird.

---

[42] In der Originalversion lautet Metcalf's Law: Wert $\sim N_{\text{Partner}}^2$. Allerdings wird in der Originalversion nicht die Bevorzugung bestimmter Verbindungen berücksichtigt.

Eine Möglichkeit, skalenfreie Netzwerke zu simulieren, ist es, einen Graphen zu erzeugen und diesem zu beliebigen Zeiten einen Knoten hinzuzufügen, der sich mit anderen Knoten verbindet. Diese Verbindungen sind umso wahrscheinlicher, je mehr Verbindungen der andere Knoten schon hat. Diese Art der Erzeugung ist durchaus vergleichbar mit dem evolutionären Wachstum eines Systems von Services, auch dort ist die Wahrscheinlichkeit hoch, dass ein bestehender Service, welcher schon sehr viele andere Services nutzt, weitere Services braucht. Insofern können skalenfreie Netzwerke Servicenetze simulieren. Skalenfreie Netzwerke zeigen noch eine andere Eigenschaft, die sich gut auf Servicenetze übertragen lässt: Skalenfreie Netze sind anfälliger als zufällige Netze für Störungen und Ausfälle, wenn Knoten mit großer Zahl von Kanten betroffen sind und stabiler bei Knoten mit kleiner Zahl von Kanten.

Eine andere Limitierung kann der ESB im Rahmen eines Netzwerkes darstellen, dieser besitzt nur eine endliche Kanalkapazität C, um Messages und Events zu übertragen. In einem gleichförmigen Netzwerk skaliert der durchschnittliche Durchsatz $\overline{\Theta}$ mit der Zahl der Knoten N zu:

$$\overline{\Theta} \sim \mathcal{O}(\frac{C}{N \log N}).$$

Diese Gesetzmäßigkeit zeigt, dass der Durchsatz schnell mit der Zahl der Services fällt, so dass eine Aufteilung in mehrere ESBs mit getrennten Services eine sinnvolle Alternative darstellen kann. In einem skalenfreien Netzwerk hingegen gilt

$$\overline{\Theta} \sim \mathcal{O}(1),$$

so dass ein einzelner ESB völlig ausreichend ist.

12

Viable System Model

For in that sleep of death what dreams may come
When we have shuffled off this mortal coil,
Must give us pause: there's the respect
That makes calamity of so long life;
For who would bear the whips and scorns of time,
The oppressor's wrong, the proud man's contumely,
The pangs of despised love, the law's delay,
The insolence of office and the spurns
That patient merit of the unworthy takes,
When he himself might his quietus make
With a bare bodkin? who would fardels bear,
To grunt and sweat under a weary life,
But that the dread of something after death,
The undiscover'd country from whose bourn
No traveller returns, puzzles the will
And makes us rather bear those ills we have
Than fly to others that we know not of?

Hamlet
William Shakespeare
1564 – 1616

Das **V**iable **S**ystems **M**odel (VSM) befasst sich explizit mit der Lebensfähigkeit von Systemen. Nach dem VSM ist ein System dann und nur dann lebensfähig, wenn es über fünf miteinander verschachtelte Steuerungssysteme[1] verfügt (s. Abb. 12.1). Für das VSM bedeutet Lebensfähigkeit den Erhalt der Identität des Systems, ein solches System ist im ontogenetischen[2] wie auch im phylogenetischen[3] Sinn überlebensfähig. Lebende Organismen sind inhärent dynamisch, im Gegensatz dazu ist Technologie passiv makrodynamisch, da die Artefakte der Technologie einer Evolution durch iterative Verbesserungen unterliegen. Anders formuliert, das Leben als komplexes adaptives System basiert auf dynamischen Aspekten, im Gegensatz dazu ist heutige Technologie bestenfalls in der Lage, mit Dynamik umzugehen. Jedes System benötigt un-

---

[1] Das Spezialgebiet der Steuerung komplexer Systeme bezeichnet man als Kybernetik nach $\kappa\upsilon\beta\epsilon\rho\nu\eta\tau\iota\kappa\eta\tau\epsilon\chi\nu\eta$ (die Kunst des Steuerns).

[2] Ontogenese ist die Restrukturierung eines Systems.

[3] Phylogenese ist die Evolution der entsprechenden Spezies.

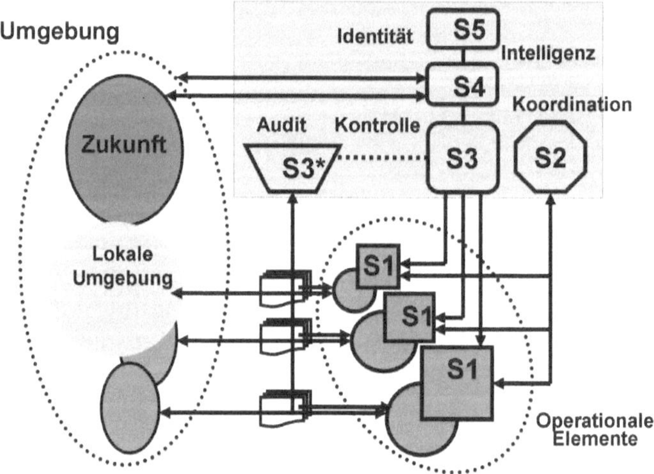

Abb. 12.1: Das VSM nach Beer

terschiedliche Teile, welche die Überlebensfähigkeit sicherstellen, neben den rein operativen Teilen sind auch Kontrollteile notwendig. Diese Kontrollteile zerfallen in zwei Typen, zum einen die Subsysteme zur kontinuierlichen Kontrolle der Operationen und zum anderen die Subsysteme zur Entdeckung und Durchführung einer Veränderung des Systems oder seiner Umwelt. Beide sind für das Überleben wichtig, haben aber unterschiedliche Auslöser und Zeiträume, in denen sie agieren. Die kontinuierlichen Systeme sind meist auf eine permanente Kontrolle einer Variablen ausgelegt und versuchen diese in sehr engen Bandbreiten zu halten. Der zweite Typ von Kontrollsystemen ist häufig auf Events ausgelegt (messagebasiert) und reagiert nur sporadisch. Das VSM benötigt insgesamt fünf ineinander geschachtelte Systeme:

- System S1 (Operationale Elemente) – Das System S1 stellt die Lenkungskapazität, der sich weitgehend autonom[4] anpassenden operativen Basiseinheiten, dar. Zielsetzung dieses Systems ist die Optimierung der einzelnen Subsysteme. Die zentralen Aktivitäten sind solche, die für die Leistungserbringung der Services sorgen. Diese implizieren die Identität des Systems und müssen durch die operationalen Elemente ausgeführt werden. Das System S1 befindet sich in aller Regel im Kern des Gesamtsystems. Bedingt durch die Rekursion ist System S1 wiederum aus selbständigen Systemen aufgebaut und zugleich Bestandteil eines größeren Systems. Wenn alle Systeme von Typ S1 innerhalb eines Systems überlappen und in Konflikte geraten, so hilft System S2 bei der Koordination. Die Funktion des Sys-

---

[4] Das menschliche Nervensystem ist nach unserer heutigen Kenntnis das fortgeschrittenste Beispiel von autonomem Verhalten in der Natur.

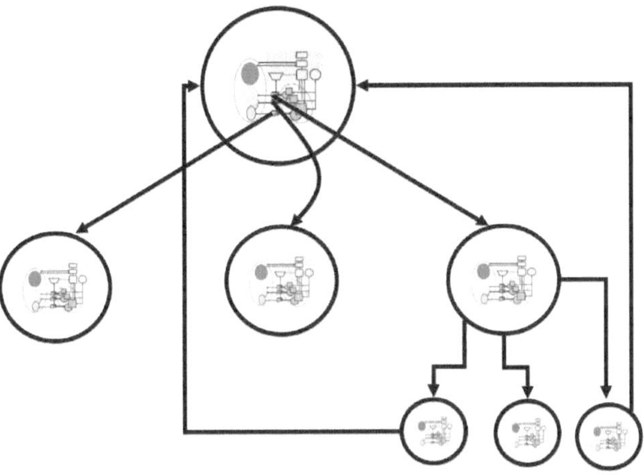

Abb. 12.2: Rekursion der Systemmodelle im VSM. Die einzelnen Teilsysteme sind wiederum VSM (s. Abb. 12.1)

tems S1 ist es, die primären Aktivitäten, welche die operativen Ergebnisse (Services) hervorbringen, direkt zu steuern. Damit bilden sie den Kern des rekursiven Charakters des Modells ab, denn im System S1 spiegeln sich die wichtigsten Grundprinzipien des VSM unmittelbar wider:

- Prinzip der Lebensfähigkeit: Das System S1 muss so gegliedert werden, dass es selbst wiederum lebensfähig ist, im Prinzip ein eigenständiges System bildet und in seiner Umwelt selbständig existieren könnte.
- Prinzip der Rekursivität: Da jeder Bereich eines lebensfähigen Systems wiederum lebensfähig gestaltet werden muss und jedes lebensfähige System die gleiche Struktur und Organisation besitzt, müssen die abgegrenzten Teilsysteme die gleiche Struktur und Organisation besitzen. Jedes lebensfähige System ist damit eine strukturelle Kopie des lebensfähigen Systems, dessen Teil es ist.

• System S2 (Koordination) – Dieser Regelkreis dient der Verstärkung der selbstregulatorischen Kapazität, Dämpfung sowie Verstärkung zur Verminderung von Oszillationen und zur Koordination von Aktivitäten durch Information und Kommunikation. Die Koordination auf dieser Ebene ist die Steuerung der S1-Elemente untereinander. Die Autonomie jedes Systems S1 ist prinzipiell uneingeschränkt. Um im Sinne des Gesamtsystems zu agieren, benötigt jedes System S1 allerdings einen Verhaltensabgleich mit den anderen, parallel operierenden Systemen S1 und mit dem übergeordneten System. Je stärker die Verbindungen zwischen den S1-Systemen sind, desto weniger muss ein top-down gerichteter Kontrollmechanismus die Harmonisierung koordinieren. Die Koordinationsprobleme, die dabei auftreten, hängen von folgenden Faktoren ab:

- Der Qualität des Systems S1.
- Der Intensität der gegenseitigen Abhängigkeiten der Subsysteme.
- Der Komplexität der relevanten Umwelten, von der Art und Häufigkeit der unvorhersehbaren Entwicklungen.

- System S3 (Kontrolle) – S3 dient der internen Steuerung. Sie versucht, ein Gesamtoptimum zwischen den mehr oder minder unabhängigen Basiseinheiten zu erreichen. Hierzu versucht die Kontrolle der eigentlichen operativen Leitung in Form der Steuerung von Ressourcenallokation auch, Emergenz und Synergie durch Kooperation der Basiseinheiten zu erreichen. Obwohl die wirkungsvolle Nutzung der Kommunikationskanäle die Notwendigkeit für Überwachungsaktivitäten deutlich reduzieren kann, gibt es keine Garantie, dass das Ergebnis im Sinne des Gesamtsystems ist und das Gesamtergebnis wirklich mehr als die Summe der Einzelergebnisse darstellt (Emergenz). Hierzu muss ein operativer Gesamtplan existieren, der unter Einbezug von Informationen der Systeme S4 und S5 und den Informationen der Systeme S1 und S2 erarbeitet wird. System S3 bietet einen Mechanismus zur Optimierung der Ressourcennutzung an. Dies entspricht einer internen Steuerung zur Gewährleistung eines Gesamtoptimums zwischen den Basiseinheiten, der Wahrnehmung von Synergien und der Ressourcenallokation. Dafür benötigt das System S3 drei Kommunikationskanäle:
  - Die zentrale vertikale Befehlsachse, die zu jedem System S1 läuft.
  - Einen Kanal, der mit System S2 verbunden ist und über den das System S3 Informationen über die Koordinationsbemühungen und den Koordinationserfolg von System S2 erhält.
  - Einen Kanal (Monitoring), der direkt mit den operativen Bereichen verbunden ist und Informationen aufnehmen kann, die nicht in den Plänen stehen und dementsprechend nicht in den Reportmechanismen untergebracht sind (S3*).

Die Systeme S1 und S2 sind ausschließlich nach innen gerichtet. Auch wenn die operativen Bereiche in einer für sie relevanten Umwelt agieren, handelt es sich in Bezug auf das Gesamtsystem nur um Funktionen, welche die innere Stabilität gewährleisten. Mit Ausnahme der Verbindung zu System S4 ist auch die Funktion des Systems S3 auf die Erhaltung des internen Gleichgewichtes ausgerichtet.

- System S3* (Audit) – Die Aufgabe des Systems S3* ist die Validierung der Informationen und Sicherstellung der Normen und Regelwerke. Das System S3 generiert Informationen, welche es dem System S3 erlauben, den tatsächlichen Zustand des Systems beurteilen zu können. In Bezug auf die Vielfältigkeit muss das System S3* die hohe Vielfältigkeit im System S1 verdichten, um dem System S3 eine niedrige Vielfältigkeit zu liefern.

$$V(S3) = V(S3^* \mapsto S3) \ll V(S1)$$

Der Monitoringkanal zu S3* sollte nur angrenzende Ebenen der Rekursion verbinden. Werden andere Ebenen durch diesen Kanal überprüft, führt dies zur Brechung der Integrität des Systems, weil die Komplexität, die durch die Rekursionsebenen gefiltert werden soll, damit wieder kurzgeschlossen wird und somit das Vertrauen in diese Überbrückung und das daraus resultierende Ergebnis nicht vorhanden ist.

- System S4 (Intelligenz) – Dieses System hat als Aufgabe, die Zukunftsorientierung des Gesamtsystems sicherzustellen. Hierzu muss das Gesamtsystem und seine Umwelt analysiert und modelliert werden. Die so definierte Intelligenz (S4) funktioniert als eine Art Zweiwegeverbindung zwischen dem System und seiner Umgebung. Die Auskunftsfähigkeit ist eine der primären Anforderungen für Adaptivität. Die Funktion dieser Steuerungseinheit ist sehr stark auf die Zukunft ausgerichtet (s. Abb. 12.1); es geht darum, den zukünftigen Weg bezüglich der Veränderungen der Umgebung zu planen und die Fähigkeiten des Systems so vorzubereiten, dass es sich auf seine Zukunft einstellen kann. Damit sichergestellt wird, dass diese Zukunft auch erreicht werden kann, muss die Intelligenz auch über den aktuellen Zustand des Systems hinreichend genaue Informationen besitzen. Das System S4 kann sich in dem Fall, dass die momentane Umgebung zu problemgeladen ist, eine zukünftige neue Umgebung suchen.[5] Aufklärung ist fundamental für die Anpassungsfähigkeit des Gesamtsystems, weil es die operativen Einheiten des Gesamtsystems durch das System S3 permanent mit Informationen über die relevante Umwelt versorgt und Veränderungen der externen Umwelt herausfindet, die für das System in der Zukunft relevant sein könnten. Darüber hinaus projiziert System S4 die Identität des Systems und seine Botschaft in seine Umwelt und gestaltet somit die Umwelt mit. Diese Schleifen müssen koordiniert ablaufen, um das System nicht mit Daten zu überladen, für die es keine Interpretationskapazität und kein Aktivitätspotential gibt. Zudem muss die nach außen getragene Identität durch geeignete Sensoren auch wieder nach innen getragen werden, damit sich ein konsistentes externes und internes Bild ergibt. Sind die geeigneten Sensoren nicht vorhanden, sind die Botschaften, die nach außen getragen werden, sinnlos. Um das interne und das externe Gleichgewicht auszubalancieren, spielt das Zusammenwirken von System S3 und System S4 unter Einfluss und Überwachung von System S5 eine entscheidende Rolle.
- System S5 (Identität) – S5 stellt die Identität des Systems sicher. Typische Tätigkeiten des Systems S5 sind:
  - Ausgleich zwischen Veränderung und Stabilität,
  - Innen- und Außensicht verknüpfen,
  - S3 und S4 moderieren,
  - Identität des Gesamtsystems bestimmen und verändern,
  - Normen schaffen und vermitteln.

---

[5] Ein Softwaresystem, welches nicht zur Umgebung passt und für dass ein neues Einsatzgebiet (Umgebung) gesucht wird, bezeichnen Softwareentwickler mit: *Eine Lösung auf der Suche nach dem Problem.*

Oft wird dieser Steuerungskreis als der Policy-Steuerungskreis bezeichnet. Eine der Hauptaufgaben von System S5 ist es, zwischen den Systemen S3, S3* und S4 zu vermitteln. Aus Sicht der Vielfältigkeit ist das System S5 ein gewaltiger Speicher für Vielfältigkeit. Das System S5 bildet die Instanz im System, die in Bezug auf die Werte und Normen, die den Handlungsrahmen des Systems ausmachen, die oberste Stufe darstellt. Diese Funktion ist per Definition von geringer Vielfältigkeit (im Vergleich zum Rest des Systems oder gar im Vergleich zur Umwelt). Dies bedeutet, dass dieses System Informationen sehr selektiv aufnehmen und verarbeiten muss. Die Selektion wird im Wesentlichen durch die Aktivitäten des Systems S4 und Systems S3 erreicht. Das System S5 liefert die Klarheit über die generelle Richtung der Entwicklung, die Werte und den Zweck des Systems. Es bestimmt damit im Wesentlichen die Identität des Systems und ihre Funktion im Gesamtzusammenhang der Umwelt. Damit muss es einen Ausgleich zwischen Gegenwart und Zukunft und zwischen interner und externer Perspektive liefern. Eine der zentralen Bedingungen organisationaler Effektivität ist das Zusammenwirken des Systems S3 und S4.

Die fünf Systeme des VSMs lassen alleine aber noch nicht die Eigenschaften des Gesamtsystems entstehen. Erst die Aufbauprinzipien des VSMs bringen zusammen mit den fünf Systemen die Eigenschaften des Gesamtsystems hervor. Diese Aufbauprinzipien sind:

- Invarianz der Struktur (Isomorphie) – Dieses grundlegende kybernetische Theorem besagt, dass alle komplexen Systeme zueinander isomorph sind. Diese Isomorphie bezieht sich allerdings nur auf die Lenkungsstrukturen, die in lebensfähigen Systemen als invariant angenommen werden.
- Verteilung der Funktionen – Jede Funktion wird von verschiedenen Elementen im System ausgeführt und die Benennung der Funktion sagt nur etwas über ihre Bedeutung, nicht aber etwas über die ausführende Instanz aus. Das VSM ist nicht die explizite Form, in die das System gebracht werden muss, damit es den Anforderungen genügt, sondern es zeigt die notwendigen impliziten Mechanismen, welche die Lebensfähigkeit garantieren.
- Rekursivität – Die rekursive Strukturierung mit Hilfe des VSM ist ein Mittel zur Erfüllung des Ashby-Conant-Theorems. Die Rekursion ist die Nutzung identischer Strukturen, um Funktionen der Ordnung n auf Funktionen der Ordnung $n + 1$ zurückzuführen.
- Autonomie – Das Autonomieprinzip ist eigentlich paradox, denn zum einen wird für die jeweilige Rekursionsstufe Verhaltensfreiheit gefordert, zum anderen wird die Verhaltensfreiheit mit Blick auf das Gesamtsystem durch Interventionen beschnitten. Lebensfähige Systeme sind in Bezug auf den Grad der Autonomie variabel. Abhängig vom Umweltdruck erfolgen mehr oder weniger Eingriffe der übergeordneten Systeme in die Autonomie der Aktivitätsbereiche. Der Umweltdruck kommt in der Notwendigkeit zum Ausdruck, das Gesamtsystem auf bestimmte Zielsetzungen hin auszurich-

ten. Nur wenn grundsätzliche Kurskorrekturen erforderlich sind, greifen die übergeordneten Systeme ein, ansonsten entwickeln sich die Aktivitätsbereiche autonom. Alle Interventionen durch das höher liegende System erfolgen durch explizite Selektion einer Komponente des Subsystems und durch das Unterbinden oder Ermöglichen bestimmter Verhaltensweisen des jeweiligen Subsystems. Die Vielfältigkeit der vertikalen Dimension ist proportional zur Macht und Fähigkeit des Gesamtsystems, die Verhaltensweisen der Services beeinflussen zu können, die Vielfältigkeit der horizontalen Services ist proportional zu ihrem Verhaltensreichtum. Das VSM und seine Homöostasisbeziehungen gelten auch für die Gestaltung und Implementierung eines Softwaresystems oder Services selbst. Homöostasisbeziehungen sind hier die wesentliche Anforderungsgrundlage für lebensfähigkeitsorientierte Softwaresysteme. Die Servicestrukturen eines Softwaresystems sind so zu gestalten, dass die Informationsflüsse zu Homöostasisbeziehungen rekursions- und system- bzw. serviceübergreifend unterstützt werden. Jeder Mitarbeiter und jeder Service steuert bei einem VSM-basierten Konzept eine oder mehrere definierte Homöostasisbeziehungen. Das Softwaresystem unterstützt die Integration dieser Aufgaben der Homöostasissicherung durch die Integration von Homöostasisbeziehungen in und zwischen Rekursionsebenen. Interventionen bezüglich der Homöostasisbeziehungen auf vertikaler Ebene können in drei Formen auftreten:

- Policies – Allgemeine, deklarative Verhaltensregelungen, die für alle horizontalen Elemente als Ganzes gelten.
- Zuteilung von Ressourcen – Diese wirken sich mittelbar auf das Verhalten aus. Beschränkungen wirken als Engpässe, Zuteilung von Ressourcen als Unterstützung.
- Eingriffe in Detailoperationen – Diese Art der Intervention ist eigentlich nur notwendig, wenn ein Element nicht dem Prinzip der Lebensfähigkeit entspricht.

Betrachtet man die Autonomie, so kann sie als Maximierung der Vielfältigkeiten der Subsysteme aufgefasst werden, unter der Einschränkung, dass die Kohäsion des Gesamtsystems erhalten bleibt. Die Systemkohäsion ist unmittelbar mit der Identität des Gesamtsystems verbunden, die unter Einwirkung von Störungen und äußeren Einflüssen aufrechterhalten werden muss.

- Viabilität – Das Prinzip der Lebensfähigkeit ist das Superprinzip der lebensfähigen Systeme. Es beinhaltet nicht nur die Lebensfähigkeit im Sinne eines lokalen Überlebens, sondern die Fähigkeit, eine separate Identität als Glied in einer Kette von lebensfähigen Systemen aufrecht zu erhalten. Dies bedeutet, dass im systemischen Kontext das Kriterium Lebensfähigkeit ein metasystemisches Konzept zur Beurteilung der strukturellen Effektivität eines Systems darstellt. Es ist also nicht die Frage nach der tatsächlichen Zustandskonfiguration, sondern die Frage, wie die tatsächliche Zustandskonfiguration auf unbestimmte Zeit aufrechterhalten werden kann. Die strukturelle oder systemische Effektivität muss durch das Krite-

rium der Lebensfähigkeit beurteilt werden. Damit folgt auch, dass es nicht
nur eine einzige lebensfähige Zustandskonfiguration gibt, sondern dass es
eine lebensfähige Struktur gibt, die durch ihre Fähigkeiten die Aufrecht-
erhaltung und Entwicklung einer Zustandskonfiguration erst ermöglicht.
Lebensfähigkeit ist eine Folge der systemischen Struktur und nicht ein
Resultat der tatsächlichen Konfiguration.

Komplementär zu den Aufbauprinzipien eines VSMs existieren die Organisationsprinzipien für das Zusammenwirken der verschiedenen Elemente und
Aufbauprinzipien. Im VSM existieren vier Organisationsprinzipien:

- Ausgleich der Vielfältigkeit zwischen System und Umgebung – Die Viel-
  fältigkeitspotentiale zwischen System und Umwelt müssen zum Ausgleich
  gebracht werden. Deshalb muss das System Komplexität durch bewusstes
  Gestalten der Informationskanäle im Sinne eines Ausgleichs der Vielfältig-
  keitspotentiale bewältigen, so dass das System sich flexibel an eine sich
  verändernde Umwelt anpassen kann.
- Prinzip der ausreichenden Kanalkapazität – Die zwischen den Elementen
  ablaufende Informationsverarbeitung muss aber neben dem Gleichgewicht
  der Interpretationsschemata, die das Potential der Informationsverarbeitung in den Teilsystemen umschreiben, auch die reine Informationsüber-
  mittlung berücksichtigen. Die Übertragung zwischen den Elementen (der
  ESB im Fall von Services) muss eine höhere Informationsvermittlungskapa-
  zität besitzen, als es die zu übermittelnde Information alleine voraussetzt.
  Das Übermitteln von Informationen erfordert eine Informationskapazität,
  ein fachliches Verständnis, welches den Gehalt der zu übermittelnden Informationen übersteigt.
- Transformationskapazität – In jedem System werden die Informationen
  als Messages verstanden, die zwischen den Elementen fließen, welche in
  die jeweilige Systemsprache des Empfängers transformiert werden müssen,
  diese Transformationsleistung erfordert mindestens eine dem Kanal entsprechende Vielfältigkeit.
- Erhalt der Kontrolle – Das vierte Prinzip, das sich als Metaprinzip über
  die anderen drei legt, ist die Forderung, dass die Anwendung der ersten
  drei Prinzipien ohne Verzögerungen und Unterbrechungen gewährleistet
  sein muss. Lange Reaktionszeiten, die das System in seinen Operationen
  aus dem Gleichgewicht bringen, lassen auf ein nicht effektiv strukturiertes
  System schließen.

Eine wichtige Aufgabe in der Steuerung der Hierarchien der Homöostaten ist
die Kohäsion innerhalb der Rekursion. Da die Rekursion autonome Elemente
auf den verschiedenen Rekursionsstufen produziert, kann das Gesamtsystem
nur dann überlebensfähig sein, wenn diese kohärent zusammenarbeiten. Ein
Fehlen der Kohärenz bedeutet, dass entweder der Sinn (Policy) des Systems
verloren gegangen ist oder dass die Struktur des Systems nicht adäquat zu
der Policy ist.

Der Einfluss der Umwelt sollte bei der Entwicklung der Homöostaten nicht vernachlässigt werden, da die Homöostaten eine gewisse Zeit, die sogenannte Relaxationszeit, brauchen, um sich im Gleichgewicht zu befinden. Die Relaxationszeit ist die Zeit, welche notwendig ist, um von einem Nichtgleichgewichtszustand in den Gleichgewichtszustand zurückzukehren. Wenn ein System von außen[6] gestört wird, so gerät es zunächst in einen Nichtgleichgewichtszustand. Da für das System das Gleichgewicht aber am günstigsten ist, wird es versuchen, diesen Zustand wieder zu erreichen; die hierfür benötigte Zeit ist die Relaxationszeit. Wird das System jedoch schneller gestört als es die Relaxationszeit erlaubt, so gerät es nie ins Gleichgewicht und es entsteht das Risiko eines negativen Feedbackloops mit anschließender Zerstörung des Systems. Die einzige Möglichkeit, dies zu verhindern, ist eine Reduktion der Vielfältigkeit. Bei niedriger Vielfältigkeit treten weniger Störsignale auf und das System kann immer wieder in seinen Gleichgewichtszustand gelangen. Auf der anderen Seite besitzen Systeme auch eine gewisse Trägheit, d.h., es dauert eine gewisse Zeit, bis die Maßnahmen des Kontrollsystems im System wirken. Auch dies stellt eine Relaxationszeit dar. Werden nun die Maßnahmen schneller im System ausgelöst als dieses relaxieren kann, so wird nie ein Gleichgewicht angenommen.[7]

Tabelle 12.1: Das VSM und die Koppelungen zwischen den Systemen S1–S5 und der Umgebung U

	S1	S2	S3	S3*	S4	S5	U
S1	✓	✓	✓	✓			✓
S2	✓	✓	✓				
S3	✓	✓	✓	✓	✓	✓	
S3*	✓		✓	✓			
S4		✓		✓	✓	✓	
S5					✓	✓	
U	✓		✓		✓		✓

Im Gegensatz zu hierarchischen Strukturen sind die rekursiven Strukturen eines VSM sehr viel besser in der Lage, Informationen zu verarbeiten und entsprechend zu handeln, da die Komplexität der Umgebung zunächst lokal absorbiert wird. In hierarchischen Systemen gelangt die Komplexität quasi ungefiltert in die Hierarchie. Trotz der dezentralen Handlungsweise bleibt das Gesamtsystem in seinen Aktivitäten kohärent, da die Systeme S3–S5 auf jeder Rekursionsstufe die Kohärenz sicherstellen. Die so dargestellte Rekursionshierarchie ist nicht eindimensional oder starr zu verstehen, da sich die Subsysteme

---

[6] Störungen von innen verhalten sich ähnlich, bedürfen aber eher einer „Reparatur".

[7] Innerhalb der Organisation wird ein solches Phänomen durch die Mitarbeiter als Aktionismus interpretiert.

auch völlig anders anordnen können. Insofern wird ein lebensfähiges und flexibles Gesamtsystem geschaffen.

Anhand des VSMs und seiner Vielfältigkeitsflüsse können die vier Prinzipien auch anders formuliert werden:

I *Die unterschiedlichen Vielfältigkeiten: Steuerung, Operation und Umgebung balancieren sich auf Dauer gegenseitig aus.*

II *Die informationsführenden Kanäle innerhalb eines Systems müssen jeweils eine höhere Vielfältigkeit pro Zeiteinheit übertragen können, als das Ursprungssystem in dieser Zeit erzeugen kann.*[8,9]

III *Wenn die Information in einem Kanal eine Grenze überschreitet, muss sie übersetzt werden. Die Vielfältigkeit des Übersetzers muss mindestens so groß sein wie die Vielfältigkeit des Informationskanals.*

IV *Die ersten drei Prinzipien müssen kontinuierlich in der Zeit angewandt werden.*

Neben den Organisationsprinzipien lassen sich auch die Steuerungsaxiome aus Sicht der Vielfältigkeit formulieren:

I *Die Summe der horizontalen Vielfältigkeit, welche von den operationalen Teilen abgebaut wird, muss gleich der Summe der vertikalen Vielfältigkeit sein.*[10,11]

II *Die Vielfältigkeit, die von System S3 im Rahmen des ersten Axioms absorbiert wird, ist gleich der Vielfältigkeit, die vom System S4 absorbiert wird.*[12]

III *Die Vielfältigkeit, die vom System S5 absorbiert wird, ist gleich der residualen Vielfältigkeit, die durch das zweite Axiom erzeugt wird.*[13]

Im Rahmen einer Rekursion eines Systems lässt sich das erste Axiom auch anders formulieren[14]:

---

[8] Wenn dies nicht der Fall ist, so bleibt kein Raum, um Fehler oder Störungen zu korrigieren. Daher handelt es sich bei lebensfähigen Systemen um dynamisch stabile Systeme.

[9] Die Kommunikation in den Kanälen muss schnell genug sein, um der Rate, mit der Vielfältigkeit erzeugt wird, folgen zu können.

[10] Die überzählige Vielfältigkeit, welche aus der Umwelt über die Operation im Management landet, muss durch die Vielfältigkeit aufgehoben werden, welche aus den Systemen S3 und S3* stammt.

[11] Dieses Axiom ähnelt der Bernoullischen Gleichung der Druckerhaltung in der Gas- und Hydrodynamik.

[12] Die Systeme S3 und S4 müssen in einer Balance sein.

[13] Das System S5 muss quasi die überflüssige Vielfältigkeit aus System S4 „aufsaugen". Wenn der Homöostat S3–S4 gut arbeitet, ist dies einfach, da System S5 kaum aktiv eingreifen muss.

[14] Auch als *The Law of Cohesion* bezeichnet.

I* *Die Vielfältigkeit des Systems S1, welches dem System S3 auf der Rekursionsstufe n zugänglich ist, muss gleich der absorbierten Vielfältigkeit sein, welche durch die Summe der Metasysteme entsteht.*

$$V\left(S1^{(n)} \mapsto S3^{(n)}\right) = \sum_{j<n} V\left(S_j^{(k)}\right).$$

12.1 Viable System Service

Wird das Viable System Model auf Software und dabei speziell auf Services übertragen, dann entstehen die **Viable System Services** (VSS). Unsere heutige Vorstellung von Services ist die der algorithmisch determinierten Umwandlung eines gegebenen Inputs in einen vorbestimmten Output. Ein solcher Service verträgt keinerlei Störungen, ohne mit einer Art „Hardware-Error" zu reagieren. Aber in einer komplexen Umgebung[15] ist ein völlig anderes Verhalten notwendig, hier kann die wohldefinierte Umgebung nur bedingt zur Verfügung gestellt werden, trotzdem muss es das Ziel sein, ein solches Gebilde überlebensfähig zu halten.[16] Üblicherweise denken wir bei Services in algorithmischen Kategorien (s. Abschn. 9.21): Der Output wird nur auf Grund des Inputs erzeugt. Dieses allopoietische Modell erlaubt es nicht auf externe Störungen zu reagieren: wenn eine Nichtinputvariable sich spontan ändert, wird mit einem Fehler abgebrochen. Aber in einer komplexen Umgebung, in der jede Menge an Störungen existieren, reicht dies nicht mehr aus, hier gibt es externe Kräfte und Ereignisse, die nicht direkt sichtbar oder steuerbar sind, daher sind andere Mechanismen für die Services notwendig, damit diese auch unter ungünstigen Bedingungen autonom agieren können.

Die Basisidee für überlebensfähige Services ist es, weg von Algorithmik oder Objektorientierung und hin zu einem **Control Loop Paradigma** (CLP) zu kommen. In diesem CLP wird das eigentliche Problem, der Service, in zwei Bestandteile zerlegt:

- Plant – Der algorithmische Teil, welcher die Rolle einer Fabrik übernimmt.
- Control – Der Kontrollprozess, der auf Störungen reagiert und entsprechend kompensiert.

In allen Systemen, welche äußeren Störungen unterliegen oder komplex sind, ist die Anwendung des CLP empfehlenswert. Ein VSS muss in der Lage sein, die eigene Stabilität zu erhalten. Dies wird über die Fähigkeit zur Adaption erreicht. Für ein VSM ist Adaption ein Feedbackprozess, in dem externe Veränderungen in einer Umgebung durch interne Kompensationen gespiegelt

---

[15] Speziell ULS-Systeme sind hochgradig komplexe Systeme.

[16] Die Militärs und Sicherheitsorganisationen sind an solchen Fragestellungen interessiert, da Internet und Cyber War eine Möglichkeit ist, ganze Volkswirtschaften lahmzulegen. Überlebensfähige Systeme stellen eine Option dar, auf diverse Softwareattacken zu reagieren.

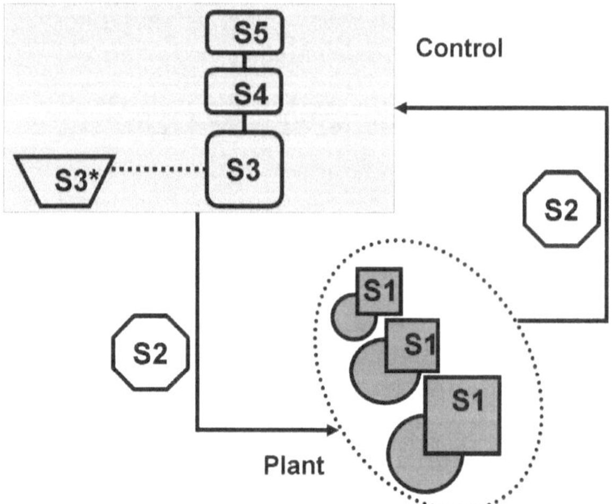

Abb. 12.3: Ein vereinfachtes VSM

werden, um die homöostatischen Variablen im Gleichgewicht zu halten. Da aber komplexe Systeme in einer komplexen Umgebung existieren, ist Stabilität ein mehrdimensionales Problem, welches eine gewisse Anzahl von Strategien benötigt, um auf diverse Veränderungen oder Störungen reagieren zu können. Aus Sicht des VSM kann ein Service nur dann Stabilität erreichen, wenn er einer Reihe von Prinzipien folgt:

- Autonomie und Adaption – Für Services ist die Autonomie die Freiheit, lokale Entscheidungen treffen zu können. Innerhalb eines serviceorientierten Systems kann diese Autonomie durch Policies gesteuert werden. Die Adaption ist eine der Schlüsseleigenschaften für stabile Services und lässt sich in drei Kategorien unterteilen:
  - homöostatische Adaption – Darunter wird der Erhalt von kritischen Variablen im Rahmen bestimmter Grenzen durch die sich gegenseitig steuernden Subsysteme verstanden. Dies ist ein „übliches" Kontrollsystemverhalten und wird typischerweise von den Homöostaten S3, S4-S3, S5-S4-S3 durchgeführt.
  - morphostatische Adaption – Eine Form der strukturellen Adaption, bei der die eigentliche Form erhalten bleibt, z.B. durch die Wahl eines neuen internen Kontrollalgorithmus. Die entsprechende VSM-Koppelung ist S4-S3.
  - morphogenetische Adaption – Bei der morphogenetischen Adaption verändert sich die Struktur, aber die Identität bleibt erhalten. Dies geschieht durch die Evolution der Struktur oder der Teile des Services. Für einen Service ist die morphogenetische Adaption der Erhalt des

Tabelle 12.2: Vergleich der VSM-Muster in verschiedenen Systemen

Muster	Organisation	Mensch	Software	Service
Kontroll-separation	Management vs. Mitarbeiter	Zentralnerven-system vs. Organe	Kontrolleinheit vs. Prozess	Orchestrator, WSDL
Operations-kontrolle	Vorarbeiter	Pons und Me-dulla	Betriebssystem vs. Ressourcen und Applikationen	ESB, SOP
S3	Produktions-pläne	Sympathikus	Memory Management, Batchsteuerung	ESB, SOP
S3*	Buchhaltung, Auditor, Betriebsprüfer	Parasympa-thikus	Monitorsysteme, Systemadministrator	ESB, SOP
S4	Planung, Forschung	Zwischenhirn	Systemadministrator, Benutzer	Consumer, Softwareent-wickler
S5	Vorstand, Auf-sichtsrat	Großhirnrinde	Systemadministrator, IT-Management	Consumer
Rekursion	Hierarchien	Zellen, Organe, Organismen	Schichtenarchitektur, Serviceframeworks, Softwareentwickler	Services
Homöo-stasis	Verträge	Blutdruck, Körpertempe-ratur	Interfacespezifikation, Softwareentwickler	SLAs, QoS

Interfaces nach außen aber eine Veränderung in der Implementierung. Dies entspricht im VSM der vollen S5-S4-S3-Funktion.

- Rekursion und Hierarchie – Das Basismodell des VSM ist rekursiv angelegt, jedes System aus Subsystemen beinhaltet alle darunterliegenden Subsysteme. Funktionalität muss in den tieferen Schichten vorverarbeitet werden, da sonst die oberste Schicht durch Vielfältigkeit überflutet wird (Kontrollverlust). Als Folge muss jede Schicht eine ganz spezielle Menge an Funktionen ausführen; die Komposition von Services ist ein typisches Beispiel für Rekursion und Hierarchie.

- Selbstreferenz und Invarianten – Das VSM besitzt eine Reihe von strukturellen und verhaltenstechnischen Invarianten, so z.B. das fundamentale Prinzip der Trennung von Kontrolle und dem zu kontrollierenden Subsystem oder die interne Struktur der Kontroller (S1...S5), die Autonomie auf jeder Ebene und die Rekursion sind Invarianten.

Ein besonders wichtiger Teil jedes überlebensfähigen Systems und damit auch der Services ist ein Antioszillationskreislauf bestehend aus dem Regulator (S2) und dem Audit (S3*) (s. Abb. 12.1). Ziel dieses Kreislaufs ist es, Übersteuerungen zu dämpfen und so das System stabil zu halten. S2 und S3* ermöglichen damit den eigentlichen Feedbackloop, so dass die aktive Kontrolle der Operationen des Gesamtsystems sichergestellt werden kann. Wenn jeder Service als ein in sich geschlossenes VSS – entsprechend der rekursiven Struktur eines VSM – angesehen wird, so resultieren für diesen Service neun verschiedene Interfaces:

1 Kontext&Aufgabe – Die direkte Koppelung zwischen „Plant" und Umgebung. Das fachliche Interface und der Kontext wechselwirken mit dem Service.

2 Planung – Die Sicht der Planung auf die zukünftige Umgebung. Die Planungseinheit versucht die Veränderung des Kontextes des Services vorherzusagen. Diese Planungseinheit nutzt historische Daten, Datenprojektionen oder auch Simulationen, um den Kontext zu prognostizieren.[17]

3 Koordination& Scheduling – Dieses Interface überträgt die Steuerung aus der Kontrolleinheit in die eigentliche Ausführung, außerdem wird hier dieselbe Ebene der Rekursion koordiniert.

4 Operationskontrolle – Befehle und zugeordnete Ressourcen werden von der Kontrolleinheit an die operative Einheit geleitet und umgekehrt werden Bedarf und aktueller Zustand von der Operation an die Kontrolle vermittelt. Ein solches Interface ist heute in den meisten Fällen in Form eines Containers (s. Abschn. 6.4) implementiert.

5 Selbstmodellierung – Dieses Interface ermöglicht dem einzelnen Service die Introspektion und damit die Fähigkeit sein Modell an andere weiterzuleiten, damit er möglichst effektiv genutzt werden kann.[18]

6 Policy, Regeln&Kommandos – Dieses Interface gibt nicht das Modell nach außen, sondern erteilt Auskunft über die aktuellen und möglichen Steuerungsmechanismen.

7 Panik – Eine direktes Interface der Kontrolleinheit nach außen, nutzbar für extreme Situationen oder zur Weitergabe von Exceptions. Im Rahmen des VSM bedeutet eine Exception, dass das System außer Kontrolle geraten ist und sich als nicht mehr steuerbar erweist.

8 Inspektion&Audit – Dieses Interface ermöglicht die sporadische Abfrage, ob alle Operationen noch ablaufen. Notwendig sind solche Interfaces, um den Gesamtbetrieb sicherzustellen.

9 Plant-2-Plant – Die „Plants" können auch direkt miteinander verknüpft werden, um ganze Ablaufketten zu erhalten. In diesem Fall existieren dann beide im gleichen Kontext.

So aufwändig es klingt, diese neun Interfaces zu beschreiben und zu implementieren, Ziel eines VSS ist es, stabil in diversen Umgebungen und Zuständen agieren zu können – sich als überlebensfähig zu erweisen. In einem System, welches aus VSS aufgebaut ist, ist das Ziel ein dynamisches Gleichgewicht, eine Homöostasis, für jede gegebene Kombination aus Services zu erreichen.

---

[17] Eine solche Steuerung findet sich auch in klassischen Servern, je nach Last werden neue Instanzen von Services gestartet.

[18] Hier wird dem Softwaredarwinismus (s. S. 279) Rechnung getragen.

12.2 VSM-Design

Wenn die Erkenntnisse über lebensfähige Systeme auf Services übertragen werden, dann stellt sich die Frage, wie ein Design zur Lebensfähigkeit (VSM-Design) bewerkstelligt werden kann. Organismen als lebensfähige Systeme entstehen autopoietisch aus sich selbst und erlangen ihre heutige Form durch Evolution und Selektionsdruck. Ein ULS-System (s. Kap. 10) entsteht durch spontane Ordnung, aber für ein normales System oder einen einzelnen Service muss ein explizites Design existieren. In welchen Schritten kann ein auf VSM basierendes Gesamtsystem überhaupt entworfen werden? Jenseits der reinen fachlichen Funktionalität in den notwendigen Interfaces müssen Kriterien existieren, die sich mit Problemstellungen der Rekursion und der Vielfältigkeit sowie der Steuerung und Stabilität des Gesamtsystems auseinandersetzen.

Zunächst muss bestimmt werden, auf welcher Ebene der Rekursion gestartet wird. Sind alle Subsysteme schon vorhanden[19], so ähnelt die Aufgabe sehr stark der Komposition, allerdings muss ein eigenes Kontrollsystem etabliert werden. Im anderen Fall, es existieren noch keine Subsysteme, wird anders vorgegangen:

- Systemidentifikation – Normalerweise ist das Metasystem, in dem das zu betrachtende System liegt, bekannt.[20] Jedes System ist aber in diverse Metasysteme eingebettet, so dass der Begriff Metasystem eine aus der Problem- und Lösungsdomäne stammende Sichtweise auf die Einteilung der „Welt" darstellt. Das so entstehende System Ω hat eine „Plant" $\mathfrak{P}$ und einen Kontroller $1^{\mathfrak{P}}$ für $\mathfrak{P}$. Wenn Ω in einer dynamischen Umgebung existieren muss, in der eine Menge an Störungen Ω betreffen können, dann hilft die Trennung der Kontrolllogik. Problematisch ist die Behandlung der Komplexität in einer sich verändernden Umgebung; der Zustand eines komplexen Systems hängt von der permanenten Interaktion mit der Umgebung ab und diese Umgebung stellt wiederum ein völlig eigenständiges komplexes System dar. Damit ein System in einer solchen Umgebung überleben kann, muss eine Reihe von internen Variablen innerhalb bestimmter Schranken bleiben. Eine getrennte Kontrollinstanz für diese internen Variablen ist eine gewollte Redundanz, um das System stabil zu halten.[21] Ω muss stets eine größere innere Kohäsion haben als die Wechselwirkung zwischen Ω und der Umwelt ermöglicht. Andernfalls wird permanent zuviel Vielfältigkeit in Ω importiert (je höher die Kohäsion desto mehr Vielfältigkeit wird ausgetauscht), mit der Folge, dass Ω auf Dauer kollabieren muss.

---

[19] Eine ideale Voraussetzung für Bricolage (s. Abschn. 8.3).

[20] Dieses Metasystem wird aus der Domäne und den fachlich-technischen Randbedingungen gebildet.

[21] Die ersten Computer besaßen kein Betriebssystem, die Applikation wurde direkt geladen, erst mit dem Problem mehrerer Applikationen in demselben Computer zur gleichen Zeit wurde eine getrennte Kontrollinstanz (das Betriebssystem) notwendig.

Insofern kann eine Analyse von Kohäsionsclustern zur Identifikation des Systems und seiner Umgebung führen.

- Detailanalyse – Nach der Identifikation von Ω muss eine Detailanalyse durchgeführt werden. Ziel ist es hierbei, die Anforderungen an Ω in Bezug auf das Metasystem (meist der Consumer) und seine Umgebung festzulegen. Diese Analyse resultiert in einer detaillierten Beschreibung dreier Teile: Operationseinheit $\mathfrak{P}$, Kontroller $1^{\mathfrak{P}}$ und Umgebung. Die Anforderungen an Ω werden durch die Informationsflüsse und ihre Eigenschaften zwischen diesen drei Teilen festgelegt. Dies beinhaltet auch die Spezifikation von Sensoren für die Wahrnehmung der Umgebung sowie einen Mechanismus zur Aktualisierung. Das Ergebnis dieses Schrittes sollte ein Modell und eine Simulation des Systems sein.
- Kontrollerdesign – Mit dem Verständnis für Ω, seine funktionalen Anforderungen und der Simulation ist ein detailliertes Design der Kontrolleinheit möglich. Dieses Design ist notwendigerweise eingeschränkt durch die Operationseinheit und das Metasystem, in dem der Service agieren muss, folglich sind das Kontrollerdesign und der Entwurf des Metasysteminterfaces eng miteinander verknüpft.
- Interfacedesign – Das Interfacedesign zwischen Ω und dem einbettenden Metasystem besteht aus den neun Einzelinterfaces, welche sich in drei Gruppen einteilen lassen:
  - Ω zur Umgebung (Interfaces 1-2).
  - Ω zum Metasystem (Interfaces 3-8).
  - Ω zu einem anderen Ω' auf derselben Rekursionsebene (Interfaces zu S2' und S5' eines anderen Systems).
- Kontrollerimplementierung – Der Kontroller besteht aus den Systemen S2-S5. Für den Fall, das es auf der nächst höheren Ebene schon Services gibt, haben diese einen starken Einfluss auf den Kontroller, speziell auf fundamentale Größen wie Policies, Planungen, Steuerungsmechanismen usw. In diesem Fall ist es meist einfacher, mit dem Design von S5 zu starten.
- Regulator – Bei weiteren Systemen auf der gleichen Stufe der Abstraktion, welche direkte In- und Outputinterfaces nutzen, ist der Regulator S2 zumindest partiell schon festgelegt.
- Für den Fall, dass solche äußeren Zwänge noch nicht vorhanden sind, ist es am günstigsten, mit der Kombination S1-S2-S3 anzufangen, da diese am engsten mit der Operationseinheit verknüpft ist. Dies entspricht dem „Standardkontroller", wie er heute in Softwaresystemen implementiert wird.[22] Ziel ist es, den Prozess auszuführen und simultan eine kurzfristige Stabilität aufrechtzuerhalten. Der Prozess benötigt kontinuierliche kurze Steuerungsimpulse, um effektiv arbeiten zu können.
- Feedbackkontrolle – Die Operationsfunktionen üben eine direkte Kontrolle auf $\mathfrak{P}$ aus. Die Aufgabe des Regulators S3 ist es, einen Plan zu implementieren. Ein Plan stellt eine Abfolge von Aktivitäten dar. Der Regulator

---

[22] MVC ist ein Beispiel für dieses Pattern.

koordiniert seinen Plan mit Services auf derselben Ebene und dem jeweiligen Metasystem[23]. S3 versucht, Oszillationen durch Übersteuerung[24] zu verhindern. Solche Oszillationen treten in Feedbacksystemen ohne Dämpfung schnell ein.

- Auditor – S3* führt sporadische Inspektionen durch, um sicherzustellen, dass die Operationen auch sauber ablaufen.[25] Der Auditor beschafft sich Informationen unabhängig von dem Regulator (S3), da von Zeit zu Zeit detailliertere Informationen außerhalb der Routine gebraucht werden. Das zugrundeliegende Problem ist die Frage, ob die Operationen und die Regulationen wirklich funktionieren.[26]

- Planung – S4 hat zwei Aufgaben. Zum einen das Tuning der Operationen zum anderen die Übermittlung der Kommandos von S5 an $\mathfrak{P}$. Das System S4 versucht, zukünftige Bedingungen der Umgebung zu antizipieren und durch eine Modifikation der Kontrollalgorithmen darauf zu reagieren.[27] Für diese Fähigkeit ist es nötig, dass S4 ein Modell des zu planenden Services besitzt. Ein Modell muss nicht a priori abstrakt vorhanden sein, es kann durchaus auch aus einer Reihe historischer Produktionsdaten unter Zuhilfenahme von statistischen Verfahren als Heuristik existieren. Adaptives Verhalten wird durch zwei mögliche Mechanismen implementiert. Entweder durch die Veränderung der Kontrollregeln[28] in S2 oder durch die Veränderung der Struktur[29] selbst, insofern stellt S4 einen adaptiven Tuner für S2 dar. Der tiefere Sinn ist, in der Lage zu sein, auf grundlegende Veränderungen der Umgebung reagieren zu können, grundlegend insofern, als dass die „Standardregeln" von S2 für die geänderte Situation nicht mehr ausreichend sind. In den meisten Softwaresystemen erfüllen Menschen diese Funktion, in dem sie neue Policies aufstellen und implementieren.

- Zuletzt wird der „Manager" (S5) entworfen, dieser dient zur Supervision der Planungs- und Operationsfunktionen, indem er Schranken für mögliche Reaktionen angibt und externe Policies in interne Regeln umwandelt. Das System S5 setzt S2 und S4 klare Schranken über die Adaptivität des Systems, hierdurch wird ein Verlust der Identität durch Adaption verhindert.

Eines der Prinzipien des lebensfähigen Systemdesigns ist das Prinzip des negativen Feedbacks zur Bildung von Homöostaten. Heute verfügbare Softwaresysteme sind nicht explizit als Homöostate angelegt, da die steuernden

---

[23] Service auf der nächst höheren Ebene.

[24] Übersteuerung ist eine der Ursachen für Unbeherrschbarkeit (s. Abschn. 11.8).

[25] Keep-Alive-Signale zeigen in komplexen Systemen die Verfügbarkeit an.

[26] Innerhalb von Betriebssystemen wird dies typischerweise von Administratoren (s. Tab. 12.2) erledigt.

[27] morphostatische Adaption

[28] morphostatisch

[29] morphogenetisch

Funktionen im Sinne einer Gesamtsystemstabilität in keinem größeren heute existenten Softwaresystem bisher implementiert wurden. Dies gilt für alle Formen von Software, unabhängig von der Architektur. Die Lage bei Services ist noch prekärer, hier sind die für die Überlebensfähigkeit notwendigen Kontrollmechanismen und Homöostaten weder vorhanden noch wurden sie im Rahmen der Serviceorientierung angedacht. Die integrierte Abbildung notwendiger Homöostaten und Homöostasisbeziehungen für das Gesamtsystem und dessen Services ist eine primäre Forderung an die Architektur eines lebensfähigen Systems aus Services; wobei die Lebensfähigkeit auf der Rekursion aufbaut, der einzelne Service muss ein VSM bilden, aber auch die Summe der Services auf einer Abstraktionsebene (in der Regel durch die Granularität oder den Layer gegeben) muss ein VSM bilden.

Geht man noch einen Schritt weiter und fordert Autopoiesis als Mittel der Komplexitätsbewältigung, müssen organisationsweite Softwaresysteme wie auch die enthaltenen Services auf selbstorganisierende Strukturen hin ausgerichtet sein. Vielfältigkeitsausgleiche finden in jedem Fall statt, mit oder ohne Software, mit oder ohne Services. Softwaresysteme müssen deren gezielten und reibungslosen Ablauf unterstützen, vor allem durch entsprechende Gestaltung von Vielfältigkeitsverstärkern und -dämpfern.

12.3 Kontrollerdesign

Eines der wichtigsten Elemente eines VSS ist der adaptive Kontroller (s. Abb. 12.5), welcher wiederum auf der Idee des geschlossenen Feedbackloops (s. Abb. 12.4) aufbaut. Der adaptive Kontroller nutzt das Modell, welches ein Modell des Prozesses darstellt, um aus den aktuellen Daten, die vom Prozess beobachtet werden, Informationen für den Kontroller ableiten zu können und diesem für seine Steuerungsaufgaben direkt zu übermitteln. Der Kontrollerdesigner wählt die aktuelle Kontrollerstrategie oder Implementierung aus, welche am Besten zum Modell passt. Wird der Kontroller um einen zweiten Feedbackloop mit Hilfe einer QoS-Einheit ergänzt und kann sich auch zwischen mehreren Services sowie unterschiedlichen Konfigurationen entscheiden, so entsteht ein intelligenter adaptiver Kontroller (s. Abb. 12.6). Dieses Design ermöglicht eine sich selbst kontrollierende und verändernde Software. Z.Z. wird der Teil des Konfigurations- und Selektionsloops zusammen mit dem QoS-Teil durch Menschen ausgeführt, dies ist aber a priori nicht notwendig. Innerhalb gewisser Rahmenbedingungen kann sich eine Software auch selbständig konfigurieren, wobei es auch in der Hoheit des Systems liegt, den Prozess anders zu gestalten!

Gegenüber dem adaptiven Kontroller (Abb. 12.5) enthält der intelligente Kontroller (Abb. 12.6) zusätzliche Services:

- Rekonfigurator – Der Rekonfigurator nutzt die Bewertung des Evaluators, um den Zustand des aktuellen Prozesses zu bewerten und möglicherweise neue Konfigurationen oder neue Services hinzuzufügen.

Tabelle 12.3: Schlüsseleigenschaften überlebensfähiger Software

Eigenschaft	Strategien
Widerstand gegenüber Attacken	Authentisierung, Zugangskontrolle, Verschlüsselung, Messagefilterung, Diversifikation, Autonomie
Feststellung von Attacken und Ausnahmen	Integritätsregeln, Policies, Monitoring
Wiederherstellung	Redundanz, Replikation, Planung
Adaption und Evolution	Patterns für Problemerkennung, adaptiver Kontroller, Policies

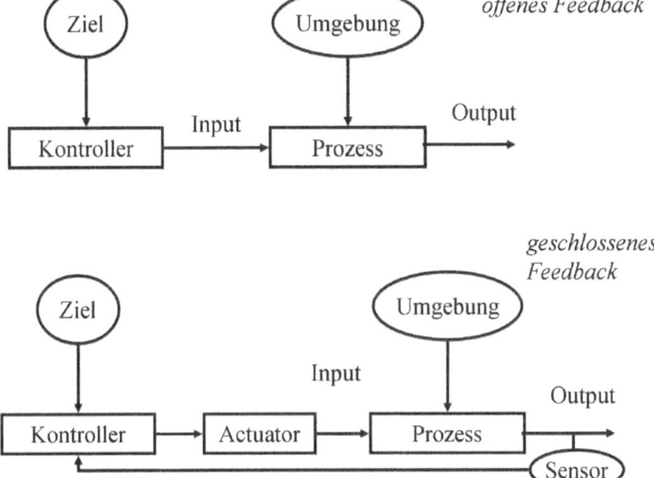

Abb. 12.4: Open-Loop und Closed-Loop Feedback

- Servicedatenbank – Die Servicedatenbank enthält die Referenzen auf die für das System zugänglichen Services wie Prozess, Evaluator, Kontroller, QoS, Kontrolldesigner.
- Spezifikationsdatenbank – Diese enthält die Interfacedefinitionen aller zugänglichen Services.
- QoS-Komponente.

Erst der intelligente Kontroller ermöglicht es, aus „normalen" Services echte VSS zu machen. Architektonisch lässt sich die Idee des VSM nicht nur als Service betrachten, sondern auch in die Steuerung anderer Systeme, wie die des ESBs, übertragen. In diesem Fall interessieren sich die eigentlichen Services für die ausgetauschten Messages, die Kontrollsysteme des VSMs jedoch für die Zustandsänderungen im ESB, die dieser folglich auch zur Verfügung stellen muss. Dies hat zur Folge, dass man die Services, die ein ESB der VSM-Kontrolle anbietet, in zwei Kategorien einteilen kann:

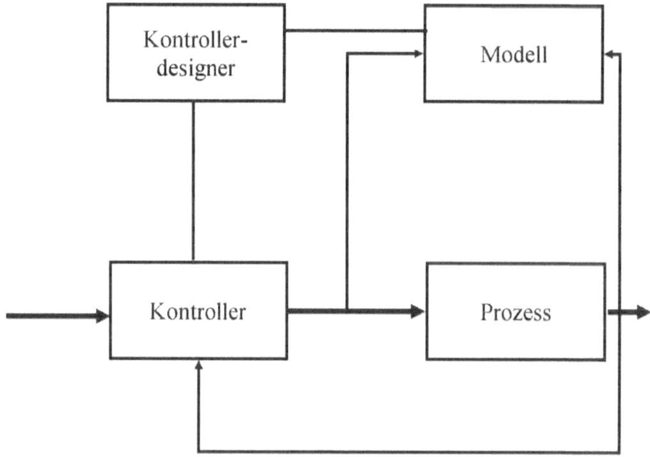

Abb. 12.5: Der indirekte adaptive Kontroller

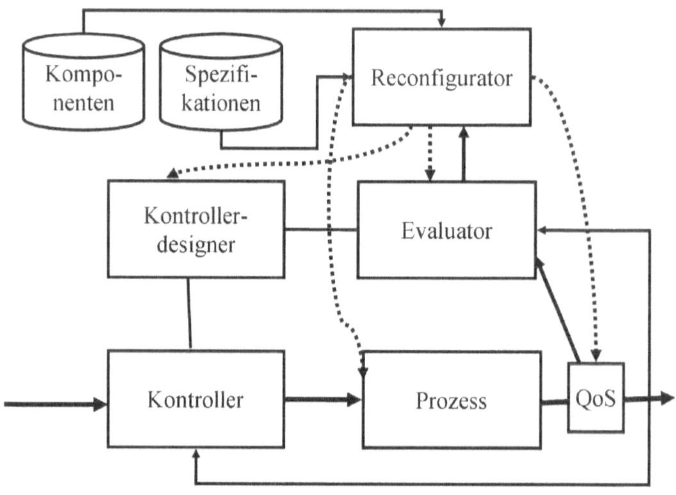

Abb. 12.6: Der intelligente adaptive Kontroller

- intern beobachtende Services – Diese intern beobachtenden Services können
  zum einen aus den Monitoringinformationen des ESBs selbst abgeleitet
  werden, zum anderen aber auf fachliche Schwellenwerte ausgerichtet sein
  und damit zur Domäne der rein fachlichen Services gehören.
- umweltbeobachtende Services – Die nach außen gerichteten Services beobachten aktiv die Umgebung und sind typischerweise eher manueller Natur,

allerdings existieren auch hier schon die ersten Formen der softwaregestützten Services, so z.B. Aktienkurse oder Reuters.

12.4 Adaption

Die VSS sind sehr adaptive Systeme, sie können sich durch Veränderung auf
unterschiedlichste Gegebenheiten ihrer Umwelt einstellen. Diese Adaptivität
äußert sich dem Beobachter gegenüber als Stabilität, da sich das System (auf
einer Metaebene) nicht verändert. Aber diese Stabilität zeigt sich nicht nur
bei kleinen Schwankungen, welche durch einen üblichen Feedbackmechanis-
mus abgefangen werden. VSS sind auch ultrastabil in dem Sinne, dass sie sich
bei instabilen Veränderungen ihrer Umgebung neue stabile Parameterräume
suchen. Zuständig für diese Änderung ist der Metafeedbackloop, der die Konfiguration und die Policies überprüft. Dadurch ist ein VSS in der Lage, sich
selbständig einen Parameterbereich zu suchen, in dem er dann wieder stabil
agieren kann.

Solche spontanen Veränderungen sind nicht ungewöhnlich; biologische Systeme sind meist dadurch charakterisiert, dass sie häufig sehr kleine Dis-
kontinuitäten in ihren Variablen haben und gelegentlich große Veränderungen in ihren Parametern. Dies kann auf Softwaresysteme übertragen werden,
die Veränderungen der Variablen finden im Rahmen des üblichen Betriebs
über dauernde Fluktuationen (Datenqualität, Last, etc.) statt. Grundlegende
Veränderungen der Umgebungseigenschaften (neue Policies, Andocken externer Consumer, etc.) verändern die Eigenschaften des Systems an sich. Ziel
dieser Veränderung ist es, eine neue stabile Region zu finden. Systeme, die
zu diesem Vorgehen in der Lage sind, werden auch als ultrastabile Systeme
bezeichnet.

Große Organisationen mit entsprechend großen Softwaresystemen laufen
ständig Gefahr, zu einem ULS-System (s. Kap. 10) zu degradieren. Damit die
Organisation als ULS-System trotzdem noch handlungsfähig ist, müssen sich
die einzelnen Subsysteme ultrastabil verhalten. Diese Forderung erstreckt sich
bis auf den einzelnen Service mit der Folge, dass dieser sich wie ein VSS verhalten muss, um das Gesamtsystem ultrastabil zu erhalten. Aus Sicht der Gesamtorganisation erscheint das Auffinden des neuen Gleichgewichtszustands
gegenüber großen Änderungen als Adaption durch Reorganisation der Subsysteme, oder anders formuliert: Das Gesamtsystem hat gelernt.

13

Epilog

Not where he eats, but where he is eaten...
Your worm is your only emperor for diet:
we fat all creatures else to fat us,
and we fat ourselves for maggots:
your fat king and your lean beggar
is but variable service,
two dishes, but to one table:
that's the end.

Hamlet
William Shakespeare
1564 – 1616

Das Thema Serviceorientierung ist, wie dieses Buch es gezeigt hat, sehr breit gefächert und bietet enormes Potential für die Veränderung von Organisationen und Software. Neben diesen enormen Chancen ist es jedoch nicht einfach, alle Vorteile der Serviceorientierung zu nutzen. Eine Einführung einer SOA alleine von technischer Seite aus ist irreführend und wird nur wenig Wirkung zeigen. Der Aufbau einer SOA allein aus dem technischen Blickwinkel führt vermutlich zu einem modularen System, aber nicht zu einem nutzbaren. Für diese modulare Struktur reicht schon die Zerlegung in Module durch das Prinzip der hohen inneren Kohäsion und der losen externen Koppelung, wie Parnas sie in den siebziger Jahren propagierte[1], völlig aus. Insofern ist ein solcher Ansatz „alter Wein in neuen Schläuchen". Jede Form der Serviceorientierung muss mit der organisatorischen oder fachlichen Seite beginnen und die gesamte Organisation auf den Umgang mit Services ausrichten und letztlich alle Funktionen innerhalb der Organisation durch Services realisieren.

Speziell die systemtheoretischen und kybernetischen Betrachtungen zeigen, dass das Thema Services im Umfeld von Software noch lange nicht vollständig erforscht ist und wir unsere Steuerungs- und Kontrollmechanismen beim Einsatz von Services auf andere Strategien als die heute vorherrschenden ausrichten müssen, da wir sonst sehr schnell in die Gefahr geraten eine Lösung, die einem ULS-System ähnelt, aufzubauen, dessen Eigendynamik sich jeder Kontrolle entzieht. Die explizite Konstruktion von Services in Form von Viable System Services mit einem hohen Grad an Autonomie und

---

[1] *Parnas*: 1972, On the Criteria To Be Used in Decomposing Systems into Modules

der Berücksichtigung von nichtfunktionalen Eigenschaften zeigt einen Ausweg aus dieser Krise. Parallel dazu müssen wir unsere Einstellung zur Governance und Beherrschbarkeit von großen aus Services aufgebauten Systemen drastisch verändern und stärker den emergenten Tendenzen solcher Systeme folgen.

Neben der Problematik der Entstehung von sehr großen und komplexen Systemen fehlen der Serviceorientierung z.Z. in zwei Bereichen noch die technologischen Grundlagen: Benutzeroberflächen und Persistenz. Obwohl beide sehr wichtige Funktionalitäten in einer Software sind, werden sie trotzdem von der heutigen Serviceorientierung nur sehr rudimentär adressiert. Speziell die nichtvorhandenen Oberflächen werden zu Akzeptanzproblemen bei den Benutzern der Software führen. Die noch nicht ausgereifte Persistenz impliziert massive Performanzverluste in der aus Services entstehenden Software, da die heutigen Datenbankmechanismen der Optimierung nur bedingt eingesetzt werden können.

Trotz aller Defizite und Risiken, für die Softwareentwicklung gilt noch immer das Bonmot:

Architekturinvestitionen sind eine Wette auf die Zukunft. Man muss wissen, wohin die IT-Organisation läuft und wie sie läuft.

Jürgen Pulm
CIO

Anhang

A

Metriken

Im wissenschaftlichen Umgang mit Systemen und Strukturen ist es notwendig, quantifizierbare Größen bestimmen zu können. Quantifizierbare Größen bieten die Möglichkeit, Steuerungsgrößen direkt oder indirekt zu berechnen.

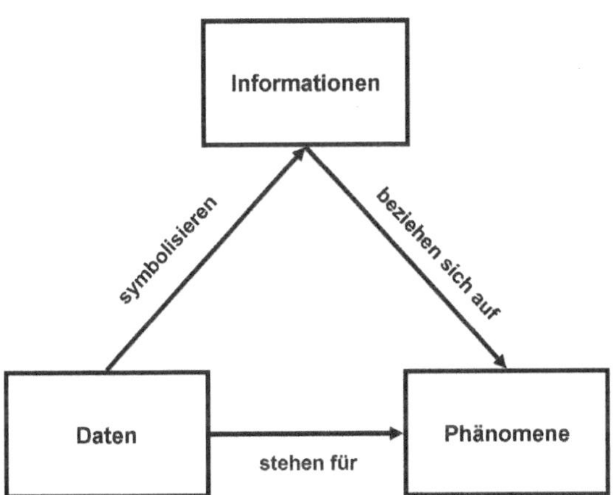

Abb. A.1: Messung, Daten und Phänomene

Erst die Messbarkeit von Eigenschaften macht ein System vergleich- und bewertbar. Mit Hilfe einer Messung wird versucht, die in der realen Welt beobachtbaren Phänomene durch Daten zu beschreiben (s. Abb. A.1). Die gemessenen Daten repräsentieren das Phänomen, aber nur indirekt über die Information, da die Realität erst im Rahmen eines mentalen Konzepts wahr-

genommen werden kann. Diese Interpretation ist nicht frei vom Kontext und
der Erfahrung des Beobachters.

A.1 Messbarkeit

Eine Metrik (s. Abb. A.2) braucht immer folgende fünf Größen:

1 Messvorschrift – Gibt vor, was und wie gemessen werden soll.
2 Modell – Ein Modell, das Parameter kennt, um aus dem Modell, den Parametern und der Messung eine Vorhersage zu erzeugen. Mathematische
  Modelle sind die wissenschaftliche Form von Analogien. Wie jede Analogie
  haben sie auch ihre Limitierungen, d.h. Aspekte, die das Modell nicht beschreibt, welche aber der Phänomenologie zugänglich (beobachtbar) sind.
3 Parameter – Einen Satz von Parametern, damit das generische Modell
  konkretisiert werden kann.
4 Spezifikation – Eine Spezifikation der Bedeutung und Interpretation der
  Metrik.
5 Referenzwert – Den Vergleich der Vorhersage des Modells mit der realen
  Welt. Ohne eine solche, prinzipiell existente, Vergleichsmöglichkeit bleibt
  die Metrik mehr oder minder metaphysisch.

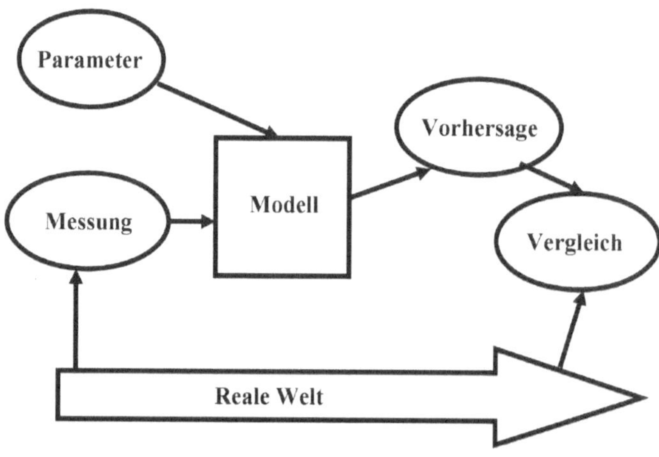

Abb. A.2: Metriken brauchen Modelle und Messvorschriften

Jede Messung besteht aus einer Messvorschrift und einer zu messenden
Einheit und stellt den Versuch dar, eine Abbildung aus der realen, physischen

Welt in eine mathematische Modellwelt vorzunehmen. Die durchgeführte Messung liefert stets eine Momentaufnahme des Messgegenstandes. Die Messergebnisse können genutzt werden, um Aussagen über die Systeme zu gewinnen.

A.2 Rating

Der Begriff Ratingverfahren umfasst allgemein eine Reihe von Bewertungsverfahren, deren Ergebnis in Form einer singulären Zensur, dem sogenannten Rating, formuliert wird. Anhand vorher festgelegter Merkmale werden die untersuchten Eigenschaften dabei auf einer Skala eingeordnet. Aufgrund von Vergleichsdaten werden die betrachteten Objekte möglichst sachlich beurteilt. Zum Vergleich werden dabei in der Regel andere Unternehmen derselben Branche herangezogen. Dementsprechend kann ein Ratingverfahren als eine Funktion angesehen werden, welche das zu beurteilende Objekt gemäss seiner Charakteristika auf eine diskrete Anzahl von Kategorien abbildet. Bei den heute im Einsatz befindlichen Ratingsystemen kommt dabei meist die Scoringmethode zum Einsatz, die auf einer vorab definierten Menge von Kriterien basiert, welche separat evaluiert werden. Die einzelnen Benotungen der Kriterien werden gewichtet und zu einem Gesamtscore zusammengefasst, welcher dann wiederum in eine Kategorie übersetzt wird. Ein Scoring ist ein Bewertungsverfahren, welches als Ergebnis eine Schätzung in Form einer positiven reellen Zahl enthält. Insofern ist das Scoring eine Abbildung der Form $\mathcal{F}_{\text{Score}} \Re^{(n)} \mapsto \Re_0^+$. Üblicherweise ist das Scoring eine Summe über gewichtete Klassifikationen der einzelnen Dimensionen des $\Re^{(n)}$ in der Form:

$$\mathcal{F}_{\text{Score}}(x) = \sum_{i=1}^{n} \Omega_i \Theta_i(x_i). \tag{A.1}$$

Die Gewichte Ω_i geben an, wie stark das einzelne Attribut zum Score $\mathcal{F}_{\text{Score}}(x)$ beiträgt. Die Funktionen Θ_i bilden pro Attribut eine Reihe von disjunkten Kategorien, wobei jeder Kategorie ein reeller, meist positiver Wert zugeordnet wird. Ratingagenturen liefern der Industrie oft solche Werte, wobei das einzelne Modell dann meist in den Gewichten Ω_i modifiziert wird.

A.3 Netzwerkmaße

Zu den Maßen, die zur Bestimmung der Qualität eines Netzwerkes dienen, gehören eine Reihe von Maßen, die der Graphentheorie entlehnt sind. Die einfachste Metrik ist hierbei die mittlerer Weglänge $\bar{l}$, welche als das Mittel über alle kürzesten Pfade zwischen je zwei Knoten in einem Graphen definiert ist:

$$\bar{l} = \frac{1}{N^2} \sum_{i,j} \min d(i,j). \tag{A.2}$$

Der Wert von $\bar{l}$ wird oft auch als Netzwerkdurchmesser bezeichnet, da er die lineare Größe in Form eines mittleren Abstands zweier Netzwerkknoten darstellt. Ein anderes Maß ist der Average Node Degree N_D, welcher die mittlere Zahl der Kanten pro Knoten misst und sich durch:

$$N_D = 2\frac{n_{\text{Kanten}}}{n_{\text{Knoten}}}$$

berechnen lässt. Ein weiteres Maß ist der Clusteringkoeffizient $\bar{c}$, der sich als Mittel über die einzelnen Clusterkoeffizienten c_i ergibt:

$$\bar{c} = \frac{1}{n_{\text{Knoten}}} \sum_i c_i = \frac{1}{n_{\text{Knoten}}} \sum_i \frac{2K_i}{N_i(N_i - 1)}, \tag{A.3}$$

hierbei ist K die Zahl der tatsächlichen Kanten des Knoten i und N die Zahl der Knoten im Cluster (hier werden nur die verbundenen Knoten gezählt).

A.4 Komplexitätsmaße

Eine der großen Schwierigkeiten beim Umgang mit komplexen Systemen ist die Tatsache, dass es kein allgemeingültiges Maß für die Komplexität gibt. Am gängigsten ist die Verwendung der Intuition, d.h., wenn das System sich nichtintuitiv verhält, ist es komplex (s. Abb. 11.1). Im Sinne einer Metrik ist dies äußerst unbefriedigend. Bessere Metriken sind hier die Entropie und die Vielfältigkeit.

A.4.1 Vielfältigkeit

Unter dem Begriff Vielfältigkeit[1] wird ein Maß für die möglichen Zustände eines Systems verstanden. Eine Möglichkeit, die Vielfältigkeit zu definieren, ist über die Summe der möglichen Zustände[2]: $N = \sum_{\psi \in S} 1$. In den meisten Fällen wird jedoch der Logarithmus zur Bestimmung genutzt:

$$V = \log_2 \left(\sum_{\psi \in S} 1 \right). \tag{A.4}$$

Der Logarithmus hat den großen Vorteil, dass bei disjunkten Systemen die Vielfältigkeit additiv ist:

---

[1] Variety

[2] In diesem Fall hätte ein Lichtschalter die Vielfältigkeit 2 und eine Ziffer die Vielfältigkeit 10, eine zehnstellige Zahl schon $10^{10} = 10.000.000.000$.

$$V(S_1 \times S_2) = \log_2 \left(\sum_{\psi \in S_1 \bigcup S_2} 1 \right) = \log_2 \left(\sum_{\psi_1 \in S_1 \times \psi_2 \in S_2} 1 \right)$$
$$= \log_2(N_1 \times N_2) = \log_2 N_1 + \log_2 N_2$$
$$= V(S_1) + V(S_2).$$

Die meisten Systeme aus der realen Welt besitzen eine Vielfältigkeit die effektiv unendlich groß[3] ist, daher haben Organisationen wie auch der Mensch eine Reihe von Filtern entwickelt, um die Vielfältigkeit der Beobachtungen auf ein erträgliches Maß[4] zu reduzieren. Das Gegenteil davon ist ein Vielfältigkeitsverstärker. Einfache Lebensformen nutzen ihre hohen Reproduktionsraten, um die Vielfältigkeit zu verstärken, höhere Lebensformen setzen hierfür Nervensysteme und Wahrnehmungsorgane ein.[5]

A.4.2 Entropie

Die Entropie[6] stellt ein Maß für die Unordnung in einem System dar. Ursprünglich im Rahmen der klassischen Thermodynamik definiert, wurde der Begriff auf die statistische Mechanik ausgedehnt. Die Entropiedefinition der statistischen Mechanik kann auf die Informationstheorie übertragen werden. Die Entropie eines Systems ist definiert als:

$$S = -\sum_{j=1}^{N} p_j \log_2 p_j, \tag{A.5}$$

wobei p_j die Wahrscheinlichkeit ist, dass der Zustand j angenommen wird. Wenn es nur einen Zustand gibt, so gilt $p_j = 1$ und damit folgt: $S = 0$ wenn $p = 1$. Sind in einem System alle Zustände unterschiedlich und alle gleichwahrscheinlich ($p_j = \frac{1}{N}$), resultiert die Entropie zu:

$$S = -\sum_{j=1}^{N} \frac{1}{N} \log_2 \frac{1}{N} = \log_2 N.$$

Daher gilt für jedes System: $0 \leq S \leq \log_2 N$. Da diese obere Schranke auch die Vielfältigkeit (s. Gl. A.4) ist, folgt:

$$S \leq V, \tag{A.6}$$

und im Grenzfall, dass alle Zustände des Systems gleichwahrscheinlich sind: $S = V$.

---

[3] Dadurch wird ein solches System leicht unbeherrschbar (s. Abschn. 11.8).

[4] Wir sehen nur das, was wir sehen wollen.

[5] Der Mensch nutzt seine Intelligenz zur Verstärkung der Vielfältigkeit.

[6] Der Physiker Helmholtz entlehnte den Begriff Entropie aus dem griechischen Wort $\epsilon \nu \tau \rho \epsilon \pi \iota \nu$ mit der Bedeutung von „umkehren" oder „umwenden".

Die Vielfältigkeit (s. Gl.A.4) und die Entropie (s. Gl. A.5) haben einen engen Zusammenhang. Wird nämlich jeder mögliche Zustand, der in der Messung der Vielfältigkeit auftaucht (bei der Vielfältigkeit mit dem Faktor 1), mit der Wahrscheinlichkeit multipliziert, mit der er in dem System angenommen werden kann, so ergibt sich, bis auf triviale Vorfaktoren und Konstanten, die Entropie.

Wie verändert sich die Entropie, wenn einem System ein neuer Zustand hinzugefügt wird? Zwar lässt sich diese Frage im Einzelfall nur durch eine exakte Berechnung mit Hilfe der Wahrscheinlichkeiten beantworten, für sehr große Systeme mit $N \gg 1$ gilt aber näherungsweise

$$\Delta S = S - S_0 \approx \log_2(N+1) - \log_2(N),$$
$$\approx \frac{1}{\ln 2}\left(1 - \frac{1}{N}\right).$$

Wenn zwei Systeme A und B zusammengefügt werden, so ergibt sich die gemeinsame Entropie näherungsweise zu:

$$S\left(A \cup B\right) \approx S\left(A\right) + S\left(B\right) + \frac{1}{N}\log_2 N. \tag{A.7}$$

Bei sehr großen Systemen ist die Zahl N so groß, dass sich durch das Hinzufügen eines einzelnen Zustandes die Entropie faktisch um eine Konstante erhöht: $\Delta S \approx \frac{1}{\ln 2}$. Die so gewählte Definition über das System berücksichtigt jedoch nicht die innere Entropie der Elemente (Subsysteme). Wenn die innere Entropie der Elemente mit ins Kalkül gezogen wird, ergibt sich die Entropie zu:

$$S = S\left(\text{System}\right) + \sum_{\text{Zustand}} S\left(\text{Elemente}\right). \tag{A.8}$$

Für den Fall, dass mehrere Systeme miteinander verglichen werden müssen, empfiehlt es sich, die Entropie zu normalisieren:

$$S^\dagger = \frac{1}{S_{\max}}S = -\frac{1}{\log_2 N}\sum_{i=1}^{N} p_i \log_2 p_i, \tag{A.9}$$

mit der Folge, dass für die normalisierte Entropie gilt: $0 \leq S^\dagger \leq 1$. Es empfiehlt sich, die normalisierte Entropie $S^\dagger$ bei der Betrachtung von Entropieänderungen $\dot{S}^\dagger = \frac{\partial S^\dagger}{\partial t}$ zu nutzen.

Es existiert auch ein Zusammenhang zwischen der Entropie (Gl. A.5) und der Temperatur. Wenn Information zerstört wird, ändert sich Gl. A.5 um ΔS, mit der Folge, dass die physische Entropie des Systems sich auch ändert:

$$\Delta S_{\text{phys}} = -k_B \ln 2 \Delta S. \tag{A.10}$$

Dies wiederum führt zu einer Änderung der Energie im System:

$$\Delta Q = T\Delta S_{\text{phys}} = -k_B T \ln 2 \Delta S. \tag{A.11}$$

Gl. A.11 wird auch als das Landauer Prinzip bezeichnet: Das Löschen von einem Bit an Information produziert mindestens $k_B T \ln 2$ Wärmeenergie. Hierbei sollte beachtet werden, dass es einen Unterschied zwischen der Entropie der Information und der „regulären" thermodynamischen Entropie gibt. Die Informationsentropie bezieht sich auf Systeme, welche eine informationsbasierte Wechselwirkung haben und keine energetische, d.h. beide Systeme sind energetisch entkoppelt und keine strukturellen Veränderungen werden durch den Informationsaustausch vorgenommen. Außerdem ist die informationstechnischen Entropie durch $S = -\sum_j p_j \log_2 p_j$ definiert, während die physikalische Entropie durch $S_{\text{phys}} = -k_B \sum_i p_i \ln p_i = -\frac{k_B}{\log_2 e} \sum_j p_j \log_2 p_j$, wobei die Boltzmannkonstante k_B den Wert $1.38065 \times 10^{-23} \frac{J}{K}$ hat, festgelegt ist. Die physikalische Entropie erhöht sich nach dem Landauer Prinzip, wenn die Menge an Information abnimmt. Daher lässt sich die Informationsmenge auch alternativ über die physikalische Entropie messen:

$$M_{\text{Information}}(\mathcal{Z}) = \max_{\forall \mathcal{Z}}(S_{\text{phys}}) - S_{\text{phys}}(\mathcal{Z}). \tag{A.12}$$

Speziell bei der Betrachtung von Adaption ist die Nutzung von Entropie mit Vorsicht zu genießen, da es viele Phasenübergänge zwischen Systemen gibt, welche in der Entropie kaum merklich sind. Die Größe der Entropie gibt an, ob ein System strukturiert ist oder nicht, aber nicht wie es strukturiert ist. Daher ist es möglich, identische Entropie bei völlig unterschiedlicher interner Struktur zu haben.

A.5 Koppelungsmaße

Zwar sind in der Theorie alle Services zustandslos, in der Praxis wird diese Forderung jedoch oft durchbrochen. Einer der Gründe für die Verletzung dieser Forderung ist die Unterstützung langanhaltender oder transaktionaler Services oder Prozesse. Daher ist es sinnvoll, im Serviceportfolio Maße für die tatsächliche Koppelung zu besitzen. Für die Messung des Grads an „Zustandsbehaftetheit" eines Services, wird der **D**egree of **S**tate **D**ependency (DSD) genutzt, welcher durch:

$$\eta_{\text{DSD}} = \frac{1}{N_{\text{Services}}} \sum_k c_k \tag{A.13}$$

definiert ist, wobei c_k die Werte 0 (zustandslos) oder 1 (zustandsbehaftet) annehmen kann. Im Idealfall sollte $\eta_{\text{DSD}} \mapsto 0$ gelten. Für den Grenzfall $\eta_{\text{DSD}} \mapsto 1$ degradiert das Serviceportfolio zu einer Kollektion von Komponenten. Neben der direkten Abhängigkeit von Zuständen der Services untereinander η_{DSD}, können Services auch indirekt über persistente Daten zustandbehaftet sein, in dem die Services sich der Daten aus einer gemeinsamen Datenbank bedienen.

Für diesen Fall lässt sich der Grad der persistenten „Zustandsbehaftetheit" η_{DPD} definieren[7]:

$$\eta_{\mathrm{DPD}} = \frac{1}{N_{\mathrm{Services}}(N_{\mathrm{Services}} - 1)} \sum_{i,j} p_{ij}, \qquad \text{(A.14)}$$

mit p_{ij} als Maß dafür, ob der Service i zusammen mit dem Service j ein gemeinsames persistentes Element besitzt. Der Grenzfall $\eta_{\mathrm{DPD}} \mapsto 0$ ist der Fall der losen Koppelung und im Fall $\eta_{\mathrm{DPD}} \mapsto 1$ ist die indirekte Koppelung so stark, dass kein serviceorientiertes System vorliegt. Neben den Zustandsmetriken η_{DPD} und η_{DSD} lassen sich auch zwei Maße für die Abhängigkeit, im Sinne einer Nutzung, η_{ARSD} und η_{ASID} festlegen. Der mittlere Grad an Servicenutzung[8] in komponierten Services ergibt sich zu:

$$\eta_{\mathrm{ARSD}} = \frac{1}{N_{\mathrm{Services}}} \sum_{k} r_k, \qquad \text{(A.15)}$$

wobei r_k die Anzahl der Services angibt, die der Service k zu seinen Operationen benötigt. Hier wird auch rekursiv gezählt, so dass der gesamte Servicebaum aufgelöst werden muss um die Zahl r_k zu ermitteln. Niedrige Werte von η_{ARSD} sind ein Indiz für lose Koppelung. Hohe Werte von η_{ARSD} hingegen (im Grenzfall gilt: $\lim \eta_{\mathrm{ARSD}} \approx N_{\mathrm{Services}}$) zeugen von einem so hohen Grad an Verwobenheit der Services untereinander, dass jede Änderung eines Services Auswirkungen auf die Gesamtheit hat. $\eta_{\mathrm{ARSD}} \approx N_{\mathrm{Services}}$ führt das Ziel der Autonomie von Services ad absurdum. Im Fall der asynchronen Koppelung zur Laufzeit lässt sich η_{ARSD} nicht gut verwenden, sondern sollte auf η_{ASIC}, die mittlere Aufrufkoppelung[9], erweitert werden:

$$\eta_{\mathrm{ASIC}} = \frac{1}{N_{\mathrm{Services}}} \sum_{k} \left(w_s n_k^{\mathrm{synchron}} + w_a n_k^{\mathrm{asynchron}} \right). \qquad \text{(A.16)}$$

Für die Gewichte w gilt $w_s + w_a = 1$ und n_k^{synchron} misst die Zahl der synchronen und $n_k^{\mathrm{asynchron}}$ die der asynchronen Aufrufe.

A.6 Semantische Ähnlichkeit

Eine semantische Ähnlichkeit wird über die Intention der jeweiligen Definition des Begriffs vorgenommen. Eine intentionale Definition hat immer die Form: $\{x : x \text{ hat die Eigenschaft E}\}$. Es existieren sechs Ähnlichkeitsrelationen, zu ihrer Bestimmung werden zwei Ausdrücke P, Q betrachtet und mit der jeweiligen Intention $\iota(P), \iota(Q)$ verglichen.

---

[7] **Degree of Persistent Dependency (DPD)**
[8] **Average Required Service Dependency (ARSD)**
[9] **Average Service Invocation Coupling (ASIC)**

- Äquivalenz – Zwei Ausdrücke sind genau dann gleich, wenn sie identisch intendierte Definitionen haben:

$$\{P = Q\} \Leftrightarrow \{\iota(P) = \iota(Q)\}$$

- Spezialisierung – Der Ausdruck P ist eine Spezialisierung von Q, wenn die intentionale Definition von P in der intentionalen Bedeutung von Q enthalten ist:

$$\{P \leq Q\} \Leftrightarrow \{\iota(P) \wedge \iota(Q) \equiv \iota(P)\}$$

- Generalisierung – Der Ausdruck P generalisiert einen Ausdruck Q, wenn die Union der beiden intentionalen Definitionen gleich der intentionalen Definition von P ist:

$$\{P \geq Q\} \Leftrightarrow \{\iota(P) \vee \iota(Q) \equiv \iota(P)\}$$

- Überlappung – Ein Ausdruck P überlappt mit dem Ausdruck Q, wenn beide in einem Teilbereich übereinstimmen, oder anders ausgedrückt, wenn die Konjugation der beiden intentionalen Definitionen nicht leer ist:

$$\{P \sim Q\} \Leftrightarrow \{\{\iota(P) \wedge \iota(Q) \equiv \iota(R)\} \wedge \{\iota(R) \neq \emptyset\}\}$$

- Disjunktion – Zwei Ausdrücke werden als disjunkt bezeichnet, wenn die Konjugation ihrer intentionalen Definition leer ist:

$$\{P \neq Q\} \Leftrightarrow \{\iota(P) \wedge \iota(Q) = \emptyset\}$$

- Inverse – P ist invers zu Q, wenn seine intentionale Definition invers zu der von Q ist:

$$\{P = Q^{-1}\} \Leftrightarrow \{\iota(P) = \iota(Q^{-1})\}$$

Solche semantischen Ähnlichkeiten können genutzt werden, um Services automatisch miteinander zu vergleichen. Dazu wird eine zusätzliche Relation $\mathrm{Sim}(Q, P)$ definiert, mit der Eigenschaft:

$$\mathrm{Sim}(Q,P) = \begin{cases} 1 & \Rightarrow \{Q = P\} \vee \{Q < P\} \\ 0 & \Rightarrow \{Q \sim P\} \vee \{Q > P\} \\ -1 & \Rightarrow \quad \{Q \neq P\} \\ -2 & \Rightarrow \quad \{Q = P^{-1}\}. \end{cases} \tag{A.17}$$

B

π-Kalkül

Bei dem π-Kalkül handelt es sich um eine Prozessalgebra. Eine Prozessalgebra ist eine Menge von Prozessen, die bezüglich gewisser Operationen abgeschlossen ist. Dabei kann man rein syntaktische Terme der Prozessausdrücke als Prozesse betrachten, und als Operationen zunächst nur Regeln auffassen, nach denen Prozessausdrücke gebildet werden. Auf einer höheren Ebene werden Kongruenzen hinzugefügt, die Terme vereinheitlichen, welche sich gleich verhalten. Diese Kongruenzen kann man zunächst einfach als Operationen dem Kalkül hinzufügen. Andererseits ist es nun möglich, mit ihrer Hilfe von den Termen zu abstrahieren und als Prozesse die jeweiligen Kongruenzklassen zu betrachten. Auf diesen Klassen oder auch auf den Termen selbst lassen sich Übergangsrelationen definieren, die das Verhalten der Prozesse festlegen und selbst wieder als die Operationen einer Algebra aufgefasst werden können.

B.1 Definition

Die Essenz des π-Kalküls ist die Kommunikation. Daher werden mit π die sogenannten Aktionspräfixe bezeichnet. Ein Aktionspräfix stellt das Senden oder Empfangen einer Botschaft (genauer: eines Namens) oder einen stillen Übergang dar. Die Syntax ist:

$$\pi ::= \begin{cases} x(y) & \text{sende x entlang y,} \\ \bar{x}(y) & \text{empfange x entlang y,} \\ \tau & \text{nicht sichtbar.} \end{cases} \tag{B.1}$$

Die Menge $\mathfrak{P}^{\pi}$ der π-Kalkül-Prozessausdrücke ist wie folgt definiert (i läuft über die Indexmenge $\mathfrak{J}$):

$$\mathfrak{P} = \begin{cases} \sum_{i \in \mathfrak{J}} \pi_i.\mathfrak{P}_i & \text{Summation,} \\ \mathfrak{P}_1 | \mathfrak{P}_2 & \text{parallele Komposition,} \\ \text{new a}\mathfrak{P} & \text{Restriktion,} \\ !\mathfrak{P} & \text{Replikation.} \end{cases} \tag{B.2}$$

Die Summation $x(a).\mathfrak{P} + y(b).\mathfrak{Q}$ beschreibt einen Prozess, der den Parameter a entlang des Kanals x empfängt und dann in $\mathfrak{P}$ übergeht oder b entlang Kanal y erhält und in den Prozess $\mathfrak{Q}$ übergeht. $\mathfrak{P}_1|\mathfrak{P}_2$ zeigt, dass die beiden Prozesse parallel ausführbar sind. Die Restriktion new a$\mathfrak{P}$ bindet a an $\mathfrak{P}$, so dass a nur in $\mathfrak{P}$ sichtbar ist. Die Replikation !$\mathfrak{P}$ ist das Symbol für beliebig viele Instanzen von $\mathfrak{P}$, welche alle parallel ablaufen.

B.2 Kongruenz

Prozesse können nicht ohne einen Kontext existieren, daher wird im Rahmen des π-Kalküls auch ein Kontext $\mathcal{C}$ definiert:

$$\mathcal{C} ::= [\,] \mid \pi.\mathcal{C} + \mathfrak{M} \mid \text{new } \mathrm{x}\mathcal{C} \mid \mathcal{C}|\mathfrak{P} \mid \mathfrak{P}|\mathcal{C} \mid !\mathcal{C}. \tag{B.3}$$

Somit ist ein Kontext ein Ausdruck, welcher eine Lücke $[\,]$ aufweist, die Lücke $[\,]$ ist wiederum genau der Prozess, der im Kontext eingebettet ist. $\mathfrak{M}$ stellt eine Summe und $\mathfrak{P}$ einen Prozess dar. $\mathcal{C}[\mathfrak{Q}]$ bezeichnet das Resultat der Ersetzung der Lücke $[\,]$ im Kontext $\mathfrak{C}$ durch den Prozessausdruck $\mathfrak{Q}$. Die elementaren Kontexte sind $\pi.[\,]+M$, new a$[\,]$, $[\,]|\mathfrak{P}$, $\mathfrak{P}|[\,]$ und $![\,]$. Die Prozesskongruenz wird im π-Kalkül mit Hilfe einer Äquivalenzrelation abgebildet. Eine Äquivalenzrelation $\cong$ ist genau dann eine Prozesskongruenz, wenn gilt:

$$\forall \mathfrak{P}, \mathfrak{Q} \in \mathfrak{P}^\pi \forall \mathcal{C} : \mathfrak{P} \cong \mathcal{C} \Rightarrow \mathcal{C}[\mathfrak{P}] \cong \mathcal{C}[\mathfrak{Q}]. \tag{B.4}$$

Wenn zwei Ausdrücke kongruent sind, dann kann man sie in beliebige Kontexte einsetzen und erhält stets äquivalente Ausdrücke. Die strukturelle Kongruenz $\equiv$ ist eine Prozesskongruenz (Gl. B.4), welche folgende Eigenschaften besitzt:

- Die Namen der gebundenen Variablen können beliebig verändert werden. Unter Bindung versteht man die Zuordnung einer Variablen zu einem Kanal. Bei $x(a).\mathfrak{P}$ wird die Variable an den Kanal x gebunden.
- Beliebige Permutation der Indexmenge:

$$\sum_{i \in \mathfrak{I}} \pi_i.\mathfrak{P}_i \equiv \sum_{j \in \mathfrak{J}} \pi_j.\mathfrak{P}_j,$$

  solange $\mathfrak{I}$ und $\mathfrak{J}$ die gleichen Mengen darstellen.
- Die Reihenfolge der parallelen Komposition darf keine Rolle spielen:

$$\mathfrak{P}|\mathfrak{Q} \equiv \mathfrak{Q}|\mathfrak{P}, \tag{B.5}$$

$$(\mathfrak{P}|\mathfrak{Q})|\mathfrak{R} \equiv \mathfrak{P}|(\mathfrak{Q}|\mathfrak{R}). \tag{B.6}$$

- Beim Zusammenführen von Prozessen kann es zu Namenskollisionen kommen, daher muss für die Äquivalenzrelation gelten:

$$\text{new } \mathrm{x}(\mathfrak{P}|\mathfrak{Q}) \equiv \mathfrak{P}|\text{new } \mathrm{x}\mathfrak{Q} \quad \text{falls } x \notin \mathfrak{P}.$$

- Leere Prozesse können entsorgt werden:

$$\mathfrak{P}|\emptyset \equiv \mathfrak{P},$$

$$\text{new } x\emptyset \equiv \emptyset,$$

$$\text{new } xy\mathfrak{P} \equiv \text{new } yx\mathfrak{P}.$$

B.3 Abstraktion

Eine n-stellige Abstraktion ist ein parametrischer Prozess in n Variablen, z.B. $(x_1 \ldots x_n).\mathfrak{P}$. Eine Abstraktion $(x_1 \ldots x_n).\mathfrak{P}$ repräsentiert alle möglichen Pfade, die $\mathfrak{P}$ nehmen kann, abhängig von der Botschaft z, die für $\widehat{x}$ in $\mathfrak{P}$ substituiert wird. Die möglichen Abstraktionen $F, G, \ldots$ werden als Agenten bezeichnet. Eine Konkretisierung ist in gewisser Weise der Gegensatz zu einer Abstraktion, hier werden Namen für die Variablen der Abstraktion bereitgestellt. Eine solche Konkretisierung ist etwa new $\widehat{x}\langle\widehat{y}\rangle.\mathfrak{Q}$, wobei die Namen aus $\widehat{x}$ eine Teilmenge der Namen in $\langle y\rangle$ sind ($\widehat{x} \subseteq \widehat{y}$). Die Konkretisierungen haben im Gegensatz zu Abstraktionen eine Besonderheit: Der Bindungsbereich der Namen kann auf die Botschaft $\widehat{y}$ und den Fortsetzungsprozess $\mathfrak{Q}$ beschränkt werden.

- **Abstraktion:** *Eine n-stellige Abstraktion hat die Form $(x_1 \ldots x_n).\mathfrak{P}$, wobei $|(\widehat{x})| = n$. Zwei Abstraktionen sind strukturell kongruent (Gl. B.4), wenn ihre gebundenen Namen $(x_1 \ldots x_n)$ bis auf Umbenennungen übereinstimmen und ihre Prozessteile $\mathfrak{P}$ strukturell kongruent sind.*
- **Konkretisierung:** *Eine n-stellige Konkretisierung ist new $\widehat{x}\langle\widehat{y}\rangle.\mathfrak{P}$, wobei $|\widehat{y}| = n$ und $\widehat{x} \subseteq \widehat{y}$. Zwei Konkretisierungen sind strukturell kongruent, wenn ihre Präfixe new $\widehat{x}\langle\widehat{y}\rangle$ bis auf Umbennungen und Umordnung der Namen übereinstimmen und ihre Prozessteile $\mathfrak{P}$ strukturell kongruent sind.*
- **Agent:** *Ein Agent ist entweder Abstraktion oder eine Konkretisierung.* $\mathbb{A}^\pi$ *bezeichnet die Menge der Agenten.* Prozesse sind Agenten. Ein Prozess ist sowohl eine Abstraktion wie eine Konkretisierung der Stelligkeit 0.
- **Applikation:** *Die Applikation $\mathfrak{F}@\mathcal{C}$ einer gleichstelligen Abstraktion und Konkretisierung ist definiert, vorausgesetzt $\widehat{z}$ ist nicht frei, in $(\widehat{x}).\mathfrak{P}$ als:*

$$(\widehat{x}).\mathfrak{P}@\text{new } \widehat{z}\langle\widehat{y}\rangle.\mathfrak{Q} \mapsto \text{new } \widehat{z}(\{\widehat{y}/\widehat{x}\}\,\mathfrak{P}|\mathfrak{Q}). \tag{B.7}$$

B.4 Reaktion

Eine Reaktion im π-Kalkül ist ein Prozessübergang, welcher ohne Beeinflussung von außen erfolgt. Eine Beeinflussung von außen ist die Einwirkung eines anderen Prozesses durch das Senden oder Empfangen von Messages. Eine Reaktionsrelation ist durch folgende Definitionen festgelegt:

$$\text{REACT} \qquad (x(y).\mathfrak{P} + M)|(\overline{x}\langle m\rangle.\mathfrak{Q} + N) \mapsto \{m/y\}\,\mathfrak{P}|\mathfrak{Q}, \quad (\text{B.8})$$

$$\text{STRUCT} \qquad \frac{\mathfrak{Q} \equiv \mathfrak{P}\ \ \mathfrak{P} \mapsto \mathfrak{P}'\ \ \mathfrak{P}' \equiv \mathfrak{Q}'}{\mathfrak{Q} \mapsto \mathfrak{Q}'}, \quad (\text{B.9})$$

$$\text{TAU} \qquad \tau.\mathfrak{P} + M \mapsto \mathfrak{P}, \quad (\text{B.10})$$

$$\text{PAR} \qquad \frac{\mathfrak{P} \mapsto \mathfrak{P}'}{\mathfrak{P}|\mathfrak{Q} \mapsto \mathfrak{P}'|\mathfrak{Q}}, \quad (\text{B.11})$$

$$\text{RES} \qquad \frac{\widehat{P} \mapsto \widehat{P}'}{\text{new } x\mathfrak{P} \mapsto \text{new } x\mathfrak{P}'}. \quad (\text{B.12})$$

REACT ist die zentrale Regel, welche die Informationsübertragung modelliert. Nur dann, wenn zwei Summanden parallel komponierter Summen über einen gemeinsamen Kanal verfügen, kann Kommunikation stattfinden. REACT verwirft alle weiteren Alternativen und ersetzt im Prozess $\mathfrak{P}$ den abstrakten Namen y durch die Message m. Ein Aufruf bewirkt also nicht nur, dass sich die Prozesse synchronisieren, sondern auch, dass sich der Zustand des Empfängerprozesses verändert. Häufig müssen die Prozessausdrücke zuerst umgeformt werden, bevor eine REACT ausgenutzt kann, daher die Erweiterung um die Regel STRUCT, welche die strukturelle Kongruenz $\equiv$ mit der Reaktionsrelation $\mapsto$ verbindet. Die Regel TAU erlaubt es Prozessen ohne Einwirkung von außen zu agieren. Die Regeln PAR und RES wiederum ermöglichen, innerhalb der Konstrukte Reaktionen durchzuführen.

B.5 Replikation

Rekursive Definitionen werden oft zur Modellierung von Systemen eingesetzt. Da im π-Kalkül Namen übertragen werden, ist es möglich, den Formalismus der Replikation durch folgende Ergänzung zu nutzen:

$$\mathfrak{P} ::= \ldots |!\mathfrak{P}, \quad (\text{B.13})$$

$$!\mathfrak{P} \equiv \mathfrak{P}|!\mathfrak{P}, \quad (\text{B.14})$$

$$\mathcal{C} ::= \ldots |!\mathcal{C}. \quad (\text{B.15})$$

Die Replikation ist ein Prozessausdruck, vor den ein Ausrufungszeichen gesetzt wird. Die Semantik wird über die strukturelle Kongruenz definiert. $!\mathfrak{P}$ kann den Prozessausdruck $\mathfrak{P}$ beliebig oft replizieren, wobei die einzelnen Instanzen parallel komponiert werden.

B.6 Transaktionen

Eine Erweiterung des π-Kalküls ist das πt-Kalkül. Ein Prozess im πt-Kalkül besteht aus der folgenden Syntax:

$$
\mathfrak{P} ::= \begin{cases}
\text{done}, & \\
\text{abort}, & \\
\bar{x}\tilde{u} & \text{Output}, \\
x(\tilde{u}).\mathfrak{P} & \text{Input}, \\
\mathfrak{P}|\mathfrak{P} & \text{Parallelität}, \\
\mathfrak{P};\mathfrak{P} & \text{Sequentialität}, \\
(x)\mathfrak{P} & \text{neuer Prozess}, \\
K(\tilde{u}) & \text{Aufruf}, \\
t(\mathfrak{P},\mathfrak{P},\mathfrak{P},\mathfrak{P}) & \text{Transaktion}.
\end{cases} \tag{B.16}
$$

Der Prozess $t(\mathfrak{P},\mathfrak{F},\mathfrak{B},\mathfrak{V})$ spiegelt die Transaktion wider, er besteht aus den Teilen:

- $\mathfrak{P}$ – Dies ist der eigentliche Prozess, welcher im Rahmen einer Transaktion durchgeführt werden soll.
- $\mathfrak{F}$ – Der Fehlermanager[1], welcher auf Ausnahmen reagiert.
- $\mathfrak{B}$ – Die Fehlersammlung[2], welche die notwendigen Kompensationen sammelt, um sie durch $\mathfrak{F}$ im Fehlerfall abarbeiten zu lassen.
- $\mathfrak{C}$ – Die Kompensation, welche im Fehlerfall ausgeführt wird.

Analog zu den Prozessen $\mathcal{P}$ werden im πt-Kalkül auch die Kontexte $\mathcal{C}$ definiert:

$$
\mathcal{C}[\,] ::= \begin{cases}
[\,], & \\
\mathcal{C}[\,]|\mathfrak{P}, & \\
\mathcal{C}[\,];\mathfrak{P}, & \\
(x)\mathcal{C}[\,], & \\
t(\mathcal{C}[\,],\mathfrak{P},\mathfrak{P},\mathfrak{P}).
\end{cases} \tag{B.17}
$$

Zusätzlich zur Kongruenz $\equiv$ (s. Gl. B.4) des π-Kalküls erweitert sich im πt-Kalkül die Kongruenz zu:

$$
\text{done}|\mathfrak{P} \equiv \mathfrak{P}, \tag{B.18}
$$

$$
\text{done};\mathfrak{P} \equiv \mathfrak{P}, \tag{B.19}
$$

$$
\text{abort}|\text{abort} \equiv \text{abort}, \tag{B.20}
$$

$$
\text{abort};P = \text{abort}, \tag{B.21}
$$

$$
t((x)\mathfrak{P},\mathfrak{F},\mathfrak{B},\mathfrak{C}) \equiv (x)t(\mathfrak{P},\mathfrak{F},\mathfrak{B},\mathfrak{C}), \tag{B.22}
$$

$$
t(\bar{x}\tilde{u}|\mathfrak{P},\mathfrak{F},\mathfrak{B},\mathfrak{C}) \equiv \bar{x}\tilde{u}|t(\mathfrak{P},\mathfrak{F},\mathfrak{B},\mathfrak{C}), \tag{B.23}
$$

$$
(t(\text{done},\mathfrak{F},\mathfrak{B},\mathfrak{C})|\mathfrak{P});\mathfrak{P}' \equiv t(\text{done},\mathfrak{F},\mathfrak{B},\mathfrak{C})|(\mathfrak{P};\mathfrak{P}'). \tag{B.24}
$$

Die beiden ersten Gleichungen (B.18, B.19) implizieren, dass *done* das Einselement der Parallelität und Sequentialität ist. Die Gleichung B.20 besagt,

---

[1] Failure Manager
[2] Failure Bag

dass ein Prozess dann als abgebrochen gilt, wenn alle Teile abgebrochen werden und Gl. B.21, dass ein abgebrochener Prozess gleichgültig jeglicher Fortsetzung abgebrochen ist. Gl. B.23 erlaubt es, Output aus einer Transaktion herauszuholen bzw. in eine Transaktion aufzunehmen. Die letzte Gleichung B.24 ermöglicht, abgeschlossene Transaktionen frei zu verschieben, da diese auch Teil einer größeren Transaktion sein können, gelten sie nicht als *done*. Für das πt-Kalkül ergibt sich, analog den Reaktionsregeln (B.8–B.12) die Erweiterung:

$$t(t(\text{done}, \mathfrak{F}, \mathfrak{B}, \mathfrak{C})|\mathfrak{P}, \mathfrak{F}', \mathfrak{B}', \mathfrak{C}') \mapsto t(\mathfrak{P}, \mathfrak{F}', \mathfrak{B}'|\mathfrak{C}, \mathfrak{C}') \qquad \text{T-DONE,}$$
$$t(\text{abort}, \mathfrak{F}, \mathfrak{B}, \mathfrak{C}) \mapsto \mathfrak{B}; \mathfrak{F} \qquad \text{T-ABORT.}$$
$$(\text{B.25})$$

Die Regel T-DONE gibt an, dass auch nach erfolgreicher Beendigung die Kompensation für eine darüberliegende Transaktion aufgehoben werden muss. Die letzte Regel T-ABORT zwingt dazu, den Fehlermanager im Anschluss an eine Kompensation auszuführen.

Literaturverzeichnis

[1] Albert, I.: 2005, Qualitätsmerkmale von Kontextinformationen, Dissertation, LMU, München.

[2] Alonso, G., et al.: 2003, Web Services, Springer.

[3] Apperly, H., et al.: 2003, Service-And Component-Based Development, Addison-Wesley.

[4] Arsanjani, A.: 2004, Service-oriented modeling and architecture, www.ibm.com.

[5] Beer, S.: 1994, Beyond Dispute, Wiley.

[6] Berners-Lee, T. et al.: 2001, The Semantic Web, Scientific American, May 2001.

[7] Bieberstein, N.: 2005, Impact of service-oriented architecture on enterprise systems, organizational structures, and individuals, IBM Systems Journal, Vol. 44, S. 691-708

[8] Birman, K.: 2006, The untrustworthy web services revolution, IEEE Computer February 2006 (Vol. 39, No. 2).

[9] Birman, K. P.: 2005, Reliable Distributed System, Springer.

[10] Brunner, R. J., et al.: 2002, Java Web Services Unleashed, Sams Publishing.

[11] Bucchiarone, A., Gnesi, S.: 2006, A Survey of Service Composition Languages and Models, in: International Workshop on Web Services Modeling and Testing 2006.

[12] Chappell, D., Jewell, T.: 2003, Java Web Services, O'Reilly.

[13] Chappell, D.: 2004, Enterprise Service Bus, O'Reilly.

[14] Chatterjee, S., Webber, J., Bunnell, D.: 2003, Developing Enterprise Web Services, Prentice Hall PTR.

[15] Cherbakov, L. et al.: 2005, Impact of service orientation at the business level, IBM Systems Journal, Vol. 44, S. 653-668.

[16] Clements, P. et al.: 2003, Documenting Software Architectures: Views and Beyond, Addison-Wesley.

[17] CORBA: 2006, Common Object Request Broker Architecture, www.omg.com.

[18] Damm, D.: 2003, Eine IS-Plattform zur Unterstützung kooperativer interorganisatorischer Netzwerke, Dissertation, Zürich.

[19] Donohoe, P.: 1999, Software Architecture, Springer.

[20] Dustdar, S., Gall, H., Hauswirth, M.: 2003, Software-Architekturen für verteilte Systeme, Springer.

[21] Eberhart, A.: 2004, Ontology-based Infrastructure for Intelligent Applications, Dissertation, Universität Saarbrücken.

[22] ebXML: 2003, electronic business XML, www.ebxml.eu.org.

[23] Eichhorn, F.: 2002, Evaluation von Webservice-Techniken für den Einsatz zur Business-to-Business Integration (B2BI), Diplomarbeit, Universität Erlangen.

[24] EJB: 2005, Enterprise JavaBeans Technology, java.sun.com.

[25] Erl, T.: 2005, Service-Oriented Architecture. Concepts, Technology, and Design, Prentice-Hall.

[26] Fischer, O., Wenzel, B.: 2004, Prozessorientierte Dienstleistungsunterstützung, Diplomarbeit, Universität Hamburg.

[27] Fisher, D. A.: 2006, An Emergent Perspective on Interoperation in Systems of Systems, SEI, Carnegie Mellon.

[28] Flenner, R., et al.: 2002, Java P2P Unleashed, Sams Publishing.

[29] Flood, R. L., Jackson, M. C.: 1994, Creative Problem Solving – Total Systems Intervention, Wiley.

[30] Gersdorf, J.: 2001, ebXML – Seminar WWW und Datenbanken, Universität Frankfurt.

[31] Gioldasis, N., et al.: 2003, Service Oriented Architecture for Managing Operational Strategies, ICWS-Europe 2003, LNCS 2853, Springer.

[32] Grossmann, M., Koschek, H.: 2005, Unternehmensportale, Springer.

[33] He, H.: 2003, What is service-oriented architecture?, www.xml.com.

[34] Hegering, H.-G., Abeck, S., Neumair, B.: 1999, Integrated Management of Networked Systems, Morgan Kaufman.

[35] Hein, M., Zeller, H.: 2005, Java Web Services, Entwicklung plattformübergreifender Dienste mit XML und SOAP, Addison-Wesley.

[36] Herring, C., Kaplan, S.: 2000, The Viable System Model for Software, in: 4th World Multiconference on Systemics, Cybernetics and Informatics, Orlando, Florida

[37] IETF: 2006, Internet Engineering Task Force, www.ietf.org.

[38] Jablonski, S. et al.: 2004, Guide To Web Application And Platform Architectures, Springer.

[39] Jeckle, M.: 2002, Webservicearchitekturen.

[40] Kaye, D.: 2003, Loosely Coupled: The Missing Pieces of Web Services, RDS Press

[41] Klein, M.: 2006, Automatisierung dienstorientierten Rechnens durch semantische Dienstbeschreibungen, Universitätsverlag Karlsruhe.

[42] Kneer, G., Nassehi, A.: 1994, Niklas Luhmanns Theorie sozialer Systeme, Fink.

[43] Krähenbühl, A.: 2006, Soability, A Model for the Strategic Evaluation of an IT Environment's Ability to Support Service-Oriented Architecture, Diplomarbeit, Universität Zürich.

[44] Kreger, H., Williamson, L., Harold, W. K.: 2002, Java and JMX: Building Manageable Systems, Addison-Wesley.

[45] Lankhorst, M.: 2005, Enterprise Architecture at Work, Springer.

[46] Lehner, W.: 2005, Data Management in a Connected World, Springer.

[47] Liu, K.: 2000, Semiotics in Information Systems Engineering, Cambridge University Press.

[48] Liu, K. et al.: 2001, Information, Organisation and Technology: Studies in Organisational Semiotics, Kluwer Academic.

[49] Luckham, D.: 2002, The Power of Events, Addison-Wesley.

[50] Manes, A. T.: 2003, Web Services, Addison-Wesley.

[51] Masak, D.: 2005, Moderne Enterprise Architekturen, Springer.

[52] Masak, D.: 2005, Legacysoftware, Springer.

[53] Masak, D.: 2006, IT-Alignment, Springer.

[54] McGovern, J. et al.: 2003, A Practical Guide to Enterprise Architecture, Prentice Hall PTR.

[55] McGovern, J., et al.: 2003, Java Web Services Architecture, Morgan Kaufmann.

[56] McGovern, J., et al.: 2006, Enterprise Service Oriented Architectures, Springer.

[57] Melnik, S.: 2004, Generic Model Management, Springer.

[58] Mettler, D.: 2004, Government Application Integration, Diplomarbeit, Universität Zürich.

[59] Microsoft: 2006, Microsoft Biztalk Server, www.microsoft.com.

[60] Mitschang, B. et al.: 2005, Data Management in a Connected World, Springer.

[61] Monson-Haefel, R.: 2003, J2EE Web Services, Addison-Wesley.

[62] Northrop, L.: 2006, Ultra-Large-Scale Systems, The Software Challenge of the Future, SEI, Carnegie Mellon.

[63] Oaks, P.: 2005, Enabling ad hoc interaction with electronic services, PhD-Thesis, Queensland University of Technology, Australien.

[64] Peuser, S., Zimmermann, O., Tomlinson, M. R.: 2003, Perspective on Web Services, Springer.

[65] Polgar, J., Bram, R. M., Polgar, A.: 2006, Building And Managing Enterprise-Wide Portals, Idea Group Inc (IGI).

[66] Puhlmann, F.: 2006, Why do we actually need the Pi-Calculus for Business Process Management? In: Abramowicz, W., Mayr, H. (Hrsg.): 9th International Conference on Business Information Systems.

[67] Sahai, A., Graupner, S.: 2005, Web Services in the Enterprise, Springer.

[68] Scheer, A.-W., et al.: 2003, Business Process Change Management, Springer.

[69] Schäffer, S., Schilder, W.: 2002, Enterprise Java mit IBM WebSphere, Pearson Education Deutschland.

[70] Schopp, B.: 2002, Logische Architektur integrierbarer Wissensmedien am Beispiel einer virtuellen Akademie, Dissertation, St. Gallen.

[71] Schwinn, A.: 2005, Entwicklung einer Methode zur Gestaltung von Integrationsarchitekturen für Informationssysteme, Dissertation, St. Gallen.

[72] Simon, H.: 1971, Designing Organizations for an Information-rich World, The John Hopkins Press.

[73] Singh, M. P., Huhns, M. N.: 2005, Service-Oriented Computing, Wiley.

[74] Shirky, C., et al.: 2001, P2P Networking Overview, The Emergent P2P Platform of Presence, Identity and Edge Resources, O'Reilly.

[75] SOA: 2006, Reference model for service oriented architecture, www.oasis-open.org.

[76] Sonic: 2006, Sonic ESB, www.sonicsoftware.com.

[77] Sprott, D., Wilkes, L.: 2003, Understanding SOA, CBDI-Journal.

[78] Stojanovic, Z., Dahanayake, A.: 2005, Service Oriented Software System Engineering, Idea Group Inc (IGI).

[79] Strang, T.: 2003, Service-Interoperabilität in Ubiquitos Computing Umgebungen, Dissertation, LMU, München.

[80] Tan, Y.-S. et al.: 2004, Service Domains, IBM Systems Journal, Vol. 34, S. 734-755.

[81] Tidwell, D., Snell, J., Kulchenko, P.: 2001, Programming Web Services with SOAP, O'Reilly.

[82] van Zyl, J.: 2002, A perspective on service based architecture, Proceedings of SAICSIT, 2002.

[83] Vetere, G., Lenzerini, M.: 2005, Models for semantic interoperability in service-oriented architectures, IBM Systems Journal, Vol. 44, S. 887 – 903

[84] W3C: 2003, Web Services Architecture, W3C working draft, www.w3.org.

[85] Welte, S.: 2005, Entwurf serviceorientierter Architekturen, Diplomarbeit, Universität Karlsruhe.

[86] Woods, D.: 2003, Enterprise Services Architecture, O'Reilly.

[87] WSI: 2006, Web Service Interoperability Organisation, ws-i.org.

[88] Wutka, M.: 2002, J2EE. Java 2 Enterprise Edition., Pearson Education Deutschland.

[89] XML: 2006, Extensible markup language, www.w3.org.

[90] Zaplata, S.: 2005, Prozessintegration in Middleware für mobile Systeme, Diplomarbeit, Universität Hamburg.

[91] Zimmermann, O.: 2003, Perspectives on Web Services, Springer.

Sachverzeichnis